Elisabeth Badinter

Die Mutterliebe

SERIE PIPER

Zu diesem Buch

Ist die Mutterliebe ein Instinkt der »weiblichen Natur« oder ein soziales Verhalten, das sich mit der Zeit und den gesellschaftlichen Verhältnissen wandelt? Bislang galt Mutterliebe als angeboren, als naturwüchsig. Dieser Meinung tritt Elisabeth Badinter mit ihrer vieldiskutierten, gründlich recherchierten Untersuchung entgegen. Mit dem Aufstieg des Bürgertums entstand ein neues, noch heute herrschendes Weiblichkeitsideal, nach dem die höchste Bestimmung der Frau Mutterschaft ist und Hingabe, Fürsorglichkeit und Opferbereitschaft zu den Wesensmerkmalen der Frau gehören. Badinters Buch ist ein sachkundiges, engagiertes Plädoyer für ein neues Frauenbild, das sie sich weniger von Männerphantasien geprägt, dafür etwas realistischer wünscht.

Elisabeth Badinter, 1944 in Boulogne-Billancourt geboren, ist Professorin für Philosophie, Soziologie und Psychologie an der Ecole Polytechnique in Paris. Zahlreiche Studien und Veröffentlichungen zu Geschichte und Soziologie der Frau, der Familie und der Geschlechterbeziehungen.

Elisabeth Badinter

Die Mutterliebe

Geschichte eines Gefühls vom 17. Jahrhundert bis heute

Aus dem Französischen von
Friedrich Griese

Piper München Zürich

Von Elisabeth Badinter liegt in der Serie Piper außerdem vor:
Die Identität des Mannes (2337)

Unveränderte Taschenbuchausgabe
1. Auflage Dezember 1991
3. Auflage Oktober 1996

Titel der französischen Originalausgabe:
»L'amour en plus«

Umschlag: Büro Hamburg
Simone Leitenberger, Susanne Schmitt, Andrea Lühr
Umschlagabbildung: Karen Barbour
Foto Umschlagrückseite: Peter Peitsch
Gesamtherstellung: Clausen & Bosse, Leck
Printed in Germany ISBN 3-492-21491-6

Dank

Dieses Buch ist aus einem Seminar hervorgegangen, das während zweier Jahre an der Ecole polytechnique stattfand. Es verdankt vieles der Geduld und dem Humor meiner Studenten. Ihnen widme ich daher dieses Werk, das sie lange mit mir bemuttert haben.

Inhalt

Vorwort

1780: Der Polizeileutnant Lenoir stellt nicht ohne Bitterkeit fest, daß von den 21 000 Kindern, die jährlich in Paris geboren werden, knapp tausend von ihrer Mutter gestillt werden. Weitere tausend genießen das Privileg, im Elternhaus von Säugammen gestillt zu werden. Alle anderen werden im zartesten Alter bei einer Pflegemutter untergebracht, die unter Umständen weit weg lebt.

Zahlreiche Kinder sterben, ohne je den Blick ihrer Mutter erlebt zu haben. Diejenigen, die einige Jahre später in den Schoß der Familie zurückkehren, entdecken in der Frau, die ihnen das Leben geschenkt hat, eine Fremde. Es gibt keinen Beweis dafür, daß dieses Wiedersehen freudig gefeiert worden wäre oder daß die Mutter sich beeilt hätte, ein Bedürfnis nach Zärtlichkeit, das uns heute natürlich erscheint, zu befriedigen.

Die Zahlen, die der Pariser Polizeileutnant nennt, machen nachdenklich. Wie kann man sich erklären, daß der Säugling in einer Zeit, da die Muttermilch und die mütterliche Pflege für ihn eine größere Überlebenschance bedeuten, fremden Händen überlassen wird? Wie ist ein solches Desinteresse am Kind zu verstehen, das zu unseren heutigen Wertvorstellungen in Widerspruch steht? Haben die Frauen in der Zeit vor der französischen Revolution immer so gehandelt? Woran liegt es, daß die Gleichgültige des 18. Jahrhunderts sich in die besorgte Mutter des 19. und 20. Jahrhunderts verwandelt hat? Dieser Wandel der mütterlichen Einstellung ist schon ein seltsames Phänomen: Er widerspricht der weitverbreiteten Vorstellung von einem Instinkt, der gleichermaßen das Tierweibchen und die Frau auszeichnen soll.

Die Mutterliebe ist so häufig als etwas Instinkthaftes bezeichnet worden, daß wir gern glauben, ein solches Verhalten sei unabhängig von Raum und Zeit in der Natur der Frau verankert. Wir meinen, daß jede Frau, wenn sie Mutter wird, die Antworten auf alle Fragen, die ihr neuer Zustand aufwirft, in sich selbst findet. So als wartete eine vorgeformte, automatische und naturnotwendige Aktivität nur auf die Gelegenheit abzulaufen. Da die Fortpflanzung etwas Natürliches ist, meint man, daß dem biologischen und physiologischen Phänomen der Schwangerschaft eine ganz bestimmte mütterliche Haltung entsprechen müsse.

Die Fortpflanzung hätte keinen Sinn, wenn die Mutter nicht ihr Werk vollenden und konsequent dafür sorgen würde, daß der Fötus überlebt und der Embryo zu einem vollständigen Individuum wird. Bestätigt wird diese Vorstellung durch den zweideutigen Gebrauch des Begriffs der Mutterschaft, der sich sowohl auf einen vorübergehenden physiologischen Zustand, die Schwangerschaft, als auch auf ein langfristiges Handeln, die mütterliche Fürsorge und Erziehung, bezieht. Danach wäre die Aufgabe der Mutter streng genommen erst dann beendet, wenn die Mutter schließlich vom Erwachsenen entbunden wäre.

Aus dieser Sicht werden wir schwerlich verstehen können, daß die Mutterliebe versagt, daß im städtischen Frankreich des 17. Jahrhunderts eine gewisse Gefühlskälte und ein Hang zur Vernachlässigung auftreten und sich im folgenden Jahrhundert ausbreiten. Man hat diese Erscheinung, die von den Historikern ordnungsgemäß vermerkt wurde, immer wieder mit wirtschaftlichen und demographischen Gründen gerechtfertigt. Man hätte auch sagen können, daß der Lebensinstinkt sich gegenüber dem Mutterinstinkt durchsetzte. So hat man denn auch eingeräumt, daß dieser Instinkt formbar ist und unter Umständen durch etwas anderes verdrängt werden kann.

Dieses Zugeständnis wirft eine Reihe von Fragen auf: Was ist das für ein Instinkt, der bei den einen auftritt und bei den anderen nicht? Muß man alle Frauen, bei denen er sich nicht zeigt, als »anormal« betrachten? Und was soll man von einem pathologischen Verhalten denken, das so viele Frauen aus unterschiedlichen Verhältnissen betrifft und sich jahrhundertelang erhält?

Es ist jetzt über dreißig Jahre her, daß eine Philosophin, Simone de Beauvoir, den Mutterinstinkt in Frage stellte. Im gleichen Sinne äußerten sich Psychologen und Soziologen – überwiegend Frauen. Da diese Frauen jedoch Feministinnen waren, tat man so, als hätten sie sich stärker von kämpferischen als von wissenschaftlichen Überlegungen leiten lassen. Nicht wenige haben, statt die Arbeiten dieser Frauen zu diskutieren, sich ironisch über die freiwillige Unfruchtbarkeit der einen und über die Aggressivität und Virilität der anderen ausgelassen.

Was die Untersuchungen über »primitive« Gesellschaften betrifft, so hütete man sich, daraus die notwendigen Lehren zu ziehen. Sie waren so fern, so klein, so archaisch! Daß in einigen der Vater mütterlicher ist als die Mutter oder daß die Mütter gleichgültig, ja sogar grausam sind, hat auf unsere Sicht der Dinge keinen wirklichen Einfluß gehabt. Wir waren nicht fähig oder nicht bereit, unsere Norm aufgrund dieser Ausnahmeerscheinungen in Frage zu stellen.

Allerdings sind die Begriffe des Instinkts und der menschlichen Natur seit einiger Zeit in Verruf geraten. Bei näherem Zusehen fällt es schwer, universale und naturnotwendige Haltungen zu entdecken. Und da die Verhaltensforscher selbst darauf verzichtet haben, in bezug auf den Menschen von Instinkt zu sprechen, ist man sich unter den Intellektuellen einig geworden, das Wort auf den Abfallhaufen der überholten Begriffe zu werfen. Der Mutterinstinkt ist also nicht mehr zeitgemäß. Doch obwohl man das Wort verworfen hat, hat sich eine Vorstellung von der Mutterschaft lebendig erhalten, die dem alten, aufgegebenen Begriff zum Verwechseln ähnlich sieht.

So sehr man auch einräumen mag, daß die Einstellung der Mutter nicht instinktbedingt ist – man glaubt immer noch, die Liebe der Mutter zu ihrem Kind sei so stark und etwas so Allgemeines, daß doch etwas Natürliches daran sein muß. Das Vokabular hat sich geändert, nicht aber die Illusionen.

In dieser Auffassung wurden wir vor allem durch die Verhaltensforscher bestärkt, die das Verhalten unserer Cousinen ersten Grades, der Weibchen der höheren Affen, gegenüber ihren Jungen untersucht haben. Einige glaubten daraus Schlüsse bezüglich der Haltung der Frauen ziehen zu können. Da diese Affen uns so sehr ähnelten, mußte man doch folgern, daß wir wie sie seien ...

Manch einer hat diese Vetternschaft bereitwillig akzeptiert, zumal man mit der Ersetzung des Instinktbegriffs (den man den Affenweibchen überließ) durch den Begriff der Mutterliebe den Anschein erweckte, sich vom Tierreich zu entfernen. Das mütterliche Gefühl wirkt nicht so mechanisch oder automatisch wie der Instinkt. Man hat dabei zwar das Gegenstück zu dieser Instinktautomatik, nämlich die Bedingtheit, die Vergänglichkeit der Liebe übersehen, doch war unser Stolz darüber, daß wir Humanoiden sind, befriedigt.

In Wirklichkeit hat man dadurch den Widerspruch noch verschärft. Denn wenn man auch den Instinkt zugunsten der Liebe aufgegeben hat, so behält diese doch die Merkmale des Instinkts. In unserem Denken oder vielmehr in unserem Herzen behält die Mutterliebe etwas von Naturnotwendigkeit. Und trotz liberaler Intentionen wird eine Mutter, die ihr Kind nicht liebt, noch immer als eine Verirrung oder als Skandal empfunden. Wir sind eher bereit, alles zu erklären und alles zu entschuldigen, statt die Tatsache, so brutal sie ist, anzuerkennen. Der Gedanke, daß die Mutterliebe nicht etwas Unumstößliches sei, widerstrebt uns zutiefst. Vielleicht, weil wir uns weigern, die absolute Liebe unserer eigenen Mutter in Frage zu stellen ...

Die Geschichte des mütterlichen Verhaltens der Französinnen über vier Jahrhunderte hinweg ist wenig trostreich. Sie weist nicht nur eine große Vielfalt in den Einstellungen und in der Qualität der Liebe auf, sondern auch lange Perioden des Schweigens. Manche werden vielleicht sagen, daß Worte und Verhaltensweisen nicht das Innerste der Seele enthüllen und daß etwas Unsagbares bleibt, das wir nicht erfassen. Ihnen sind wir versucht, mit dem Wort von Roger Vailland zu antworten: »Es gibt keine Liebe, es gibt nur Beweise der Liebe.« Warum soll man also, wenn die Beweise fehlen, daraus nicht seine Konsequenzen ziehen?

Die Mutterliebe ist nur ein menschliches Gefühl. Sie ist, wie jedes Gefühl, ungewiß, vergänglich und unvollkommen. Sie ist möglicherweise – im Gegensatz zur verbreiteten Auffassung – kein Grundbestandteil der weiblichen Natur. Wenn man verfolgt, wie sich die Einstellungen von Müttern gewandelt haben, stellt man fest, daß das Interesse und die Hingabe für das Kind da sind oder auch nicht da sind. Mal gibt es Zärtlichkeit, mal nicht. Die Mutterliebe drückt sich in unterschiedlichster Weise aus – mal stärker, mal schwächer, mal gar nicht oder fast nicht.

Überzeugt, daß die gute Mutter eine Realität unter anderen möglichen Realitäten ist, sind wir auf die Suche nach den verschiedenen Gestalten der Mutterschaft gegangen, darunter auch jene, die man heute verdrängt, vermutlich, weil sie uns Angst machen.

I

Die nichtvorhandene Liebe

Will man den Einstellungswandel der Mütter untersuchen und seine Ursachen verstehen, so darf man sich nicht nur an die Statistiken über Kindersterblichkeit oder an diese und jene persönliche Aussage halten. Die Mutter im geläufigen Wortsinne (also die verheiratete Frau, die eheliche Kinder hat)[1] ist eine *relative und dreidimensionale* Persönlichkeit. Relativ, weil sie nur in bezug auf den Vater und das Kind zu denken ist, dreidimensional, weil die Mutter über diese doppelte Beziehung hinaus auch eine Frau ist, also ein spezifisches Wesen mit eigenen Bestrebungen, die häufig mit denen des Mannes oder mit den Wünschen des Kindes nichts zu tun haben. Jede Untersuchung der mütterlichen Verhaltensweisen muß diesen verschiedenen Variablen Rechnung tragen.

Es ist also nicht möglich, von einem der Mitglieder der familialen Mikrogesellschaft zu sprechen, ohne die beiden anderen zu erwähnen. Die Dreiecksbeziehung ist nicht nur eine psychologische Tatsache, sondern auch eine soziale Realität.

Die jeweiligen Rollen des Vaters, der Mutter und des Kindes werden anhand der Bedürfnisse und herrschenden Wertvorstellungen einer Gesellschaft festgelegt. Wenn der Scheinwerfer der Ideologie nur den Mann und Vater ins Licht rückt und ihm alle Vollmachten verleiht, tritt die Mutter in den Schatten zurück, und ihr Status gleicht dem des Kindes. Wenn sich die Gesellschaft dagegen für das Kind, sein Überleben und seine Erziehung interessiert, ist der Scheinwerfer auf die Mutter gerichtet, die zu Lasten des Vaters zur Hauptperson wird. Sie zeigt in den beiden Fällen gegenüber dem Kind und dem Ehemann ein unterschiedliches Verhalten. Je nachdem, ob die Gesellschaft die Mutterschaft aufwertet oder abwertet, wird die Frau eine mehr oder weniger gute Mutter sein.

Doch zeichnet sich, abgesehen von der Bedeutung der herrschenden

Wertvorstellungen und der gesellschaftlichen Notwendigkeiten, ein weiterer Faktor ab, der in der Geschichte des mütterlichen Verhaltens nicht minder wichtig ist. Dieser Faktor ist der stumme Kampf der Geschlechter, der sich so lange in der Herrschaft des einen über das andere ausgedrückt hat. In diesem Konflikt zwischen Mann und Frau spielt das Kind eine wesentliche Rolle. Wer es beherrscht und auf seiner Seite hat, kann damit rechnen, sich durchzusetzen, sofern die Gesellschaft dabei auf ihre Rechnung kommt. Solange das Kind der väterlichen Autorität unterworfen war, mußte die Mutter sich damit begnügen, die Nebenrollen im Hause zu spielen. Je nach der geschichtlichen Epoche und der sozialen Schicht hat die Frau darunter gelitten oder es genutzt, um sich ihren Mutterpflichten zu entziehen und sich vom Joch des Ehemannes zu emanzipieren.

Wird dagegen das Kind zum Objekt der mütterlichen Zärtlichkeit, dann setzt sich die Ehefrau gegen ihren Mann durch, zumindest innerhalb der Familie. Und wenn das Kind zum unangefochtenen König in der Familie wird, wird man mit dem Einverständnis des Vaters von der Mutter fordern, daß sie die Bestrebungen, die sie als Frau verfolgt, aufgibt. Mit den sowohl für das Kind wie für den Mann lästigen Autonomiebestrebungen der Frau wird daher am besten jene Mutter fertig, die sich, ungewollt den männlichen Wertvorstellungen unterliegend, innerhalb der Familie durchgesetzt hat. Das Kind ist dabei ohne es zu wissen der objektive Verbündete des Mannes und Vaters. Aber greifen wir nicht vor.

Im ersten Teil dieses Buches soll den Personen, die in der Geschichte der Mutter eine Rolle spielen, ihr Platz zugewiesen werden, und es soll erklärt werden, warum das Verhalten der Mütter während einer fast zwei Jahrhunderte dauernden Periode häufig zwischen Gleichgültigkeit und Ablehnung schwankte.

Es wäre ungerecht, ja sogar grausam gewesen, nur über das Verhalten der Mutter zu sprechen, ohne seine Beweggründe zu erläutern. Wir werden deshalb, bevor wir zur Mutter kommen, eine Zeitlang beim Vater und beim Kind verweilen, um festzustellen, welche Funktionen der eine erfüllte und welche Stellung man dem anderen zuwies.

1. Die lange Herrschaft der Autorität des Vaters und Ehemanns

So weit wir auch in der Geschichte der abendländischen Familie zurückgehen mögen, stets treffen wir auf die väterliche Gewalt, die mit der Autorität des Ehemannes Hand in Hand geht.

Diese doppelte Autorität hat nach Ansicht der Historiker und Rechtswissenschaftler ihren fernen Ursprung in Indien. In den Weden und Sutras, den heiligen Schriften der Arier und Brahmanen, wird die Familie als eine religiöse Gruppe dargestellt, deren Oberhaupt der Vater ist. Als solcher hat er vor allem richterliche Funktionen. Da er darüber zu wachen hat, daß die Mitglieder der familialen Gruppe (Frauen und Kinder) sich gut führen, ist er allein vor der Gesamtgesellschaft für ihr Handeln verantwortlich. Seine Machtstellung äußert sich daher vor allem in dem uneingeschränkten Recht, zu richten und zu strafen.

Die Vollmachten des Familienoberhaupts, das über die Seinen richtet, finden wir fast unverändert auch im Altertum, obwohl sie in der griechischen Gesellschaft etwas abgeschwächt und bei den Römern verstärkt sind. Als Bürgerin von Athen oder Rom nahm die Frau ihr Leben lang die Stellung einer Unmündigen ein, die sich von der ihrer Kinder kaum unterschied.[1]

Erst mit der Botschaft Christi änderten sich die Dinge, zumindest in der Theorie. Von dem revolutionären Prinzip der Liebe geleitet, verkündete Jesus, daß die väterliche Autorität nicht im Interesse des Vaters, sondern im Interesse des Kindes errichtet worden sei und daß die Ehefrau und Mutter nicht seine Sklavin, sondern seine Gefährtin sei.

Durch das Gebot der Nächstenliebe begrenzte Jesus die Autorität, woher sie auch stammen mochte. Indem er die Ehe zu einer göttlichen Einrichtung erhob, stärkte er die Kameradschaftlichkeit und damit die Gleichheit zwischen den Eheleuten. Er machte dadurch einem unmäßigen Recht des Mannes, dem Recht, die Frau zu verstoßen, und der Polygamie ein Ende.

Die Botschaft Christi war klar: Mann und Frau waren gleich und hatten gegenüber ihren Kindern die gleichen Rechte und Pflichten.

Wenn einige Apostel und Theologen die Botschaft auch durch ihre Interpretation verdunkelten und sie sogar, wie wir noch sehen werden, verrieten, so veränderte doch das Wort Christi die Stellung der Frau weitgehend. In Frankreich äußerte sich die von der Kirche verkündete Gleichheit bis zum Ende des 13. Jahrhunderts in einer Reihe von Rechten, die der Frau, zumindest der Frau der höheren Klassen,[2] eingeräumt wurden.

Im Hochmittelalter wird die väterliche Gewalt immer mehr abgeschwächt, rascher im Norden[3] (Gewohnheitsrecht), weniger rasch im Süden Frankreichs (Römisches Recht). Zwar kann im Süden Frankreichs der Vater noch im 13. Jahrhundert sein Kind ohne großen Nachteil für sich töten, doch wird die väterliche Gewalt eingeschränkt durch die Mutter und durch die Institutionen, die sich in wachsendem Maße in das Familienleben einschalten. Die Ausbreitung des Römischen Rechts in Frankreich setzt dem liberalen Einfluß der Kirche und des kanonischen Rechts ein Ende. Vom 14. Jahrhundert an schrumpfen die wirtschaftlichen Rechte der Frau wie ein Chagrinleder, so daß von ihren ehemaligen Rechten zwei Jahrhunderte später nichts mehr übrig ist. Parallel dazu dringt vom 16. Jahrhundert ab bis zum 18. Jahrhundert die väterliche Autorität wieder vor, was nicht nur dem Einfluß des Römischen Rechts, sondern auch dem politischen Absolutismus zuzuschreiben ist.

Wenn sich das Schicksal der Frau durch den Einfluß der Kirche besserte, so galt das allerdings nur für die höheren Klassen. Den anderen war ein nicht gerade glänzendes Schicksal beschieden. In der Praxis besaß der Ehemann das Recht, seine Frau zu züchtigen, und trotz der Worte Christi über die kindliche Unschuld war das Los der Kinder noch schlimmer als das ihrer Mutter. Die Botschaft Jesu wurde durch allzu viele Interessen und Diskurse unterdrückt. Im 17. Jahrhundert hatte sich die Gewalt des Ehemanns und Vaters mit Abstand gegenüber der Liebe durchgesetzt, aus einem einfachen Grunde: Die gesamte Gesellschaft war auf dem Autoritätsprinzip aufgebaut.

Drei Diskurse vermischten und verstärkten sich gegenseitig in der Rechtfertigung des Prinzips und der Tatsachen: der des Aristoteles, der bewies, daß die Autorität natürlichen Ursprungs sei, der der Theologie, der behauptete, daß sie göttlichen Ursprungs sei, schließlich der Diskurs der Politiker, die sich auf beide zugleich beriefen.

Das aristotelische Erbe

Aristoteles hat als erster eine philosophische Rechtfertigung der Autorität des Ehemanns und Vaters geliefert. Mit ihm, bei dem man bis zu jener Zeit so viele geistige Anleihen gemacht hatte, müssen wir uns einen Augenblick lang befassen, wenn wir die soziale und familiale Wirklichkeit des 17. Jahrhunderts und deren Grundlagen verstehen wollen.

Das seiner gesamten politischen Philosophie zugrunde liegende Prinzip lautete folgendermaßen: Die Autorität des Mannes ist legitim, weil sie auf der natürlichen Ungleichheit zwischen den Menschen beruht.[4] Vom seelenlosen Sklaven bis zum Herrn der *domus* hat jeder einen bestimmten Status, der sein Verhältnis zu den anderen festlegt.

Im Gegensatz zu dem Sklaven, den jedes Mitglied der *familia* »gebrauchen und mißbrauchen« konnte, galt das Kind des Bürgers als ein menschliches und potentiell freies Wesen. Unvollkommen, weil unfertig, und mit einer zunächst sehr beschränkten Entscheidungsfähigkeit begabt, besteht seine Tugend darin, dem reifen Mann zu gehorchen, dem es unmittelbar nach der Entwöhnung anvertraut wird.

Was die Bürgerin angeht, so ist sie ihrem Wesen nach dem Mann unterlegen, gleichgültig, wie alt sie ist. Unter metaphysischem Gesichtspunkt geringwertig, weil sie das negative Prinzip, die Materie, verkörpert (im Gegensatz zum Mann, der die Form, das mit Denken und Intelligenz gleichgesetzte göttliche Prinzip, personifiziert), soll die Frau auch bei der Empfängnis eine untergeordnete Bedeutung haben.[5] Der Erde ähnlich, in die eingesät werden muß, besteht ihr einziges Verdienst darin, ein guter Bauch zu sein. Da sie mit einer geringen Urteilsfähigkeit ausgestattet ist, folgert der Philosoph logisch, daß auf ihre Meinung keine Rücksicht zu nehmen sei. Die einzige sittliche Tugend, die er ihr zugestand, bestand im »Sieg über die Schwierigkeit zu gehorchen«. Ihre Ehre lag in einem »zurückhaltenden Schweigen«.

Da sie außerdem von ihrem Ehemann gekauft worden war, war sie für ihn ein Besitz unter anderen Besitztümern. Ihre Stellung unterschied sich daher kaum von der des Kindes, bevor dieses ihr nach der Entwöhnung entzogen wurde.

Die Stellung des allmächtigen Vaters, Gatten und Herrn kann nur mit seinem Wesen erklärt werden. Da er das Geschöpf ist, das am Göttlichen den regsten Anteil hat, beruhen seine Vorrechte ausschließlich auf seiner ontologischen Qualität. Es ist »natürlich«, daß das vollendetste der Geschöpfe den übrigen Mitgliedern der *familia* befiehlt, und zwar in zweierlei Weise: kraft seiner Ähnlichkeit mit dem Göttlichen, wie »Gott seinen Geschöpfen befiehlt«, und kraft seiner politischen, wirtschaftlichen und rechtlichen Verantwortung, wie ein »König seinen Untertanen«.

Auf diese beiden aristotelischen Themen werden die christliche Theologie und die Theoretiker der absoluten Monarchie immer wieder zurückgreifen.

Die christliche Theologie

Im Widerspruch zu der Liebesbotschaft und dem egalitären Diskurs Christi machte sich die christliche Theologie aufgrund ihrer jüdischen Ursprünge mitverantwortlich für die Stärkung und Rechtfertigung der Autorität des Vaters und Ehemanns, indem sie sich ständig auf zwei Texte berief, die für die Geschichte der Frau folgenreich waren.

Der *erste* dieser Texte ist die Schöpfungsgeschichte.[6] Wir wollen kurz an die drei Akte des Dramas erinnern.

Erster Akt: Erschaffung des Menschen, der, kaum aus Gottes Händen entlassen, allen vor ihm geschaffenen Tierarten ihren Namen gibt. Als Gott sieht, daß er enttäuscht darüber ist, unter ihnen nicht die zu ihm passende Gehilfin zu finden, läßt er ihn einschlafen, nimmt eine seiner Rippen und formt darum ein Gebilde aus Fleisch. So entsteht die Frau.[7]

Zweiter Akt: Die Frau, verantwortlich für die Sünde, ist der Untergang des Mannes. Man kennt die versucherische Rede der Schlange, die Eva versprach, sie werde sein wie Gott und wissen, was gut und böse ist. Sie aß von der Frucht und gab Adam davon, der sie nicht zurückwies. Als er den Ungehorsam seiner Geschöpfe bemerkte, verlangte Gott Rechenschaft von Adam, der bereits für das Paar verantwortlich war. Dieser antwortete kläglich: »Eva hat es mir gegeben, und ich habe davon gegessen.« In dieser Angelegenheit fanden sich Kühnheit, Wißbegier und Machtwillen bei der Frau.

Dritter Akt: die Flüche. An die beiden ersten, Eva verheißenen Flüche erinnert sich jeder: »Ich will dir viel Schmerzen schaffen, wenn du schwanger wirst; du sollst mit Schmerzen Kinder gebären.« Den dritten Fluch, der für Jahrtausende folgenreich war, hat man vielleicht vergessen: »Dein Verlangen soll nach deinem Manne sein, und er soll dein Herr sein.« Mit dem Verlangen sind notwendig Passivität, Unterwerfung und Entfremdung verknüpft, die das weitere Dasein der Frau bestimmen. Adam, in seiner Herrenrolle bestätigt, wurde lediglich dazu verdammt, hart zu arbeiten und wie Eva zu sterben.

Aus diesem wichtigen und gleich am Anfang der Bibel stehenden Text ergibt sich eine Reihe von Konsequenzen für das Bild und die Stellung Evas. Leichter den Versuchungen des Fleisches und der Eitelkeit zugänglich, hat sie sich durch ihre Schwäche am Unglück des Menschen beziehungsweise Mannes schuldig gemacht. Im besten Falle kann sie als ein schwaches und leichtfertiges Geschöpf gelten.

Gewisse Kirchenväter sollten dieses erste Bild jedoch noch verschlimmern. Bald mit der Schlange selbst gleichgesetzt, also mit dem Dämon der Versuchung, wurde Eva zum Symbol des Bösen. Diese Vorstellung breitet sich rasch aus und setzt sich auf dem Wege der Tradition gegen die Worte Christi durch.

Seit dem 4. Jahrhundert häufen sich die Schmähreden, in denen den Frauen eine natürliche Bosheit unterstellt wird. Mehr oder weniger bewußt berufen sie sich auf Texte des heiligen Augustin, in denen von den schlechten Voraussetzungen der Frau die Rede ist: »Ein Tier, das weder entschieden noch beständig ist, haßerfüllt, auf Schlechtigkeiten sinnend ... ist sie die Quelle aller Auseinandersetzungen, Streitigkeiten und Ungerechtigkeiten.«[8]

Genauso sprachen und dachten gemeinhin die einfachen Männer über die Frauen. Um sich davon zu überzeugen, braucht man nur den Text heranzuziehen, den Emmanuel LeRoy Ladurie über das kleine Dorf Montaillou zu Beginn des 14. Jahrhunderts veröffentlicht hat. Dort liest man, daß ein Mann seine Ehefrau als Sau beschimpft, ein anderer, obwohl er seine Tochter liebt, erklärt, die Frau sei etwas Schändliches. Ein dritter behauptet, die Seele der Frau könne erst ins Paradies gelangen, nachdem sie sich zuvor in einem Mann reinkarniert hat. Ein vierter sagt, die Frauen seien Dämonen usw. Diese Dämonen und diese Säue konnte man natürlich nach Herzenslust verprügeln. Sie teilten, kaum als menschliche Wesen geltend, das Schicksal der Kinder.

Der *zweite* Text, der eine für das Dasein der Frauen bedeutsame historische Rolle spielte, war der Brief des Paulus an die Epheser. Der Apostel entwickelte darin eine Theorie von der Gleichheit, welche die Gedanken Jesu vollkommen entstellte. Gewiß, sagte Paulus, hätten Mann und Frau gleiche Rechte und Pflichten. Dabei handele es sich aber um eine Gleichheit zwischen Menschen, die einander nicht gleich sind, so daß eine Hierarchie nicht ausgeschlossen ist.

Der Mann soll das Haupt der Ehe sein, denn er wurde als erster erschaffen, und aus ihm ist die Frau entstanden. Ihm gebührt daher die Befehlsgewalt. Paulus fügt zwar hinzu, die Befehle des Mannes sollten gemäßigt sein durch die Liebe und Achtung, die er seiner Frau schuldet, der auch eine gewisse Überredungskraft (schlichte Gabe der Rhetorik) zugestanden wird, doch letzten Endes entscheidet der Mann. Paulus faßte die Beziehung zwischen Mann und Frau in einer Formel zusammen, die jahrhundertelang erfolgreich war: »Ihr Männer, liebet eure Weiber, gleichwie Christus auch geliebt hat die Gemeinde, aber wie nun die Gemeinde ist Christo untertan, also auch die Weiber ihren Männern in allen Dingen.«[9]

Diese so widerspruchsvolle Theorie von der Gleichheit in der Ungleichheit mußte zwangsläufig auf die Ausschaltung eines der Glieder hinauslaufen. Das Bild vom Vater und Ehemann, der die Stelle Christi einnimmt, setzt sich durch gegen die von demselben Christus verkündete Gleichheit. Paulus selbst leitete diesen Wandel mit der Empfehlung ein: »Die Weiber seien untertan ihren Männern als dem Herrn ... Ihr Kinder, seid gehorsam euren Eltern in dem Herrn ... Seid gehorsam euren leiblichen Herren mit Furcht und Zittern ... Als die Knechte Christi ... mit gutem Willen.«[10]

Dem Vater und Ehemann waren also seine Vollmachten von Gott übertragen worden. Wenn sie auch durch die Zuneigung gemäßigt war, so war seine Macht dennoch absolut, despotisch. Und der Frau empfahl Paulus – wie einst Aristoteles –, ein ihrer Inferiorität entsprechendes Verhalten zu beobachten, nämlich Zurückhaltung und Schweigen.

Auf solche Schirmherrschaft gestützt, heben die kirchlichen Moralvorschriften bis zum 17. Jahrhundert die Unterordnung der Frau unter ihren Mann hervor. Bei dem großen Lyoner Prediger Benedicti liest man: »Falls die Frau die Leitung des Hauses gegen den Willen ihres Mannes an sich reißen will, wenn er es ihr aus einem guten Grunde untersagt, *sündigt* sie, weil sie nichts gegen ihren Mann tun soll, dem sie *aufgrund menschlichen und göttlichen Rechts unterworfen* ist.«[11] Und weiter unten: »Die ob ihres Verstandes, ihrer Schönheit, ihres Besitzes, ihres Erbteils von Stolz erfüllte Frau setzt ihren Mann herab, wenn sie ihm nicht gehorchen will ... Sie widersetzt sich damit dem Spruch Gottes, aufgrund dessen Er will, daß die Frau dem Manne untertan sei, denn *er ist edler und vortrefflicher als die Frau*, in Anbetracht dessen, daß er *das Abbild Gottes und die Frau nur das Abbild des Mannes* ist.«[12]

Genau wie seine Zeitgenossen hebt Benedicti die weibliche Bosheit hervor. Er prangert die Frau an, »die, streitsüchtig und ungeduldig, ihren Mann provoziert, den Namen Gottes zu lästern ... denn gesetzt den Fall, sie hätte recht, soll sie lieber schweigen und ihren Unmut hinunterschlucken, als ihn dazu zu bringen, daß er schimpft und flucht ...«.

Immer wird Eva für die Sünden Adams verantwortlich gemacht. Flandrin bemerkt allerdings mit Recht, daß »all diese Artikel, die auf die Befehlsgewalt des Mannes hinweisen, gleichfalls die Schwierigkeiten erahnen lassen, auf die die Männer durchweg in ihrer Ehe stießen.«[13]

Nicht minder real, wenn auch weniger augenfällig, muß der Kampf zwischen Eltern und Kindern und namentlich der zwischen Vater und Sohn gewesen sein, wenn ein göttliches Gesetz wie das vierte Gebot nötig war: »Du sollst Vater und Mutter ehren, auf daß du lange lebest.« Wenn man das liest, muß einem die darin enthaltene Idee des Tauschhandels und die indirekte Drohung, die ihr zugrunde liegt, ins Auge springen. Dieser Respekt – sprechen wir nicht von Liebe – muß wenig natürlich gewesen sein, wenn es nötig war, ihn gesetzlich vorzuschreiben! Auch muß es schwierig gewesen sein, seine Eltern zu ehren, wenn einem dafür die höchste Belohnung versprochen wurde: ein langes Leben. Oder, falls man dagegen verstieß, die exemplarische Bestrafung: der Tod.

Die Kirchenväter, die über die wirklichen Beziehungen zwischen Eltern und Kindern recht gut Bescheid wußten,[14] gingen auf dieses schreckliche Thema nicht weiter ein. Sie begnügten sich damit, die väterliche Autorität zu rechtfertigen, indem sie wiederholt darauf verwiesen, daß der Vater vor Gott für seine Kinder verantwortlich sei und daß man ihm deshalb auch ermöglichen müsse, diese Verantwortung wahrzunehmen. Andererseits legitimierten sie die Autorität des Ehemanns mit der philosophischen Lehre von der Unbeständigkeit der Frau. Nach Aristoteles mangelte es der Frau an ontologischer Festigkeit, und für die Theologen war sie eine »Schelmin«, bestenfalls ein »schwaches Wesen«. Bis ins 20. Jahrhundert hinein sollten die Männer diese Lektion behalten.

Im 13. Jahrhundert ist es in einem Dorf wie Montaillou üblich, seine Frau als Teufelin zu beschimpfen. Die Männer, die höflicher sein wollten, ließen nach und nach den Vorwurf der Boshaftigkeit fallen, entwickelten dafür aber die Idee der weiblichen Schwäche und Gebrechlichkeit.

Das Wort »Gebrechlichkeit« enthält als Bedeutungselemente Mangelhaftigkeit, Hilflosigkeit und Mißbildung. Es besitzt also zwei Konnotationen: Krankheit und Monstrosität. Damit ist das historisch zu beobachtende Verhalten der Männer gegenüber ihren Frauen in hohem Maße zu rechtfertigen.

Aus Tausenden von Belegen (Lieder, Redensarten und theoretische Texte) hier nur vier Beispiele für eine solche Denkweise:

Zunächst ein Ratschlag von Fénélon an einen künftigen Ehemann, wie er sich seiner Frau gegenüber verhalten solle: »Schonen Sie sie, gehen Sie sanft und zärtlich mit ihr um, lenken Sie sie, eingedenk der *Gebrechlichkeit* ihres Geschlechts.«[15] Zu der Frau sagt er: »Und Sie, die Gemahlin, gehorchen Sie ihm als demjenigen, der *Gott auf Erden* repräsentiert.«

Auf die Lehre des Paulus stößt man ebenfalls in den Argumenten von Richtern und Anwälten, wenn im 17. Jahrhundert zwischen Eheleuten prozessiert wird, vor allem bei dem Verlangen nach Trennung von Tisch und Bett. Als letztes Argument wird den Frauen stets das Urteil entgegengehalten, das Gott in der Schöpfungsgeschichte gegen sie verhängt hat. Das Alte Testament und der Brief an die Epheser waren lange Grundlage der Rechtsprechung.

Ein weiterer Beleg: Ein wohlhabender Bauer des 18. Jahrhunderts, der Vater von Rétif de la Bretonne, wendet sich mit den folgenden Worten an seine Frau: »Sagen Sie mir, woher diese *Kraft* kommt, welche die Natur dem Mann verliehen hat? Woher kommt es, daß er im übrigen stets persönlich *frei* ist, *beherzt*, *mutig*, ja sogar *kühn*: Ist es deshalb, damit er als schwächlicher Liebediener (vor der Frau) kriecht? Woher kommt es, daß die Natur Sie so reizend, *schwach und dabei furchtsam* geschaffen hat? ... Ist es deshalb, damit Sie streng und von oben herab kommandieren? ... Das wichtigste Mittel, um in der Ehe glücklich zu sein ... ist, daß das Haupt befiehlt und die Ehefrau aus Liebe tut, was man bei jeder anderen als einer Ehefrau (nämlich einer Dienerin) gehorchen nennen würde.«[16]

Als letztes Beispiel und näher an unserer Gegenwart die Rechtfertigung der Autorität des Ehemannes im französischen Bürgerlichen Gesetzbuch. Bekanntlich hat Napoleon persönlich interveniert, um die Autorität des Ehemannes, die am Ende des 18. Jahrhunderts leicht ins Wanken geraten war, wieder voll herzustellen. Er beharrte darauf, daß die Frau am Tag der Eheschließung ausdrücklich anerkennen müsse, daß sie ihrem Mann Gehorsam schulde. Da die Verfasser des Gesetzes sich über diese Beharrlichkeit wunderten, soll Napoleon unter Anspielung auf den Wortlaut der Schöpfungsgeschichte erwidert haben: »Der Engel hat es zu Adam und Eva gesagt.« Im Artikel 212 des Code civil haben die Gesetzgeber Napoleons Vorurteile förmlich niedergelegt. Sie stellten die Entscheidungsgewalt des Ehemanns auf die doppelte Grundlage der weiblichen Gebrechlichkeit und der Notwendigkeit einer einheitlichen Leitung in der Ehe.

Der politische Absolutismus

Dieser dritte, namentlich von Bossuet vertretene Diskurs sollte die väterliche Autorität stärken, um auf diese Weise der absoluten Monarchie eine bessere rechtliche Grundlage zu verschaffen und den Königen zu erlauben, eine legitime Autorität gegenüber ihren Untertanen auszuüben, ohne diesen in irgendeiner Weise verpflichtet zu sein.

Dem von Aristoteles vorgezeichneten Weg folgend, bekräftigte Bossuet das Dogma von der natürlichen Ungleichheit und verwies auf »die Überlegenheit, die aus der Generationenfolge herrührt« und die Abhängigkeit und Unterwerfung der Kinder unter die Eltern zur Folge habe.[17]

Aus der Annahme, daß die väterliche Autorität sich nach und nach zur Autorität des Herrschers gewandelt habe, folgert Bossuet, daß die Natur der königlichen Autorität durch ihren Ursprung geprägt bleibe und daher immer eine wesentlich väterliche sei. Er leitet daraus eine Reihe von Urteilen ab, die ganz für den Herrscher und den Vater sprechen. Da es eine natürliche Güte des Vaters gegenüber seinen Kindern gibt und die königliche Autorität eine väterliche ist, ist ihr Wesensmerkmal ebenfalls die Güte. Der König will nur das Beste für seine Untertanen, so wie der Vater für seine Kinder, auch dann, wenn er sie bestraft.

Bestätigt wurde diese Auffassung durch die Tatsache, daß die göttlichen Gesetze (die zehn Gebote) sich über eine Pflicht der Eltern, ihre Kinder zu lieben, ausschweigen. Als ob die Sache so natürlich wäre, daß es überflüssig war, ein Gesetz zu erlassen oder sie auch nur zu erwähnen. Erst sehr viel später werden wir wieder auf das Thema der Härte und des Egoismus der Eltern stoßen.

Hingegen stößt man immer wieder auf das Thema der Undankbarkeit und Bösartigkeit der Kinder. Es scheint eine feststehende Tatsache zu sein, daß der Strom der Liebe ungehindert von den Eltern zu den Kindern fließt, während der umgekehrte Weg sehr viel unsicherer ist. Hat nicht übrigens Vauvenargues gesagt: »Um ein guter Vater zu sein, braucht man nur Mann zu sein, doch wenn man nicht ein anständiger Mann ist, wird man kaum ein guter Sohn sein«?[18] Und Montesquieu geht noch weiter: »Die väterliche Gewalt ist von allen Gewalten diejenige, deren Mißbrauch am wenigsten zu fürchten ist«.[19] Dieser entschiedene Optimismus rührte daher, daß beide glaubten, die Güte des Vaters sei natürlich und beruhe auf dem Instinkt, während die des Sohnes eine moralische sei. Allein durch schlechte Alltagserfahrungen sind diese illusionslosen Ansichten über die Kindheit jedoch nicht zu erklären. Sie beruhen auch, wie wir sehen werden, auf einer bestimmten Theorie über die Kindheit.

Das letzte Argument schließlich, das Bossuet anführt, stützt sich auf die Analogie zwischen dem König und Gott, dem Vater. Es genügte nämlich nicht, die Autorität der Monarchie auf die des Vaters zu stützen, sie also naturrechtlich zu begründen. Um sie jeder Erörterung zu entziehen, wollte Bossuet die politische Autorität aus göttlichem Recht herleiten. Dazu benutzte er wiederum das Bild des Vaters. Gott, sagt er, ist das vollkommene Vorbild der Väterlichkeit. Nach dem Bilde Gottes ist der König auf der Erde der Vater seiner Untertanen. Und der einfache Familienvater vertritt bei seinen Kindern das göttliche und königliche Vorbild.

Bei diesen sukzessiven Vergleichen gewann jeder: der Familienvater an Glanz und Autorität, der König an Güte und Heiligkeit. Sogar Gott schien seinen Geschöpfen vertrauter zu werden und näher zu rücken.

Bossuet brauchte das Ganze nur noch zu einer prächtigen Formel zusammenzufassen: »Die Könige nehmen die Stelle Gottes ein, welcher der wahre Vater des Menschengeschlechts ist.«

Um die ganze Tragweite der Bossuetschen Analogien zu erfassen, müssen wir die letzte erwähnen, die angeblich die drei anderen für die gewöhnlichen Sterblichen konkretisiert – die Analogie vom Hirten und seiner Herde. Bis ins 17. Jahrhundert wird ständig wiederholt: Der Vater ist für seine Kinder, was der König für seine Untertanen ist, was Gott für die Menschen ist, das heißt, was der Hirte für seine Herde ist. Die letztere Beziehung (Hirte/Herde) zeigt deutlich den Wesensunterschied, der alle oberen Glieder von den unteren trennt: Zwischen dem Menschlichen und dem Göttlichen besteht derselbe Abstand wie zwischen dem Tier und dem Menschen. Besser läßt sich die unaufhebbare Verschiedenheit zwischen dem Vater und seinen Kindern nicht ausdrücken.

Bei näherem Zuschauen bemerkt man, daß all die vorgetragenen Beziehungen nur dank eines verborgenen oder zumindest verschwiegenen dritten Gliedes funktionieren. Gott, König, Vater und Hirte lenken ihre Geschöpfe, Untertanen, Kinder und Schafe nur durch wachsame Vermittler: die Kirche, die Polizei, die Mutter und den Wachhund. Kann man nicht also aufgrund der analogen Verhältnisse sagen, daß die Mutter für ihre Kinder das ist, was die Kirche für ihre Schafe ist, etwas wie die Polizei, die die Untertanen überwacht, etwas wie der Wachhund, der die Herde umkreist? Sie hat Macht und Autorität über die Kinder. Außerdem ist sie stärker mit ihnen vertraut, weil sie sie nicht aus dem Auge läßt. Diese Macht ist ihr jedoch übertragen worden, und sie ist ihrerseits dem Ehemann unterworfen, so wie die Kirche Christus, die Polizei dem Herrscher und der Wachhund seinem Herrn unterworfen ist. Ihre Macht ist also nicht etwas ihr eigenes. Sie kann ständig vom Herrn widerrufen werden. Ihr Wesen als Wächterin steht offenbar dem Wesen dessen, was sie bewacht, näher als dem Wesen des Herrn.

Zwischen ihr und dem Kind besteht ein gradueller Unterschied, zwischen ihr und dem Ehemann aber ein qualitativer. Während man jedoch im 19. Jahrhundert gelegentlich beobachten wird, daß die Mutter sich auf die Seite des Kindes und gegen den Vater stellt, hält sie sich im 18. Jahrhundert noch entschieden an die gesellschaftliche Ordnung, welche die väterliche Gewalt zum Gesetz erhebt. Sie macht sich die väterlichen Werte, die in der Gesellschaft herrschenden Werte, so sehr zu eigen, daß sie, falls der Vater stirbt, als Witwe sich mit ihm zu identifizieren und ihn zu ersetzen vermag.

Die Rechte des Vaters

In juristischer Hinsicht unterliegen die Rechte des Vaters in der Zeit vom ausgehenden Mittelalter bis zur Revolution zwei verschiedenen Entwicklungen. Einige Rechte werden sowohl durch die Kirche als auch durch den Staat beschränkt, der sich in wachsendem Maße in die Leitung der häuslichen Angelegenheiten einmischt. Andere Rechte werden jedoch durch den Staat gestärkt, sobald er glaubt, es liege in seinem Interesse.

Die katholische Lehre berief sich bei der Einschränkung der Elternrechte auf zwei neue Ideen: die von uns bereits erwähnte Idee der Pflichten des Vaters gegenüber seinen Kindern und die Idee, daß das Kind als ein »göttliches Vermächtnis« zu betrachten sei. Da es ein Geschöpf Gottes ist, muß man um jeden Preis einen guten Christen aus ihm machen. Die Eltern können nicht nach Gutdünken über das Kind verfügen oder sich seiner entledigen. Es ist ein Geschenk Gottes oder ein Kreuz, das sie zu tragen haben, und deshalb können sie es nicht einfach gebrauchen und mißbrauchen, wie es in der klassischen Definition des Eigentums heißt.

Als erstes wurde daher das Tötungsrecht aufgehoben, denn der Vater darf nicht zerstören, was von Gott geschaffen wurde. Vom 12. und 13. Jahrhundert an verurteilte die Kirche nachdrücklich die Aussetzung von Kindern,[20] die Abtreibung und die Kindestötung. Auch der Staat ergriff Zwangsmaßnahmen.[21] Doch angesichts des nicht zu bewältigenden Elends und Leidens der großen Bevölkerungsmehrheit begriff man, daß es besser war, sich der Notwendigkeit zu fügen und die Aussetzung zu tolerieren, um die Zahl der Kindestötungen einzuschränken. In diesem Sinne wurden im 17. Jahrhundert die ersten Heime für ausgesetzte Kinder geschaffen.[22]

Gegenstand eines kaum verhüllten Konflikts zwischen Kirche und Staat war die Autorität des Vaters in dem Bereich, wo es um die Elternrechte bei der Verheiratung der Kinder ging. Seit der Mitte des 12. Jahrhunderts galt die Ehe als ein Sakrament. Die wörtlich erklärte Einwilligung in die Eheschließung genügte, um die Ehegatten rechtskräftig miteinander zu verbinden. Das kanonische Recht erklärte daher eine Ehe für gültig, die von Kindern ohne die Zustimmung der Eltern geschlossen worden war, sofern nur der Junge mindestens dreizehneinhalb und das Mädchen elfeinhalb Jahre alt waren.

Aus dieser Auffassung der Ehe ergaben sich zahlreiche Verstöße gegen die soziale Ordnung: Junge Mädchen wurden entführt und heimlich geheiratet, es kam zu Fällen von Bigamie und zu Eheschließungen, deren Partner in sozialer Hinsicht nicht zusammenpaßten.

Die Mißstände häuften sich dermaßen, daß das Konzil von Trient (1545–1563) sich im 16. Jahrhundert gezwungen sah, die Ehevoraussetzungen enger zu fassen. Es verurteilte heimliche Eheschließungen und schrieb vor, daß die Ehegatten ihre Einwilligung in Gegenwart eines Priesters und nach der Veröffentlichung des Aufgebots zu erklären hatten. Schließlich verkündete es feierlich, daß eine Eheschließung ohne die Ermächtigung der Eltern eine Sünde sei, auch wenn eine so geschlossene Ehe noch immer als gültig anzusehen sei.

Der Staat, weniger liberal als die Kirche, wollte nicht zulassen, daß die Kinder sich der väterlichen Autorität entziehen. Er erweiterte die Rechte des Familienoberhaupts, um zu verhindern, daß sich in der kleinsten Zelle der Gesellschaft Unordnung ausbreitete. Wenn die soziale Ordnung durch eine richtige Eheschließung, die dem geltenden Brauch (Homogamieregel, Berücksichtigung der gesellschaftlichen Hierarchie usw.) entsprach, gestärkt wurde, so wurde sie durch eine schlechte Verbindung bedroht.

Heinrich II. verfügte in einem Edikt (1556), daß Kinder, die ohne die Einwilligung der Eltern heiraten, unwiderruflich enterbt würden. Diese Sanktion muß jedoch zu schwach gewesen sein, denn schon 1579 erklärte ein neues Edikt Heinrichs III. die ohne Zustimmung der Eltern von einem Minderjährigen eingegangene Ehe zu einer Entführung und verkündete, der »Entführer« werde mit dem Tode bestraft, ohne auf Gnade und Vergebung hoffen zu dürfen. Diese Anordnungen wurden während des folgenden Jahrhunderts zweimal erneuert und verschärft.[23]

Schließlich stärkte der monarchistische Staat das väterliche Züchtigungsrecht, auch wenn er das Recht des Vaters, seine Kinder grundlos einsperren zu können, durch einige Maßnahmen einschränkte. Bekanntlich war es noch im 17. Jahrhundert sehr einfach, seine Kinder ohne Rücksicht auf deren Alter und unter den nichtigsten Vorwänden in die öffentlichen Gefängnisse einzuliefern.[24] Eine Verordnung vom März 1673, die in den Jahren 1678, 1696 und 1697 durch weitere Verordnungen bestätigt wurde, sollte das unterbinden.[25]

Leider wurden diese liberalen Schritte durch den Erlaß einer verschärfenden Maßnahme zunichte gemacht, durch die königlichen Geheimbefehle, mit denen Verbannung oder Verhaftung angeordnet werden konnte und die eine weitere Möglichkeit der Bestrafung eröffneten. Das väterliche Züchtigungsrecht wurde durch zwei Erlasse vervollständigt. Der Erlaß vom 20. April 1684 galt speziell den unteren Volksschichten von Paris; er sah vor, daß Söhne (unter 25 Jahren) und Töchter (jeglichen Alters) von Handwerkern und Arbeitern, die ihre Eltern mißhandelten, faul und liederlich waren oder in Gefahr waren, es zu werden (man wird diese Vorsorge zu würdigen wissen, die jeglicher Willkür Tür und Tor öffnete), eingesperrt werden konnten, die Jungen in Bicêtre, die Mädchen in der Salpêtrière. War der Haftbefehl einmal erreicht, so war er endgültig. Es stand nicht mehr in der Macht der Eltern, ihn aufheben zu lassen. Der Staat behielt sich das Gnadenrecht vor.

Fünfundzwanzig Jahre vor dem Beginn der französischen Revolution verkündete der innig geliebte König den Erlaß vom 15. Juli 1763.[26] Er galt speziell jungen Familienangehörigen, die »Verhaltensweisen angenommen haben, welche die Ehre und Ruhe ihrer Familie zu gefährden vermögen«. Die Eltern bekamen das Recht, die Deportation ihrer Kinder auf die Insel Désirade zum Kriegs- und Marinedepartement zu beantragen. Dort unten waren die bösen Kinder einer strengen Aufsicht unterworfen und mußten, schlecht ernährt, sehr hart arbeiten. Wenn sie sich nach jahrelanger Strafverbüßung gebessert hatten, konnten sie ein Stück Land auf Marie-Galante zugestanden bekommen. Und später konnten sie, falls ihre Familie es verlangte, nach Frankreich zurückkehren.

All diese Maßnahmen zeigen, welche Beachtung man der väterlichen Autorität schenkte. Weil sie für die Aufrechterhaltung einer hierarchischen Gesellschaft, in der Gehorsam als die oberste Tugend galt, von vitaler Bedeutung war, mußte die väterliche Gewalt um jeden Preis gewahrt werden. Der soziale Druck in dieser Richtung war so stark, daß für alle übrigen Gefühle kaum Platz blieb. Die Liebe beispielsweise schien allzu schwach zu sein, als daß man auf ihr etwas hätte aufbauen können.

Wenn es innerhalb der Familie trotz allem Liebe gibt, so ist sie in den uns bekannten Dokumenten kaum wahrzunehmen. Wenn sie irgendwo[27] in den Familienbeziehungen auftaucht, dann geschieht das beiläufig, mit versteckten Worten, fast schamhaft.

Eine Gesellschaft ohne Liebe

Das ist nicht verwunderlich, wenn man weiß, welche Vorstellung man sich von der ehelichen Liebe machte. Die Theologen unterschieden zwischen der guten Liebe, der Freundschaft, und der schlechten Liebe, der Fleischeslust, die sie in Grund und Boden verdammten: »Der Mann soll seine Frau nicht wie eine Hure gebrauchen, und die Frau soll sich nicht ihrem Mann gegenüber wie zu einem Liebhaber verhalten.«[28] In diesen Worten kommt exakt zum Ausdruck, daß der eheliche Geschlechtsverkehr nur dann als ein geringeres Übel anzusehen ist, wenn man kein Vergnügen daran findet.

Man wird nicht erstaunt sein zu hören, daß das Modell der guten ehelichen Liebe eine Liebe ist, die zwei Personen gleichen Geschlechts miteinander verbindet. Mann und Frau sollen Freunde sein, aber nicht Liebende, oder letzteres höchstens aus Zufall beziehungsweise aus unabweisbarer Notwendigkeit. In diesem Geiste beklagten die Theologen immer wieder die »Exzesse« des Ehelebens: »Der Mann, der sich seiner Frau gegenüber eher wie ein überschwenglicher Liebhaber denn wie ein Ehemann verhält, begeht Ehebruch.«[29]

Wie Flandrin sehr richtig bemerkt, war die sexuelle Potenz offenbar kein Problem.[30] Wenn ein Mann impotent war, konnte seine Frigidität nur an seinem schlechten Willen, an einer Verhexung oder daran liegen, daß der Himmel ihn dafür bestrafte, daß er geheiratet hatte, um seiner fleischlichen Begierde zu frönen. Diese letztere, besonders aufschlußreiche Erklärung verhieß den armen Unwissenden von damals: Wenn ihr Begierden habt, werdet ihr keine Freude haben. Wenn ihr hingegen keine Begierden habt, werdet ihr mit der guten und reinen Freundschaft belohnt werden, die ihr eurem Gemahl entgegenbringt.

Zu den Ehevoraussetzungen gehörte allerdings nicht, daß der Freundschaft oder gar dem Begehren Rechnung getragen wurde. Für eine gute Eheschließung waren so viele Gebote zu beachten, daß Freundschaft und Zärtlichkeit bei der Wahl des Ehegatten praktisch keine Rolle spielten. Da er beim Abschluß des Ehevertrages fast nie dabei war, konnte man nur darauf hoffen, daß sich durch Zufall oder durch die Gewohnheiten des Ehelebens die Liebe einstellen würde.

Unter den Vorschriften für die richtige Wahl des Ehepartners steht an erster Stelle die Homogamieregel, nach der man jemanden heiraten soll, der dem eigenen Rang entspricht. Ebenso bedeutsam wie diese Vorschrift ist die Mitgift.

Ohne die wertvolle Rücklage kann ein junges Mädchen sich unmöglich verheiraten. Nichts ist in dieser Hinsicht beredter als die berühmte Stelle aus *Les Caquets de l'Accouchée*, welche die Äußerungen von drei Gevatterinnen aus der Zeit Ludwigs XIII. wiedergibt: einer Dame von Rang, die Frau eines Finanziers ist, ihrer Kammerfrau und ihrer Dienerin. Alle drei beklagen sich über die Inflation ihres jeweiligen Aussteuerbetrages. Die Herrin: »Ich habe geglaubt, wir (die Hochfinanz) würden bei solchen Heiraten (mit jungen Adligen) mit 50000 oder 60000 Talern davonkommen. Aber jetzt, wo einer unserer Kollegen seine Tochter mit einer Aussteuer von 500000 Pfund an einen Grafen verheiratet hat ... will der ganze Adel ebensoviel ... Und das wirft uns sehr zurück, ich sehe schon, daß mein Mann, um eine unserer Töchter zu verheiraten, zwei oder drei Jahre länger im Amt bleiben muß, als er dachte.«

Darauf antwortet ihr Kammerfräulein verstimmt: »Mein Vater, der Prokurator ist und über ganz passable Mittel verfügt, hat seine ersten Töchter mit 2000 Talern verheiratet und anständige Leute gefunden. Jetzt würde er, wenn er 12000 Pfund in bar gäbe, keine Partie für mich finden ... Das hat meine Mutter dazu gebracht, mir die entsprechende Tracht zu verpassen, damit ich als Dienerin gehe und die Oberaufsicht über den Pißpott habe ...« Darauf meldet sich die Dienerin, die von den dreien sicherlich die Beklagenswerteste ist: »Wenn wir früher acht oder neun Jahre gedient hatten und hatten 100 Taler in bar zusammengespart, dann fanden wir einen gutmütigen Unteroffizier oder einen Kurzwarenhändler zum Heiraten. Jetzt können wir für unser Geld nur einen Kutscher oder einen Stallburschen haben, der uns unverdrossen drei oder vier Kinder macht, die er dann nicht ernähren kann, so daß wir wieder gezwungen sind, wie vorher zu dienen.«

Ohne Mitgift blieb dem sanftesten und hübschesten Mädchen nichts übrig, als im väterlichen Haus zu bleiben, anderswo zu dienen oder in einem Kloster zu versauern.

Zu diesen Zwängen traten weitere Gebräuche hinzu, die die Wahl des Ehegatten nicht erleichterten. Dazu zählten die Rechte und Pflichten des Erstgeborenen,[31] der das gesamte väterliche Vermögen erbte. Um den Familienbesitz nicht angreifen zu müssen, wünschte der Vater seinen Ältesten mit einem jungen Mädchen zu verheiraten, dessen Mitgift so groß war, daß er daraus wiederum seinen eigenen Töchtern eine Mitgift geben konnte. Der Sohn konnte also unmöglich ein armes Mädchen heiraten. Die jüngeren Söhne, die nichts zu erwarten hatten, konnten sich nur auf die Suche nach einer reichen Erbin machen. Wenn ihnen zufällig das Glück lachte, waren sie nicht wählerisch, was den Rest betraf: Schönheit, Intelligenz oder Charme der Partnerin.

Man kann aber ganz allgemein sagen, daß äußere Reize nicht nur kein Heiratsmotiv waren, sondern daß man sie beinahe fürchtete. Flandrin hat Sprichwörter und Volkslieder von damals untersucht und führt die Argumente an, die gegen die Schönheit der Partnerin sprechen. Erstens ist sie nicht von Dauer (»Schöne Rose wird zur Hagebutte«, sagt ein Sprichwort), zweitens ist sie zu nichts nütze (»Die Schönheit bringt nicht das Salz in die Suppe«), schließlich zieht sie einem nur Feinde zu (»Demjenigen, der eine schöne Frau hat..., mangelt es nicht an Streit«).

Die Moral daraus: Wer sich gut verheiraten will, muß eine Künftige finden, die ihrem Künftigen im Alter entspricht, eine ihrem Rang entsprechende, gute Aussteuer mitbringt und tugendsam ist. Je weiter man auf der sozialen Leiter hinabstieg, um so wichtiger wurde die Arbeitsfähigkeit. Wenn alle Kriterien erfüllt waren, wurde unverzüglich der Heiratsvertrag unterschrieben. Eine lange Verlobungszeit war nicht nötig.[32] Wenn man dann mit einem (einer) Unbekannten verheiratet war, mit dem man bis vor wenigen Stunden noch nie ein Wort gewechselt hatte, sind die freundschaftlichen Gefühle, die man ihm gegenüber empfand, leicht vorstellbar. Unsere Vorfahren, die jahrhundertelang auf diese Weise zusammenkamen, haben vermutlich in vielen Fällen am Hochzeitstag nichts von der Liebe gewußt.[33]

Romeo und Julia mußten unausweichlich sterben, weil es unverzeihlich war, wie sie Unruhe stifteten. Natürlich war es nicht verboten, wenn sich im Laufe der Monate und Jahre zwischen den Eheleuten eine Liebe entwickelte, doch sprach auch ebensowenig dafür. Den Beweis dafür liefert die sehr verbreitete Haltung, beim Tod des Ehegatten keinerlei Anzeichen der Trauer erkennen zu lassen. Die Bauern und die kleinen Leute zeigen diese Haltung freimütiger als die Angehörigen der höheren Schichten, die mehr Sinn für die gesellschaftlichen Konventionen und Moden haben.

E. Shorter[34] hat sehr schön gezeigt, wie gleichgültig die Armen sich in dieser Hinsicht verhalten, und er führt zahlreiche Belege dafür an, daß derselbe Bauer, der bereit war, den Tierarzt, der seine Kuh retten würde, mit Gold zu überschütten, manchmal bis zum letzten Augenblick zögerte, das Geld auszugeben, um den Arzt an das Bett seiner sterbenden Frau zu holen. Nichts anderes beschreibt am Ende des 19. Jahrhunderts Zola in seinem Roman *Die Erde*. Zahlreiche Redensarten und Sprichwörter belegen, wie wenig Wert man dem Menschenleben, insbesondere dem Leben des Ehegatten beimißt[34a]: »Tod der Frau und Leben des Pferdes machen den Mann reich« oder auch: »Trauer um die Tote dauert bis zur Tür« und schließlich: »Der Mann hat zwei schöne Tage auf Erden: wenn er die Frau nimmt und wenn er sie begräbt«, und zwar aus dem einfachen Grund, weil er mit einer neuen Ehefrau eine neue Mitgift einstrich. Die Frauen waren allerdings vom Tod ihres Ehegatten auch nicht stärker beeindruckt. Der noch nicht erkaltete Leichnam war noch im Hause, da dachten der Witwer oder die Witwe bereits an die Wiederverheiratung. Flandrin[35] hat festgestellt, daß man sich im 17. und 18. Jahrhundert in ganz Frankreich rasch wiederverheiratete. Die von ihm vorgetragenen Statistiken beweisen, welche Dürre des Gefühls damals in den ehelichen Beziehungen herrschte. Zwischen 45,3 und 90% der Witwer waren, je nach Region, innerhalb von einem Jahr wiederverheiratet. Zieht man das Jahr 1950 zum Vergleich heran, in dem unter entsprechenden Bedingungen 15% wiederverheiratet sind, so begreift man den grundlegenden Wandel der Mentalität und Einstellung gegenüber dem Eheleben.

Das alles soll nicht heißen, daß niemand beim Tod des Ehegatten Kummer empfand, aber die Trennung, die der Tod bedeutet, rief nicht eine solche Erschütterung hervor wie heute. Das lag teilweise sicher daran, daß die Menschen gläubiger waren und der Tod mehr zum Leben dazugehörte, aber zum großen Teil auch wohl daran, daß man seinen Ehegatten nicht mit dem Herzen gewählt hatte ...

Erst im 19. Jahrhundert ändert sich diese Haltung zum Tod des Ehegatten. Nun ist es schicklich geworden, ihn zu beweinen, wobei die Tränen die Liebe symbolisieren, die man ihm entgegenbrachte. In der

Zwischenzeit ist man von der Vernunftheirat zur Liebesheirat übergegangen.

Von alldem wollen wir festhalten, daß in der Zeit, die vor der Mitte des 18. Jahrhunderts liegt, die Liebe als ein familialer und sozialer Wert nicht vorkommt. Das soll allerdings nicht heißen, daß es die Liebe vor einer bestimmten Epoche nicht gegeben hat, denn das wäre absurd. Man muß jedoch annehmen, daß dieses Gefühl nicht die Stellung und Bedeutung hatte, die man ihm heute beimißt. Es hatte sogar eine zweifache negative Konnotation. Einerseits waren unsere Vorfahren sich deutlich der Vergänglichkeit der Liebe bewußt und lehnten es ab, auf einer so zerbrechlichen Grundlage irgend etwas aufzubauen. Zum anderen verknüpften sie mit der Liebe eher die Vorstellung von Passivität (die Vernunft kommt abhanden), Lähmung und Kurzlebigkeit als die gegenwartsnähere Vorstellung von Verständnis für den anderen. Wir sprechen nur dann von Liebe, wenn wir uns mit dem anderen identifizieren und dadurch mit ihm leiden oder glücklich sein können.[36] Für uns ist die Liebe also etwas Aktiveres, und das Lähmende und Zufallsbedingte, das man früher beklagte, spielt für uns keine Rolle. Im Grunde sind wir überzeugt, daß, wenn wir lieben, es für das ganze Leben ist.

In der Zeit, die uns hier beschäftigt, konnte die Liebe dagegen wegen ihres negativen Ansehens nicht das vorrangige Band zwischen den Familienmitgliedern sein. Das Interesse und die sakrosankte Autorität des Vaters und Ehemanns lassen das Gefühl, das wir heute so schätzen, in den Hintergrund treten. Alle Beziehungen innerhalb der Familie sind im Innersten nicht von Zärtlichkeit, sondern von Furcht bestimmt. Bei dem geringsten kindlichen Ungehorsam holt der Vater oder derjenige, der ihn vertritt, die Rute hervor. Ludwig XIII. wurde bekanntlich[37] nicht weniger geprügelt als der Sohn des strengen Bauern Pierre Rétif.[38] Lange hatte die Ehefrau, die sich etwas zuschulden kommen ließ, mit der gleichen Sanktion zu rechnen. Diese Sitte geriet allerdings bei den höheren Klassen immer mehr in Verruf, und im 17. Jahrhundert galt sie schließlich als eine Barbarei. Wenn man jedoch gewissen Radierungen aus dem Anfang des 17. Jahrhunderts glauben darf, war diese Praxis bei dem einfachen Volk und sogar bei den Bürgern noch lange in Gebrauch. Aus unterschiedlichen Gründen war bis ins 19. Jahrhundert die klassische Tracht Prügel auf dem Lande gang und gäbe, auch wenn theoretisch die Ehefrau eine höhere Stellung einnahm als das Kind und der Diener.

Die Haltung der Mutter muß in diesem Zusammenhang gesehen werden. Gewalttätigkeit und Strenge waren das Los der Ehefrau und des Kindes. Die Mutter war von diesen Bräuchen nicht ausgenommen.

Bevor wir jedoch zur Haltung der Mutter kommen, müssen wir, auch um diese besser zu verstehen, auf die Stellung des Kindes und das Bild, das sich die Gesamtgesellschaft davon machte, eingehen.

2. Die Stellung des Kindes vor 1760

Warum 1760? Man mag überrascht sein, für den Wandel der Einstellungen ein so genaues Datum angegeben zu finden. Als ob sich von einem Jahr aufs andere alles geändert hätte. So ist es nicht. Philippe Ariès hat gezeigt, daß sich erst infolge einer langwierigen Entwicklung ein Gefühl für das festigte, was Kindheit bedeutet. Nach einer sehr eingehenden Untersuchung der Ikonographie, der Pädagogik und der Kinderspiele gelangt Ariès zu dem Schluß, daß vom Beginn des 17. Jahrhunderts an die Erwachsenen ihre Vorstellung von der Kindheit ändern und ihr eine Beachtung schenken, die sie zuvor nicht bewiesen haben. Diese dem Kind entgegengebrachte Beachtung bedeutet allerdings noch nicht, daß man ihm eine so privilegierte Stellung innerhalb der Familie einräumt, daß es zu deren Mittelpunkt wird.

Ariès legt Wert auf die Feststellung, daß die Familie des 17. Jahrhunderts sich zwar von der des Mittelalters unterscheidet, aber noch nicht das ist, was er die moderne Familie [1] nennt, die sich durch Zärtlichkeit und Intimität zwischen Eltern und Kindern auszeichnet. Die monarchistische Gesellschaft des 17. Jahrhunderts hat noch nicht die Herrschaft des Kind-Königs, des Zentrums der familialen Welt, anerkannt. Gerade diese Herrschaft des Kindes beginnt man aber in den aufsteigenden Schichten des 18. Jahrhunderts um die Jahre 1760–1770 geräuschvoll zu feiern.

In dieser Zeit erscheint eine Flut von Werken, in denen die Eltern zu neuen Gefühlen und ganz besonders die Mutter zur Mutterliebe aufgerufen werden. Gewiß hatten schon 1708 der Arzt und Geburtshelfer Philippe Hecquet, 1722 Crousaz und andere mehr eine Liste der Pflichten einer guten Mutter aufgestellt. Sie fanden jedoch bei ihren Zeitgenossen kein Gehör. Erst Rousseau faßt mit der Veröffentlichung des *Emile* im Jahre 1762 die neuen Ideen in eine klare Form und gibt den eigentlichen Anstoß zur modernen Familie, das heißt zu der Familie, die auf der Mutterliebe beruht. Alle, die nach dem *Emile* über die Kindheit nachdenken, werden, wie wir noch sehen, zwei Jahrhunderte lang auf die Rousseauschen Gedanken zurückgreifen und deren Implikationen immer weiter entfalten.

Vor diesem Datum stirbt die Familienideologie des 16. Jahrhunderts, die bei den herrschenden Klassen bereits im Rückgang begriffen ist, in den übrigen Gesellschaftsschichten nur sehr langsam aus. Wenn man nicht nur der Literatur, Philosophie und Theologie jener Zeit, sondern auch den Erziehungspraktiken und Statistiken glauben darf, über die wir heute verfügen, können wir feststellen, daß das Kind tatsächlich in der Familie wenig zählt, wenn es nicht sogar häufig eine wirkliche Last für sie darstellt. Seine Stellung ist im besten Falle bedeutungslos. Im schlimmsten Falle macht es Angst.

Das Kind macht Angst

Beginnen wir also mit dem schlimmsten Fall, denn die negativen Bilder der Kindheit kommen vor den anderen. Noch mitten im 17. Jahrhundert lassen Philosophie und Theologie eine regelrechte Angst vor der Kindheit erkennen. Alte Reminiszenzen, aber auch neue Theorien verschaffen dieser schrecklichen Vorstellung Glaubwürdigkeit.

Die christliche Theologie in Gestalt des heiligen Augustinus entwikkelte ein für lange Jahrhunderte gültiges, dramatisches Bild der Kindheit. Schon von Geburt an ist das Kind Symbol für die Kraft des Bösen, ein unvollkommenes Wesen, das von der Last der Ursünde niedergedrückt wird. Im *Gottesstaat*[2] erklärt Augustinus ausführlich, was er unter der »Sünde meiner Kindertage« versteht. Er beschreibt den jungen Menschen in seiner Unwissenheit, Leidenschaft und Launenhaftigkeit: »Ließe man ihn leben, wie er will, und tun, was er will, würde er dann nicht in diese von mir erwähnten, keineswegs sämtlich aufgezählten Schand- und Freveltaten, wenn nicht in alle, so doch in viele, verfallen?« G. Snyders[3] bemerkt zu Recht, daß die Kindheit für Augustinus der bedrückendste Beweis einer allen Menschen geltenden Verdammnis ist, weil sich an ihr zeigt, wie die verderbte menschliche Natur dem Bösen verfällt.

Die Härte dieser Äußerungen schockiert uns heute vielleicht noch stärker, als die Äußerungen Freuds unsere Urgroßeltern vor den Kopf stießen. Daß das Kind nicht im sexuellen Sinne unschuldig ist, räumen wir gerne ein, aber die Vorstellung einer moralischen Schuld lehnen wir ab. Wenn Augustinus in seinen *Bekenntnissen*[4] sagt: »Bin ich nun in Unreinheit empfangen und hat mich meine Mutter in Sünde in ihrem Leib genährt, wo, mein Gott, ich bitte dich, wo, Herr, wo oder wann war ich, dein Knecht, ohne Schuld?«, so sind diese entsetzlichen Worte nur unter Bezugnahme auf die Lehre von der Ursünde zu verstehen, die im 17. Jahrhundert noch immer Geltung hatte.

Nicht weniger überrascht ist man, daß das Kind der größten Sünden beschuldigt und nach den Normen der Erwachsenen verurteilt wird. Für Augustinus unterscheidet sich die Sünde eines Kindes in nichts von der seines Vaters. Zwischen ihnen besteht kein Wesensunterschied und kaum ein gradueller Unterschied, denn Bewußtsein, böser Wille oder Vorsatz spielen keine Rolle: »Wie also sündigte ich damals? Dadurch etwa, daß ich mit Geschrei nach der Mutterbrust verlangte? Würde ich jetzt zwar nicht nach Säuglingskost, sondern nach der meinem Alter zustehenden Speise dermaßen verlangen, würde man mich mit Fug und Recht verspotten und schelten. Tadelnswert also war, was ich damals tat, aber weil ich den Tadel noch nicht verstehen konnte, verboten es Sitte und Vernunft, mich zu schelten. Wenn wir heranwachsen, stoßen und streifen wir ja dergleichen ab ...«[5] Diese ohne irgendeine Einschränkung behauptete Übereinstimmung zwischen den beiden Lebensaltern bestätigt voll und ganz die These von Ariès, daß man vor einem relativ jungen Datum unserer Geschichte überhaupt kein Gefühl für die Eigenart der Kindheit hatte. Augustinus geht jedoch noch weiter und stellt der kindlichen Unvollkommenheit die Vollkommenheit gegenüber, nach der jeder Erwachsene streben soll. Die Kindheit hat nicht nur keinen Wert und nichts Eigentümliches, sondern sie ist das Zeichen für unsere Verderbtheit, durch die wir verdammt sind und von der wir uns freimachen müssen. Zur Erlösung gelangt man also durch die Bekämpfung der Kindheit, das heißt durch die Aufhebung eines negativen und verderbten Zustands.

Aus den Worten Christi haben wir jedoch ein anderes Bild der Kindheit in Erinnerung. Sprach er nicht von der Unschuld des Kindes, als er den Erwachsenen riet, sie sollten werden wie die Kinder? Hat er ihnen nicht einen Ehrenplatz an seiner Seite gegeben, als er sagte: »Lasset die Kindlein zu mir kommen«?

Augustinus übersetzte das Wort Jesu und antwortete darauf: »Nein,

Herr, es gibt keine kindliche Unschuld.« Der Wert der Kindheit ist ganz und gar negativ und besteht nur darin, daß es an einem regelrechten Willen fehlt. Der Wille des Kindes ist zu schwach, um wirklich schlecht zu sein und sich bewußt dem Willen Gottes zu widersetzen. »Es ist also eine Form der Demut, was Ihr in dem geringen Wuchs des Kindes gerühmt habt, als Ihr sagtet: ›Denn solcher ist das Reich Gottes‹.«[6] Die Konsequenz aus einer solchen Theorie wird natürlich eine vollkommen repressive Erziehung sein, die den Wünschen des Kindes zuwiderläuft. Denn die Natur des Kindes ist derart verdorben, daß die mühsame Besserung nicht schmerzlos abgehen kann. Augustinus rechtfertigt vorweg all die Drohungen, Stöcke und Ruten. Der Ausdruck »Edukation«[7] ist nie mit größerem Recht verwendet worden. So wie man den jungen Baum mit Hilfe eines Stützpfahls, der seine aufrechte Kraft der konträren Kraft der Pflanze entgegensetzt, aufrichtet, so sind Aufrichtigkeit und Güte des Menschen nur durch ein Entgegensetzen von Kräften, also durch Gewalt zu erreichen.

Das Denken Augustinus' hat die Geschichte der Pädagogik lange geprägt. Bis zum Ende des 17. Jahrhunderts immer wieder aufgegriffen, hat es, was man auch immer sagen mag, in der Familie und in den neuen Schulen für eine Atmosphäre der Strenge gesorgt.

Die Pädagogen, fast durchweg Magister der Theologie, empfehlen den Eltern, ihren Kindern gegenüber kühle Reserviertheit zu zeigen, und weisen sie unablässig darauf hin, daß sie sich schuldig machen würden, wenn sie die natürliche Bosheit der Kinder unterstützten. Einer dieser Pädagogen, der berühmte spanische Prediger J. L. Vives,[8] dessen Werk *De institutione feminae christianae* aus dem Lateinischen übersetzt und ab 1542 in Frankreich mehrfach wiederaufgelegt wurde, verurteilt streng die Frauen, die dazu neigten, zärtlich zu ihren Kindern zu sein und ihnen eine weichliche Erziehung zu geben: »Die Leiber können nicht stärker geschwächt werden als durch Genüsse; daher *verderben die Mütter ihre Kinder, wenn sie sie mit Wollust stillen.* Liebt, wie es eure Pflicht ist, so daß die Liebe euch nicht hindert, die Heranwachsenden von den Lastern fernzuhalten, und haltet sie durch leichte Ermahnungen, Züchtigungen und Tränen zur Furcht an, auf daß Körper und Geist gebessert werden, durch Strenge, Nüchternheit und Nahrung. Mütter, wisset, daß zum größten Teil *die Bosheit der Männer euch zuzuschreiben ist.*[9] Denn ihr lacht über ihre Missetaten aufgrund eurer Torheit; ihr gebt ihnen niederträchtige und gefährliche

Meinungen ein ... Und ihr verlockt sie zu teuflischen Handlungen durch eure Tränen und falsches Mitgefühl; denn ihr wollt sie lieber reich und weltgewandt als gut ... Ihr fürchtet, die Kinder könnten sich nicht dafür begeistern, wenn ihr sie Tugenden erlernen laßt, und indem ihr sie mit Wonnen überhäuft, macht ihr sie lasterhaft; danach weint ihr heiße Tränen und bedauert, was ihr getan habt. Bekannt ist die Geschichte von dem Jugendlichen, den man aufgriff, und der bat, mit seiner Mutter zu sprechen, und er schalt sie, weil sie ihn in der Jugend nicht genügend gezüchtigt hatte. Was soll man von der Raserei und Narrheit jener Mütter halten, die lasterhafte, trunksüchtige und leichtfertige Kinder mehr lieben als tugendsame, bescheidene, nüchterne und friedfertige? ... Unter den Kindern ist dasjenige, welches die Mutter am liebsten hat, gemeinhin das schlimmste.«

In dieser langen Passage von Vives sind viele Ideen enthalten, die man sich merken muß. Zunächst handelt es sich um eine Kampfschrift gegen eine mütterliche Haltung, die zu der Zeit, als dieser Text verfaßt wurde, verbreitet gewesen sein muß: Verwöhnung und Nachsicht. Der Protest richtet sich also gegen eine wirklich vorhandene Zärtlichkeit, von der ein Jahrhundert später zahlreiche Mütter nichts zu wissen scheinen.

Verwöhnung und Zärtlichkeit werden von Vives als Weichheit und Sünde gedeutet. Die Zärtlichkeit ist in moralischer Hinsicht doppelt verwerflich: Sie verdirbt das Kind und macht es lasterhaft oder vielmehr, sie verstärkt seine natürliche Lasterhaftigkeit, statt es davon zu befreien. Im übrigen äußert sich darin eine schuldhafte Schwäche der Mutter, die aus Egoismus ihr persönliches Vergnügen dem Wohl des Kindes vorzieht. Eine Anspielung auf das Vergnügen der Mutter und des Kindes enthält überdies die wichtige Passage über das Stillen: *»Die Mütter verderben ihre Kinder, wenn sie sie mit Wollust stillen«*. Auf den ersten Blick könnte man meinen, daß Vives sich gegen das Stillen ausspricht. Nichts wäre jedoch verkehrter, denn es ist andererseits bekannt, daß Vives sich ebenso wie Erasmus und Scévole de Sainte-Marthe entschieden für das Stillen einsetzte, das beim Hochadel bereits wenig gebräuchlich war.

Dieser Text spricht sich nicht gegen das Stillen als solches aus, sondern gegen seinen wollüstigen Aspekt. Das Stillen könnte ein schuldhaftes Vergnügen sein, das die Mutter sich gönnt und das den moralischen Verderb des Kindes nach sich zöge. Der Leser von heute wird für die Bemerkung von Vives sicherlich Verständnis haben. Es stimmt, daß das Stillen für die Mutter ein physischer Genuß sein kann. Als Freudianer würde man sogar von einer regelrechten sexuellen Lust sprechen. Es stimmt auch, daß das saugende Kleinkind diese Lust ebenfalls empfindet. Die Psychoanalyse mißt im übrigen diesen besonderen Augenblicken eine fundamentale Bedeutung für die weitere Entwicklung des Kindes bei. Der Theologe sieht aber, im Gegensatz zum Psychoanalytiker, in dieser liebevollen, physischen Beziehung zwischen Mutter und Kind die Quelle einer schlechten Erziehung. Wenn die Mutter es auf diese Weise stillt, »verdirbt« sie ihr Kind moralisch. Drei Jahrhunderte später scheint die Psychoanalyse diesem rigoristischen Theologen die Antwort zu erteilen, indem sie genau das Gegenteil sagt: Von dieser ersten gelungenen Beziehung (dem Saugen) hängt das richtige psychische und moralische Gleichgewicht des Kindes ab. In der Zwischenzeit ist an die Stelle des Wohles der Begriff des Glücks (des Guten) getreten.

Hundert Jahre später und bis zum Ende des 17. Jahrhunderts werden die Gedanken Augustins und die Ansichten Vives' noch immer in Schriften und von zahlreichen Kanzeln herab vertreten. So in der folgenden Passage aus einer Predigt von V. Houdry: »Aber in welcher Weise liebt die Mehrzahl der Christen ihre Kinder? Sie empfinden für sie nur eine blinde Liebe, sie verderben sie durch verbrecherische Nachsicht ... Und sie bemänteln diese Liebe noch mit dem Vorwand der Unschuld und Freundlichkeit; sie entschuldigen ihre Fehler, verschleiern ihre Laster und erziehen sie letztlich nur für die Welt und nicht für Gott.«[10]

Dieser Text wendet sich an die adligen und gebildeten Schichten, denen die Pädagogen einstimmig eine allzu große Nachsicht gegenüber ihrer Nachkommenschaft (Ausdruck ihres Narzißmus?) und gleichzeitig mangelnde erzieherische Fürsorge und Aufmerksamkeit vorwerfen. In ihrer Haltung äußert sich nicht die freundschaftliche Liebe, von der bereits die Rede war. Im Sinne der Forderungen Augustins darf die richtige Freundschaft zum Kind keine Nachsicht kennen. Richtige Freundschaft äußert sich in einer strengen Haltung, die nie das Ziel der Erziehung aus dem Auge verliert, die Seele vor der Sünde zu erretten. Ähnlich wie die platonische Ideologie weist die Pädagogik des 17. Jahrhunderts der erlösenden Strafe eine bedeutende Rolle zu: Zögern wir nicht, den Körper zu züchtigen, um eine Seele zu retten.

Die Besserung des Bösen – denn das ist das Kind – fällt nicht leicht. Es ist eine mühselige, nie endende Aufgabe, die über die Kräfte so mancher Eltern geht. Ist es nicht angenehmer, und kommt nicht auch mehr dabei heraus, wenn man so tut, als ob die eigene Nachkommenschaft vollkommen wäre? Die Mühe der Erziehung wird dadurch um so vieles einfacher, und man kann sich leichten Herzens anderen, unterhaltsameren Dingen zuwenden.

Was die Theologie im 17. Jahrhundert bekämpft, ist eher diese leichtfertige und faule Geisteshaltung als die Übertreibung elterlicher Liebe und Fürsorge. Ihre Nachsichtigkeit ist nur insofern verbrecherisch, als sie die kindliche Seele im Zustand der Ursünde läßt und jenen schrecklichen Egoismus der Eltern offenbart, von dem noch die Rede sein wird.

Ende des 17. Jahrhunderts sagt C. Joly in seiner Predigt für die Väter den Eltern schonungslos die Wahrheit, die viele unter ihnen nicht gern hören: »Sie wissen, was es Väter und Mütter kostet, ungehorsame Kinder großzuziehen, schlechte Kinder zurechtzustutzen, Kinder ohne Genie und Talent zu unterstützen, undankbare und charakterlose Kinder für sich zu gewinnen, verirrte und ihren Leidenschaften hingegebene Kinder, liderliche, ausschweifende und verschwenderische Kinder wieder zu ihrer Pflicht zurückzubringen. Sind nicht die Familien voll davon, und gibt es etwas Alltäglicheres?« Ein ziemlich grausamer Text, der stark an Augustin erinnert und bis zum Beginn des 18. wie ein Leitmotiv das 17. Jahrhundert begleitet. Ihm schließt sich Bossuet an: »Die Kindheit ist das Leben eines Tieres«,[11] und der sanfte Heilige Franz von Sales behauptet: »Nicht nur bei unserer Geburt, sondern auch noch während unserer Kindheit sind wir wie Tiere, denen es an Vernunft, Denk- und Urteilsfähigkeit fehlt.«[12]

Dieses dramatische Bild der Kindheit rief zwei bedeutende pädagogische Bewegungen des 17. Jahrhunderts wach: das Oratorium und Port-Royal. Trotz der neuen Erziehung, die sie vermitteln sollten, hatten sie eine kaum veränderte Vorstellung von der Kindheit. Schrieb nicht Bérulle,[13] der an der Spitze des Oratoriums stand: »Der kindliche Zustand ist nach dem Tode der schändlichste und widerwärtigste Zustand der menschlichen Natur«? Und woher stammt das Mißtrauen gegenüber der Kindheit in der jansenistischen Erziehung, wenn nicht aus dieser Quelle?

In der Hausordnung von Port-Royal empfiehlt Jacqueline Pascal, die gedanklich voll mit ihrem Bruder übereinstimmt, das kleine Kind zu isolieren und sich vor seiner Spontaneität in acht zu nehmen. Im Kampf gegen die schlechten Instinkte der kleinen Mädchen in dem Kloster geht sie sogar so weit zu verlangen, daß sie alles, was sie am Tage tun, mit einem fast ununterbrochenen Gebet begleiten, so groß ist die Angst vor der Sünde.[14] So sollten die Kleinen, von denen manche noch nicht einmal fünf Jahre alt waren, beim Anziehen sagen: »Denken wir daran, den alten Menschen abzulegen und den neuen anzuziehen ... Ich gebe zu, mein Gott, daß mein Bedarf für diese Kleider ein Beweis der Verderbnis ist, die ich von meinen Vorvätern ererbt habe ...« Überdies empfahl Jacqueline Pascal, die Kinder zu ermahnen, ihre Laster und Leidenschaften selbst zu erkennen, um »bis zur Wurzel ihrer Fehler« vorzudringen.

So sah die in der Pädagogik und Theologie des 17. Jahrhunderts vorherrschende Konzeption der Kindheit aus. Man könnte einwenden, daß solche Theorien nur eine Fortsetzung älterer Auffassungen waren und daß sie, weit davon entfernt, eine neue Geisteshaltung zu bewirken, lediglich bewiesen, daß ein Wertsystem am Untergehen war.

Das kann man nicht von der neuen Philosophie des Descartes sagen, die mit der Hegemonie der allmächtigen aristotelischen Schule Schluß machte. War Bérulle derjenige, der den heiligen Augustinus fortführte, so war Descartes derjenige, der das scholastische Denken hinwegfegte.

Indessen greift die in allen Bereichen so neuerungsträchtige kartesianische Philosophie die Kritik der Kindheit in einer anderen Tonart wieder auf. Descartes sagt nicht, die Kindheit sei der Ort der Sünde. Er sagt, und das ist für ihn vielleicht ebenso tragisch, sie sei der Ort des Irrtums.

Nach Descartes bedeutet Kindheit vor allem Schwäche des Geistes, ist sie jener Lebensabschnitt, in dem die Erkenntnisfähigkeit, der Verstand, vollständig in Abhängigkeit vom Körper steht. Das Kind hat keine anderen Gedanken als die durch den Körper hervorgerufenen Eindrücke. Der Fötus denkt bereits, doch ist dieses Denken lediglich ein wirres Durcheinander unklarer Gedanken. Urteils- und kritiklos, läßt sich die kindliche Seele von Lust- und Schmerzempfindungen leiten: Sie ist zu beständigem Irrtum verurteilt.[15]

Man muß sich daher von der Kindheit befreien, so wie man sich vom Übel befreit. In der Tatsache, daß jeder Mensch zunächst Kind gewesen sein muß, liegt die Quelle seiner Irrtümer. Dem Kind fehlt es nicht nur an Urteilskraft, und es wird nicht nur von seinen Eindrücken gelenkt, sondern obendrein ist es von einer widerlichen Atmosphäre falscher Meinungen umgeben. Es saugt, wie Descartes sagt, das Vorurteil mit der Milch seiner Amme ein. Schauen Sie sich diese ignoranten Ammen an, die den ihnen anvertrauten Kindern Unmengen falscher Ideen beibringen! Haben Sie noch nicht erlebt, daß eine Amme zu dem Kind, das sich wehgetan hat, weil es auf einen Stein gefallen ist, sagte, es solle den Stein hauen, so als ob der Stein eine Person wäre, die einen Willen besitzt?

Das Unglück will es, daß die in der Kindheit erworbenen Meinungen am tiefsten im Menschen verankert sind. Es bedarf nicht weniger als eines ganzen Lebens, um diese schlechten Gewohnheiten zu zerstören. Und selbst in dieser Zeit gelingt es nur wenigen. Die meisten Menschen sind durch ihren Mangel an Charakter und Intelligenz dazu verurteilt, an ihrer Kindheit haften zu bleiben. Welcher Askese bedurfte es bei Descartes selbst, was für Ängste mußte er ausstehen, um sich von seinen schlechten Gewohnheiten und von seiner Kindheit zu befreien! Doch die meisten Menschen sind Opfer ihres schwachen Willens. In jedem Augenblick der Achtlosigkeit droht der Mensch, in die Illusion und das spontane Vertrauen auf den sinnlichen Anschein zurückzufallen. Deshalb bedauert es Descartes offensichtlich, daß jeder Mensch zunächst dieses kindliche Stadium durchlaufen muß: »... weil wir alle Kinder waren, ehe wir Männer wurden ..., daß unsere Urteile fast unmöglich so rein und so fest seien, wie sie es gewesen sein würden, wenn wir vom Augenblick unserer Geburt an den vollen Gebrauch unserer Vernunft gehabt hätten ...«[16]

Hier wird die Kindheit noch einmal als etwas dargestellt, dessen wir uns absolut entledigen müssen, um ein Mensch zu sein, der diesen Namen verdient. Freud hat bekanntlich die entgegengesetzte Auffassung vertreten und verkündet, das Kind sei der Vater des Mannes. Descartes hätte ihm vielleicht recht gegeben, aber nur mit Bedauern. Dieses für die gewöhnliche Seele bezeichnende Merkmal konnte und durfte nicht Merkmal des Philosophen sein.

Man kann sich sogar fragen, ob nicht für Descartes die Kindheit die Hauptursache jener Distanz ist, die uns vom göttlichen Vorbild trennt. Da sie ein so erhebliches Hindernis auf dem Wege zur Wahrheit darstellt, kann man sich Vorstellen, daß der Mensch im kartesianischen

System dann, wenn es ihm gelänge, das in ihm schlummernde Kind gänzlich auszumerzen, beinahe gottähnlich wäre. Sicherlich hat der Mensch nicht ein unendliches Begriffsvermögen wie Gott, doch sein endliches Begriffsvermögen könnte ohne die Kindheit hinsichtlich der Materie ebensosehr die Wahrheit erkennen wie das Gottes. Ganz von selbst und mühelos würde der Mensch aufhören, über Dinge zu urteilen, die er nicht kennt. Der methodische Zweifel, Resultat einer Willensanstrengung, die dem noch in seiner Kindheit befangenen Menschen so schwer fällt, würde zu einer spontanen, schmerzlosen Haltung. Unter diesem Gesichtspunkt ist die Kindheit das Gegenteil der göttlichen Transzendenz, die Strafe der Menschen. Sie spielt also bei Descartes eine ähnliche Rolle wie bei Augustinus, denn sie entfernt uns von Gott und seiner Vollkommenheit. Ob Irrtum oder Sünde, die Kindheit ist ein Übel.

Das lästige Kind

Das tragische Bild der Kindheit, wie es Theologen, Pädagogen und Philosophen sich vorstellten, wurde vermutlich nicht von einer Mehrheit geteilt. Der Einfluß der Ideologen und Intellektuellen auf die herrschenden und gebildeten Schichten darf zwar nicht unterschätzt werden, doch war dieser Einfluß in den übrigen gesellschaftlichen Kreisen erkennbar begrenzt.

Angesichts der wirklichen Verhaltensweisen der einen wie der anderen hat man den Eindruck, daß das Kind weniger als das Übel oder die Sünde, sondern vielmehr *als eine Last empfunden* wird, ja, sogar als ein Unglück. Aus unterschiedlichen und sogar entgegengesetzten Motiven scheint das Kind und besonders der Säugling für den Vater, dem es seine Frau nimmt, und damit indirekt auch für seine Mutter eine unerträgliche Bürde zu sein.

Die Pflege, Aufmerksamkeit und Beanspruchung, die ein Kleinkind in der Familie mit sich bringt, scheinen nicht immer nach dem Geschmack der Eltern zu sein. Und diese bestehen in verschiedenen sozialen Kreisen nicht den, wie Shorter es nennt, »Test der Opferbereitschaft«,[17] das sichtbarste Symbol dessen, was man heute unter elterlicher Liebe und im engeren Sinne unter Mutterliebe versteht. Da viele dieser Eltern nicht in der Lage und manche – sie sind zahlreicher, als man oft glaubt – nicht bereit sind, das unumgängliche wirtschaftliche Opfer zu bringen oder ihren Egoismus aufzugeben, haben sie sich vielfach bemüht, sich der Bürde zu entledigen. Es gab und gibt noch immer ein Spektrum an Lösungen für dieses Problem, das von der physischen Aussetzung bis zur moralischen Verwahrlosung des Kindes, von der Kindestötung bis zur Gleichgültigkeit reicht. Zwischen den beiden Extremen gibt es vielfältige, sich teils überschneidende Lösungsmöglichkeiten, und es hängt hauptsächlich von ökonomischen Kriterien ab, welche gewählt wird.

Ganz sicher ist die Kindestötung meistens ein Anzeichen großer menschlicher Bedrängnis. Die bewußte Tötung eines Kindes ist niemals ein Beweis von Gleichgültigkeit. Ebensowenig setzt man das Neugeborene leichten Herzens aus. Wenn die Mutter dabei dem Säugling einen kleinen Zettel an die Windeln heftet, ist sie sicher aufgewühlt, und wahrscheinlich empfindet sie Gewissensbisse. Aus einigen solcher, bei J.-P. Bardet[18] zitierten Zettel geht hervor, daß die Mütter hofften, eines Tages ihre Kinder wieder zu sich nehmen zu können. Manche Mütter halten den Namen und die besonderen Kennzeichen des Neugeborenen fest, andere rechtfertigen ihr Tun. Bei den einen herrscht Elend und Krankheit, bei den anderen eine unhaltbare Situation, und sehr oft sind es ledige Mütter.

Gelegentlich zeigt allerdings eine dem Kind beigegebene luxuriöse Wäscheausstattung, daß die Sünde und die auf sie folgende Aussetzung nicht nur bei den Armen vorkommen ... Doch neben diesen Verzweiflungstaten gibt es andere Handlungsweisen und Entscheidungen, die, auch wenn sie unfreiwillig sind, gelegentlich ebenso tragische Konsequenzen haben. An ihre vollkommene Unschuld vermag man schwer zu glauben, selbst wenn wir ihnen mildernde Umstände voll zugute halten.

Der erste Hinweis auf die Ablehnung des Kindes besteht in der Weigerung der Mutter, ihm die Brust zu geben. Das gilt ganz besonders in einer Zeit, wo das Stillen für das Kleinkind eine sehr viel größere Überlebenschance bedeutete, wie man noch im einzelnen sehen wird. Diese Weigerung mochte auf unterschiedlichen Motiven beruhen, lief aber immer auf die gleiche Notwendigkeit hinaus: eine Amme in Anspruch zu nehmen, wobei je nach den finanziellen Mitteln entweder die Möglichkeit bestand, sie ins Haus zu holen oder das Kind zu ihr zu bringen.

Die Inanspruchnahme von gedungenen Ammen reicht in Frankreich sehr weit zurück, denn schon im 13. Jahrhundert wurde in Paris das erste Vermittlungsbüro für Ammen eröffnet. Man weiß überdies, daß zu jener Zeit fast ausschließlich Adelsfamilien von diesem Phänomen betroffen waren. Auf diese interessante Erscheinung werden wir noch zurückkommen. Schließlich weiß man, daß der Brauch, seine Kinder in Pflege zu geben, sich im 18. Jahrhundert so sehr verbreitete, daß es zu einem Mangel an Ammen kam.

Zwischen diesem ersten Hinweis aus dem 13. Jahrhundert und dem 18. Jahrhundert gibt es keine genauen Informationen, weil die Verwaltung zu jener Zeit lückenhaft war. Geburten und Todesfälle wurden mehr oder weniger genau in den kirchlichen Personenstandsregistern verzeichnet. Seriöse Quellen zu der uns hier beschäftigenden Frage gibt es erst seit der königlichen Deklaration vom 9. April 1763, in der die Pfarrer angewiesen wurden, zwei übereinstimmende Register anzulegen und eines davon alljährlich in der Schreibstube des Gerichtsbezirks abzugeben.[19] Damit erklärt sich, warum die bemerkenswerten Untersuchungen heutiger Historiker über die in den einzelnen Regionen Frankreichs in Pflege gegebenen Kinder erst mit der zweiten Hälfte des 18. Jahrhunderts einsetzen.

Für die Beurteilung dieses Phänomens in der Zeit zwischen dem 13. und 18. Jahrhundert stehen uns nur sehr unzulängliche offizielle Quellen zur Verfügung, vor allem aber persönliche Bekundungen aus Memoiren und Familienchroniken, die mehr oder weniger detailgetreu über die familiären Ereignisse berichten.

Bis zum Ende des 16. Jahrhunderts scheint nur die Aristokratie Ammen gegen Bezahlung in Anspruch genommen zu haben. Der Vorwurf eines Vives oder eines Erasmus, sie würden ihre Kinder nicht stillen, richtet sich an die Frauen des Adels. Diese reichen Frauen, die die Amme zu sich ins Haus kommen lassen, berauben andere Kinder nämlich der Amme, ihrer Mutter. Folglich werden jedesmal, wenn eine Mutter es ablehnt, ihr Kind zu stillen, zwei Kinder der Muttermilch beraubt. Darüber beklagt sich bereits Montaigne, der in den Jahren 1580–1590 seine *Essais* verfaßt. Er sagt: »Indessen ist unschwer aus der Erfahrung zu ersehen, daß diese natürliche Zuneigung (die elterliche Liebe), der wir ein so großes Gewicht beimessen, sehr schwache Wurzeln hat. Für einen geringen Lohn reißen wir *täglich* den Müttern ihre eigenen Kinder aus den Armen und geben ihnen dafür *die unseren zum Stillen*; wir lassen sie die ihren einer armseligen Säugamme an die Brust legen, der wir die unsern nicht anvertrauen möchten, oder auch einer Ziege.«[20]

Montaigne scheint ebenfalls zu behaupten, daß die von ihm denunzierte Praxis gebräuchlicher und in den verschiedenen gesellschaftlichen Schichten verbreiteter ist, als man glaubt. Übrigens wollte Montaigne selbst, der nicht zum Hochadel gehörte, daß seine Frau auf Ammen zurückgriff, so sehr ging ihm die Anwesenheit kleiner Kinder unter seinem Dach auf die Nerven. Als er gezwungen war, wegen seines letzten Kindes (Leonore) eine Ausnahme zu machen, geschah es, wie er sagt, ohne große Begeisterung.

Nach der Aussage der Familienchroniken des parlamentarischen Großbürgertums stillten die Mütter im 16. Jahrhundert ihre Kinder selbst. Die Autoren von *Entrer dans la vie*[21] zitieren einen sehr aufschlußreichen Auszug aus einem dieser Familienbücher. Madeleine le Goux, die 1532 Anatole Froissard, Rat beim Parlament von Dole, heiratete, hatte fünf Kinder, die sie alle stillte. Diese selbst begannen, als sie Eltern waren, mehr oder weniger die Dienste von Ammen in Anspruch zu nehmen. Die Enkelinnen von Madeleine Froissard, die zu Beginn des 17. Jahrhunderts heirateten, brachten ihre Kinder dagegen systematisch gleich nach der Geburt bei einer Amme unter. Die Autoren, die über diese Quelle berichten, stellen fest, daß also innerhalb von dreißig Jahren im ausgehenden 16. und beginnenden 17. Jahrhundert diese Familie unwiderruflich von der Mode ergriffen wurde, die Kinder in Pflege zu geben.

Zahlreichen Quellen zufolge breitet sich dieser Brauch im 17. Jahrhundert im Bürgertum aus.[22] Auch die Frauen aus dieser Klasse denken, daß sie etwas Besseres zu tun haben, und sagen es. Das bestätigt eine Untersuchung von Jean Ganiage[23] über die aus Paris stammenden Pflegekinder im Beauvaisis.

Erst im 18. Jahrhundert breitet sich die Unterbringung der Kinder bei einer Amme in allen Schichten der städtischen Bevölkerung aus. In den kleinen und in den großen Städten ist das Verschicken der Kinder zu einer Amme eine allgemeine Erscheinung, die sowohl die Ärmsten wie die Reichsten umfaßt.

Wie gewöhnlich gibt Paris das Beispiel, indem es seine Kleinkinder weit fortschickt, manchmal bis zu fünfzig Meilen von der Hauptstadt entfernt, in die Normandie, nach Burgund oder in das Beauvaisis. Der Generalleutnant der Polizei Lenoir gibt der Königin von Ungarn wertvolle Auskünfte.[24] Im Jahre 1780 werden von den 21 000 Kindern, die jährlich in der Hauptstadt geboren werden (bei einer Bevölkerung von 800 000 bis 900 000 Einwohnern), weniger als tausend von ihrer Mutter und tausend von einer im Haus lebenden Amme gestillt. Alle übrigen, also 19 000, werden in Pflege gegeben. Von diesen 19 000, die einer Amme außerhalb des Elternhauses anvertraut werden, wurden 2000 bis 3000, deren Eltern über beachtliche Einkünfte verfügten, in der näheren Umgebung von Paris[25] untergebracht, die anderen, die weniger begütert waren, wurden in die Ferne verbannt.

In Lyon wird dieses Phänomen ebenfalls festgestellt. Prost de Royer, Polizeidirektor und dennoch Humanist, notiert, daß »die Bevölkerung von 180 000, vielleicht 200 000, alljährlich in Lyon ungefähr 6000 Geburten ergibt ... Höchstens tausend von diesen 6000 Kindern können die Eltern gute Ammen verschaffen. Die anderen werden zu lustlosen, armseligen Ammen gesteckt«. Nach den Aussagen von Prost fällt die Zahl der Kinder, die von ihrer Mutter selbst gestillt werden, überhaupt nicht ins Gewicht.

Aber das Phänomen beschränkt sich nicht nur auf die Großstädte. Nach der Untersuchung von Alain Bideau[26] über die Kleinstadt Thoissey-en-Dombes zwischen Mâcon und Lyon »verhielten sich deren Einwohner wie die Leute aus Lyon, Paris und Meulan[27] und steckten ihre Kinder aufs Land.«

Dank der besseren Führung der kirchlichen Register konnten geduldige Historiker herausfinden, auf welche sozioprofessionellen Kategorien sich die Eltern der in der Pflegschaft verstorbenen Kinder verteilen. Im Augenblick interessiert uns hier mehr die soziale Stellung der leiblichen Eltern als der Anteil der gestorbenen Kinder, den wir weiter unten untersuchen werden.

In Thoissey verteilen sich nach Bideau die Eltern wie folgt:

Beruf	Anzahl	Prozent
Unbekannt	9	4,4
Händler	83	40,9
Handwerker	53	21,1
Gesellen	9	4,4
Bürger	14	6,9
Freie Berufe	17	8,4

Beruf	Anzahl	Prozent
Justizbeamte	15	7,4
Tagelöhner	2	1,0
Bauern	1	0,5
Sonstige		
Insgesamt	203	100,0

Ebenso wie nach den Untersuchungen von Lavicher in Meulan sind es hauptsächlich die guten Bürger, die ihre Kinder in Pflege geben. Nach Ansicht Bideaus ist diese Haltung in Kleinststädten, wo die Ärmsten ihre Kinder bei sich behalten, ausgeprägter als in den Großstädten.

Diese Hypothese erscheint zutreffend, wenn man die sozioprofessionelle Verteilung der Eltern, deren Kinder in der Pflegschaft gestorben sind, in Lyon betrachtet.[28]

Sozioprofessionelle Kategorie	%
Seidenarbeiter und -hersteller	34,5
Sonstige Textilberufe (oder Zugehörige: Färber)	5,2
Groß- und Einzelhändler	10,7
Bürger, Adlige und freie Berufe	5,7
Lebensmittelhandel	7,5
Weinhandel (Schankwirte, Gastwirte)	2,8
Schuhmacher und Schneider	6,7
Bauberufe	6,1
Hutmacher	1,6
Tagelöhner, Schnitter und Hausdiener	2,4
Stellmacher und Fuhrleute	1,1
Verschiedene Handwerker	15,7
Insgesamt	100,0

Diese Zahlen zeigen, daß in Lyon nicht die Ärmsten, sondern diejenigen, die es am nötigsten brauchen, ihre Kinder im stärksten Maße in Pflege geben und daß es eher eine volkstümliche Praxis als eine Gewohnheit der Besitzenden ist.

In seiner Untersuchung über die aus Paris stammenden Pflegekinder im Beauvaisis stellt J. Ganiage fest, daß über die Hälfte der Kinder aus den rechts der Seine gelegenen Teilen der Hauptstadt kommen, und das sind vorwiegend die Viertel der Händler und Handwerker; vom linken Seineufer ist vor allem die Pfarrei Saint-Sulpice mit den Kindern der Verwalter, Köche und Lakaien der herrschaftlichen Stadthäuser vertreten.[29]

Im allgemeinen, so folgert Ganiage, zeigte die soziale Herkunft der in Pflege gegebenen Kinder eine große Spannweite, die vom Bürgertum bis zum einfachen Volk reichte, vom Hofrat bis zum Heimarbeiter. Lediglich der Adel und das Großbürgertum waren praktisch nicht vertreten, denn diese Familien bevorzugten das System der Amme im Hause.

Die soziale Herkunft der in Pflege gegebenen Kinder kann allerdings von Region zu Region merklich verschieden sein. Sicher ist, daß die wohlhabendsten Eltern aus den Großstädten, die ihre Kinder in Pflege geben, sich für sehr nahegelegene Dörfer und Regionen entscheiden, um besser auf ihr Kind aufpassen zu können oder um ihm gleich nach der Geburt eine allzu weite Reise zu ersparen. Diese sehr begehrte nahe Umgebung ist zugleich am teuersten. Je bescheidener daher die soziale Herkunft des Kindes, um so weiter wird es von seinen Eltern entfernt. Paul Galliano hat in einer sehr bedeutenden Abhandlung die Kindersterblichkeit in der südlichen Bannmeile von Paris zwischen 1774 und 1794 untersucht.[30] Danach stammen fast 88 % aller in Pflegschaft gestorbenen Kinder aus Paris. Dabei sind das rechte und das linke Seineufer in gleichem Maße vertreten, die nördlichen Randgebiete der Stadt dagegen kaum und die östlichen gar nicht. Das ist nicht verwunderlich, wenn man weiß, daß dies die ärmsten Teile der Stadt sind. Für sie müssen die allzu nah gelegenen südlichen Vororte zu teuer gewesen sein.

Bei der Untersuchung der sozialen Herkunft dieser Kinder stellt Galliano ebenso wie Ganiage fest, »daß es in den unterschiedlichsten Schichten alltägliche Praxis war, die Kinder in Pflege zu geben«.

Die Ärmsten, die von der Hand in den Mund leben, sind überhaupt nicht vertreten, vermutlich, weil sie in Ermangelung eines festen Einkommens nicht regelmäßig die Amme hätten bezahlen können. Dagegen stellen die Handwerker-Kaufleute fast die Hälfte der Fälle. In der Tabelle kommen, anders als bei der Untersuchung von Ganiage, auch Kinder aus dem Adel vor.

Tabelle von Galliano: Soziale Herkunft der in Pflege gegebenen Kinder

Beruf und sozialer Status der Eltern	Zahl der beobachteten Fälle	
Adel	38	6 %
Beamte, freie Berufe	100	15,5 %
Offiziere, bürgerliche Soldaten	12	2 %
Handwerker-Kaufleute	283	44 %
Arbeiter, Handwerksgesellen, Tagelöhner	155	24 %
Bauern, Landarbeiter, Winzer	15	2,5 %
Hauspersonal	41	6 %
Insgesamt	644	100 %

Was die Pflegeeltern betrifft, so stammen sie aus den einfachsten Kreisen, denn bei der Prüfung der Steuern, die sie zu zahlen haben, stellt Galliano fest, daß sie entweder Null betragen oder zwischen einem und fünf Pfund schwanken. Es sind vorwiegend Gärtner oder Tagelöhner, zuweilen sehr bescheidene Handwerker. Aus all den quantitativen Untersuchungen geht hervor, daß es ein allgemeiner Brauch war, seine Kinder in Pflege zu geben. Allerdings muß man hinzufügen, daß zwei sozioprofessionelle Kategorien durch Abwesenheit oder durch Seltenheit in unseren Tabellen glänzen. Shorter bemerkt, daß Kinder von Fabrikarbeitern, die die Speerspitze der Modernisierung bilden, praktisch fehlen. Die Frauen, die in der Fabrik arbeiteten, brachten ihre Kinder tagsüber unter, holten sie aber, wie es scheint, am Abend wieder ab. Gewichtiger ist, daß Kinder von wohlhabenden oder reichen Bauern auf unseren Listen nicht vorkommen.

Nach P. Goubert gehören 80 % der französischen Bevölkerung im 18. Jahrhundert zur bäuerlichen Welt. Gewiß sind nicht 80 % wohlhabende oder reiche Bauern, und in den Tabellen sind ja auch schon Kinder von Tagelöhnern aufgetaucht. Es ist außerdem bekannt, daß die ärmsten Bäuerinnen sich gezwungen sahen, ihre eigenen Kinder zu verlassen, um die aus der Stadt zu stillen.[31] Trotzdem stellt die Bauernschaft eine erhebliche Ausnahme dar, da sie lieber ihre Kinder im Hause behält, statt sich ihrer zu entledigen.

Muß man, wie E. LeRoy Ladurie[32] vorschlägt, in dem Abschieben des Kindes ein Anzeichen für die Pathologie der Stadt sehen? Sollten die Lebensweise und die Schwierigkeiten der Stadt tatsächlich eine Verirrung des mütterlichen Gefühls hervorrufen? Auf dem Lande hält sich der Instinkt, aber einige Meilen weiter löst er sich auf.

Daß die Stadt für viele ihrer Bewohner gleichbedeutend mit Entfremdung ist, wird niemand leugnen. Daß sie vielen ein Familienleben unmöglich macht, steht fest. Die ökonomische Entfremdung kann abartige Verhaltensweisen hervorrufen, indem sie den Überlebensinstinkt zwingt, alle übrigen Instinkte zum Schweigen zu bringen.

Sicher ist, daß das Kind für alle Frauen, die für ihren Lebensunterhalt arbeiten müssen, eine große Last ist. Um sich davon zu überzeugen, braucht man nur die Arbeit von Maurice Garden[33] über die Stadt Lyon zu lesen. Sie zeigt, daß die Frauen von Arbeitern und Handwerkern, die den Ammen eine große Zahl von Kindern lieferten, wirklich keine andere Wahl hatten. In den Berufen, wo die Frau direkt in die Arbeit ihres Mannes mit einbezogen ist, fällt es ihr am schwersten, ihre Kinder zu beaufsichtigen und zu erziehen. Das ist bei den Frauen der Seidenarbeiter der Fall, deren ungeheure Schwierigkeiten im 18. Jahrhundert bekannt sind. Die Frau arbeitet neben ihrem Mann am Webstuhl. Wenn die Arbeit einigermaßen rentabel sein soll, sind die Verzögerungen, die durch die Versorgung der Kinder entstehen, untragbar. Das Kind dieser Arbeiter wird notwendigerweise aus der Familie ausgeschlossen. Es ist daher verständlich, wenn die größte Zahl der Kinder, die in der Pflegestelle sterben, aus dieser sozioprofessionellen Kategorie stammen.

Auch in den Berufen der Lebensmittelbranche führt die Frau traditionell den Laden, sei es beim Bäcker, sei es beim Metzger. Würde die Mutter sich um das Kind kümmern, dann müßte der Mann einen Arbeiter einstellen, um statt ihrer in den Laden zu gehen. Diese Einstellung enthüllt ein nicht zu vernachlässigendes wirtschaftliches Datum: Für diese Haushalte war es billiger, ihr Kind in Pflege zu geben, als einen wenig qualifizierten Arbeiter zu beschäftigen. Dies beweist, daß zahlreiche Ammen einen Hungerlohn erhielten,[34] und erklärt weitgehend den gesundheitlichen Zustand der ihnen anvertrauten Kinder.

Noch elender war die Lage der Frauen von Hutmachern und Schnittern in Lyon. Da sie nicht mit ihren Männern arbeiteten, hatten sie kleine Webstühle, die sie zu Hause oder in Teilzeitarbeit betätigten; ähnlich war die Lage der Seidenhasplerinnen, der Stickerinnen und der

Obst- und Gemüsehändlerinnen auf den Märkten. In diesen Haushalten war das Einkommen so gering, daß es für die Eltern vorteilhaft war, das Kind bei sich zu behalten, denn eine Amme, und wäre sie noch so billig gewesen, hätten sie nicht zahlen können. Das ist nach Garden die Erklärung dafür, daß aus diesen am stärksten benachteiligten sozialen Kategorien am wenigsten Kinder bei einer Pflegemutter starben.

In den ärmsten Familien stellt das Kind durchaus eine Gefahr für das Überleben der Eltern selber dar. Ihnen bleibt daher keine andere Wahl, als sich seiner zu entledigen. Sei es, daß sie es beim Spital abliefern, was, wie man sehen wird, dem Kind wenig Überlebenschancen läßt; sei es, daß sie es der Amme überlassen, die am wenigsten fordert,[35] was dem Kleinkind kaum größere Chancen gibt; sei es schließlich durch eine Reihe von Verhaltensweisen, die mehr oder weniger toleriert werden und das Kind rasch auf den Friedhof bringen. Zu diesem letzteren Punkt stellt F. Lebrun einige interessante Fragen:

»Warum trägt man ein Kind, das bereits nach der Geburt zu Hause die Nottaufe erhalten hat, so rasch wie möglich für zusätzliche Taufzeremonien in die Kirche – eine in vielen Fällen verheerende Praxis (die Sterberegister beweisen es), die um so weniger gerechtfertigt ist, als die Nottaufe ein vollwertiges Sakrament ist? Warum wird das Kind wenige Tage nach seiner Geburt ohne Rücksicht auf seinen Gesundheitszustand, die Jahreszeit und die Entfernung aus der Stadt zu seiner Pflegemutter aufs Land geschickt? Warum wird trotz der ständig wiederholten Verbote durch die Synodalstatuten der eingefleischte Brauch beibehalten, das ganz junge Kind bei den Eltern schlafen zu lassen, was zu häufigen Todesfällen durch Erstickung führt? Warum fehlt es generell an elementaren Vorsichtsmaßnahmen für das Kleinkind, bei seiner Mutter oder erst recht bei seiner Amme, zumindest bevor man sich in den Jahren 1760–1770 allgemein dieser Dinge bewußt wird? Sollte es sich nicht ebenso wie bei manchen Abtreibungen um eine (mehr oder weniger bewußte, im Sinne der natürlichen Auslese wirkende) Strategie zur Beschränkung der Kinderzahl der Familie handeln?«[36]

Philippe Ariès war bereits dieser Auffassung, wenn er in diesen verschiedenen Praktiken »moralisch neutrale Dinge« sah, »die in den ethischen Grundsätzen der Kirche und des Staates wohl verdammt, aber insgeheim dennoch praktiziert wurden, deren man sich nur halb bewußt war, die sich im Grenzbereich von Wollen, Vergessen und Ungeschicklichkeit abspielten«.

Es ist allerdings zu betonen, daß diese verschiedenen Arten der Kindestötung speziell von den ärmsten Frauen der Gesellschaft praktiziert wurden. Die Bedeutung der wirtschaftlichen Gegebenheiten für diese mörderischen Praktiken kann nicht genug hervorgehoben werden. Und niemand wird die Unverschämtheit besitzen zu behaupten, daß all diese Frauen, die in der einen oder anderen Weise ihr Kind aufgaben, es aus Mangel an Liebe taten. Sie steckten in einer solchen physischen und moralischen Not, daß man sich fragt, wie sie noch ein weiteres großes Opfer hätten aufbringen können, wie sich in diesem katastrophalen Zustand Liebe und Zärtlichkeit hätten äußern können. Man braucht nur an jene Frauen auf dem Lande zu denken, die gleich nach der Niederkunft ihren Säugling aussetzten, um für sieben Pfund im Monat ein Kind aus der Stadt zu stillen.[37] Es sei denn, sie fanden eine Frau, der es noch elender ging und die bereit war, das Kind für nur fünf Pfund zu stillen; dann war das alles für einen Gewinn von zwei Pfund. In beiden Fällen hatte das Kind die größten Aussichten zu sterben.

Es kann daher keine Rede davon sein, aus diesen Beispielen auf einen Mangel an Liebe bei den Müttern zu schließen. Allenfalls könnte man daraus schließen, daß der Überlebensinstinkt sich gegenüber dem Mutterinstinkt durchsetzt. Die Pelikanmutter, die sich den Bauch aufreißt, um ihre Jungen zu füttern, ist ein Mythos, obwohl es zahlreiche Fälle gibt, in denen die Mutter ihr Leben für das ihrer Kinder geopfert hat. Aus Sonderfällen kann man kein allgemeines Naturgesetz ableiten. Und die instinktiven Verhaltensweisen sind naturgesetzlicher Art.

Um die massenhafte Abwanderung der Stadtkinder zu den Ammen zu erklären, hat man meistens auf die wirtschaftliche Lage der leiblichen Eltern hingewiesen. Das mag eine notwendige Erklärung sein, doch erscheint sie nicht hinreichend. Um sich davon zu überzeugen, braucht man nur die Tabellen der sozioprofessionellen Kategorien der Eltern von Kindern heranzuziehen, die bei der Pflegemutter gestorben sind. Neben Kindern von ärmlicher Herkunft kommen darin zwei weitere Gruppen vor, die jeweils verschiedenen sozialen Kategorien angehören. Da sind zunächst jene, deren Eltern zusammen arbeiten, wo die wirtschaftliche Lage es der Mutter aber durchaus erlaubt hätte, sich selbst um ihr Kind zu kümmern. Das war etwa der Fall bei den von Galliano angeführten Handwerkern-Kaufleuten, bei zahlreichen Geschäftsleuten, Weinhändlern, Schneidern oder Handwerkern, die Ganiage oder Bideau ermittelt haben. Diese hätten ihre Kinder bei sich behalten können und taten es nicht. Warum? Da die wirtschaftliche Begründung nicht hinreicht, muß man sie fallen lassen und den sozialen Faktor heranziehen. Am überzeugendsten scheint die von E. Shorter vorgebrachte Begründung zu sein: »Wenn es ihnen an Mutterliebe mangelte, so deshalb, weil sie unter dem Zwang der materiellen Umstände und *der gesellschaftlichen Einstellung das Wohl des Kindes hinter gewisse andere Erwägungen zurückstellten*, beispielsweise hinter die Notwendigkeit, auf dem Bauernhof mitzuarbeiten oder dem Mann beim Weben zu helfen.«[38]

Bei diesem arbeitsamen Kleinbürgertum scheinen die traditionellen sozialen Wertvorstellungen schwerer zu wiegen als anderswo; da die Gesellschaft dem Mann, also dem Ehemann einen hohen Wert beimißt, ist es normal, wenn die Ehefrau dessen Interessen vor die des Kleinkindes stellt.

Die Entscheidung dieser Frauen (denn ihre wirtschaftliche Lage erlaubte ihnen Entscheidungsfreiheit) war durch den Einfluß der herrschenden Ideologie bestimmt. Die Autorität des Vaters und Ehemanns beherrscht die Familiengemeinschaft. Als wirtschaftliches Fundament und moralisches Oberhaupt der Familie ist er zugleich deren Mittelpunkt: Alles muß sich um ihn drehen.[39]

Es gibt jedoch noch eine dritte Kategorie von Frauen, nach deren Handlungsmotiven man bislang wenig gefragt hat: jene Frauen, die keine wirtschaftliche Belastung zu tragen haben und die zugleich am wenigsten den traditionellen Wertvorstellungen unterworfen sind. Auch sie steckten ihre Kinder zu einer Amme und lehnten es ab, die Brust zu geben. Obwohl sie weniger zahlreich sind als die anderen, geht es doch im nächsten Kapitel vor allem um sie. Denn da sie am freiesten waren, bietet ihre Handlungsweise den sichersten Anhaltspunkt, um die Spontaneität der Mutterliebe in Zweifel zu ziehen.

Die Haltung dieser Frauen ist um so bemerkenswerter, als gerade bei den herrschenden Klassen, denen sie angehörten, das Verständnis für die Kindheit entstand, wie P. Ariès gezeigt hat. Sein Buch muß man unbedingt lesen, und man wird sehen, wie vom 16. Jahrhundert an allmählich die Besonderheit des Kindes in Rechnung gestellt wird. Doch trotz der erreichten Fortschritte gibt es noch im 18. Jahrhundert gewisse Anzeichen für eine fortdauernde Gleichgültigkeit der Gesellschaft, aus der man entnehmen kann, daß das Kind noch immer keine wirklich bedeutsame Stellung erlangt hat.

Die Geringschätzung des Kindes hält an:

Ein Spielzeug

Ein erstes Indiz ist die gebräuchliche Darstellung des Kindes als Spielzeug oder Maschine. Man weiß, daß das Kleinkind im 18. Jahrhundert mit dem Ausdruck »poupart« bezeichnet wird, der nicht das bedeutete, was man heute unter poupon, Baby, versteht, sondern was man »poupée«, Puppe, nennen würde.

Das »poupart« wird von den Eltern sehr häufig als ein amüsantes Spielzeug betrachtet, das man um seines Vergnügens und nicht um seines Heils willen liebt. Es ist so etwas wie ein kleines Wesen ohne Persönlichkeit, ein »Spiel« in den Händen der Erwachsenen. Wenn es nicht mehr unterhaltsam ist, erlischt das Interesse an ihm. Das machen einige Moralisten den Eltern des 18. Jahrhunderts zum Vorwurf. Beispielsweise Crousaz: Ihr behandelt eure Kinder, wie diese ihre Puppe behandeln. Ihr amüsiert euch mit ihnen, solange sie drollig und naiv sind und amüsante kleine Dinge sagen. Wenn sie aber älter und ernster werden, interessieren sie euch nicht mehr. Ihr laßt sie fallen, so wie man Puppen fortwirft. Dann »folgt den übertriebenen Vertraulichkeiten eine überspitzte Strenge oder eine eisige Gleichgültigkeit«.[40] Diese Bemerkung von Crousaz wird voll und ganz bestätigt durch das *Journal d'Héroard* über die Erziehung des jungen Ludwig XIII. Die sexuelle Zwanglosigkeit der Erwachsenen, ja sogar seiner Eltern vor den Augen des Kindes zeigt, daß man dem Ganzen keine Bedeutung beimißt. Das junge Kind ist kein vollwertiger Mensch. Manche werden vielleicht meinen, daß diese Spiele, die von sieben Jahren ab verboten sind, nur beweisen, daß man einer Vorstellung von kindlicher Unschuld huldigt.

Abgesehen davon, daß die Theologen und Pädagogen das Gegenteil sagen, scheint sich in diesen Verhaltensweisen vielmehr die Bedeutungslosigkeit des kleinen Kindes zu offenbaren: Es wird eher als ein seelenloses Spielzeug denn als eine sündenbeladene oder eine vollkommen unschuldige Seele betrachtet. Hätte man an diese Unschuld geglaubt, dann hätte man zweifellos befürchtet, sie dadurch, daß man dem Kind schlechte Begierden eingab, zu trüben. Wenn der kleine König zum Zeichen seiner Zufriedenheit mit den Zärtlichkeiten, die ihm erwiesen werden, sein »Spätzchen« in die Höhe hebt, stellt er in den

Augen der Umgebung unter Beweis, daß er einen guten Reflex hat. Es bedeutet nur, daß die kleine Maschine, die das Kind ist, richtig funktioniert. Hier von Begierden, Leidenschaften, Sünden zu sprechen, ist unangebracht, weil ein Mechanismus so etwas nicht hat.[41]

Auch wenn sie größer werden, betrachtet man sie weiterhin als Maschinen. Die Disziplin wird soweit getrieben, sagt Crousaz, daß man sie daran gewöhnt, ihre Gedanken für sich zu behalten und weder ein Gefühl noch eine Überlegung zu äußern. Sie scheinen ihren Eltern mechanisch zu gehorchen. Das hat Marivaux sehr richtig gesehen, wenn er in *Le Spectateur* Kinder beschreibt, die, in eine engstirnige, herzlose Etikette eingezwängt, aufgezogen und daran gewöhnt wurden, ein Kompliment tadellos zu erwidern. Es ist dann verlockend, das Kind mit einem leblosen und seelenlosen Automaten zu vergleichen.

Die Vorstellung vom Kind als Maschine[42] wird in jener Zeit von zahlreichen Medizinern aufgegriffen. 1784 schreibt der Arzt Alphonse Leroy: »Es ist leicht, die Prinzipien zu ändern, die das Kind konstituieren.« Für ihn wie für andere ist das Kind eine Maschine, deren Springfedern, Form und Stoff leicht nach unseren Wünschen zu reformieren wären. Er gibt zu verstehen, daß man mit Hilfe der Medizin und der Erziehung ein Kind nach einem neuen Vorbild umbauen, umgestalten könnte. Eine solche Vorstellung war nur möglich, wenn man die Eigenart des Kindes leugnete, wenn man der Ansicht war, es müsse das sein, was man aus ihm macht.

Das Desinteresse des Arztes

Ein solches Bild der Kindheit erklärt weitgehend das Fehlen einer Kinderheilkunde. Dieses Fach sollte bekanntlich erst im 19. Jahrhundert entstehen, und der Ausdruck »Pädiatrie« sollte erst im Jahre 1872 aufkommen. Allerdings werden sich die Ärzte in der zweiten Hälfte des 18. Jahrhunderts der Besonderheit des Kindes bewußt, was, wie der englische Arzt G. Buchan[43] gesteht, bis dahin nicht der Fall gewesen war: »Die Ärzte haben der Art und Weise, in der die Kinder aufgezogen werden, nicht genügend Beachtung geschenkt. Diese Beschäftigung wurde im allgemeinen als ausschließliche Sache der Frauen betrachtet, und häufig haben die Ärzte es abgelehnt, kranke Kinder zu empfangen.«

Obwohl zahlreiche Kinderkrankheiten wie Pocken, Windpocken, Mumps, Diphterie, Keuchhusten, Scharlach usw.[44] von den Medizinern exakt beschrieben worden waren, ist das, was die Ärzte praktisch tun, nicht gerade glänzend. Man meinte nämlich, wie der Arzt aus Schottland berichtet, daß Krankheiten bei Kindern schwieriger zu heilen seien als bei Erwachsenen, aus dem zutreffenden Grund, daß die Erwachsenen sprechen, die Kinder aber nicht. Die wichtigste Informationsquelle des Arztes waren eben die Antworten auf seine Fragen und nicht das Abhorchen.

Dadurch erklärt sich, daß manche Ärzte des 18. Jahrhunderts sich für die Ätiologie der Kinderkrankheiten, also für die Theorie ihrer Entstehung interessiert haben, während sie die Praxis den Frauen überließen, auch wenn sie ihnen scheinbar einen Vorwurf daraus machten. Für ihr Desinteresse gibt Buchan folgende Erklärung: »*Die Medizin hat der Erhaltung der Kinder sehr wenig Beachtung geschenkt, und zwar aus Gleichgültigkeit und in Verkennung des potentiellen Reichtums der Kindheit*... Was für eine Mühe, was für Aufwendungen machen wir nicht tagtäglich, um einen schwankenden, dem Tode nahen alten Körper noch eine Zeitlang am Leben zu erhalten, während diejenigen, die der Gesellschaft noch nützlich werden können, zu Tausenden umkommen, ohne daß man geruhte, ihnen auch nur die geringste Hilfe zukommen zu lassen oder sie auch nur anzusehen.«[45]

Die Passage von Buchan, dessen Buch 1775 von dem französischen Arzt Duplanil übersetzt wurde, drückt sehr gut die gewandelte Auffassung aus und erklärt sie. Wer beide Ideologien kennt, kann die entgegengesetzten Haltungen, die er selbst nacheinander eingenommen hat, besser darstellen, als wir es könnten. Buchan sagt es deutlich: Zuvor zählte das Kind wenig, weil es weder als unersetzlich noch als eine einmalige Persönlichkeit noch gar als ein Reichtum galt. Buchan, der die Mentalität seiner Zeitgenossen richtig erkannt hat, schließt: »Die Menschen können die Dinge nur nach ihrem gegenwärtigen Nutzen und niemals nach dem Nutzen beurteilen, den sie eines Tages davon haben könnten ... Nach anderen Ursachen für die allgemeine Gleichgültigkeit, mit der man dem Tod der Kinder begegnet, braucht man nicht zu suchen.«[46] Buchan ist entschieden nicht nur ein scharfsinniger Psychologe. Es steckt ein Physiokrat in diesem Mann, denn was er mehr noch als die Gleichgültigkeit der Eltern an seinen Zeitgenossen mißbilligt, ist die Tatsache, daß sie schlecht rechnen. Für sie hat das Kind keinen großen Wert, weder einen spezifischen noch einen langfristigen wirtschaftlichen Wert.

Im Jahr 1804 zieht ein anderer Mediziner, Verdier-Heurtin, eine weitere, sehr negative Bilanz der Kinderheilkunde. Er schreibt diesen Mangel der Tatsache zu, daß »man sich noch nicht davon überzeugt hat, daß dieser Bereich der Medizin sich von denen der übrigen Lebensalter unterscheidet«.[47] Was beweist, daß die Mediziner – Männer – lange brauchen, um diesem Lebensabschnitt seine Besonderheit zuzugestehen. Zu Beginn des 19. Jahrhunderts ist die Kinderheilkunde noch immer den Frauen überlassen, die, wie Verdier-Heurtin sagt, »mehr Vertrauen in die Hirngespinste des großen Albert[48] haben als in unsere schlichten Verschreibungen«.

In der Literatur kommt das Kind nicht vor

Ein drittes Anzeichen für die Bedeutungslosigkeit des Kindes sehen wir in der Stellung, die ihm bis zur ersten Hälfte des 18. Jahrhunderts in der Literatur eingeräumt wurde. Allgemein »wird es dort als ein langweiliger Gegenstand betrachtet, der jedenfalls nicht verdient, daß man ihm Beachtung schenkt. Was einem auffällt, ist eine gewisse Gleichgültigkeit, um nicht zu sagen Gefühllosigkeit gegenüber dem kleinen Kind.«[49]

Wenn vom Kind die Rede ist, versuchen La Fontaine, La Bruyère und Boileau einander an Herablassung zu übertreffen.[50] Nur Molière nahm in dieser Hinsicht eine differenziertere Haltung ein.[51] Doch generell ändert sich an der Haltung der Literaten gegenüber der Kindheit wenig bis zum Beginn des 18. Jahrhunderts. Um sich davon zu überzeugen, braucht man nur *La Vie de Marianne* von Marivaux (1741) oder die *Mémoires pour servir à l'histoire de la vertu* des Abbé Prévost zu lesen.

Die literarische Darstellung der Stellung des Kindes in der Gesellschaft ist deshalb sehr wichtig, weil die Werke der zitierten Autoren ihren Lesern aus Adel und Bürgertum (das sind die Klassen, die überhaupt lesen oder ins Theater gehen) nahegehen und ihnen ein Bild von sich selbst vermitteln. Während die philosophischen und theologischen Theorien sich besonders an die Intellektuellen wenden, also an ein spezialisiertes und begrenztes Publikum, erreicht die Literatur größere Kreise und drückt wahrscheinlich besser die in der herrschenden Klasse bestimmende Einstellung aus.

Sie setzt der tragischen und pessimistischen Sicht der Kindheit eine königliche Mißachtung des Kindes entgegen. Das Kind ist nicht so sehr ein Übel als vielmehr ein bedeutungsloses Nichts oder Fast-Nichts. Diese Beinahe-Bedeutungslosigkeit erklärt teilweise die mütterliche Gleichgültigkeit bei dem dritten, oben erwähnten Frauentyp. Es bedurfte nämlich einer erheblichen Dosis Gefühllosigkeit, um den Tod ihrer Kinder in der Weise zu ertragen, wie sie es taten, aber auch für den Entschluß, sie fern von sich in einer Art von moralischer Verlassenheit leben zu lassen.

Die Gleichgültigkeit ihrer Klasse erklärt das Verhalten dieser Mütter nicht völlig. Ein Teil der Erklärung liegt in den Wünschen und Ambitionen, die sie als Frauen hatten.

3. Die Gleichgültigkeit der Mütter

Wir haben untersucht, wie sich die Beziehungen zwischen Mutter und Kind in historischen und literarischen Dokumenten in ihrer Substanz und Eigenart darstellen, und sind auf Gleichgültigkeit, auf Empfehlungen zu einem abweisenden Verhalten und auf ein scheinbares Desinteresse an dem soeben geborenen Kind gestoßen. Diese letztere Beobachtung wird häufig so gedeutet: Wie hätte man sich für ein kleines Wesen interessieren sollen, das alle Aussichten hatte, vor Ablauf eines Jahres zu sterben? Die abweisende Haltung der Eltern und besonders der Mutter war eine gefühlsmäßige Absicherung gegen das große Risiko, das man würde erleben müssen, wenn das Objekt seiner Zärtlichkeit stirbt. Es war, anders gesagt, besser, sich nicht zu sehr zu binden, um anschließend nicht zu sehr leiden zu müssen. Eine solche Haltung wäre ein völlig normaler Ausdruck des Lebensinstinkts der Eltern gewesen. Bei der bis zum Ende des 18. Jahrhunderts sehr hohen Kindersterblichkeit wäre die Mutter, falls sie sich stark an jeden ihrer Säuglinge gebunden hätte, sicher vor Kummer gestorben.

Diese Interpretation ist lange von vielen, die sich mit der Entwicklung der Einstellungen befaßt haben, vertreten worden.[1] Diese Erklärung läßt uns die Handlungsweise der Mütter verständlicher erscheinen, weil sie weder eine Rechtfertigung liefert noch uns erlaubt, sie zu verurteilen. Durch die Hervorhebung der schrecklichen Risiken des Lebens von einst und der verschiedenen Mißgeschicke (Armut, Epidemien und andere Nöte), von denen unsere Vorfahren heimgesucht wurden, wird der Leser des 20. Jahrhunderts ganz sachte dazu gebracht, sich zu sagen, daß wir in ihrer Lage schließlich genauso gefühlt und gehandelt hätten. Damit wird in den Köpfen der Leser eine schöne Kontinuität zwischen den Müttern aller Zeiten hergestellt, und es wird die Vorstellung genährt, daß es immer ein einzigartiges Gefühl, die Mutterliebe, gegeben habe. Manche haben daraus gefolgert, daß es, je nach den äußeren Schwierigkeiten, von denen die Menschen heimgesucht werden, mehr oder weniger Mutterliebe geben kann, daß es sie aber immer gibt. Die Mutterliebe wäre danach eine übergeschichtliche Konstante.

Andere werden sagen, daß die schriftlichen Quellen, über die wir verfügen, im allgemeinen nur die besitzenden Klassen betreffen, für die und über die man schreibt, und daß man wegen einer verderbten Klasse nicht alle Mütter verurteilen dürfe. Man kann auch an die Haltung der Bäuerinnen von Montaillou[2] erinnern, die zu Beginn des 14. Jahrhunderts ihre gestorbenen Kinder auf den Armen wiegen, herzen und beweinen. Dieses Zeugnis beweist lediglich, daß es zu allen Zeiten liebende Mütter gegeben hat und daß die Mutterliebe nicht vom 18. oder 19. Jahrhundert aus dem Nichts erschaffen wurde. Es beweist aber auf keinen Fall, daß dies eine universelle Haltung gewesen wäre.

Es ist bereits auf die Bedeutung der wirtschaftlichen Bedingungen für das Verhalten der Mütter und auf das Gewicht der gesellschaftlichen Konventionen hingewiesen worden. Was soll man aber von den Frauen aus den begüterten Klassen sagen, auf denen keine dieser Hypotheken lastete, da ihr Ehemann nicht auf ihre Mitarbeit angewiesen war und ihnen deshalb auch keine Mehrarbeit zumuten mußte? Was soll man von den Frauen halten, denen es durchaus möglich war, ihre Kinder bei sich aufzuziehen und zu lieben, und die es jahrhundertelang dennoch nicht getan haben? Offenbar waren sie der Ansicht, diese Beschäftigung sei ihrer unwürdig, und daher beschlossen sie, sich dieser Last zu entledigen. Sie taten das übrigens, ohne den geringsten Skandal auszulösen, denn abgesehen von einigen strengen Theologen und sonstigen Intellektuellen (alles Männer) scheinen die Berichterstatter aus der damaligen Zeit das ganz normal zu finden.

Die Tatsache, daß diese letzteren sich für die liebenden Mütter oder auch für die entarteten Mütter so wenig interessiert haben, läßt im übrigen darauf schließen, daß der Mutterliebe damals kein sozialer und moralischer Wert beigemessen wurde. Die privilegierten Frauen waren daher von jeglicher Sanktionsandrohung und von jeglichem Schuldgefühl frei. Wenn man will, kann man in ihnen ein ganz und gar außergewöhnliches Beispiel für eine spontane Haltung sehen. Denn wenn Mütterlichkeit damals nicht »in Mode«[3] war, so haben sie sehr dazu beigetragen, diese Mode zu verbreiten, auch wenn sie sich im ausgehenden 18. Jahrhundert als deren Opfer bezeichnen sollten.

Es schien uns daher wichtig, die Verhaltens- und Denkweisen dieser privilegierten Frauen zu untersuchen, die sich einem bekannten Gesetz zufolge in der gesellschaftlichen Rangfolge von oben nach unten verbreitet haben, und die Konsequenzen, die solche Einstellungen für ihre Kinder hatten, genau festzuhalten.

Wir sehen uns infolgedessen gezwungen, die verbreitete Auffassung umzukehren: Nicht weil die Kinder wie die Fliegen sterben, haben die Mütter sich so wenig für sie interessiert, sondern wenigstens zum Teil sind sie deshalb in so großer Zahl gestorben, weil die Mütter sich nicht für sie interessierten.

Die Anzeichen der Gleichgültigkeit

Wir wollen uns jetzt auf die Suche nach Beweisen der Liebe machen. Wenn wir keine finden, werden wir gezwungen sein, auf das Gegenteil zu schließen.

Der Tod des Kindes

Wir sind heute zutiefst davon überzeugt, daß der Tod eines Kindes im Herzen seiner Mutter eine unauslöschliche Spur hinterläßt. Auch wenn eine Frau einen kaum lebensfähigen Fötus verliert, bewahrt sie die Erinnerung an diesen Tod, sofern sie das Kind wünschte. Jede Frau denkt daran als an einen unersetzlichen Verlust zurück, ohne deshalb in krankhafte Trauer zu verfallen. Die Tatsache, daß sie neun Monate später ein weiteres Kind hervorbringen kann, macht den Tod des vorigen nicht ungeschehen. Die Qualität, die wir jedem menschlichen Wesen zuerkennen, auch dem lebensfähigen Fötus, ist durch keine Quantität zu ersetzen.

Früher herrschte die gegenteilige Auffassung. F. Lebrun schreibt in seiner Doktorarbeit: »In menschlicher Hinsicht wird der Tod des kleinen Kindes als ein beinahe banaler Zwischenfall empfunden, der durch eine spätere Geburt wieder gutgemacht wird.«[4] Daran läßt sich erkennen, daß die Mutter ihre einzelnen Kinder nicht so intensiv liebt. P. Ariès hat über diese Unempfindlichkeit gesagt, sie sei »unter den damals herrschenden demographischen Bedingungen nur zu natürlich gewesen«.[5] Ob sie nun natürlich war oder nicht – in den Familienchroniken des 18. Jahrhunderts tritt uns die Gefühllosigkeit recht schonungslos entgegen. In diesen Chroniken berichtete das Familienoberhaupt von allen Ereignissen, die die Familie betrafen, und kommentierte sie; der Tod eines Kindes wird meistens kommentarlos registriert, oder nur mit einigen frommen Formeln, die eher vom religiösen Empfinden als vom Kummer eingegeben zu sein scheinen.

So vermerkt ein Chirurg aus Poligny[6] den Tod seiner Kinder, indem er jeweils wie bei dem Tode seiner Eltern und seiner Nachbarn hinzufügt: »Gott möge sich seiner Seele annehmen. Amen.« Bedauern scheint er lediglich bei einem vierundzwanzigjährigen Sohn zu bekunden, den er als »schönen, jungen Mann« bezeichnet.

Ein anderer Bürger, Rechtsanwalt in Vaux-le-Vicomte, heiratet im Jahre 1759. Von den Kindern, die er Jahr für Jahr bekommt, verliert er nacheinander sechs im Alter von jeweils einigen Monaten bis zu sechs Jahren. Er vermerkt den Verlust der ersten fünf, ohne ihrem Namen irgend etwas hinzuzufügen. Beim sechsten kann er nicht umhin, eine Bilanz zu ziehen: »So daß ich nun kinderlos bin, nachdem ich sechs Jungen gehabt habe. Gepriesen sei der Wille des Herrn!«

All das liegt auf der Linie des berühmten Wortes von Montaigne: »Ich habe zwei oder drei Kinder im Säuglingsalter verloren, nicht ohne Bedauern, aber doch ohne Verdruß.«[7]

Nicht nur bei den Vätern ruft der Tod eines Kindes offenbar keinen Kummer hervor. Die Mütter reagieren in der gleichen Weise. Shorter zitiert die Aussage des Begründers eines englischen Hospizes für Findelkinder, der über Mütter erschüttert war, die ihre sterbenden Kleinkinder in den Gossen oder auf den Abfallhaufen Londons aussetzten, wo man sie vermodern ließ. Er erwähnt außerdem die fröhliche Unbekümmertheit einer Frau aus der guten englischen Gesellschaft, die, »nachdem sie zwei ihrer Kinder verloren hatte, bemerkte, ihr blieben noch dreizehn für ein Dutzend«.

Die Französinnen stehen den Engländerinnen in dieser Hinsicht nicht nach. Man lese nur, was Madame Le Rebours in ihrem *Avis aux mères* 1767 schreibt: »Es gibt Mütter, die, wenn sie erfahren, daß ihr Kind bei der Pflegemutter gestorben ist, nicht weiter nach der Ursache forschen, sondern sich mit den Worten trösten: Ach, jetzt ist es ein Engel im Paradies. Ich bezweifle, daß Gott ihnen ihre Schicksalsergebenheit in einem solchen Fall zugute hält. Er läßt in ihrem Schoße Kinder entstehen, damit sie sich bemühen, sie zu Menschen zu machen; ich bezweifle außerdem, daß sie so sprechen würden, wenn sie der grausamen Schmerzen gedenken würden, welche diese Kinder erlitten haben, bevor sie starben; ich vermute, daß sie häufig durch ihre Nachlässigkeit den Tod ihrer Kinder verursacht haben.«[8]

Es gibt aber keinen besseren Beweis für die Gleichgültigkeit der Eltern als ihre Abwesenheit bei der Beerdigung ihres Kindes. In manchen Gemeinden, beispielsweise im Anjou, begibt sich keiner der Eltern zur Bestattung eines Kindes, das noch nicht fünf Jahre alt geworden ist. In anderen Gemeinden ist einer von beiden dabei, zuweilen die Mutter, zuweilen der Vater.[9] Gewiß erfahren die Eltern in vielen Fällen erst sehr spät vom Tod ihres Kindes, wenn es bei einer Pflegemutter war. Man muß allerdings sagen, daß sie sich keine große Mühe geben, um sich über die Gesundheit ihres Kindes auf dem laufenden zu halten.

Einen letzten Beweis für diese Gleichgültigkeit liefert uns das umgekehrte Phänomen: Wenn jemand über den Tod eines seiner Kinder bekümmert ist, so wird das stets von der Umgebung vermerkt. Offenbar wird ein solches Verhalten als sonderbar empfunden.

Lebrun[10] stellt fest, daß der Kummer, den Henri Campion im Jahre 1653 beim Tod seiner vierjährigen Tochter empfindet, etwas so Ungewöhnliches ist, daß dieser selbst es für nötig hält, sich dafür zu rechtfertigen: »Wenn jemand sagt, *eine so starke Anhänglichkeit sei entschuldbar bei ausgewachsenen Menschen, nicht aber bei Kindern*, so erwidere ich, daß meine Tochter sehr viel mehr Vollkommenheit besaß, als man sie in ihrem Alter jemals besessen hat, und daß mir daher niemand verwehren kann zu glauben, daß sie immer vollkommener geworden wäre, so daß ich nicht nur eine liebenswürdige Tochter von vier Jahren verloren habe, sondern eine Freundin, wie man sie sich nur wünschen kann, falls sie das Alter ihrer Vollendung erreicht hätte.«

In einem Brief vom 19. August 1671 schreibt Madame de Sévigné, daß sie den Kummer der Madame Coetquen über den Tod ihrer kleinen Tochter rasch bemerkt habe: »Sie ist sehr betrübt und sagt, daß sie nie wieder ein so hübsches Kind haben werde.« Madame de Sévigné wundert sich nicht über diesen Kummer, weil das Objekt der Trauer einzigartig war. Hätte das Kind jedoch nicht ein so außergewöhnliches Merkmal (sein hübsches Aussehen) besessen – wäre es dann stärker beweint worden als die anderen?

Hundert Jahre später beweist Diderot die gleiche Empfindsamkeit wie Madame de Sévigné oder der unglückliche Campion. In einem

Brief an Sophie Volland spricht er von dem »wahnsinnigen« Schmerz, den Madame Damilaville beim plötzlichen Tod einer ihrer Töchter empfindet, und er kann ihn sich nur erklären, wenn nicht sogar rechtfertigen, indem er auf die außergewöhnlichen Qualitäten des verstorbenen Mädchens Bezug nimmt: »Wer ein Kind wie jenes verliert, darf traurig sein.«[11]

Aus all diesen Aussagen geht hervor, daß die Trauer ausnahmsweise gestattet wird und nur von der besonderen Qualität des verstorbenen Kindes abhängt. Bei all den anderen hätte es unpassend gewirkt, wenn man sie beweint hätte. Galten Tränen als etwas Unzüchtiges? Widersprach der Kummer dem Geist der Religion? Oder wäre es nicht einfach lächerlich gewesen, ein so unfertiges und unvollkommenes Geschöpf wie ein Kind zu betrauern, so wie man heute die Leute verurteilt, die den Tod ihres Hundes beweinen?

Die selektive Liebe

Ein Leser aus dem 20. Jahrhundert kann sich über eine andere Haltung, die gleichermaßen für den Vater wie für die Mutter charakteristisch war, nur wundern: Über die kaum glaubliche Ungleichbehandlung der Kinder je nach ihrem Geschlecht und der Stellung, die sie in der Familie einnehmen. Wie kann die Liebe, wenn sie etwas Natürliches und daher Spontanes ist, sich mehr auf ein Kind als auf ein anderes richten? Warum sollten wir, wenn Wahlverwandtschaften sich schon nicht gleichermaßen zwischen allen Personen herstellen, ausgerechnet den Jungen mehr lieben als das Mädchen, den Erstgeborenen mehr als den Nachgeborenen?

Steckt darin nicht das Eingeständnis, daß man ein Kind vor allem deshalb liebt, weil es uns in gesellschaftlicher Hinsicht etwas einbringt und weil es unserem Narzißmus schmeichelt? Ein Mädchen wird seinen Vater immer eine Mitgift kosten, ohne ihm irgend etwas einzubringen, außer vielleicht gewisse Verbindungen oder die Freundschaft seines Nachbarn. Das ist letzten Endes recht wenig, wenn man bedenkt, daß Verbindungen und Freundschaften bei veränderter Interessenlage auseinanderbrechen können. Und wenn man seine Tochter nicht verheiraten kann, weil es an dem ihrem Rang entsprechenden Geld fehlt, muß man sie in ein Kloster einkaufen, sie als Dienerin behalten oder sie in einem anderen Hause als Dienerin unterbringen. Nein, eine Tochter ist für ihre Eltern wahrlich kein Geschäft, und es scheint auch kein Einverständnis zwischen ihr und ihrer Mutter zu geben, das die beiden einander näher brächte. Was sie an Zärtlichkeit und Stolz besitzt, behält die Mutter ihrem Ältesten vor, der, sofern die Eltern dem Adel angehören, der Alleinerbe von Besitz und Titel ist.

In allen gesellschaftlichen Schichten genoß der Erbe innerhalb der Familie eine sehr bevorzugte Behandlung. Sobald die Eltern nur irgend etwas zu vermachen hatten, seien es einige Morgen Land oder die Krone von Frankreich, war dieser erstgeborene Sohn Gegenstand einer vorbildlichen Fürsorge. In der bäuerlichen Familie erfährt der Älteste tagtäglich Annehmlichkeiten, die seinen Geschwistern, Schwestern wie jüngeren Brüdern, unbekannt bleiben. Die guten Stücke vom Eingepökelten oder vom Braten, wenn es welchen gibt, bekommt er. Bei einfachen Familien bekommen die jüngeren Brüder nur selten etwas davon, die Mädchen nie.

In seiner Untersuchung über das Languedoc zeigt Yves Castan,[12] daß der Status des ältesten Sohnes ambivalent ist. Er ist um so eher gehorsam, als er sonst befürchten muß, zugunsten eines jüngeren Bruders, der mehr Entgegenkommen zeigt, enterbt zu werden. Andererseits geht aus den zahlreichen von Castan herangezogenen Dokumenten hervor, daß der Älteste von den Eltern gefühlsmäßig bevorzugt wird. Statt alle Kinder gleichmäßig zu lieben oder gar den jüngeren mehr Zärtlichkeit zukommen zu lassen, um sie für ihre spätere Armut zu entschädigen, glaubt die Mutter verpflichtet zu sein, sie strenger zu erziehen, um sie, wie es heißt, auf die Härte ihres Schicksals vorzubereiten.

Folglich behält die Mutter ihren Ältesten während der ersten Kindheitsjahre bei sich. Sie stillt ihn und kümmert sich selbst um ihn. Die Jüngeren gibt sie dagegen gern in Pflege und läßt sie dort jahrelang. Es ist nicht zu bestreiten, daß die Ältesten entsprechend den Möglichkeiten der Eltern fast durchweg mehr umhegt und besser erzogen wurden.

Wo steckt in diesem so selektiven Gefühl die Mutterliebe, von der man leichthin sagt, sie sei immer und überall gegenwärtig? Die Bevorzugung des Ältesten ist nicht ganz unschuldsvoll und wahrscheinlich nicht natürlich. Nach Ansicht Castans lag dieser mütterlichen Zärtlichkeit ein gehöriger Schuß Vorsorge zugrunde, wie man sie sonst kaum bemerkt: Wenn der Vater vor der Mutter stirbt und diese gebrechlich wird, von wem hängt dann ihr Überleben, ihre Alterssicherung und ihr Glück ab, wenn nicht von dem Erben? Man muß sich daher mit demjenigen, von dem das eigene Schicksal abhängen kann, gut stellen.

Bei dem jüngeren Bruder sind derartige Vorkehrungen nicht nötig. Er wird in die Armee eintreten oder seinem Bruder oder dem Nachbarn als Knecht dienen. Wenn er nicht so kräftig und ein bißchen besser gebildet ist, darf er darauf hoffen, einmal die Soutane zu tragen. Auf diese Weise werden die zahlreichen Fälle unauslöschlichen Bruderhasses verständlich.[13] So sehr dieser Brauch auf allen Stufen der gesellschaftlichen Hierarchie genau befolgt wurde und alle sich nahezu einhellig ihm unterwarfen, so wurde er dennoch vom einfachsten Bauern bis hin zum höchsten Adligen als hart empfunden.

In den adligen und reichen Familien konnten die jüngeren Brüder hoffen, sich leichter zu verheiraten, doch standen ihnen im wesentlichen zwei Laufbahnen offen: die militärische und die geistliche. So waren zwei später berühmt gewordene jüngere Söhne gezwungen, die geistliche Laufbahn zu beschreiten: der Kardinal de Bernis und der Bischof de Talleyrand, die uns aufschlußreiche Memoiren hinterlassen haben.

Talleyrand hatte bekanntlich einen älteren und zwei jüngere Brüder. Schon am Tage seiner Geburt wurde er in der Kirche Saint-Sulpice (1754) getauft und nach beendeter Zeremonie einer Amme übergeben, die ihn gleich mit zu sich in das Faubourg Saint-Jacques nahm. Über vier Jahre lang hat seine Mutter ihn nicht ein einziges Mal wiedergesehen und sich nie nach ihm erkundigt. Sie wußte daher nichts von dem Unfall, der ihn zum Krüppel machte und ihm einen Klumpfuß bescherte. Sie erfuhr erst von seiner Verunstaltung, nachdem sie ihren ersten Sohn verloren hatte. Nun zum Ältesten geworden, konnte Charles Maurice nicht mehr Soldat werden oder den Namen der Familie ruhmreich repräsentieren. Gegen seinen Willen wurde beschlossen, aus ihm einen Kirchenmann zu machen. Schlimmer noch, man zwang ihn, zugunsten seines jüngeren Bruders auf sein Erstgeburtsrecht zu verzichten. In seinen *Memoiren*[14] wird berichtet, daß ein Familienrat ihm, als er etwa dreizehn Jahre alt war, sein Erstgeburtsrecht entzog und auf seinen fünf Jahre alten Bruder Archambaud übertrug. Man kann sich diese Szene unschwer vorstellen: Die Demütigung und Scham des behinderten Heranwachsenden, der, durch Zufall zum Ältesten geworden, wieder unter die Jüngeren zurückgestuft wird wegen eines weiteren Zufalls, an dem weitgehend die mütterliche Gleichgültigkeit Schuld war. Aber Madame de Talleyrand zog daraus eine praktische Lehre. In der Sorge, ihrer Familie einen Nachfolger zu erhalten, behielt sie den neuen Erben und seinen kleinen Bruder bei sich, und sie wuchsen unter dem väterlichen Dach heran.

Besonders scheußlich ist die Geschichte Talleyrands vermutlich wegen der Verkrüppelung, die sie zur Folge hatte und die uns nahegeht, weil wir sie uns vorstellen können. Doch sein Fall war kein Einzelfall, und wir werden sehen, daß viele Kinder verkrüppelt, kränklich oder sterbend von ihrer Pflegemutter zurückkommen. Ganz zu schweigen von all jenen, die nicht zurückkamen, sondern trotz ihrer beträchtlichen Anzahl für uns in einer abstrakt bezifferten Masse untergehen. Wenn im Hinblick auf sie die wirtschaftlichen und demographischen Notwendigkeiten angeführt werden, so genügt uns das nicht. Bei vielen von ihnen konnten die Eltern zwischen ihren eigenen Interessen und dem Leben des Kindes wählen. Aus Nachlässigkeit und Egoismus wählten sie sehr häufig den Tod. Auch diese Mütter sind – vergessen wir es nicht! – in der Geschichte der Mutterschaft zu berücksichtigen. Sie sind vielleicht nicht deren rühmlichste Vertreterinnen, doch kommt ihnen das Verdienst zu, einen grausamen Aspekt der Mutterschaft enthüllt zu haben. Es ist sicherlich nicht der einzige Aspekt, doch kommt ihm das gleiche Gewicht zu wie den anderen.

Die Verweigerung des Stillens

Frauen wie Madame de Talleyrand oder die Enkelinnen des Ratsmitgliedes Froissard waren nicht bereit, ihre Stellung am Hofe oder ganz einfach ihr geselliges und gesellschaftliches Leben zu opfern, um ihre Kinder aufzuziehen. Der erste Akt dieser Ablehnung war die Verweigerung des Stillens. Zur Erklärung dieses naturwidrigen Aktes beriefen sich die Frauen der begüterten Kreise auf eine Reihe von Argumenten, die weniger ihr Handeln rechtfertigen als vielmehr ihr Nichthandeln entschuldigen sollten. Manche nannten jedoch die Dinge beim Namen, indem sie sagten: Das langweilt mich, und ich habe etwas Besseres zu tun.

Unter den am häufigsten vorgebrachten Argumenten stechen zwei Entschuldigungen hervor: Das Stillen schadet der Mutter körperlich, und es ist eigentlich nicht schicklich. Soweit es um das Körperliche geht, ist das gebräuchlichste Argument der Frauen ihr eigenes Überleben. Gern führten sie an, daß sie, falls sie ihr Kind stillten, sich »eines kostbaren, für ihre Selbsterhaltung absolut notwendigen Chylus«[15] berauben würden. Die Umgebung ließ sich durch eine solche Begründung, die jeglicher medizinischen Grundlage entbehrte, immer noch beeindrucken. Außerdem berief man sich auf eine allzu große Empfindlichkeit der Nerven, die ein Kind mit seinen Schreien durcheinanderbringen würde.

Allerdings wird dieselbe Frau, die ein Schrei durcheinanderbringen würde, von dem Dichter Gilbert in seiner Satire auf das 18. Jahrhundert so beschrieben: »Doch sobald Lalli (Tollendall), zum Tode verurteilt, öffentlich zum Schafott gezerrt wird, wird sie die erste sein, die zu diesem entsetzlichen Fest eilt, um sich das Vergnügen zu verschaffen, seinen Kopf fallen zu sehen.«

Man weiß aus anderen Quellen,[16] daß die Frauen aus der besseren Gesellschaft nicht säumten, zu den Exekutionen zu eilen. Namentlich bei der Hinrichtung von Damiens, die besonders barbarisch war, zeigten einige eine ans Delirium grenzende Begeisterung. Doch die Schreie des Verurteilten nahmen sie zweifellos weniger mit als die Schreie ihres Kindes!

In denselben Zusammenhang gehört auch die häufig vorgebrachte Entschuldigung von der schwachen Konstitution, die ein absoluter Grund war, um nicht zu stillen. Hören wir jedoch, wie die Moralisten des ausgehenden 18. Jahrhunderts sich über diesen Vorwand lustig machen. Dieselben, heißt es bei ihnen,[17] die sich gern auf ihre Gebrechlichkeit und ihre schlechte Gesundheit berufen, veranstalten entsetzliche Bankette und essen Gerichte, die äußerst unverdaulich sind, gehen tanzen, bis sie vor Müdigkeit umfallen, und rennen bis zum Ersticken in alle Theatervorstellungen.

Zuweilen gebrauchen die Frauen, statt mit ihrer Gesundheit Mitleid zu erwecken, das ästhetische Argument und schwören, sie würden, falls sie stillen würden, dadurch ihre Schönheit einbüßen, also ihren wichtigsten Besitz. Man glaubte (und glaubt noch immer), das Stillen würde die Brust verunstalten und die Brüste erschlaffen lassen. Viele wollten eine solche Verheerung nicht riskieren und griffen daher lieber auf eine Amme zurück.

Wenn jedoch das Risiko, Gesundheit und Schönheit einzubüßen, kein Mitgefühl mit ihrem Schicksal zu erregen vermochte, konnten sich die Frauen auf die soziale und moralische Ordnung berufen, und das ließ niemanden gleichgültig.

Zunächst glaubten die Frauen (und damit die Familien), die etwas Besseres sein wollten, daß es nicht sehr rühmlich sei, wenn sie selbst ihre Kinder stillten. Da die Damen des Adels seit langem das Beispiel gegeben hatten, war diese Unterlassung für die anderen rasch zu einem Zeichen der Vornehmheit geworden. Selbst sein Kind zu stillen, war gleichbedeutend mit dem Eingeständnis, daß man nicht zur besseren Gesellschaft gehörte. Dionis, ein Arzt des 18. Jahrhunderts, bemerkte daher: »Die Bürgerinnen bis hin zu den Frauen der kleineren Handwerker geben ihre mütterlichen Pflichten an andere weiter.« Eine möglicherweise zu allgemeine und vorschnelle Überlegung, die jedoch einen Aspekt der herrschenden Einstellungen verdeutlicht.

Die gleiche Geringschätzung gegenüber dem Stillen durch die Mutter zeigten auch Intellektuelle wie Burlamaqui und Buffon. Über das Kleinkind heißt es bei Buffon: »Sprechen wir nicht von dem Ekel, den die Einzelheiten der Pflege, welche dieses Alter erfordert, hervorrufen können.«[18] Diese Auffassung eines Mannes wurde von den Frauen keineswegs dementiert. Offenbar brachten ihnen »die Einzelheiten der Pflege«, derer die Kinder bedurften, keine Befriedigung.

Unter Berufung auf die Schicklichkeit erklärte man, das Stillen sei lächerlich und ekelhaft. Das Wort »lächerlich« kommt in den Briefen und Memoiren häufig vor. Mütter, Schwiegermütter und Hebammen raten der jungen Frau davon ab, selbst zu stillen, weil diese Aufgabe einer Dame von Rang eigentlich nicht zukommt. Es schickt sich nicht, jeden Augenblick die Brust freizumachen, um das Kind zu stillen. Abgesehen davon, daß die Frau dabei den tierhaften Eindruck einer »Milchkuh« liefert, ist es eine schamlose Geste. Diese Begründung ist im 18. Jahrhundert kein leeres Wort. Man empfindet wirklich Scham, und das muß bei der Weigerung zu stillen berücksichtigt werden. Falls die Mutter stillte, hatte sie sich zu diesem Zweck aus der Gesellschaft zurückzuziehen, und das machte ihr und ihrem Ehemann für längere Zeit gesellschaftliche Kontakte unmöglich.

Die Ehemänner waren in einem gewissen Maße dafür mitverantwortlich, wenn ihre Frau sich weigerte, das Kind zu stillen. Manche beklagen sich, als sei es ein Angriff auf ihre Sexualität und eine Einschränkung ihres Vergnügens, wenn ihre Frau stillt. Einige finden stillende Frauen mit ihrem starken Milchgeruch[19] und ihren ständig nässenden Brüsten offenkundig widerlich. In ihren Augen ist das Stillen eine Schweinerei. Ein regelrechtes Mittel gegen die Liebe.

Selbst wenn der Vater nicht angewidert ist, stört ihn das von seiner Mutter gestillte Kleinkind erheblich. Denn Mediziner und Moralisten jener Zeit untersagen einhellig sexuelle Beziehungen nicht nur während der Schwangerschaft, sondern auch während der gesamten Dauer des Stillens. Das Sperma, so heißt es, verdirbt die Milch und läßt sie gerinnen. Es bedeutet also eine Gefahr für das Leben des Kindes. Da die Medizin im 18. Jahrhundert nicht aufhört, diese falsche Parole zu verbreiten, sieht sich der Vater zu einer langen Periode freudloser Enthaltsamkeit verurteilt. Da man andererseits durch eine Verletzung des Tabus festgestellt hatte, daß die stillende Frau während dieser Zeit weniger fruchtbar war, stand der Vater vor einer unangenehmen Alternative. Entweder verschaffte man sich das Vergnügen, ohne allzusehr ein neues Kind zu befürchten (eine recht angenehme Versuchung), und brachte so das Leben des Babys in Gefahr, oder man enthielt sich, um es zu bewahren. Die nächstliegende Lösung war, das Ehebett zu fliehen und einige außereheliche Liebschaften zu haben. Diese Lösung mißfiel natürlich den Ehefrauen sehr. Im einen wie im anderen Falle war der Zusammenhalt der Familie gefährdet.

Ein Säugling ist für seine Eltern objektiv eine Belastung, und man kann verstehen, wenn er bis zur Entwöhnung der liebevollen Pflege einer Säugamme überlassen wurde. Aber dabei belassen die Mütter es nicht, denn sie lehnen das Kind pauschal ab, gleichgültig, wie alt es ist. Es stört die Mutter nicht nur in ihrem Eheleben, sondern auch bei ihren Vergnügungen und in ihrem gesellschaftlichen Leben. Sich um ein Kind zu kümmern ist weder amüsant noch chic.

Diejenigen, die ihrer Ruhe und ihrem Vergnügen den Vorrang geben, machen sich ganz das kleine Gedicht von Coulanges zu eigen:

> Fut-il jamais rien moins charmant
> qu'un tas d'enfants qui crient?
> L'un dit papa, l'autre dit maman

et l'autre pleure après sa mie.
Et pour avoir cet entretien
Vous êtes marqué comme un chien.[19a]

Die Vergnügen der Dame von Welt bestehen hauptsächlich im gesellschaftlichen Leben: Besuche empfangen und Besuche machen, ein neues Kleid vorführen, in die Oper und in die Komödie gehen. Allabendlich spielt und tanzt die mondäne Frau bis in die frühen Morgenstunden. Sie liebt es daher, »einen ungestörten Schlaf zu genießen, der durch nichts anderes als durch das Vergnügen unterbrochen wird«.[20] »Und mittags findet man sie im Bett.«[21]

Diese Frauen haben durchweg ein sehr ruhiges Gewissen, weil die Umgebung anerkennt, daß die Teilnahme am gesellschaftlichen Leben unumgänglich ist, sobald man einen bestimmten Rang bekleidet, und weil sogar Ärzte zugeben, daß diese Verpflichtungen eine akzeptable Entschuldigung sind, wenn die Frauen sich nicht um ihre Kinder kümmern. Hat nicht mit Moreau de Saint-Elier ein Arzt in der Mitte des 18. Jahrhunderts behauptet, die Kinderpflege »ist eine hinderliche Last ... in der Gesellschaft«?

Fügt man dem noch hinzu, daß es nach den Maßstäben der feinen Gesellschaft nichts gibt, was weniger chic wäre als »der Anschein, seine Kinder allzu sehr zu lieben«[22] und seine kostbare Zeit mit ihnen zu vergeuden, so hat man schon die nächstliegende Antwort auf die Frage nach der Vernachlässigung der Kinder von wohlhabenden oder reichen Müttern. Denn die Kleinbürgerinnen, die Frauen von Geschäftsleuten und Amtsrichtern, die den Zwängen des gesellschaftlichen Lebens kaum ausgesetzt waren, beeilten sich, es ihren privilegierteren Schwestern nachzutun. Da ihnen die Möglichkeiten eines glänzenden gesellschaftlichen Lebens nicht zu Gebote standen, konnten sie sich wenigstens eine gewisse Vornehmheit dadurch verschaffen, daß sie sich ebenfalls ihrer Kinder entledigten. Es war besser, gar nichts zu tun, als den Anschein zu erwecken, daß man sich um so unbedeutende Dinge kümmerte.

Doch all das kann dieses Verhalten nicht hinreichend erklären.

Erinnern wir uns der Mahnungen der Theologen aus dem 16. Jahrhundert, die den Müttern ihre sündhafte Zärtlichkeit gegenüber ihren Kindern zum Vorwurf machten. Am Ende des 18. Jahrhunderts wird die gesamte Intelligenz ihnen den entgegengesetzten Vorwurf machen und ihre Härte anprangern. Man muß sich daher fragen, was während zweier Jahrhunderte geschehen ist.

Ein Verständnis der Kindheit hat es gewiß auch vor dieser Zeit nicht gegeben. Dennoch stillten fast alle Frauen ihre Kinder und behielten sie mindestens bis zu acht, zehn Jahren bei sich. Es ist merkwürdig, daß die Frauen gerade in dem Augenblick, als dieses Verständnis der Kindheit zu entstehen und sich zu entwickeln beginnt, sich von ihren mütterlichen Pflichten distanzieren. Ein Widerspruch steckt darin nur, wenn man die Frau im begrenzten Rahmen der Mutterschaft definiert.

Nun war aber gerade das 17. und 18. Jahrhundert jene Zeit, in der die Frau, sofern sie die entsprechenden Mittel hatte, sich als Frau zu definieren versuchte. Dieses Vorhaben wurde dadurch erleichtert, daß die Gesellschaft dem Kind noch nicht jenen Platz einräumte, den es heute bekanntlich hat. Um sich als Frau definieren zu können, mußte sie die beiden Funktionen vergessen, die früher die Frau vollständig definierten: die Funktionen der Ehefrau und Mutter, die ihr nur in Beziehung auf eine andere Person eine Daseinsberechtigung gaben.

Die Emanzipation der Frauen

In dem Versuch, sich als selbständige Wesen zu definieren, mußten die Frauen unausweichlich einen Emanzipations- und Machtwillen beweisen. Den ersten Schritt konnten die Männer und die Gesellschaft nicht verhindern, doch verstanden sie es sehr geschickt, den zweiten zu behindern und die Frau in jene Rolle zurückzudrängen, die sie nie hätte verlassen sollen: die Mutterrolle. Als Belohnung sollten die Männer dadurch ihre Ehefrauen zurückgewinnen.

Wenn man das ablehnende Verhalten der Frauen gegenüber der Mutterschaft verstehen will, muß man bedenken, daß die mütterlichen Aufgaben zu jener Zeit von Seiten der Gesellschaft keinerlei Beachtung, keinerlei Wertschätzung erfahren. Im besten Falle sind die Mutterpflichten eine normale Sache, im schlimmsten Fall sind sie vulgär. Dadurch, daß sie Mütter waren, konnten die Frauen also keinen Ruhm ernten, und dennoch war das ihre Hauptaufgabe. Sie begriffen, daß sie, wenn sie eine gewisse Achtung verdienen wollten, einen anderen Weg als den der Mutterschaft einschlagen mußten, für die ihnen in Wirklichkeit niemand Dank wußte.

Um aber auch nur daran denken zu können, mußten sie bereits weitgehend von den Lasten befreit sein, die das Frauendasein ganz allgemein bestimmten: von den materiellen Bedingungen, der Autorität des Ehemanns und der kulturellen Isolierung. Insofern war die Französin in einer günstigeren Lage als beispielsweise die Italienerin, die Aristokratin oder Bürgerin in einer besseren als die Arbeiterin, die Frau aus der Stadt eher begünstigt als die Frau vom Lande.

Warum gerade die Französin?

Es ist eine einhellig anerkannte Tatsache, daß die Französinnen die ersten waren, die ihre ehelichen Kinder einer Amme anvertrauten. Sie taten das um die Mitte des 18. Jahrhunderts in einem solchen Umfang, daß die von ihrer Mutter gestillten Stadtkinder als Ausnahmen galten. Nach Ansicht von Roger Mercier wurde diese Praxis in anderen europäischen Ländern in größerem Umfang nachgeahmt, als man annimmt.[23] Aber nicht in allen. Daß es in England und in Deutschland genauso der Fall war, wird merkwürdigerweise übersehen, und so kann man dann schließlich von einer typisch französischen Einstellung sprechen. Helene Deutsch[24] behandelt die Haltung der Französinnen während dieser zwei Jahrhunderte so, als ob sie etwas in Europa einmaliges gewesen wäre, eine ihren Worten zufolge unerklärliche Abweichung von der allgemeinen Norm der Mutterschaft.

Dieses französische Phänomen, das sich auch in England und in geringerem Maße in Deutschland beobachten läßt, ist nur schwer ganz befriedigend zu erklären. Man kann allenfalls darauf hinweisen, daß Frankreich und England als die gegenüber den Frauen liberalsten Länder Europas galten. Nach Pillorget[25] sind die Französinnen vom Ende des 16. Jahrhunderts an in ihrem Leben und Gebaren freier als die Spanierinnen und Italienerinnen, die Engländerinnen allerdings noch ein wenig mehr. Er zitiert die Aussage eines englischen Zeitgenossen, demzufolge »England für die Frauen ein Paradies ist«. Zur gleichen Zeit behaupten unsere geschätzten Autoren dasselbe von den Französinnen. Frankreich ist nach allgemeiner Auffassung das Musterland weiblicher Freiheit.[26] Man spottete nicht nur über die barbarischen Sitten der Türken, sondern man schmeichelte sich auch, es nicht den Spaniern und den Italienern mit ihrer tyrannischen Eifersucht nachzutun.

Es stimmt, daß die Französin im Gegensatz zu ihren Schwestern in den Mittelmeerländern jede Freiheit hat, zu kommen und zu gehen und gesellschaftlichen Umgang zu pflegen. Das kultivierte gesellschaftliche Leben erleichtert die Begegnung der Geschlechter, ohne daß es zu einem italienischen Drama kommen muß. Es erleichtert die Galanterie, nicht aber die Ausschweifung, wie Pradon[27] in Erwiderung auf die zehnte Satire des Frauenfeindes Boileau sagt.

Diese Freiheit der französischen und englischen Frauen ist nicht mit einer bestimmten Haltung der Kirche ihnen gegenüber zu erklären. Allerdings galten diese beiden Länder als die höchstentwickelten Europas und ihre Sitten als die erlesensten der Welt.

Die französischen Aristokratinnen waren die ersten, welche die Kunst praktizierten, ohne Kind zu leben. Freier als andere von materiellen Sorgen, über Zeit und Geld im Überfluß verfügend, scheinen sie das Prinzip von Tocqueville, demzufolge diejenigen, die am meisten begünstigt sind, auch nur die geringste Entfremdung am wenigsten ertragen, bereits belegt zu haben, noch ehe dieses Prinzip formuliert wurde. Vielleicht aus der Überlegung heraus, daß sie ihre Zeit besser nutzen, etwas anderes zu tun als das, was jede beliebige Frau für ein wenig Geld an ihrer Stelle tun konnte, bekundeten sie einen entschiedenen Willen, sich auszuzeichnen und Macht auszuüben. Gelegenheit dazu boten ihnen die Bürgerkriege. Glänzende Vorbilder besaßen sie in den drei Frauen, die innerhalb von weniger als hundert Jahren Reichsregentinnen waren.

In jenen wirren Zeiten waren viele Schloßherrinnen ihrem Ehemann eine nützliche Hilfe. Sie verstanden es, ihre Schlösser zu verteidigen und den Familienbesitz zusammenzuhalten, nach dem Beispiel der berühmten Chrétienne d'Aguerre, die Heere aufstellte, sich in den Ratsgremien Gehör verschaffte und dem Herzog von Savoyen die Provence streitig machte. Madame de la Guette, die Baronin de Bonneval, die Gräfin de Saint-Balmont und viele andere waren nicht weniger beeindruckend. All diese Frauen, die in gefährlichen Augenblicken Mut bewiesen hatten, zeigten den übrigen Frauen ihrer Kaste, daß sie die gleichen Funktionen wie die Männer ausfüllen konnten – und ebensogut wie sie.

Als es zu der Rebellion der Fronde kam, wollten die Frauen des Hochadels dabei mitmachen. Es war eine allzu günstige Gelegenheit, sich hervorzutun. Die Herzogin von de Chevreuse, die Grande Mademoiselle, die Herzogin de Montbazon und natürlich die Herzogin de Longueville wetteiferten in Intrigen und Heldentaten. Als Heerführerinnen im Dienste der Fürsten vergaßen diese Frauen ihr Geschlecht um des Ruhmes willen. Die Fronde verschaffte ihnen sehr viel mehr Triumphe als ihr Ehemann oder ihr Kind.

Sicherlich stellen die soeben Genannten nur eine Handvoll von Aristokratinnen dar, doch machten ihre Taten großes Aufsehen, und alle Frauen, die zur Gesellschaft zählten, begeisterten sich für die Politik. Oft wird als Beispiel die Äußerung der Enkelin der Madame de Rambouillet zitiert: »Also, liebe Großmutter, sprechen wir nun, wo ich fünf Jahre alt bin, von Staatsangelegenheiten.« Mazarin, der sich über diese Leidenschaft der Französinnen beklagte, soll während der Unterhandlungen für das Pyrenäen-Abkommen dem spanischen Minister Don Luis de Haro anvertraut haben: »Sie haben es gut; *Sie haben, wie überall sonst, zwei Sorten von Frauen, kokette im Überfluß* und sehr wenige *anständige Frauen*: Jene denken nur daran, ihrem Liebhaber, diese, ihrem Ehemann zu gefallen; die einen wie die anderen *haben keinen anderen Ehrgeiz als Luxus und Eitelkeit. Unsere* dagegen, ob sie nun prüde oder alt, jung, dumm oder geschickt sind, wollen sich in alles einmischen. Eine anständige Frau schläft nicht mit ihrem Mann und eine Kokotte nicht mit ihrem Liebhaber, wenn diese ihnen nicht zuvor von Staatsangelegenheiten erzählt haben! *Sie wollen alles sehen, alles erfahren, alles wissen, und, was noch schlimmer ist, alles machen und alles durcheinanderbringen.*«[28]

Zwischen der Kurtisane und der anständigen Frau (der Ehefrau, der Mutter) zeichnet sich somit eine Frau ab, die weder das eine noch das andere ist, die »alles wissen ... und alles machen« will. Ein Wesen, halb Fisch, halb Fleisch, das einem Mann ähnelt, das es ihm gleichtun will und doch keiner ist. In den Augen des Premierministers einer Regentin ein Störfaktor, hat das schwache Geschlecht den einzigen Fehler, das starke Geschlecht spielen und ihm ebenbürtig sein zu wollen. Das bedeutet in der paternalistischen und extrem hierarchischen Gesellschaft der Monarchie den Aufruhr.

Die wohlhabendsten Pariserinnen adliger wie bürgerlicher Herkunft wollten die großen Aristokratinnen nachahmen. Ihnen fehlten zwar die politischen Ambitionen, doch bemühten auch sie sich, Unabhängigkeit zu beweisen und durch eine gewisse Vornehmheit zu glänzen. Im beginnenden 17. Jahrhundert bot ihnen die Tatsache, daß sie in einer Großstadt lebten, zwei ansonsten seltene Möglichkeiten: ein verfeinertes gesellschaftliches Leben und ein beispielloses kulturelles Leben; die Kunst der tugendhaften Galanterie oder das traditionell den

Männern vorbehaltene Wissen. Bis um die Mitte des 18. Jahrhunderts sollten nacheinander die Preziösen und die gelehrten Frauen diese beiden Möglichkeiten wahrnehmen und auf diese Weise versuchen, den Männern gleichzukommen, ja sie sogar zu unterwerfen.

Wir müssen uns für einen Augenblick mit dem Phänomen der Stadt befassen, die den einen als pathologisch, den anderen als entfremdend gilt. Da von den städtischen Entfremdungserscheinungen schon die Rede war, wollen wir uns jetzt dem anderen Aspekt zuwenden. Für andere Personengruppen ist die Stadt und besonders die Großstadt auch ein Ort der Befreiung. Für die Privilegiertesten bedeutet sie Begegnung und Kultur. Sie ist schlechthin der Ort des Wissens, wo der Geist herrscht und es reichliche Gelegenheiten zum Dialog gibt.

Man kann sich vorstellen, daß die privilegiertesten Frauen lieber draußen in Gesellschaft glänzten, als daheim auf hausfrauliche und mütterliche Pflichten beschränkt zu sein, die ihnen keine sonderliche Anerkennung einbrachten. Bald dachten sie nur noch an ihren Salon, hatten sie keine Zeit mehr, sich um die Ihren zu kümmern und den Haushalt zu führen. Ganz in ihren eigenen Dingen aufgehend, hatten sie nicht eine Sekunde mehr, die sie jemand anders hätten widmen können.

Hierin besteht der große Unterschied zur reichen Bäuerin. Ihre Lebensbedingungen machen es verständlich, daß sie dem Stillen und der Kinderversorgung überhaupt treu blieb. Die Landfrau hat, selbst wenn sie über die entsprechenden Mittel verfügt, keine Gelegenheit, etwas anderes zu tun. Aus ihrem Hof und ihren Ländereien kommt sie kaum heraus, und man würde es ihr übelnehmen, wenn sie ihr kleines Kind wegen eines Buches vernachlässigte, vorausgesetzt, sie kann überhaupt fließend lesen. Nichts und niemand vermag sie auf ein anderes Gebiet als das der Mutterpflichten zu führen. Sie ist weder von Galanterie noch von Kultur bedroht. Ihre ganze Tugend (ihr Wert) liegt in ihrer Bescheidenheit, und ihre Macht geht über den Rahmen ihrer Küche und ihres Hühnerhofes nicht hinaus; allenfalls macht sie sie gegenüber ihren Kindern, dem Knecht und dem Geflügel geltend. Da keine äußere Versuchung bis zu ihr gelangt, bleibt sie ihren traditionellen, manche würden sagen, natürlichen Funktionen verhaftet. Aber vielleicht nur aus Mangel an Wahlmöglichkeiten.

Die wohlhabenden Frauen in der Stadt waren dagegen allen erdenklichen Versuchungen ausgesetzt, die sie von diesen traditionellen

Funktionen ablenkten. Lange Zeit fanden sie darin zumindest scheinbar ihr Glück, bevor sie bemerkten, daß sie eventuell hereingelegt worden waren. Sie dachten sicherlich, Macht zu erlangen, wenn sie das einst den Männern vorbehaltene Wissen gleichmäßig mit ihnen teilten. Als sie ihre Niederlage einsehen mußten, gaben sie diese Partie auf und spielten eine andere.

Doch bevor wir zu diesem Einstellungswandel bei den Frauen kommen, wollen wir schauen, wie sie die ersten emanzipatorischen Schlachten gewannen, die, das muß man sagen, zu Lasten ihrer Kinder gingen.

Die Methoden der Emanzipation

Vom Beginn des 17. Jahrhunderts an fanden die Frauen, die sich auszeichnen wollten, ihr bevorzugtes Kampfgebiet in der Galanterie. Nach dreißig Jahren Bürgerkrieg waren die französischen Umgangsformen von Grobheit, ja von Brutalität geprägt.

Die Erneuerung der Sitten ging nicht vom Hofe Heinrichs IV. aus, sondern von den Pariser Salons, die von Frauen mit neuartigen Ambitionen geführt wurden. Die am Hofe der Könige aus dem Hause Valois in Vergessenheit geratenen gesellschaftlichen Höflichkeitsformen sollten zunächst in den aristokratischen Salons, deren Vorbild derjenige der Madame de Rambouillet bleibt,[29] und später in den bürgerlichen Salons wiedergeboren werden. Dort und einige Zeit später in den engen Vierteln, wo die Preziösen zu Hause waren, entstanden eine neue Höflichkeit und eine elitäre Kultur, deren aktivste Elemente zweifellos die Frauen waren.

Die Hauptursache dieser Bewegung der Preziösen war ein besessener Drang, sich hervorzutun, und um sich hervorzutun, mußte man sich vor allem den geltenden Werten entgegenstellen. Da der gewöhnliche Sterbliche ein Genußmensch, ein Sklave und ein Unwissender war, bemühten sie sich, Platonikerinnen, frei und gebildet zu sein. Da das größte Übel in der Vulgarität bestand, die dem Körperlichen verhaftet ist und das Geistige vernachlässigt, machten die Preziösen es sich zur Pflicht, den Geist zu kultivieren und ihre Sinne zu beherrschen. Auf die aus der Antike stammende Lehre von der Freiheit durch Enthaltsamkeit zurückgreifend wollten die Preziösen mehr noch als die

Philosophinnen des 18. Jahrhunderts nichts anderes sein als reiner Intellekt. So definierte sie der Abbé de Pure: »Ein Abriß des Geistes, ein Auszug des menschlichen Verstandes«.

Diese Frauen des *Grand Siècle*, des klassischen Jahrhunderts, hatten begriffen, daß ihr Körper der eigentliche Fixpunkt ihrer Sklaverei war. Wenn der Mann ihn genießt, besitzt er gleichzeitig die ganze Frau, sei sie nun seine Geliebte oder seine Ehefrau. Deshalb kam *L'Astrée* (1610), ein halbes Jahrhundert lang die Bibel der Liebe, zu dem Schluß, daß es einer tugendhaften Reserviertheit bedürfe.

Der Ehe und der Mutterschaft entschieden abhold verzichten die Preziösen dennoch nicht auf die Liebe. Sie wollen sie vergeistigen und sie von sinnlichen Neigungen freihalten. So wie Descartes auf dem Gebiet der Vernunft predigen diese »Jansenisten der Liebe«[30] die Methode auf dem Gebiet des Begehrens. Ihre ganze Kunst besteht darin, sich begehrt zu machen, ohne sich besitzen zu lassen.

Im Gegensatz zu den Auffassungen gewisser Spötter besaßen sie nicht alle die vulgäre Koketterie von aufreißerischen Frauen, sondern sie verschafften sich in dem Maße Respekt, wie sie ihre eigene Liebe und die Begierden des anderen meisterten. Sie verstanden es, ständig weitere Anzeichen der Anhänglichkeit, der Achtung und der Unterwerfung zu verlangen. Kurz, sie verstanden es, gleichzeitig frei und souverän zu sein – das genaue Gegenteil des Daseins der Frau als Ehefrau und Mutter.

Deshalb weist Mademoiselle de Scudéry Ehe und Besitz, die Hand in Hand gehen, entschieden zurück.[31] Sie hält wenig von »den Damen, die nichts anderes zu sein verstehen als die Frau ihres Mannes, die Mutter ihrer Kinder und die Herrin ihres Hauses«. Selbst wenn für die Heirat Liebe ausschlaggebend war, verursacht die Ehe Widerwillen. Das dauernde gegenseitige Aufeinanderangewiesensein verdirbt die urprüngliche Reinheit der Empfindungen, und die Autorität der Schwiegereltern ist ein unerträgliches Joch.[32] Es gibt jedoch noch eine andere Enttäuschung, die süß erscheinen mag und dennoch bitter ist. Lassen wir Eulalie sprechen: »Eine schöne Dame, die in Ehren ihre Schwiegereltern, Großeltern und ihre Stiefmutter bestattet hat ..., wenn sie sich von einem Übel befreit glaubt, gerät sie an das nächste. Hatte sie vorher über das Alter zu klagen, so klagt sie nun über die fruchtbare und allzu verschwenderische Jugend, die sie zur Mutter gemacht hat und sie Jahr für Jahr einer neuen Belastung, einer ersichtlichen Gefahr, einer lästigen Verpflichtung, unsäglichen Schmerzen und tausend ärgerlichen Folgen aussetzt. Man muß sie jedoch auf sich nehmen und schweigend erdulden: Der Gedanke an die Pflicht überwiegt alle anderen und macht Ihnen jeden Augenblick der Gleichgültigkeit, den Sie erleben mögen, zum Vorwurf ...«[33]

Diese Passage von Michel de Pure gehört sicherlich zu den härtesten Stücken, die je gegen die Ehe geschrieben worden sind. Ehemann, Schwiegereltern und Kinder werden erbarmungslos zu einem Unglück für die Frau erklärt. Robert Bray[34] meint, man könne diese Schmährede leicht für übertrieben und daher für etwas Außergewöhnliches halten. Dennoch, so sagt er, scheint die darin zum Ausdruck kommende Tendenz ziemlich weit verbreitet gewesen zu sein.

Die Preziösen von Paris, die die gesellschaftlichen Wertvorstellungen ihrer Zeit vollkommen auf den Kopf stellten, waren ungeachtet dessen, was man über sie gesagt haben mag, kein lächerliches, kleines Häufchen. Wenn man ihnen mit einem so großen Widerstand und mit Spötteleien entgegentrat, so ist das nur ein Zeichen für ihren nicht zu übersehenden Einfluß. Wenn Molière sich über sie lustig macht, so deshalb, weil ihre Ideen nicht nur in der Hauptstadt, sondern auch in der Provinz eine gewisse Bedeutung erlangten. Cathos und Magdelon sind der Beweis dafür. In ihnen werden all die »dummen Puten« aus der Provinz, die aus ihrer sozialen Lage und aus ihrer Situation als Frau herauskommen wollen, grausam verspottet. Sie machen, ungeschickt zwar, ihre gesellschaftlichen Ansprüche geltend, nicht nur um aus ihrer kleinbürgerlichen Klasse herauszukommen, sondern auch um ihrem künftigen Leben als Familienmutter besser widerstehen zu können.

Lächerlich vielleicht für all jene, die es nicht ertragen können, daß jemand aus seiner Lage herausmöchte, sind diese ersten Feministinnen rührend wie alle Autodidakten. Ihre Ungeschicklichkeit verhinderte nicht, daß einige ihrer Ideen sich ausbreiteten. In den Kreisen, die als fein gelten wollten, nahmen die Männer eine spürbar veränderte Haltung gegenüber ihren Frauen oder Geliebten an. Die traditionellen Familienwerte verloren an Gewicht, obwohl die Preziösen erbitterte Feindinnen unter denjenigen hatten, die der Ansicht waren, daß »die gewissenhafte Tugend verlange, daß eine Dame sich auf nichts anderes verstehe, als die Frau ihres Mannes zu sein, die Mutter ihrer Kinder und die Herrin ihres Hauses und ihrer Bediensteten«.[35]

Sie hatten ebenfalls erbitterte Feinde unter den Bürgern, die an den traditionellen Werten hingen und so gut von Molière beschrieben worden sind: den Sganarelle, Gorgibus oder Chrysale, »die in den Frauen lediglich die Hauptsklavinnen ihres Hauses sehen und ihren Töchtern verboten, andere Bücher zu lesen als jene, die ihnen halfen, zu Gott zu beten.«

Sie brauchten viel Mut und Ausdauer, um die verbotenen Bücher zu lesen. Nicht, daß sie viel riskierten, wenn sie die Verbote umgingen, aber sie hatten eine so schäbige, um nicht zu sagen nichtige Bildung genossen, daß man über ihren intellektuellen Ehrgeiz und schließlich auch über ihren Erfolg verwundert ist.

Die erste Generation der ehrgeizigen Frauen hatte sicherlich mehr der Form als dem Inhalt gehuldigt. Zuweilen mehr von Eitelkeit als von Gelehrsamkeit erfüllt, begeisterte sie der Traum einer Frauenakademie mehr als die harte intellektuelle Arbeit. Ihre Feinde nutzten diese Schwäche aus und trieben den Spott über diesen Mangel auf die Spitze. Gewiß waren die echten Intellektuellen wie Mademoiselle de Scudéry nicht Legion. Die überwältigende Mehrheit der Frauen besaß in Gestalt ihrer absoluten Unwissenheit zu Beginn ein allzu schweres Handicap, als daß sie darauf hätte rechnen können, es wirklich zu beseitigen, es sei denn, sie wären genial gewesen. Mit einigem Talent konnten sie bestenfalls hoffen, dieses Handicap verschleiern zu können.

Um besser ermessen zu können, welchen Weg einige von ihnen dennoch geschafft haben, muß man bedenken, daß ihnen jegliche im eigentlichen Sinne intellektuelle Bildung untersagt war. In der Schule, zu Hause oder im Kloster hütete man sich sehr, ihren Geist zu entwikkeln. Und selbst wenn es hier oder da einige kleine Änderungen im Lehrplan gab, so war doch der Inhalt dessen, was die Mädchen lernten, bis in die erste Hälfte des 19. Jahrhunderts hinein von einer beispiellosen Mittelmäßigkeit, weil das Ziel immer dasselbe blieb: aus diesen Mädchen fromme Ehefrauen und tüchtige Hausfrauen und Hausherrinnen zu machen.

In einem Pensionat oder Kloster des 17. Jahrhunderts lernten sie mehr oder weniger gut lesen und schreiben, doch der Löwenanteil des Unterrichts war zwischen Handarbeiten und Religionsstunden aufgeteilt. Aus vielen Anstalten kamen die sich selbst überlassenen Mädchen ebenso unwissend wieder heraus, wie sie hineingekommen waren. Und wenn ihre Erziehung unter der sogenannten Anleitung der Mutter zu Hause erfolgte, waren die Ergebnisse, von Ausnahmen abgesehen, kaum glänzender. Wenn sie reich waren wie die Prinzessin von Orléans, ließ man ihnen in der Hauptsache Anstandsunterricht erteilen. Als arme Mädchen aus dem Provinzadel hüteten sie, wie Madame de Maintenon, die Truthühner und lernten dabei einige Seiten der Vierzeiler von Pibrac.

Insgesamt bleibt von diesem Unterricht wenig hängen. Die *Weltgeschichte der Frau*[36] erwähnt eine Untersuchung über die Anzahl der Eheleute, die am Ende des Jahrhunderts imstande waren, ihre Heiratsurkunde zu unterschreiben: 79% der Männer und 85% der Frauen waren völlige Analphabeten. Wenn das bei den Frauen des Adels nicht im gleichen Maße der Fall ist wie bei den anderen, so gibt es dennoch zahlreiche Fälle junger Mädchen in ihrem Stande, die kaum die Anfangsgründe des Lesens und Schreibens erlernt hatten, wie etwa die Mutter des Herzogs Rohan, die ihrem Sohn nicht das Lesen beibringen konnte, oder Mademoiselle de Brézé, die nach ihrer Eheschließung mit dem späteren Grand Condé wieder ins Kloster zurückmußte, um Lesen und Schreiben zu lernen. Mitten im 18. Jahrhundert berichten die Memoirenschreiber, daß eine der Töchter Ludwigs XV. aus dem Kloster gekommen sei, ohne lesen zu können.

Denjenigen, die Lesen und Schreiben gelernt hatten, stand noch ein langer Weg bevor, bis sie ein Jahrhundert später zu einer Philaminte oder einer Madame du Châtelet wurden. Es bedurfte einer enormen Wißbegierde, um sich von der Moral eines Pibrac zu philosophischen Diskussionen aufzuschwingen, um zu entscheiden, ob man Stoikerin oder Epikureerin sein wollte, um sich für die Physik Descartes' oder für die Gassendis zu entscheiden.

Die Preziösen haben also hartnäckig am Weg der Kultur und des Wissens festgehalten. Ihre Töchter wurden Gelehrte, und um das zu erreichen, nutzten sie alle erdenklichen Gelegenheiten. Da sie weder zu Hause noch im Pensionat irgend etwas lernten, verließen sie es bei der ersten Gelegenheit, um Frauen zu begegnen, die in dieser Hinsicht mehr Glück gehabt hatten. Deshalb schildert man uns diese Frauen so, als seien sie ständig unterwegs gewesen, von Salon zu Salon, aus Unterrichtsstunden in Vorträge geeilt ... Da sie nur aus dem Munde anderer etwas lernen konnten und keinen anderen Maßstab hatten als ihren guten Willen, konnte es ihnen natürlich passieren, daß sie einen Vadius oder einen Trissotin für einen Philosophen hielten.

Dennoch bot ihnen gerade ihr gesellschaftliches Leben manche Gelegenheit des Dialogs und der Unterweisung, und so konnten sie die ersten Anfangsgründe der Wissenschaft und der Philosophie kennenlernen. Das übrige besorgte dann die Lektüre.

Allerdings wurde dieser kulturelle Heißhunger von Vätern und Ehemännern nicht sehr gern gesehen. Da sie seine Ursache nicht unterbinden konnten, setzten sie alles daran, seine Wirkungen aufzuhalten. Vom Ende des 16. bis zur Mitte des 18. Jahrhunderts versuchten die meisten Männer – und unter ihnen waren die bedeutendsten –, die Frauen mit vereinten Kräften und mit den immer gleichen Argumenten davon abzubringen, diesen Weg weiterzuverfolgen. Man beschwört sie – angefangen von Montaigne über Molière und Fénélon bis hin zu Rousseau –, zu ihren natürlichen Aufgaben als Hausfrau und Mutter zurückzukehren. Das Wissen, so sagt man, verdirbt die Frau, indem es sie von ihren heiligsten Pflichten ablenkt.

Man muß gewiß zugeben, daß die Preziösen und die gelehrten Frauen sich herzlich wenig aus der Hauswirtschaft machten und als Hausfrauen eine entsetzliche Erinnerung hinterließen. Nach der Darstellung von G. Faniez[37] hatten sie allesamt nicht das geringste Interesse an ihrem Haus. Madame de Rambouillet konnte dafür ebensowenig Interesse aufbringen wie Madame du Sablé, die ihren Kindern fast nichts hinterließ. Marschall de Coligny entzog seiner Frau die Leitung des Hauses, und es wird erzählt, daß Marie de Montauron, Tochter eines berühmten Finanziers, ihre zehn Finger nur dazu benutzte, ihre Karten festzuhalten ...

Zahlreiche Beispiele deuten in diese Richtung, und man kann nicht bestreiten, daß Chrysale recht hat, wenn er sagt, daß die Gelehrsamkeit der Frauen dem richtigen Funktionieren des Haushalts unendlich schadet.[38] Armande, Bélise oder Philaminte werden das nicht in Abrede stellen. Doch Armande hat schon in der ersten Szene der *Gelehrten Frauen* auf all diese Schmähreden vorweg geantwortet. Ihre Worte fassen die feministische Ideologie ihrer Mitschwestern zusammen. Sie vergleicht die Freuden der Ehe mit denen der Philosophie, und während sie die letztere lobt, wird der ersteren der Prozeß gemacht. Zu der verheirateten Frau, die der traditionellen Haltung huldigt, sagt sie:

Welch kleine Rolle spielst du in dieser großen Welt,
Wenn dir der Zwang des Hausstands den Sinn gefangen hält.
Kann dir die Phantasie kein höheres Ziel vorgaukeln

Als: einen Gatten haben und kleine Kinder schaukeln?!

Sie rät der zögernden Henriette, sich doch lieber dem Geist hinzugeben:

Beug nicht vor einem Mann in Demut stumm die Knie
Vermähle dich doch lieber mit der Philosophie,
Die alles, was gemein und irdisch ist, negiert
Und uns das Reich erschließt, wo nur Vernunft regiert.

Armande und Philaminte machen aus ihren Ambitionen und ihrem Machtwillen keinen Hehl. Sie erwarten, daß das Wissen sie auf die Rangstufe der Männer hebt und ihnen das gleiche Prestige verleiht. Vielleicht wollen sie sogar mehr als Gleichheit der Geschlechter. Es gibt bei diesen Frauen eine revanchistische Tendenz, so als hofften sie, die Männer mit Hilfe der zu erwerbenden geistigen Fähigkeiten für die traditionelle Unterordnung der Frauen büßen zu lassen. Mit Wissen bewaffnet treten Philaminte und ihre Schwestern in den Krieg mit der Rasse der Ehemänner ein. Bénichou drückt das sehr gut aus: »Wo sie Gleichheit sagen, versteht man maßlose Vergeltung ... Sie antworten auf die Unterdrückung mit dem Wunsch zu unterdrücken.«[39]

Ihre männlichen Zeitgenossen vernahmen die Botschaft sehr wohl. Sie traten ihr, je nachdem, wie liberal sie waren, mehr oder weniger scharf entgegen. Abgesehen von Poulain de la Barre ließ keiner den Gedanken einer Gleichheit der Geschlechter gelten, nicht einmal im Bereich des Wissens. Molière läßt Clitandre sagen: »Daß manche sehr viel weiß, räum ich natürlich ein ...«, doch er fordert: »Wenn eine Frage auftaucht, soll sie verstehen, zu schweigen, soll wissen: Was sie weiß, muß sie der Welt nicht zeigen.«

Zu Beginn des Jahrhunderts der Aufklärung macht Fénélon noch strengere Einschränkungen. Der Pflicht der Mädchen zur Bescheidenheit stimmt er völlig zu: »Ein Mädchen soll nur reden, wenn es wirklich nötig ist, mit einem fragenden und ehrerbietigen Ausdruck; über Dinge, die gemeinhin über das Verständnis von Mädchen hinausgehen, soll sie selbst dann nicht sprechen, wenn sie darüber Bescheid weiß ...«[40]

Die wenigen Freiheiten, die der bürgerliche Molière dem weiblichen Geschlecht zugestanden hatte, spricht er ihm jedoch ab, und er setzt die wissenschaftliche Neugier mit einer Schamlosigkeit gleich, die an ein Sexualverbrechen grenzt: »Man halte ihren Geist so gut man kann innerhalb der üblichen Normen und lehre sie, daß ihr Geschlecht *ge-*

genüber der Wissenschaft ein Schamgefühl empfinden soll, das ebenso empfindsam ist wie jenes, aus dem der Abscheu vor dem Laster sich nährt.«[41]

In diesem Sinne formuliert Fénélon ein Minimalprogramm für die Bildung der Mädchen, das ein wenig Mathematik (eine abstrakte und daher definitionsgemäß männliche Wissenschaft) sowie klassische und religiöse Literatur umfaßt. Dagegen untersagt er ihnen Rechtskunde, Spanisch und Italienisch ... Und ein klein bißchen Latein und Geschichte erlaubt er ihnen nur, sofern das für die Moral und die Religion notwendig ist. Wie immer sollen sie den größten Teil ihrer Zeit darauf verwenden, die für ihr künftiges Leben nützlichen Kenntnisse zu erwerben.

Diesem nahezu einmütigen männlichen Widerstand zum Trotz gingen unsere Ehrgeizigen ihren Weg. Nach und nach verließen sie den Weg des Preziösentums, und ihr Feminismus nahm einen anderen Charakter an. Nach 1660 gewinnt das wissenschaftliche Element die Vorherrschaft. Die Frauen nehmen die Vorliebe für die Philosophie, die Astronomie und die physikalischen Wissenschaften ernst. Van Beekon[42] erinnert daran, daß sie auf diesen Gebieten erfolgreich waren, und führt als ruhmvolle Beispiele eine Kartesianerin wie Madame de Grignan (1646–1705), eine Humanistin wie Madame Dacier (1651–1720), eine Physikerin wie Madame de La Sablière (1636–1693) und Verfasserinnen historischer Memoiren wie Madame de Motteville (1621–1689) und Mademoiselle de Montpensier (1627–1693) an. Nicht zu reden von Madame de La Fayette (1634–1692) oder Madame de Sévigné (1626–1696). Obwohl die meisten dieser Frauen uns nahezu unbekannt sind, machte ihr Beispiel Schule. In den Salons der fernen Provinz träumten alle Frauen, die materiell ein wenig besser gestellt und ein wenig ehrgeizig waren, davon, es ihnen gleichzutun. Und wenn sie schon nicht deren Talent erlangen konnten, so konnten sie doch zumindest versuchen, deren Verhaltensweisen nachzuahmen. All diese Stars der Kultur lasen viel, lernten Fremdsprachen und pflogen Verkehr mit den besten Köpfen. In Marseille und anderswo versucht man es mit den verfügbaren Mitteln (den guten Köpfen) genauso zu machen!

Die Philosophie der Aufklärung förderte diese Haltung. Diderot hat zwar dem Stück von Molière applaudiert, doch ist es kein Zufall, wenn *Die gelehrten Frauen* im 18. Jahrhundert an Popularität einbüßten und erst im 19. wieder beim Publikum Anklang fanden. Männer wie Voltaire, der mit Madame du Châtelet liiert war, oder d'Alembert, der eine Beziehung mit Julie de Lespinasse hatte, ganz zu schweigen von dem echten Feministen Condorcet, konnten ein Stück, das die geistige Emanzipation der Frauen lächerlich machte, nur verurteilen.

Im 18. Jahrhundert war es den Frauen aus den begüterten Klassen mehr als in jedem anderen Jahrhundert – abgesehen von dem unseren – möglich, geistige Autonomie zu erreichen. Eine Handvoll von Frauen, deren Schwestern zu 80% Analphabetinnen waren, konnte den Beweis erbringen, daß Frauen, sofern Zeit und Geld zur Verfügung stehen, den Männern ebenbürtig sein können. Die aggressiven Philamintes von einst sind jetzt hellsichtigen und illusionslosen Frauen wie Madame du Deffand oder Madame du Châtelet gewichen. Die letztere ist überhaupt der Prototyp jener Frauen, die man als »Philosophinnen« bezeichnete. Sie ist eine echte Intellektuelle, und niemand kann ihr vorwerfen, eine Amateurin zu sein. Auf dem Schloß von Cirey, wo sie mit Voltaire in inniger geistiger Beziehung lebt, studiert sie gründlich die kartesianische Physik, die sie nicht mag, und die Newtonsche Physik, die sie bewundert. Unterstützt von dem besten Lehrer der damaligen Zeit, Maupertuis, widmet sie sich der Mathematik.

Von Voltaire nicht so sehr geliebt, wie sie es sich gewünscht hätte, hat Madame du Châtelet uns verschiedene Abhandlungen hinterlassen, darunter einen *Discours sur le bonheur*, der uns ihre epikureische Weisheit offenbart. Möglicherweise über die begrenzte Leidenschaft des großen Mannes enttäuscht, gesteht sie, daß ihre Liebe zur Wissenschaft das einzige sei, was ihr wirklich erlaube, sich mit ihrem Frauendasein abzufinden. Lassen wir sie zu Wort kommen, denn sie scheint die ganze feministische Ideologie ihrer Zeit zusammenzufassen: »Die Männer brauchen die Liebe zur Wissenschaft sehr viel weniger als die Frauen, um glücklich zu sein ... Sie besitzen andere Mittel, um zu Ruhm zu gelangen. Die Frauen aber sind von jeder Art von Ruhm ausgeschlossen, und wenn eine zufällig mit einer recht erhabenen Seele geboren ist, so bleibt ihr nur die Wissenschaft, die sie über all die Ausschließungen und all die Abhängigkeiten, denen sie durch ihren Zustand ausgeliefert ist, hinwegtröstet.«

Die Worte der Madame du Châtelet sind sehr aufschlußreich. Sie zeigen nicht nur, was seit mehr als einem Jahrhundert eine ganze Reihe von Frauen bewegt, nämlich das Wissen als das einzige Mittel zur

Emanzipation, sondern sie stellen auch fest, daß alles umsonst war. Mit Wissen allein kann man die Macht nicht an sich reißen. Als Frau kann man höchstens davon träumen, die Rolle einer geheimen Beraterin eines großen Mannes zu spielen. Auf eine solche geliehene Macht fällt Madame du Châtelet nicht herein. So allmächtig Madame de Pompadour auch gewesen sein mag, zunächst war sie nur die Geliebte des Königs.

Es bedarf also einer gewissen Klarsichtigkeit, um zu begreifen, daß das Wissen für die Frauen nur ein Trost ist, ein einsames Vergnügen, das den Machtwillen nicht befriedigen kann.

Madame d'Epinay, einer Rousseau-Anhängerin der ersten Stunde, kam es zu, die Schlußfolgerungen aus den Äußerungen ihrer Schwester im Geiste zu ziehen. Da man den Frauen eine Verbindung von Erkenntnis und Handeln untersagt, kann die Wissenschaft der Frauen zwangsläufig nur oberflächlich sein: »So gelehrt die Frau auch sein mag, ihre Erkenntnisse können nur sehr oberflächlich sein ... Um von seinen Erkenntnissen Gebrauch machen zu können, muß zur Theorie die Praxis hinzutreten, denn ohne sie bleiben die Vorstellungen sehr unvollkommen. Mit so vielen Dingen dürfen sie sich nicht befassen! Alles, was mit der Wissenschaft von der Verwaltung, der Politik, dem Handel zusammenhängt, ist ihnen fremd, ist ihnen verboten ... Und genau das sind die großen Angelegenheiten, durch welche gebildete Männer ihresgleichen, dem Staat und ihrem Vaterland nützlich sein können.«

In den Ansichten dieser beiden großen Damen des 18. Jahrhundert äußern sich in charakteristischer Weise bedeutsame ideologische Veränderungen im Hinblick auf die Bestimmung der Frauen. Madame du Châtelet repräsentiert die alte Einstellung und beschließt die Phase des eroberungslustigen Feminismus. Sie ist ganz ihren Studien hingegeben, und so ist es kein Zufall, wenn der Tod ihres Kindes ihr wenig Kummer bereitet zu haben scheint. Mit Madame d'Epinay dagegen, die eine große Anhängerin Rousseaus ist, beginnt eine neue Ära in der Geschichte der Frau. Sie überläßt die Wissenschaft den Männern und bemächtigt sich symbolisch einer neuen Rolle, die seit sehr langer Zeit unbesetzt geblieben war – der Rolle der Mutter. Statt einer mathematischen Abhandlung veröffentlicht Madame d'Epinay *Briefe* an ihren Sohn, die ihr einen überschwenglichen Artikel im *Mercure de France* vom Juni 1756 eintragen. Unter dem Titel *Lettre à une dame occupée sérieusement de l'éducation de ses enfants* stimmt ein anonymer Autor, hinter dem sich Grimm verbergen soll, ein Loblied auf diesen neuen Frauentyp an, der als gute Mutter bezeichnet wird, und bezichtigt die anderen einer falschen Philosophie, die den Eindruck erwecken, als seien sie von allen menschlichen Bindungen frei. Dieser Artikel gibt gewissermaßen der neuen Mode den allerersten Anstoß.

Wenn wir kurz die traditionellen Motive zusammenfassen sollen, die von den Frauen angeführt oder vorgetäuscht werden, damit sie sich nicht um ihre Kinder zu kümmern brauchen, so beruhen sie unseres Erachtens auf zwei Grundlagen, die einander nicht auszuschließen brauchen. Zum einen läßt sie der Egoismus ihrer Freiheit und ihrer Person vor allem anderen den Vorzug geben; zum anderen hindert sie ihre Eigenliebe, ihre Frauenwürde ausschließlich innerhalb der Grenzen der Mutterschaft zu sehen. Aufgrund dieser Motive bilden sich drei Typen von Frauen heraus, die sich zwar alle auf die Freiheit als das Hauptmotiv ihres Handelns berufen, die aber doch mehr oder weniger befreit oder mehr oder weniger entfremdet sind.

Für die einen besteht Freiheit darin, in jedem Augenblick tun und lassen zu können, was sie wollen. Das Kind stellt für ein solches, dem Vergnügen gewidmetes Leben ein materielles Hindernis dar. Für diese Frauen scheint sich dem lautstark geforderten Vergnügen keine Pflicht, keine spezielle moralische oder soziale Verpflichtung in den Weg zu stellen. Es gibt kein Realitätsprinzip, das dem Lustprinzip entgegenwirkt oder hinderlich wäre.

Für die Damen der Gesellschaft, die mondänen, geht es, wenn sie sich auf die Freiheit berufen, nicht mehr darum, zu tun und zu lassen, was sie gerade wollen. Die Dame der Gesellschaft hat das zu tun, was die anderen Damen der Gesellschaft, die Aristokratinnen und überhaupt alle vornehmen Frauen im Augenblick tun. Ihre Freiheit besteht darin, sich möglichst total den gesellschaftlichen Moden und Imperativen zu unterwerfen.

Nachdem sie sich von ihren Kindern freigemacht haben, beeilen sie sich, allen Launen der herrschenden Klasse zu gehorchen. Ihr Vergnügen wird eingeschränkt durch die Moral ... des Vergnügens, ihre Freiheit durch die gesellschaftliche Verpflichtung, frei zu erscheinen: frei von allen moralischen Vorurteilen, von allen gefühlsmäßigen Bindungen und natürlich von allen wirtschaftlichen Verpflichtungen.

Was diese Frauen vor allem lenkt, ist der äußere Anschein, der sich ständig ändert wie der gute Ton. Ihr Ziel ist es, sich mit allen Mitteln vom Bürgertum zu unterscheiden, das von dem Adel so sehr verachtet wird. Da die bürgerliche Frau sich als Ehefrau und Mutter definierte, wollte man das Gegenteil davon sein. Das Ergebnis: Wenn es ihnen gelang, sich von diesen beiden Funktionen zu befreien, so nur, um sich noch stärker einem stereotypen Modell der befreiten Frau zu unterwerfen. Sie mühten sich buchstäblich ab, frei zu erscheinen, indem sie eine Lebensweise hervorkehrten, für die es weder Moral noch Gefühle gab.

Die Brüder Goncourt[43] haben mit Humor und Talent das Leben dieser Frauen beschrieben. Alles, was sie vom ersten Erwachen um elf Uhr vormittags bis zum Schlafengehen spät in der Nacht tun, ist von den Ansprüchen des vornehmen Lebens geprägt: Das Aufstehen, die Toilette, die Besuche, das Reiten, das Lesen, die Promenaden, das Theater, die Soupers – alles bot Gelegenheit, sich im besten Lichte zu zeigen. Vom »Schein« besessen, tauschten diese Frauen eine Knechtschaft gegen eine andere Abhängigkeit ein.

Die »Philosophinnen« haben etwas von den beiden vorigen Frauentypen, aber sie unterscheiden sich auch von ihnen. Von dem ersten Frauentyp haben sie den Egoismus, denn sie wollen sich von jeder materiellen Fessel freimachen, um ganz sich selbst zu leben. Sie bekunden, genau wie der zweite Frauentyp, einen starken Wunsch nach Freiheit. Im Unterschied zum ersten Frauentyp verstehen sie ihre Freiheit allerdings nicht im Sinne des Vergnügens. Im Gegensatz zum zweiten Frauentyp ist Freiheit für sie gleichbedeutend mit wirklicher Autonomie und Unabhängigkeit; dieser Freiheit steht das allgemein verbreitete Modell der Weiblichkeit gegenüber, das von dreierlei Abhängigkeiten geprägt ist: der Mutterschaft, die vom Kind abhängig macht, der Ehe, die vom Mann abhängig macht, und der Gesellschaft, die von einem äußeren Kodex abhängig macht. Für die Philosophinnen ist die Freiheit nicht etwas Gegebenes, sondern sie ist durch eine lange, mühselige geistige Befreiung zu erwerben. Nun ist aber seit Aristoteles allgemein bekannt, daß Wissenschaft Muße und wirkliche Unabhängigkeit von Bedürfnissen und anderen materiellen oder gefühlsmäßigen Fesseln erfordert.

Was jedoch all diese Frauen, ob sie nun Philosophinnen, Gesellschaftsdamen oder Genießerinnen waren, miteinander verband, war ihr solider Egoismus. Alle opferten sie ihre mütterlichen Pflichten ihren persönlichen Wünschen, so lächerlich oder legitim diese auch sein mochten. Was sie den nicht so begünstigten Frauen, die nur davon träumten, es ihnen gleichzutun, darboten, war das Vorbild einer Gleichgültigkeit, die in den Rang eines herrschenden Wertes erhoben wurde.

Wir wollen nun sehen, welcher Preis für diese Entscheidung bezahlt wurde und was für ein tragisches Schicksal ihren Kindern beschieden war. Angesichts der Sterberegister aus dem 17. und 18. Jahrhundert ist man versucht, das Hegelsche Wort umzukehren und zu sagen, daß das Leben der Eltern mit dem Tode der Kinder bezahlt wird.

Der dreimalige Verrat am Kind

Im 17. und vor allem im 18. Jahrhundert verläuft die Erziehung des Kindes beim Bürgertum und bei der Aristokratie durchweg nach einem Ritual, das sich kaum ändert und sich aus drei verschiedenen Phasen zusammensetzt: Erst wird das Kind in Pflege gegeben, dann kehrt es ins Elternhaus zurück, schließlich kommt es in ein Kloster oder ein Pensionat. Das Kind bringt im Höchstfalle durchschnittlich fünf oder sechs Jahre im Elternhaus zu, was keineswegs bedeutet, daß es mit seinen Eltern lebt. Wir können jetzt schon sagen, daß das Kind des Handwerker-Kaufmanns oder des Handwerksmeisters, das Kind des Richters oder des adeligen Höflings lange alleingelassen wird, daß es ihm gelegentlich an der nötigen Fürsorge fehlt und daß es häufig moralisch und gefühlsmäßig richtiggehend verwahrlost.

Das Kind wird einer Amme übergeben

Häufig spielt sich der erste Verrat am Kind nur einige Tage, ja sogar einige Stunden nach seiner Geburt ab, wie es etwa mit dem jungen Talleyrand der Fall war. Kaum dem Mutterleib entschlüpft, wird das Neugeborene einer Amme übergeben. Wir besitzen zahlreiche Aussagen über diesen Brauch, das Kind rasch aus dem Blickfeld seiner Eltern zu entfernen. Sébastien Mercier, der die Sitten seiner Zeit gut beobachtet hat, beschreibt nicht ohne Ironie den Besuch bei einer Pariser Wöchnerin. Zur Feier der Entbindung veranstalten die Eltern einen

Empfang in ihrem Hause, damit jeder der glücklichen Familie gratulieren kann. Wie Mercier[44] jedoch bemerkt, fehlt der Mutter »der interessanteste Reiz, der ihrem Zustand etwas Achtunggebietendes verleihen würde: das Kind in der Wiege.« Anschließend fügt er hinzu: »Ich habe bemerkt, daß niemand wagte, mit dem Vater oder mit der Mutter über das Neugeborene zu sprechen.«

Halten wir zunächst fest, daß Mercier sich über eine sehr verbreitete Verhaltensweise verwundert zeigt, was nur damit zu erklären ist, daß er sein Werk erst in den Jahren 1782 bis 1788 verfaßt hat. Zu dieser Zeit sind die Ideen Rousseaus bereits in Mode gekommen. Mercier beurteilt also das bisherige mütterliche Verhalten aus der Sicht des *Emile*.[45] Sodann gibt Mercier zu verstehen, daß er diese Zeremonie unpassend, wenn nicht sogar unmoralisch findet. Es schockiert ihn, daß die Feier einer Geburt den Vorwand für eine beliebige gesellschaftliche Veranstaltung liefert und daß man, statt das Kind und die Mutter zu feiern, einer Frau die Ehre erweist, bei der man vergessen muß, daß sie Mutter ist.

Während die Eltern ihre Bekannten empfangen, ist der Säugling bereits in den Händen seiner Amme. Der Polizeileutnant von Lyon berichtet: »Es gibt in unserem Volk drei Arten, sich eine Amme zu verschaffen: Man wählt sie vorher aus, man findet sie zufällig, oder man greift auf Vermittlerinnen zurück.«[46]

Die erste Methode wird von den großen Familien praktiziert. Die Eltern wählen, von einem Arzt unterstützt, sorgfältig die Amme aus, wie es etwa für den jungen Herzog von Burgund im Jahre 1682 oder für die Kinder der Marie-Antoinette geschah. Dabei richtet man sein Augenmerk auf eine Frau, die »völlig gesund und von liebenswürdiger Wesensart, guter Farbe und körperlicher Sauberkeit ist. Sie soll weder dick noch mager sein. Sie muß fröhlich, munter, lebhaft, hübsch, maßvoll, sanft und frei von jeglicher heftigen Leidenschaft sein.«[47]

Wenn man sich überlegt, daß von den 21000 Kindern, die im Jahre 1780 in Paris geboren wurden, annähernd 1000 im Elternhaus von einer Amme gestillt wurden, so wurden sicherlich nicht 1000 Ammen mit derselben Sorgfalt ausgewählt wie im Falle der königlichen Kinder. In den nicht so reichen und nicht so berühmten Familien kommt es, wie Prost de Royer vermerkt, häufig vor, daß eine Amme vorgemerkt wird, ohne daß man aber das findet, was man sucht. »Man beauftragt einen Botengänger an der Straßenecke, der sich verläuft oder etwas

Verkehrtes besorgt. Wenn es so weit ist, ist die Amme nicht da, oder sie ist nie Mutter gewesen, hat nichts versprochen oder sich anderweitig verdingt. Die dann tatsächlich kommt, ist eine widerliche, ungesunde Frau, welche die Mutter nicht zu Gesicht bekommt und über die der Vater sich wenig Sorgen macht.«

Die zweite Methode, die man eher beim einfachen Volk antrifft, besteht darin, sich um die Auswahl der Amme zu kümmern, wenn das Kind geboren ist: »Wenn die Geburtswehen einsetzen, begibt sich der Vater auf die Suche nach einer Amme.« Er wendet sich dann an die Nachbarn, durchstreift die Märkte und Straßen und hält die erstbeste Bäuerin an, ohne sich nach ihrer Gesundheit oder ihrer Milch zu erkundigen, ohne auch nur sicher zu sein, ob sie Milch hat.

Die dritte, verbreitetste Methode besteht darin, sich an Besorgerinnen zu wenden, die als »Empfehlerinnen« bezeichnet werden und sich als Mittelspersonen auf den Märkten und den großen Plätzen aufhalten. Sie führen eine Art von Vermittlungsbüro, für die erst im Jahre 1715 eine Reglementierung eingeführt wird.

Vor diesem Datum und außerhalb von Paris ist ihr Wirken ganz ungeregelt. »Ohne Namen, ohne festen Wohnsitz, sind sie bei der Taufe dabei, nehmen die Geschenke entgegen, nehmen das Kind mit, geben es mit einem Abschlag weiter oder überlassen es dem Erstbesten ... Sie nennen der Amme nicht den Namen des Kindes ... Der Familie nennen sie nicht den Namen einer Amme, die sie noch gar nicht haben und die sie erst anschließend zu finden hoffen.«[48]

Der Lyoner Polizeidirektor stellt daher im Jahre 1778 fest: »Während unsere Hospitäler alle ausgesetzten Kinder, für die sie die Sorge übernehmen, eintragen und nummerieren ..., während der Jäger seinen Hund markiert, damit man ihn nicht verwechseln kann, während der Metzger die Tiere, die geschlachtet werden sollen, um uns Nahrung zu geben, sorgfältig auseinanderhält, verläßt das Kind aus dem Volke unsere Mauern ohne einen Taufschein, ohne ein Papier, ohne Personenbeschreibung, ohne daß man weiß, was aus ihm werden soll.« Sein Leben hängt von einer Vermittlerin ab, die kein Verzeichnis führt und nicht lesen kann. Wenn sie verschwindet oder stirbt, sind alle Kinder, für die sie einen Platz besorgt hat, mit ihr verschollen.

Die Moralisten des ausgehenden 18. Jahrhunderts bestätigen diese sehr scharfe Kritik Prost de Royers. Sie heben ironisch hervor, daß die meisten Leute aufmerksamer und anspruchsvoller sind, wenn es um die Auswahl einer Dienerin oder eines Stallburschen für ihre Pferde geht, und noch mehr, wenn es sich um einen Koch handelt, der ihre Speisen zubereiten soll. Wenn schon am Anfang eine solche Nachlässigkeit herrscht, kann die Lage der Kinder, die zu einer Amme geschickt werden, natürlich nur katastrophal sein.

Die ärmsten der Kinder haben zunächst die grausame Prüfung der Reise zu bestehen, die sie zu ihrem ländlichen Aufenthaltsort bringen soll. Doktor Buchan berichtet, daß sie auf Wagen zusammengepfercht werden, die kaum eine Abdeckung besitzen, und daß sie in so großer Zahl hineingestopft werden, daß die unglücklichen Ammen ihnen zu Fuß folgen müssen. Sie sind der Kälte, der Hitze, dem Wind und dem Regen ausgesetzt, und die Milch, die sie zu saugen bekommen, ist nur durch die Ermüdung und mangelnde Ernährung ihrer Ammen erwärmt. Die anfälligsten Kinder überstanden eine solche Behandlung nicht und wurden häufig einige Tage nach ihrer Abreise von den Wagenführern ihren Eltern zurückgebracht.

M. Garden berichtet von einigen Einzelheiten,[49] die in den Polizeiberichten von Lyon oder Paris über diese entsetzlichen Transportbedingungen auftauchen. Mal kommt es vor, daß eine Vermittlerin sechs Kinder auf einem kleinen Wägelchen mitnimmt, einschläft und nicht bemerkt, daß ein Baby herunterfällt und, von einem Rad überrollt, stirbt. Mal werden einem Gespannführer sieben Säuglinge anvertraut, von denen er einen verliert, ohne daß man in Erfahrung hätte bringen können, was aus ihm geworden ist. Ein andermal werden drei Neugeborene einer alten Frau anvertraut, die angibt, nicht zu wissen, zu wem sie sie bringen soll.

Die gesamte Gesellschaft zeigt eine derartige Gleichgültigkeit, daß erst im Jahre 1773 durch eine Polizeiverordnung den Wagenführern oder sonstigen Personen, die Kinder transportieren, vorgeschrieben wird, die Planken des Wagens ausreichend mit frischem Stroh zu bedecken, den Wagen mit einer soliden Plane abzudecken und die Ammen im Wagen mitfahren zu lassen, damit sie aufpassen können, daß kein Kind herunterfällt ...

Für diejenigen, die die Prüfung der Reise überstehen (dabei sterben je nach Jahreszeit fünf bis fünfzehn Prozent), ist das Unglück jedoch noch nicht zu Ende. Das liegt vor allem an der elenden Lage der Ammen selbst. Ihnen werden von den Medizinern und Moralisten des 18. Jahrhunderts alle möglichen Sünden vorgeworfen: Gewinnsucht,

Faulheit, Dummheit, Vorurteile, Laster und Krankheiten. Über die Ursachen dieser Sünden macht man sich allerdings, soweit wir wissen, wenig Gedanken. Immerhin gibt einer dieser Männer, der Lyoner Arzt Gilibert, im Jahre 1770 zu, daß der Grund von vielen, häufig tödlichen Fehlern in der unsäglichen Armut dieser Ammen besteht: »Die Frauen sind vom Elend abgestumpft und hausen in Löchern.«[50]

Gilibert schildert, daß diese Frauen gezwungen sind, im Schweiße ihres Angesichts auf den Feldern zu arbeiten, und daß sie den größten Teil des Tages fern ihrer Hütte verbringen. »Während dieser Zeit ist das Kind völlig sich selbst überlassen; es erstickt in seinen Exkrementen, ist angebunden wie ein Verbrecher und ganz von Mücken zerstochen ... Die Milch, die es saugt, ist eine durch heftige Anstrengung erhitzte Milch, eine bittere, seröse, gelbliche Milch. Es kommt daher zu den furchtbarsten Krankheitserscheinungen, die sie, die Kinder, bis ins Grab bringen können.«[51]

Nicht selten sind diese armen Ammen krank: Sie sind durch schlechte Nahrung geschwächt, haben aus der Stadt die Syphilis mitgebracht, zuweilen Krätze oder Skrofeln und Skorbut. Ihre Krankheiten verschlechtern die Milch und übertragen sich auf das Kind. Kann man ihnen angesichts der allgemeinen Gleichgültigkeit daraus einen Vorwurf machen?

Und kann man ihnen vorwerfen, daß sie ihr eigenes Kind behalten und das fremde Kind mit den Resten füttern, die sie durch einen völlig unverdaulichen Brei ergänzen? Dieser Brei ist ein Gemisch aus Wasser und Brot, das sie vorkauen, bevor sie das Kind damit füttern. Zuweilen geben sie ihm auch zerstoßene Kastanien, ein wenig Trüffel oder grobes Brot, das in verdünntem Essig eingelegt wurde. Es ist daher nicht verwunderlich, wenn Gilibert feststellt: »Bald ist der Bauch ganz aufgedunsen, es treten Krämpfe auf, und diese unglücklichen Kleinen sterben.«

Erst im 18. Jahrhundert gehen die Ammen dazu über, Kuhmilch in kleinen durchlöcherten Hörnern (den Vorläufern der Saugflasche) zu geben, denn nach einem fest in der Volksseele verankerten Vorurteil, saugt man mit der Milch auch den Charakter und die Leidenschaften des Wesens ein, das die Milch gibt. Das Verfahren ist allerdings nicht ungefährlich, weil man die Milch, die mit Wasser vermischt werden muß, nicht richtig zu dosieren versteht.[52]

Schließlich wird das Kind ohne alle Regeln oder feste Zeiten gefüttert. Es bekommt die Brust, wenn das der Amme in den Plan paßt. Es bekommt zu viel oder zu wenig. Das hat eine Flut von kleinen Beschwerden zur Folge, die allerdings verhängnisvoll werden können: Übersäuerung des Magens, Blähungen, Koliken, grüner Durchfall, Krämpfe oder Verstopfungen und Fieber.

Zu dieser schlechten Ernährung kommen noch andere, häufig tödliche Praktiken hinzu wie etwa die Verwendung von Narkotika, die man dem Kind verabreicht, damit es schläft und man seine Ruhe hat. In den südlichen Provinzen sind Mohnsirup, Opiumtinktur oder Branntwein[53] allgemein gebräuchlich. Die Apotheker geben diese Mittel ohne Umstände ab, so daß es, wie man hört, nicht selten vorkommt, daß ein Kind an einer Überdosis stirbt.

Wenn dem Kind nicht die Ernährung zum Verhängnis wird, muß seine Natur mit einem anderen, furchtbaren Übel fertig werden: dem Schmutz und dem Mangel an einer auch nur minimalen Hygiene. Neben anderen schildert der Arzt Raulin[54] die katastrophalen Verhältnisse, unter denen das Kind stundenlang, manchmal ganze Tage, wenn nicht länger in seinem Schmutz dahinvegetiert. Die Ammen lassen zuweilen ganze Wochen verstreichen, ohne die Kleider des Babys oder den Strohsack, auf dem es ruht, zu wechseln.

Auch daher rührt eine Vielzahl von Krankheiten, trotz der wiederholten Warnungen der Ärzte, die allerdings nicht bis zu den Ammen vordringen, die aber von den Eltern hätten wahrgenommen werden können ...

Der Arzt Gilibert bekundet persönlich: »Wie oft haben wir, wenn wir die Bänder der Kinder öffneten, entdecken müssen, daß sie über und über mit Exkrementen bedeckt waren, deren stinkende Ausdünstung hinreichend klarmachte, daß sie schon alt waren; die Haut dieser Unglücklichen war ganz entzündet. Sie waren von Schmutzgeschwüren übersät. Ihr Stöhnen, das wir bei unserer Ankunft vernahmen, hätte auch das grausamste Herz erweicht; man wird sich ein Bild von ihren Qualen machen, wenn man hört, daß sie sofort Erleichterung spürten, wenn man ihre Bänder löste und sie frei waren ... Sie waren überempfindlich, so daß sie durchdringende Schreie ausstießen, wenn man sie ein wenig unsanft berührte. Nicht bei allen Ammen erreicht die Vernachlässigung dieses himmelschreiende Ausmaß. Wir können jedoch versichern, daß es sehr wenige gibt, die so aufmerksam sind, ihre Kinder in einem befriedigenden Zustand der Sauberkeit zu erhalten, ihnen also die Krankheiten, die sie bedrohen, gänzlich zu ersparen.«[55]

Eine andere Ursache von Unbehagen und Krankheiten des Kleinkindes war der Brauch, es zu wickeln. Zunächst zog man ihm ein grobes Hemdchen an, das sich mehrfach kräuselte und faltete, und darüber schlug man eine Windel; dann preßte man ihm die Arme gegen die Brust und zog ihm unter den Achseln ein breites Band durch, das Arme und Beine blockierte. Daraufhin wurden Wäsche und Bänder zwischen den Schenkeln zusammengefaltet, und das Ganze wurde dann von den Füßen bis zum Hals so straff wie möglich von einem rundum laufenden Band zusammengeschnürt.

Diese Einwickelei hatte äußerst üble Folgen. Die rundum laufende Schnürung drückt die scharfen Falten des Hemdchens gegen die Haut des Babys, und wenn man es auswickelt, scheint sein kleiner Körper ganz von roten Furchen und Druckstellen übersät zu sein. Nicht minder nachteilig ist das Zusammenbündeln der Wäsche zwischen seinen Schenkeln, denn dadurch können sich Urin und Kot nicht von seinem Körper entfernen. So entstehen Wundstellen und skrofulöse Bläschen. Die straffe Wicklung hatte in den Augen der Ammen zwei Vorteile: Sie verhindert eine Verrenkung der Wirbelsäule, und sie läßt das Fett unter dem Kinn hervortreten, so daß der Säugling dicker erscheint. Allerdings drückt die Wickelung die Rippen zusammen und behinderte dadurch die Lungen und somit die Atmung. Das löste Hüsteln und Erbrechen aus, weil die Verdauung behindert war. Das so verschnürte Kind weint die meiste Zeit, bis es nicht mehr kann, und leidet unter Krämpfen.

Den Ammen kann man diesen Brauch nicht zum Vorwurf machen. Jahrhundertelang und bis ins 19. Jahrhundert hinein wurden die Babies auf diese Weise gewickelt, weil man befürchtete, daß ihnen sonst infolge ihrer Ungeschütztheit etwas zustoßen könnte, und weil man hoffte, daß sie so gerade und wohlgeformt wachsen würden. Auch können wir uns nicht den Moralisten des 18. Jahrhunderts anschließen, die die Amme als eine Rabenmutter geißelten. Wenn die Ammen ihre Kinder in dem Wickelkleid stundenlang an einem Nagel hängen ließen, so geschah es in der guten Absicht, sie vor Bissen oder Verletzungen durch die Tiere des Hofes zu schützen. Es steckt keine Bosheit darin, auch wenn die Resultate für das Kind grausam sind, weil sein Blut schlecht zirkulieren kann.

Natürlich gab es Ammen, die mit den ihnen anvertrauten Kindern hart umsprangen, und recht häufig empfanden sie sie als eine Belastung, der sie nicht nachtrauerten, wenn die Kinder starben. Sollte man sie deshalb aber mehr tadeln als die Mütter, die ihre Kinder an sie preisgaben?

Es ist nicht übertrieben, von einer Preisgabe durch die Mutter zu sprechen, denn nachdem das Kind der Amme übergeben war, interessierten sich die Eltern nicht mehr für sein Schicksal. Der Fall der Madame de Talleyrand, die sich in vier Jahren nicht ein einziges Mal nach ihrem Sohn erkundigt, ist keine Ausnahme. Dabei hätte ihr das, anders als vielen anderen Müttern, überhaupt keine Mühe gemacht. Sie konnte schreiben, und ihr Sohn war bei einer Pflegemutter, die ebenso wie sie in Paris lebte.

Vier Jahre beträgt die durchschnittliche Aufenthaltsdauer des Kindes bei seiner Amme. Sie werden zwar mit fünfzehn, achtzehn, manchmal auch zwanzig Monaten abgestillt, doch kehren die Kinder deshalb noch nicht in ihre Familie zurück. Sie bleiben bei den Ammen, die die Entwöhnung bis zu drei, vier oder fünf Jahren fortsetzen. Manchmal länger.

Die Eltern schienen sich während dieser ganzen Zeit wenig um das Schicksal des fernen Kindes zu sorgen. Selten besuchten sie es. Gelegentlich schrieben sie, um sich zu vergewissern, daß alles in Ordnung war. Vom Pfarrer unterstützt, antworteten die Ammen durchgängig mit beruhigenden Worten und mit der Bitte um Geld für zusätzliche Aufwendungen. Nachdem sie so beruhigt war, wollte die Mutter nichts mehr davon wissen, sei es, weil sie offenkundig desinteressiert war, sei es, weil sie zu arm war und es deshalb vorzog, von der Amme vergessen zu werden.[56]

Es sind nicht nur die Ärmsten, die Desinteresse an ihrem Kind bekunden. Entsprechende Einzelfälle sind aus allen Schichten der Gesellschaft bekannt. Garden führt mehrere an, darunter den Fall eines Pflegevaters aus Nantua, der im Jahre 1755 an den leiblichen Vater, einen Hutmachergesellen in Lyon, schreibt: »Seit wir es haben, haben Sie nicht gefragt, wie es ihm geht. Gott sei Dank geht es ihm gut.« Im gleichen Jahr beklagt sich ein Zimmermeister (der keine Not leidet) über den schlechten Zustand, in dem die Pflegeeltern ihm ein Kind zurückgeben. Diese antworten: »Es ist nicht an uns, die Väter und Mütter zu benachrichtigen, sondern an ihnen, ihre Kinder zu besuchen.«

Sicher kommt es häufig vor, daß das Kind bei der Rückkehr in die elterliche Familie – sofern es zurückkehrt – verkrüppelt, mißgebildet, rachitisch, schwächlich oder gar sehr krank ist. Die Eltern beklagen sich darüber stärker und vielleicht lauter, als wenn ihr Kind gestorben wäre. Denn ein Kind von schlechter Gesundheit bedeutet voraussehbar hohe Auslagen und wenig langfristigen Gewinn.

Gouvernante und Hauslehrer

Auch für das Kind der begüterten Klassen ist jetzt die Stunde seiner Rückkehr in den Schoß der Familie gekommen. Der Fall des jungen Talleyrand, der gleich nach dem Abschied von seiner Amme zu seiner Großmutter aufs Land geschickt wird, ohne seine Eltern zu sehen, ist eher ein Einzelfall. Die meisten Kinder lernen nun endlich ihre Eltern kennen. Für den Versuch, sie richtig kennenzulernen, haben sie vier oder fünf Jahre Zeit. Wenn es von seiner Amme zurückkommt, wird das Kind der begüterten Klassen gleich bis zum Alter von sieben Jahren einer Gouvernante übergeben. Ist es ein Junge, so wird es anschließend einem Hauslehrer anvertraut.

Das Dasein des kleinen Mädchens wird von den Brüdern Goncourt folgendermaßen beschrieben: »Sie ist mit der Gouvernante in den Dachkammern untergebracht ... Die Gouvernante versucht, mit viel Schmeicheleien und Verwöhnungen aus ihr eine kleine Persönlichkeit zu machen ... Denn die künftige Erbin großer Vermögenswerte war pfleglich zu behandeln ... Sie lehrte sie das Lesen und Schreiben (nicht immer sehr gut) ... Sie legte ihr ans Herz, sich gerade zu halten und vor jedermann einen Knicks zu machen ... Das ist ungefähr alles, was die Gouvernante ihr beibrachte.«[57]

Die Mutter scheint während dieser Zeit ihre ganze Zuneigung ihrem kleinen Hund vorzubehalten, der ihr als Spielzeug dient und in ihrem Zimmer oder gar in ihrem Bett schläft. Zu ihrer Tochter hat sie kaum eine Beziehung, oder nur eine sehr distanzierte. Aus den kleinen Gemächern, wo das Mädchen in Obhut der Gouvernante lebte, »kam es nur für einen kurzen Augenblick am Morgen um elf Uhr zu seiner Mutter herunter, wenn die Freunde des Hauses und die Hunde das Zimmer mit den halbgeschlossenen Läden betraten.« Es kam dann zu einem kurzen Monolog der Mutter, wie ihn der Fürst de Ligne[58] beschreibt:

»Wie Sie angezogen sind!« sagte die Mutter zu ihrer Tochter, die ihr einen guten Tag wünschte.

»Was haben Sie? Sie sehen heute sehr schlecht aus. Legen Sie etwas Rouge auf. Nein, tun Sie es nicht, Sie werden heute nicht ausgehen.«

Daraufhin wendet sich die Mutter an eine ihrer Besucherinnen:

»Wie ich dieses Kind liebe! Komm, gib mir einen Kuß, meine Kleine. Aber wie schmutzig du bist, geh und reinige dir die Zähne ... Komm mir doch nicht immer mit deinen Fragen; du bist wirklich unerträglich.«

Die Besucherin fühlte sich verpflichtet einzuwerfen:

»Oh, Madame sind eine so zärtliche Mutter!«

»So ist es nun mal«, erwiderte die Mutter, »ich bin ganz vernarrt in dieses Kind.«

Die Brüder Goncourt bemerken dazu, daß zwischen Mutter und Tochter kaum einmal andere Beziehungen bestanden, das heißt, daß die Tochter einen Anstandsbesuch machte, der meistens damit begann und endete, daß sie der Mutter einen Kuß unter dem Kinn gab, um nicht ihre Schminke zu verwischen.[59] Bei der Mutter, die mit der Mode ging, war es üblich, eine strenge und abweisende Miene aufzusetzen. Sie glaubt es ihrer Würde schuldig zu sein, gegenüber ihrem Kind eine Art von Gleichgültigkeit zu bewahren: »Daher erscheint die Mutter dem kleinen Mädchen wie das Inbild einer nahezu furchterregenden Macht, einer Autorität, der es sich kaum zu nähern wagt. Schüchternheit überkommt das Kind ... An die Stelle der gebotenen Achtung tritt die Furcht.«[60]

In einem Brief d'Aguesseaus findet sich daher eine Bemerkung über Eltern, die darüber verwundert sind, daß ihr Kind so furchtsam wirkt, und ihre Tochter bitten, »das Zittern zu unterlassen, das ihrer töchterlichen Liebe beigemischt ist«.[61]

Für den jungen Adligen war das Leben nicht angenehmer als für seine Schwester, ganz im Gegenteil. Wenn sie auch nicht bis zu jener übertriebenen Rohheit ging, die Friedrich Wilhelm von Preußen gegenüber seinem Sohn an den Tag legte, war die Haltung der Eltern doch durchweg von Härte bestimmt. Der Sohn des Marschalls de Noailles hat berichtet, daß er als kleiner Junge um fünf Uhr morgens geweckt wurde, daß er eine Steckrübensuppe erhielt und manchmal so hungrig war, daß er versuchte, von den reich beladenen Tellern, die von der väterlichen Tafel zurückkamen, ein Stück Fleisch zu stibitzen.

Wenn die Diener ihn verpfiffen, ließ sein Vater ihn auspeitschen. Das gleiche bekundet Lauzun: »Zum Ausgehen die schönsten Kleider, zu Hause nackt und sterbenshungrig.«[62]

Was sagen die Mütter dieser sieben- oder achtjährigen Kinder dazu? Sie sagen nichts, stimmen stillschweigend zu und gehen ihren Geschäften nach. Daß die Mütter durchweg eine solche Haltung einnehmen, beweist ein Gegenbeispiel, das als so außergewöhnlich angesehen wird, daß es als leuchtendes Vorbild hingestellt wird: In dem bereits erwähnten Brief im *Mercure de France* wird eine große Dame (Madame d'Epinay) dazu beglückwünscht, daß sie sich ernsthaft um ihre Kinder kümmert. Der Verfasser entwirft darin ein sehr negatives Bild von der üblichen Haltung der Mütter und kommt zu dem Schluß: »Nichts ist so selten wie eine zärtliche und aufgeklärte Mutter, die Gefühl und Vernunft in Einklang zu bringen vermag.« Er ist entzückt darüber, daß diese gute Mutter »sie (die Kinder) nicht einen Augenblick sich selbst überläßt ..., daß sie selbst ihre Erziehung übernimmt ..., daß sie eine sanfte Autorität über sie ausübt ..., daß sie von sich aus Temperament, Wesensart und Neigungen ihrer Kinder zu ergründen sucht.«

Falls Madame d'Epinay diese gute Mutter war, so hatte sie dennoch, um sich jede Anstrengung zu ersparen, eine Gouvernante für ihre Tochter und einen Hauslehrer für ihren Sohn ...

Der Hauslehrer oder Erzieher löste die Gouvernante ab. Er gehörte genau wie der Lakai zu den Domestiken, doch bemerkt Crousaz: »Wenn man sich der Gegenwart seiner Kinder entledigen will, ist es ehrenhafter, sie bei einem Hauslehrer als bei einem Lakaien abzuliefern.«[63] Er sollte den Kindern Lesen und Schreiben beibringen, einige Worte Latein, ein klein wenig Geographie und eine Prise Geschichte. Man brauchte sich daher keine große Mühe zu geben, jemanden zu finden, der fähig wäre, dieses Amt auszuüben. »Man nimmt mit dem Erstbesten vorlieb: Die Empfehlung eines Domestiken oder von Personen, die ebensowenig Intelligenz besitzen, mit denen man aber durch irgendwelche Geschäfte verbunden ist, hat zur Folge, daß man das, was für einen das Kostbarste sein sollte, in unbekannte Hände gibt.«

Die Auswahl des Hauslehrers erinnert an die der Amme. Gemeinhin entscheidet man sich für den billigsten. Was Voltaire über den Hauslehrer schrieb, den er für Fräulein Corneille suchte, hätten alle reichen Bürger des 18. Jahrhunderts sagen können: »Wenn Sie irgendwelche armen Männer kennen, die lesen und schreiben können und eine Spur von geographischen und geschichtlichen Kenntnissen haben ..., so bieten wir ihnen Unterkunft, Heizung, Wäsche und Getränke frei, und wir bezahlen sie, allerdings bezahlen wir sehr mäßig.«[64]

Man zahlt ihnen in der Tat nicht viel. Man findet junge Seminaristen für ein Jahreshonorar von 300 Pfund. Es gab darunter fähige Lehrer wie etwa Rousseau, der als Hauslehrer des jungen Mably diente und dem außerdem die Leitung des Weinkellers anvertraut war.[65] Andere waren dumm und brutal. Man wechselte sie ständig aus, wie Domestiken. Crousaz vermerkt bitter, daß die Eltern bei der Auswahl des Hauslehrers nicht sehr anspruchsvoll sind: »Ein reicher Mann überläßt die Pflege seiner Pferde nicht einem Unbekannten, er will sich von seiner Fähigkeit, sie zuzureiten, selbst überzeugen. Gibt er sich jedoch die gleiche Mühe, denjenigen kennenzulernen, dem er seine Kinder überläßt?«[66]

Die Kinder bemerken das, und »ihr Herz schließt daraus, daß er nur dem Namen nach ihr Gebieter ist und daß er im Grunde weit unter ihnen steht ... Im besten Falle ist er ihr erster Domestik.«[67] In Wirklichkeit sind die Eltern bei der Auswahl des Kammerdieners sehr viel sorgfältiger als bei der Auswahl des Hauslehrers. Wenn es im übrigen vorkommt, merkt Crousaz außerdem an, daß sich den ersteren ein Weg zum Erfolg eröffnet, so gibt es sehr wenige Hauslehrer, denen man den Dank, den man für ihre Mühen schuldete, gezeigt hätte.

Erneute Trennung: das Internat

Der Brauch wollte es, daß man das Kind zur Vervollständigung seiner Bildung mit acht, zehn Jahren erneut von zu Hause fortschickte. Vor dem 17. Jahrhundert ging das Kind bei Nachbarn in die Lehre. Die Familien tauschten untereinander ihre Nachkommenschaft aus und ließen sie als Hausdiener oder Lehrlinge dienen. Ein erstaunlicher Brauch, wenn man sich überlegt, daß das Kind anderswo lernt, was die Eltern ihm selbst hätten beibringen können. Dieser Brauch zeigt jedoch, daß man leichter ein besserer Lehrherr als ein guter Vater ist. So als ob die Beziehungen schwieriger würden, wenn die Blutsbande eine Rolle spielen.

Seit dem Ende des 16. Jahrhunderts tritt die Schule immer stärker als

Erziehungsmittel an die Stelle der Lehre. Im 17. Jahrhundert nimmt die Zahl der Jungen- und Mädchenschulen zu, wobei das Kolleg mit Internat für die Jungen und die Klosterschule für die Mädchen bestimmt ist. Jesuiten und Oratorianer wetteifern um die bessere Erziehung der jungen Leute aus den guten Familien. Ihre Prunkstücke sind auf der einen Seite das Louis-le-Grand und das Kolleg la Flèche, auf der anderen Seite Juilly und Sainte-Barbe.

Mit den Schulen und vor allem mit den Ende des 17. Jahrhunderts geschaffenen Internaten, die Erwachsene und Kinder radikal voneinander trennen, beginnt nach Ariès »ein langer Prozeß der Einsperrung der Kinder (wie der Irren, der Armen und der Prostituierten), der bis in unsere Tage nicht zum Stillstand kommen sollte.«[68] Philippe Ariès deutet dieses Abschieben und dieses »Zur-Raison-bringen« der Kinder als eine der Ausprägungen der großangelegten Kampagne zur Moralisierung der Menschen, die nur durch den »gefühlsmäßigen Zusammenhalt der Familien« möglich war. Er meint, die Zuneigung der Eltern äußere sich in dem Rang, der der Erziehung eingeräumt wird, und darin erweise sich die Bedeutung, die man nun dem Kind zuerkennt.

Wir müssen einige Vorbehalte gegen die Ansichten Ariès' anmelden. Es ist sicher richtig, daß der Wunsch nach Erziehung und Unterrichtung ein Zeichen des Interesses für das Kind ist. Es stimmt auch, daß das Bürgertum (in höherem Maße als der Adel, der es lange Zeit verachtet hat) das Wissen als ein Mittel zum sozialen Aufstieg betrachtet, denn mit Hilfe des Wissens gelangte es in die Stellungen von mittleren und hohen Beamten, beispielsweise an die des historischen Intendanten. Aber kann man nicht in dieser Beachtung, welche die Eltern nun ihren Kindern entgegenbringen, ebensogut ein Anzeichen dafür sehen, daß sie ein neuartiges Interesse an sich selbst haben? Äußert sich darin nicht ein neuartiger Stolz, der darauf hinaus will, daß die Kinder ihren Eltern Ehre machen; ist das nicht eine andere Art, den alten Narzißmus zu befriedigen? Wenn so etwas in Mode gekommen ist, kann ihm niemand mehr widerstehen.

Wenn wir überdies die generelle Haltung der Eltern gegenüber ihren Kindern und vor allem die von uns beobachtete Gleichgültigkeit und den Egoismus in Rechnung stellen, sind wir doch sehr versucht, in dem neuen Brauch, die Kinder auf die Schule und vor allem ins Internat zu schicken, ein moralisch ehrenwertes Mittel zu sehen, sich ihrer zu entledigen.

Diese Erklärung taucht hier und da in der Literatur und in persönlichen Memoiren auf. So bedauert Buchan »den bei fast allen Eltern verbreiteten Fehler, der der Konstitution ihrer Kinder schadet, sie allzu jung auf die Schule zu schicken«,[69] nämlich von sieben Jahren an, wenn man keinen Hauslehrer hat. Buchan fährt fort: »Man tut es meistens nur, um sich ihrer zu entledigen. Wenn ein Kind in der Schule ist, braucht man es nicht mehr zu beaufsichtigen. Dann spielt der Schulmeister die Rolle der Kinderfrau.«

Und der Übersetzer Buchans richtet an die französischen Eltern die Frage: Wenn Sie alle gebildete Kinder wollen, warum unterrichten Sie sie nicht selbst? Ohne Illusionen antwortet er: »Die Arbeit, die Geschäfte, der Beruf, der Hang zum Vergnügen, die Trägheit – das alles wird die Eltern immer wieder daran hindern, Stunden mit ihren Kindern zuzubringen, Stunden, die in ihren Augen ein Opfer zugunsten der Kinder wären.«

Der beste Beweis für diese Trägheit der Eltern sind die Klosterschulen, in denen man die kleinen Mädchen bis zur Heirat unterbringt. Sie bieten den Eltern die Möglichkeit, sich ihrer Töchter zu entledigen. Gelegentlich brachte man sie schon mit sechs Jahren dorthin. Dieser Methode, die mehr von gesellschaftlichen Konventionen diktiert war, als daß sie eine wirkliche Erziehung bot, bediente sich die übergroße Mehrheit der Eltern um so bereitwilliger, als sie wenig kostete. Unter Ludwig XIV. betrug die jährliche Pension in einem bedeutenden Kloster nicht mehr als 200 Pfund[70] und war damit billiger als ein Hauslehrer. Wenn sie erst einmal im Kloster war, sahen die Eltern ihre Tochter nur noch selten bei einigen episodischen Besuchen. Dort wartete sie, geschützt vor jeder Versuchung, die ihrer Tugend hätte schaden können, auf einen Ehemann. Bewarb sich kein Mann um die Arme, dann ließ man das junge Mädchen nicht selten im Kloster, damit es dort den Schleier nahm.

Wenn das Mädchen endgültig nach Hause zurückkehrte, hatten die Eltern nur noch eines im Sinn: es zu verheiraten und damit loszusein.

Molières Gorgibus, der Vater der Schwärmerinnen und ein Musterexemplar für Tausende und Abertausende der gleichen Gattung, sagt rundheraus, was er im innersten denkt: »Ich bin es überdrüssig, euch auf dem Hals zu haben; die Aufsicht über zwei Mädchen ist eine große Belastung für einen Mann in meinen Jahren.«[71] Man hat diesen Vater häufig entschuldigen wollen, indem man sich darauf berief, daß er solche Worte im größten Zorn gesprochen habe. Aber gerade, weil er sich nicht mehr unter Kontrolle hat, sagt er genau, was er denkt. Viele Eltern, die wie er ihre Töchter jahrelang im Kloster gelassen hatten, glaubten bei deren Rückkehr, aufdringlichen Fremden gegenüberzustehen. Da sie keine Zeit gehabt hatten, ihre Töchter kennenzulernen, hatten sie alle nur einen Wunsch: sie so rasch wie möglich zu verheiraten, um sie in den Armen eines Mannes zu wissen und damit – diesmal für immer – loszusein.

Die meisten Eltern verfuhren mit ihren Töchtern in dieser Weise, und im allgemeinen ohne das geringste Schuldgefühl. Eine der wenigen, die Gewissensbisse äußerten, war Madame de Sévigné, die ebenfalls ihre Tochter im Kloster der Töchter Mariens in Nantes untergebracht hatte. Anschließend wundert sie sich darüber, daß »sie die Unmenschlichkeit besessen hatte, sie (die Tochter) ins Gefängnis zu stekken.«[72] Noch untröstlicher war sie dann darüber, daß ihre Enkeltochter im Alter von sechs Jahren ins Kloster Sainte-Marie-de-la-Visitation in Aix geschickt wurde. Madame de Grignan konnte ihr das offenbar nicht nachempfinden. Erst hundert Jahre später sollten die Mütter gern ihre Kinder bei sich behalten.

In der gleichen Weise wurden die jungen Burschen eingesperrt. Nachdem sie zunächst einen Hauslehrer gehabt haben, wird es immer gebräuchlicher, sie zur Vervollständigung ihrer klassischen Bildung in ein Kolleg zu schicken. Das läßt sich zuächst maßvoll an, weil es noch üblich ist, die Schüler in der Nähe des Kollegs bei bürgerlichen Familien übernachten zu lassen oder auch bei Pädagogen, Repetitoren, die mehrere Schüler bei sich aufnehmen und deren Arbeit beaufsichtigen. Nach und nach wünschten die Eltern jedoch, ihre Kinder unter der ständigen Aufsicht ihrer Lehrer zu lassen. Gewiß hatten die Jansenisten eine solche Maßnahme seit langem gefordert. Hochwürden de Dainville[73] teilt indessen mit, daß die Jesuiten dem Internat nicht günstig gesonnen waren und dem Verlangen der Familien nur nachgaben, um nicht die Anhängerschaft ihrer Kinder zu verlieren. Die Zahl der von Jesuiten geführten Internate stieg dadurch von fünf im 17. auf vierzehn im 18. Jahrhundert. Andererseits erwähnt Hochwürden de Dainville, daß die Zahl der von Kollegs unabhängigen Internate zunahm, die er mit unseren heutigen »Bildungsfabriken« vergleicht. Sie rühmten sich, die ihnen anvertrauten jungen Leute rascher und zu geringeren Kosten auszubilden.

Die großen Kollegs wie etwa das Louis-le-Grand oder das Sainte-Barbe wurden daher reorganisiert und das Internat dermaßen ausgebaut, daß das Externat fast völlig verschwand. Den Familien wird nach und nach vom Externat abgeraten, weil man darin am Ende den Keim jeglicher Anarchie und Umstürzlerei sieht.

Das ist der Grund, warum die Zahl der Internatsschüler bis 1789[74] ständig anstieg, um sich dann um 1825 herum zu stabilisieren. Das Kolleg von Troyes nimmt beispielsweise im Jahre 1675 bei 523 Schülern nur acht Pensionäre (interne) auf. 1744 beträgt deren Zahl vierundvierzig bei einer Gesamtzahl von 190 Schülern. Am Ende des 18. Jahrhunderts wird das Louis-le-Grand 85 % interner Schüler haben, was Ariès sagen läßt, daß man »den sittlichen und erzieherischen Wert der Einsperrung anerkannte«.

Wenn die Entwicklung dieser großen Kollegs einen unbestreitbaren Fortschritt für die Erziehung der jungen Leute darstellt, ist die Entwicklung des Internats weniger eindeutig. Sie entspricht zugleich dem neuen Willen, das Kind von der Welt der Erwachsenen fernzuhalten,[75] und oft vielleicht auch dem Wunsch, sich seiner Nachkommenschaft zu entledigen.[76] So sehr wir verstehen, daß die Eltern nicht die Lehrer der Kollegs ersetzen können, so wenig begreifen wir, warum sie nicht einmal die sittliche Erziehung ihrer Kinder übernehmen wollen. Wenn man von gewissen Unverträglichkeiten, wie etwa der zu großen Entfernung zwischen dem Familienwohnsitz und dem Kolleg oder anderen Sonderfällen materieller Art absieht, fragt man sich, warum die Eltern sich so durchgängig für das Internat entscheiden. Wenn heute ein Kind ins Internat gesteckt wird, bedeutet das, von Ausnahmen abgesehen, ein Eingeständnis des Scheiterns seitens der Eltern. Man überträgt die Fürsorge, die man selbst nicht wahrnehmen kann, auf andere. Im 18. Jahrhundert versucht man nicht einmal, sie wahrzunehmen. Kann man diese Haltung anders als mit einem echten Desinteresse an den elterlichen Aufgaben erklären? Zumindest ließ sich löbliche pädagogische Sorge gut mit Egoismus vereinbaren. Man konnte sich unter Berufung auf die besten intellektuellen und moralischen Motive seiner Kinder entledigen. »Für das Wohl der Kinder« kann man sich als mustergültige Eltern hinstellen, und das zu einem geringen Preis[77] und zugunsten der eigenen Ruhe.

Wenn man sich die drei Abschnitte der Erziehung betrachtet (die Überlassung an eine Amme, die Erziehung durch die Gouvernante beziehungsweise durch den Hauslehrer und das Verschicken aufs Kolleg), muß man den gemeinsamen Leitgedanken erkennen: »Wie kann man sich das Kind vom Hals schaffen und dabei den Kopf hochtragen?« Das ist die Hauptsorge der Eltern, denn in dieser Hinsicht unterscheidet sich die Mutter keineswegs vom Vater.

Von Mutterliebe kann man zu jener Zeit bei den begüterten Klassen nicht sprechen. Man kann höchstens von einem Pflichtgefühl sprechen, das mit den herrschenden Wertvorstellungen übereinstimmt und bei beiden Elternteilen anzutreffen ist. Für die Mehrheit der Eltern besteht die Pflicht im Ertragen der von Gott gesandten Last, deren Ankunft man noch nicht recht unter Kontrolle hat. Zwar beginnen die Ehepartner am Ende des 18. Jahrhunderts, eine gewisse Form der Empfängnisverhütung zu betreiben,[78] doch bleibt es eine Tatsache, daß die himmlische Überraschung häufiger ist, als man es möchte. Wenn das Kind geboren ist, kann man sich nur noch auf die Weisheit der Natur verlassen, die die besten herausselektieren wird. Zumindest kann man sagen, daß die Mutter nicht viel unternimmt, um der Natur entgegenzuwirken, indem sie beispielsweise dem Baby hilft, den verschiedenen Wechselfällen zu widerstehen. Man ist sogar versucht, in diesem leichtfertigen Geschehenlassen eine Art von unbewußtem Ersatz der heutigen Schwangerschaftsunterbrechung zu sehen. Der durchschlagendste Beweis dafür ist die erschreckend hohe Sterblichkeit der Kinder im 18. Jahrhundert.

Die Kindersterblichkeit

Im Frankreich des 17. und 18. Jahrhunderts ist der Tod des Kindes etwas Alltägliches. Nach den von F. Lebrun[79] vorgetragenen Zahlen liegt die Sterblichkeit von Kindern bis zu einem Jahr durchweg weit über 25 %. Die Sterbeziffer von Kindern liegt in ganz Frankreich beispielsweise von 1740 bis 1749 bei 27,5 % und zwischen 1780 und 1789 bei 26,5 %.[80]

In seiner Untersuchung über die Pflegekinder im Beauvaisis in der zweiten Hälfte des 18. Jahrhunderts kommt J. Ganiage ungefähr auf den gleichen Durchschnitt, das heißt, jedes vierte Kind kommt über die Stufe des ersten Lebensjahres nicht hinaus. Nach dieser ersten schicksalhaften Etappe nimmt die Sterblichkeitsrate merklich ab.

Nach Lebrun erreicht von 1000 Neugeborenen die folgende Durchschnittszahl die verschiedenen Altersstufen: 720 überleben das erste Jahr (das entspricht den bereits erwähnten 25 % Sterbefällen), 574 überstehen das fünfte Jahr, und 525 feiern ihren zehnten Geburtstag.[81] Es ist also festzustellen, daß der Tod während des ersten Lebensjahres und vor allem während des ersten Monats besonders häufig eintritt.

Diese globalen Zahlen müssen allerdings den jeweiligen Umständen angepaßt werden, denn die Kindersterblichkeit schwankt sehr stark von einer Region zur anderen je nach ihrer gesundheitlichen Zuträglichkeit, ihrem Klima und ihrer Umwelt.[82]

Der zweite, zu berücksichtigende Faktor, der für unsere Untersuchung der wichtigste ist, besteht in der Differenzierung, die durch die Ernährungsweise des Kindes bei der Kindersterblichkeit auftritt. Das Kind des 18. Jahrhunderts ist mehr oder weniger gut ernährt, je nachdem, ob es von der Mutter gestillt wird, von seinen Eltern in Pflege gegeben wird oder durch das Hospital in Pflege gegeben wird.

In der Regel ist die Sterblichkeit bei den Kindern, die von ihrer Mutter gehütet und ernährt werden, halb so hoch wie die derjenigen, die sie persönlich in Pflege gibt.

So stellt J.-P. Bardet[83] fest, daß die Kindersterblichkeit der Babies aus der Stadt Rouen, die bei ihrer Mutter bleiben, zwischen 1777 und 1789 nicht über 18,7 % hinausgeht. Dazu ist allerdings zu bemerken, daß es sich um Mütter handelt, die vom Hôpital Général unterstützt werden, also wenig Geld haben. Während derselben Periode liegt die Sterblichkeit der Kinder, die von ihren Eltern mit Unterstützung des Hôpital Général in Pflege gegeben werden, bei 38,1 %.

In dem kleinen Dorf Tamerville im Cotentin stellt P. Wiel[84] fest, daß nur 10,9 % der Kinder, die von ihrer Mutter gestillt wurden, starben.

In der südlichen Bannmeile von Paris findet Galliano[85] optimistische Zahlen bezüglich der in ihrer Pflegestelle gestorbenen Kinder, denn während des ersten Lebensjahres sind es nur 17,7 %. Man muß allerdings bedenken, daß die Kundschaft dieser Ammen relativ wohlhabend ist und daß eine sehr kurze Entfernung den Wohnort der Eltern von dem der Amme trennt. Daher ist die Reise weniger strapaziös: »Von den kleinen, weniger begüterten Parisern, die durch das Vermittlungsbüro bei einer Amme untergebracht wurden, starb jeder vierte.« Doch selbst unter solchen optimalen Bedingungen stellt Galliano fest, daß die exogene Sterblichkeit doppelt so hoch ist wie die endogene Sterblichkeit.

Schließlich zeichnen die Zahlen für Lyon und Umgebung ein noch tragischeres Bild. Von den Kindern, die von ihrer Mutter gestillt werden, welche durch das Mütterwohlfahrtsbüro zwischen 1785 und 1788[86] Unterstützung erhält, sterben nur 16% vor Vollendung des ersten Lebensjahres. Dagegen herrscht unter den Kindern, die einer Amme anvertraut werden, nach Aussage des Lyoner Arztes Gilibert[87] eine verheerende Sterblichkeit, denn er schreibt: »Wir haben festgestellt, daß die Lyoner, sowohl Bürger als auch Handwerker, ungefähr zwei Drittel ihrer einer angeworbenen Pflegemutter anvertrauten Kinder verloren.«

Interessant ist eine Bemerkung von Doktor Gilibert über die soziale Herkunft der Kinder, denn daraus geht hervor, daß der Tod nicht nur das Los der armen Kinder ist. Bestätigt wird das durch die Untersuchung Alain Bideaus[88] über die Kleinstadt Thoissey, deren Kinder von verhältnismäßig gehobener Herkunft bei den Ammen in den nahe gelegenen Gemeinden ebenfalls in großer Zahl starben. Hier wie auch anderwärts[89] sind die Kinder, die von ihrer Mutter gestillt werden, privilegiert.

Noch schlimmer war das Schicksal der Findelkinder, deren Zahl während des 18. Jahrhunderts unablässig stieg. F. Lebrun[90] stellt fest, daß zwischen 1773 und 1790 die Zahl der alljährlich ausgesetzten Kinder im Durchschnitt bei 5800 liegt. Das ist enorm, wenn man bedenkt, daß die jährliche Geburtenzahl in Paris sich zwischen 20000 und 25000 Kindern bewegt. Die Zahl bleibt selbst dann eindrucksvoll, wenn man weiß, daß Mütter, die nicht aus der Hauptstadt stammen, dort ihre Kinder aussetzen.

Unter diesen ausgesetzten Kindern muß man noch zwischen ehelichen und unehelichen Kindern unterscheiden. Bardet hat gezeigt, daß die letzteren in Rouen in größerer Zahl und früher sterben als die ersteren. A. Chamoux[91] bestätigt dieses Phänomen für Reims. Das hat einen einfachen Grund: Die unehelichen Kinder werden von allen am übelsten behandelt.

Lebrun meint, man könne in Ermangelung genauer Zahlen ungefähr schätzen, daß ein Drittel der Kinder ehelich und zwei Drittel unehelich waren. Wenn in Reims das schreckliche Elend der Eltern fast durchweg die Ursache für die Aussetzung der Kinder war, so muß man diese Auffassung für Paris vielleicht ein wenig nuancieren. Aus einer Untersuchung über die Eltern von 1531 Kindern, die im Jahre 1778 beim

Hôspital de la Couche ausgesetzt wurden, geht hervor, daß deren Stand oder Beruf nicht immer der ist, den man sich leichthin vorstellt. Nach Lebrun[92] setzen sie sich zu einem Drittel aus Pariser Bürgern zusammen, zu einem Viertel aus Handwerksmeistern und Kaufleuten und zu einem weiteren Viertel aus Handwerksgesellen, Arbeitern und Tagelöhnern.

Die wichtigsten Gründe für die Aussetzung sind im wesentlichen wirtschaftlicher und sozialer Natur.[93] Es gibt allerdings auch eine ganze Anzahl von Kleinbürgern, die ihre Kinder mit der Vorstellung aussetzen, sie nach einigen Jahren wieder zu sich zu nehmen. Doch nur eine winzige Anzahl von Eltern nimmt die Kinder später wirklich wieder zu sich. Ein Grund dafür ist, daß die Eltern vergessen haben, ihre Kinder zurückzufordern, ein anderer, daß die Realität in den Hospitälern eine ganz andere ist, als sie es sich vorgestellt hatten.

Im letzten Drittel des 18. Jahrhunderts sterben vor Vollendung des ersten Lebensjahres über 90 % der Kinder, die beim Hospital von Rouen ausgesetzt werden, 84 % in Paris und 50 % in Marseille.[94]

Diese Zahlen machen endgültig klar, daß Kinder, die von ihrer Mutter gestillt werden oder, falls diese es nicht tut, von guten Ammen, die anständig bezahlt und sorgfältig von den Eltern ausgewählt werden, die größten Überlebenschancen haben. Die Sterblichkeitsrate verhält sich im allgemeinen wie eins zu zwei, je nachdem ob das Kind von seiner Mutter gestillt wird oder nicht, und wie eins zu sechs oder eins zu zehn, je nachdem, ob das Kind ausgesetzt wird oder nicht.

»Objektiv« ist die Überlassung des Kindes an eine Amme daher eine verschleierte Kindestötung. Das springt einem um so mehr ins Auge, als man weiß, daß die höchste Sterblichkeit im ersten Lebensjahr des Kindes und besonders im ersten Monat liegt.[95] Wenn der erste schicksalhafte Monat vorüber ist, sinken die Zahlen ab, und man kann feststellen, daß die Sterblichkeit der Kinder, die in Pflege gegeben werden, nach einem Jahr kaum über die Sterblichkeit der Kinder hinausgeht, die von ihrer Mutter gestillt werden.

Man stellt sich auf einmal vor, daß, wenn all diese Kinder vielleicht nur für einen oder zwei Monate bei ihrer Mutter geblieben wären, bevor sie ausgesetzt oder einer Amme anvertraut wurden, fast ein Drittel von ihnen überlebt hätte. Um die Haltung der Eltern zu erklären, die unbewußt auf eine Tötung hinauslief, hat man immer wieder auf die mit ihr einhergehende Armut und Unwissenheit hingewiesen: Wie hätten arme, ungebildete Menschen wissen können, was ihre Kinder bei der Amme oder im Hospital erwartete?

Auf einen großen Teil der Bevölkerung trifft dieses Argument unbestreitbar zu, aber nicht auf alle. Selbst wenn die Menschen im allgemeinen nicht wußten, was aus ihrem ausgesetzten Baby wurde, so hätten die wiederholten Krankheits- und Sterbefälle sie bezüglich des Schicksals ihrer Kinder alarmieren und beunruhigen müssen. Zumindest kann man sagen, daß die Menschen sich nicht ernstlich bemüht haben zu erfahren, was aus all diesen Kindern wurde. Was die Babies betrifft, die von den Eltern selbst in Pflege gegeben wurden, so ist die Entschuldigung mit der Unwissenheit noch zweifelhafter. Im ausgehenden 18. Jahrhundert erstatten übrigens viele Mütter von bescheidener Herkunft Anzeige gegen schlechte Ammen, die ihnen ihr Kind in einem miserablen Zustand zurückbringen.

Prost de Royer berichtet aus Lyon von mehreren Müttern, die beim Anblick ihres Kindes, das sterbend nach Hause zurückkehrt, bittere Tränen weinen. Eine von ihnen, die sieben in Pflege gegebene Kinder verloren hat, fragt den Polizeileutnant,[96] »ob es denn für die armen Frauen aus dem Volk, die nicht stillen können, kein Mittel gibt, ihre Kinder zu erhalten.« Andere Frauen strengen Prozesse gegen die schlechten Ammen an, die ihnen ihr Kind »verderben«. Das alles verhindert jedoch nicht, daß die Mehrheit der Mütter sich ihrer noch immer bedient, weil sie gezwungen sind zu arbeiten und daher selbst nicht stillen können.

Wie kann man jedoch die Haltung der wohlhabenden Handwerker und Kaufleute erklären? Wie kann man Rousseau auch nur einen Augenblick lang glauben, wenn er zur Rechtfertigung des Verzichts auf seine fünf Kinder – gegen den Wunsch Thereses, die es dennoch geschehen ließ – sagt: »Alles erwogen, wählte ich für meine Kinder das Beste oder glaubte doch wenigstens, daß es das Beste sei. Ich hätte gewollt und wollte noch heute, ich wäre wie sie aufgezogen und herangebildet worden.«[97] Rousseaus Egoismus gibt einem wirklich zu denken!

Was soll man schließlich vom Verhalten so wohlbestallter Bürger wie der Eltern von Madame Roland denken, die sich nicht dadurch erschüttern ließen, daß all ihre Kinder der Reihe nach starben, und die die nächsten wiederum zu einer Amme gaben? In diesen Fällen kann weder Armut noch Unwissenheit als Vorwand für einen solchen Kindermord herhalten. Eine solche Haltung, die bis weit ins 18. Jahrhundert hinein von der moralischen und gesellschaftlichen Ideologie nicht ernsthaft verurteilt wurde, ist nur mit Desinteresse und Gleichgültigkeit zu erklären. Dieser letzte Punkt ist entscheidend, denn er zeigt doch wohl, daß die Mutter, sofern sie keinem entsprechenden Druck ausgesetzt ist, nach ihrer eigenen Natur handelt, die egoistisch ist, und nicht aufgrund eines Instinkts, der ihr befehlen würde, sich für das Kind, das sie zur Welt gebracht hat, zu opfern.

Einige haben die Hypothese aufgestellt, daß die Väter ihre Frauen dazu drängten, eine solche Haltung einzunehmen. Wenn Therese ihre Kinder aussetzt, ist Rousseau daran schuld, wenn die Metzgerin die ihren zu einer Amme schickt, ist der Metzger daran schuld, und wenn die Dame von Welt es ebenso macht, ist der Mann von Welt daran schuld. Es hat sicher zahlreiche Fälle gegeben, in denen die Dinge sich in dieser Weise abgespielt haben müssen. Aber kann man es bei dieser Erklärung bewenden lassen, die lediglich die Frauen entschuldigen soll, indem sie sie zu Opfern der Männer macht? Nicht alle Frauen waren von Henkern abhängig, die von ihnen verlangten, auf ihren Instinkt und auf ihre Liebe zu verzichten. Es hat im Gegenteil traditionelle Väter vom Schlage des Chrysale gegeben, die sich bitter darüber beklagten, daß ihre Frau die Pflege der Kinder geringschätzte.

Es ist gerechter, wenn man annimmt, daß zwischen Vater und Mutter, Ehemann und Ehefrau ein heimliches Einverständnis darüber bestand, die von uns beschriebenen Verhaltensweisen anzunehmen. An der Haltung der Männer nimmt man einfach nicht so leicht Anstoß, weil die Vaterliebe bis heute noch nicht zu einem allgemeinen Naturgesetz erhoben wurde. Nach unserer Auffassung muß man bereit sein, auch die Mutterliebe zu relativieren und festzustellen, daß es möglich ist, daß der »Ruf der Natur« ungehört verhallt.

Wir werden sehen, daß es am Ende des 18. Jahrhunderts zahlreicher Argumente bedarf, um die Mutter an ihre »instinktive« Tätigkeit zu erinnern. Wir werden sehen, daß es nötig ist, an ihr Pflichtgefühl zu appellieren, ihr Schuldgefühl zu wecken und sie sogar zu bedrohen, damit sie zu ihrer angeblich natürlichen und spontanen Funktion als Ernährerin und Pflegerin zurückkehrt.

II.

Ein neuer Wert: die Mutterliebe

Im letzten Drittel des 18. Jahrhunderts vollzieht sich so etwas wie eine Revolution der Einstellungen. Das Bild der Mutter, ihrer Rolle und ihrer Bedeutung ändert sich tiefgreifend, wenn auch die tatsächlichen Verhaltensweisen noch nachhinken.

Nach 1760 erscheint eine Unmenge von Publikationen, in denen den Müttern empfohlen wird, sich persönlich um ihre Kinder zu kümmern, und in denen ihnen »befohlen« wird, sie zu stillen. Die Frau wird darin verpflichtet, vor allem Mutter zu sein, und es entsteht ein Mythos, der auch zweihundert Jahre später noch immer sehr lebendig ist: der Mythos vom Mutterinstinkt oder von der spontanen Liebe einer jeden Mutter zu ihrem Kind.

Am Ende des 18. Jahrhunderts erscheint die Mutterliebe wie ein neuer Begriff. Gewiß ist man sich nicht darüber im unklaren, daß es dieses Gefühl seit jeher, wenn nicht immer und überall gegeben hat. Im übrigen gefällt man sich darin, an die Existenz dieses Gefühls in früheren Zeiten zu erinnern, und wir haben selber feststellen können, daß der Theologe Juan Luis Vives sich über die allzu große Zärtlichkeit der Mütter in der Mitte des 16. Jahrhunderts beklagte. Das Neue gegenüber den zwei vorangegangenen Jahrhunderten ist jedoch, daß man die Mutterliebe als einen zugleich natürlichen und auch gesellschaftlichen Wert verherrlicht, der sowohl der menschlichen Gattung als auch der Gesellschaft förderlich sei. Für manche zynischeren Betrachter stellt er auf lange Sicht einen kommerziellen Wert dar.

Neu ist auch die Verknüpfung der beiden Worte »Liebe« und »mütterlich«, worin sich eine Aufwertung nicht nur des Gefühls, sondern auch der Frau als Mutter andeutet. Der Lichtstrahl der Ideologie, der sich unmerklich von der Autorität weg zur Liebe hin verschiebt, läßt immer stärker die Mutter hervortreten, zum Nachteil des Vaters, der zunehmend in den Schatten tritt.

Den Wert der väterlichen Autorität hatte man deshalb so sehr betont, weil es vor allem darauf ankam, fügsame Untertanen für Seine Majestät heranzuziehen. Am Ende des 18. Jahrhunderts ist es für manche weniger darum zu tun, fügsame Untertanen aufzuziehen, als vielmehr, überhaupt Untertanen zu machen: Menschen zu produzieren, die dann den Reichtum des Staates bilden werden. Zu diesem Zweck muß – koste es, was es wolle – die Verschwendung von Menschenleben unterbunden werden, die für das Ancien Régime charakteristisch ist.

Das neue Gebot lautet also: Die Kinder müssen überleben. Diese neue Sorge rückt jetzt vor die alte Besorgnis, jene zu dressieren, die nach dem Ausscheiden der Verluste übrig blieben. Der Staat interessiert sich für jene, die früher verloren gegangen wären, und sucht sie vor dem Tode zu bewahren. Wichtig ist also nicht mehr so sehr der zweite Abschnitt der Kindheit (nach der Entwöhnung) als vielmehr der allererste Lebensabschnitt, den die Eltern gewöhnlich vernachlässigt hatten, der jedoch die größte Sterblichkeit aufwies.

Um die Rettung ins Werk zu setzen, galt es, die Mütter davon zu überzeugen, sich der vergessenen Aufgaben anzunehmen.

Moralisten, Administratoren und Ärzte gingen an die Arbeit und formulierten die subtilsten Argumente, um die Mütter zu überzeugen, sich wieder besseren Gefühlen zuzuwenden und »wieder die Brust zu geben«. Ein Teil der Frauen war für diese neue Forderung empfänglich. Nicht etwa, weil sie den wirtschaftlichen und sozialen Motiven der Männer gehorchten, sondern weil sich hinter dieser Rede ein anderer Diskurs abzeichnete, der in ihren Ohren verlockender klang. Es war der Diskurs vom Glück und von der Gleichheit, der sie in erster Linie betraf. Fast zwei Jahrhunderte lang versprachen ihnen alle Ideologen goldene Berge, falls sie sich ihrer mütterlichen Aufgaben annehmen würden: »Seien Sie gute Mütter, und Sie werden glücklich und geachtet sein. Machen Sie sich in der Familie unentbehrlich, und Sie werden das Bürgerrecht erhalten.«

Unbewußt ahnten einige der Frauen, daß sie, falls sie diese für die Gesellschaft notwendige Familienarbeit erbrächten, eine beträchtliche Bedeutung erlangen würden, welche die meisten von ihnen nie gekannt hatten. Sie glaubten an die Versprechungen und dachten, Anrecht auf die Achtung der Männer, Anerkennung ihrer Nützlichkeit und ihrer Eigenart zu erlangen. Endlich eine notwendige und »edle« Aufgabe, die der Mann nicht übernehmen konnte oder wollte! Eine Pflicht zudem, welche die Quelle des menschlichen Glücks sein sollte.

Doch aus unterschiedlichen Gründen waren nicht alle Frauen gleichermaßen empfänglich für diese Argumente. Selbst wenn Rousseau von einer Handvoll von Frauen, die nicht ohne Einfluß waren, verstanden wurde, so war er doch nur der Vorläufer einer bestimmten Denkweise. Das ganze 19. Jahrhundert hindurch und bis in das Frankreich Pétains hinein kamen die Ideologen immer wieder auf diesen oder jenen Aspekt der Rousseauschen Theorie der Mutter zurück. Wäre diese eintönige Wiederholung der immer gleichen Argumente nötig gewesen, wenn all die gewünschten Effekte eingetreten wären? Ist das nicht der Beweis dafür, daß nicht alle Frauen sich endgültig überzeugen ließen? Wenn viele freudig die neuen Werte aufnahmen, so tat ein großer Teil der Frauen um des lieben Friedens willen so, als würden sie sich ihnen beugen. Andere leisteten Widerstand, und man machte ihnen den Krieg.

1. Plädoyers für das Kind

Nicht weniger als drei verschiedene Argumentationen oder Diskurse waren vonnöten, damit die Frauen erneut die positiven Aspekte der Mutterliebe erfuhren und ihre Kinder größere Überlebenschancen hatten: ein alarmierender wirtschaftlicher Diskurs, der sich lediglich an die aufgeklärten Männer wandte, ein für beide Geschlechter bestimmter philosophischer Diskurs und schließlich ein dritter Diskurs, der sich ausschließlich an die Frauen richtete.

Der wirtschaftliche Diskurs

Er geht darauf zurück, daß man sich dessen bewußt wird, wie wichtig die Bevölkerung für eine Nation ist. Diese Bewußtmachung war weitgehend das Werk einer neuen Wissenschaft – der Demographie.

Das Interesse an demographischen Untersuchungen tritt in unserer Geschichte relativ spät auf, nämlich erst in der Mitte des 17. Jahrhunderts. Colbert war der erste, der eine große, landesweite Bevölkerungsenquete anordnete. Er ließ 1663 einen Fragebogen anfertigen, den er an alle Intendanten des Reiches versandte. Korrekte Antworten erhielt er allerdings nur von wenigen.

1697 unternahm der Herzog von Beauvillier erneut den Versuch, um seinem Zögling, dem Herzog von Burgund, Bericht erstatten zu können. Pierre Goubert[1] sieht darin den ersten ernsthaften Versuch einer Bevölkerungsschätzung. Vauban nannte 1707 deren Gesamtresultat und ließ die Zählung 1709 von Saugrain veröffentlichen. Den Berechnungen zufolge zählte Frankreich 19 Millionen Seelen, ein Ergebnis, das nach Goubert mit einem Fehler von zehn Prozent behaftet ist. Die Regierenden waren sich jedoch sicher, daß Frankreich nach Rußland das bevölkerungsreichste Land Europas war.

Nach dieser Publikation wurde die gebildete Öffentlichkeit von einer wahren Leidenschaft für die Volkszählung erfaßt. Das ganze 18. Jahrhundert hindurch versuchten viele, die Zahlenangaben zu präzisieren: Der Graf von Boulainvilliers und die Herren Expilly, Messance und Moheau beispielsweise. Überdies ließen die Finanzminister Orry, Bertin, Laverdy, Terray, Necker und Calonne Bevölkerungszählungen vornehmen. Nur wenige führten zu annehmbaren Resultaten, denn im großen und ganzen machten die Intendanten nicht mit, und das Volk, mißtrauisch »gegen jede Maßnahme der Regierung, die ... ihm überall mit Steuern droht«,[2] hielt sich zurück.

Die gegen Ende des 18. Jahrhunderts erhaltenen Resultate liegen fast alle unterhalb der wirklichen Zahl. Necker glaubt 1784, Frankreich zähle 24,8 Millionen Seelen, wohingegen die Besteuerungsunterlagen der Nationalversammlung 1790 26,3 Millionen nennen. Demnach wäre die Bevölkerung Frankreichs seit 1709 innerhalb fast eines Jahrhunderts um 7 Millionen Einwohner gewachsen, wobei die Angliederung Korsikas und Lothringens schon berücksichtigt ist. Die mittlere Wachstumsrate betrug demnach 3%.[3] Eine, wie Soboul meint, bescheidene Bilanz, verglichen mit der vieler europäischer Staaten, die in der gleichen Zeit 10% erreichen. Ein Zuwachs, der ebenfalls unter dem des 16. Jahrhunderts liegt. Das 18. Jahrhundert macht ein wenig die Verheerungen des 17. Jahrhunderts wett, doch im ganzen geht Frankreichs Bevölkerungsvorsprung langsam zurück.

Wenn die Sterblichkeit im 18. Jahrhundert ein wenig zurückgegangen ist, so betrifft das vor allem die Erwachsenen, weil die großen Plagen von einst: der Krieg, die Pest und, nach 1750, nach und nach die großen Hungersnöte verschwinden. An der Kindersterblichkeit hat sich dagegen innerhalb eines Jahrhunderts wenig geändert.[4]

Die demographische Wirklichkeit des 18. Jahrhunderts war, wenn man sie heute mit der des 17. Jahrhunderts vergleicht, keine Katastrophe. Doch die Menschen des 18. Jahrhunderts waren sich nicht der leichten Besserung, die allmählich eintrat, bewußt. Manche hielten die Bevölkerungszahl für konstant, andere glaubten, sie ginge zurück. Soboul führt den Mythos von der stagnierenden Bevölkerung darauf zurück, daß man über 50 Jahre lang unverändert auf die Zahlen von 1709 zurückgriff. Der Mythos vom Bevölkerungsrückgang ist dagegen eine Idee der Philosophen und ein Argument der physiokratischen Ökonomen, dem wahrscheinlich die aus der Luft gegriffenen, zu geringen Schätzungen aus der Mitte des Jahrhunderts zugrunde lagen.

Für uns sind weniger die realen Tatsachen als vielmehr die Ansichten von Bedeutung, welche die Zeitgenossen sich von der Bevölkerungsentwicklung machten. Die Alarmrufe der Montesquieu, Voltaire, Rousseau und der Physiokraten blieben, selbst wenn sie ungerechtfertigt waren, nicht ohne Folgen. Da solche angesehenen Männer behaupteten, Frankreich entvölkere sich, sahen alle, die irgendeine Verantwortung trugen, darin eine unumstößliche Tatsache und folglich ein Problem, das gelöst werden mußte. Niemand wunderte sich über die Berechnungen Montesquieus, der feststellte, »daß die Erde kaum ein Zehntel der Menschen beherbergt, die in den alten Zeiten auf ihr wohnten«.[5] Niemand ließ sich auch von den Statistiken Voltaires beruhigen, denen zufolge sechshundert von tausend Kindern das Alter von zwanzig Jahren erreichten.[6] Und niemand dachte daran, nähere Erläuterungen von Rousseau zu verlangen, der mit aller Entschiedenheit behauptete,[7] daß Europa sich entvölkere, weil die Mütter ihrer Pflicht nicht mehr nachkommen wollten.

Man neigte im Gegenteil mehr zu Pessimismus, der in der zweiten Hälfte des Jahrhunderts durch die Argumente der Physiokraten sowie durch die Maßnahmen ihrer Minister verstärkt wurde. Mirabeau behauptete in *L'Ami des Hommes*,[8] die Entvölkerung Frankreichs beruhe auf dem Großeigentum, dem Luxus, der Besteuerung und dem Niedergang der Landwirtschaft, und dies seien auch die Hindernisse für die Produktion, also für den Reichtum, also für die Geburtenzahl. Die vorgeschlagenen Reformen zu verwirklichen erschien unmöglich. Dagegen fiel es leichter, sich für die gegenwärtige Geburtenzahl zu interessieren und zu versuchen, die Ursachen der Verschwendung von Menschenleben zu beheben. Diese Auffassung machten sich die für das Land Verantwortlichen nun zu eigen.

In seiner *Dissertation sur la dépopulation*[9] teilt Doktor Gilibert mit, Ludwig XV. habe »seine väterlichen Blicke auf die kostbaren Keime der Gesellschaft gerichtet und die gebildeten Männer aufgefordert, die Ursachen der Krankheiten, die Mittel, ihnen vorzubeugen, und die wirksamsten Methoden, sie zu heilen, ausführlich darzustellen«. Er fügt hinzu, daß ganz Europa diesem guten König nacheifere. Den Beweis lieferte die Holländische Akademie, die demjenigen, der die beste Methode zur Erhaltung der Kinder darstellte, einen Preis zusprechen wollte, den Ballexserd, ein Landsmann Rousseaus, errang.

Für die Minister Turgot, Bertin, Necker und Calonne steht das Problem, die Kinder am Leben zu erhalten, auf der Tagesordnung, und es bleibt bis zum ersten Weltkrieg aktuell. Alle suchen nach Mitteln, um die übergroße Sterblichkeit während der ersten Monate, ja der ersten Stunden des Neugeborenen unter Kontrolle zu bringen. Der physiokratische Minister Bertin gab dadurch, daß er den Unterricht ausweitete, der Geburtshilfe einen neuen Anstoß.[10] Es ging vor allem darum, die Hebammen zu beraten, die durch ihre Unwissenheit für eine Vielzahl von Unfällen während der Entbindung verantwortlich waren. Bertin bat den königlichen Leibarzt, den großen Joseph Raulin, um ein Aufklärungswerk für die Hebammen auf dem Lande und ließ es in die verschiedenen Sprachen des Reiches übersetzen. Was den jungen Intendanten Turgot betraf, der ebenfalls der physiokratischen Schule nahestand, so schuf er in seiner Generalität von Limoges die erste Hebammenschule.

Abgesehen von den humanitären Beweggründen dieser hohen Staatsbeamten besteht ein echtes ökonomisches Interesse an der Produktion überhaupt. Bertin war um die tierische Produktion ebenso besorgt wie um die menschliche Produktion, vielleicht sogar stärker um die erstere! 1762 schafft er eine Veterinärschule in Lyon und 1766 die berühmte Schule von Alfort. Im selben Geiste förderte er die Landwirtschaft, den Gartenbau und schuf unablässig Schulen, um besser produzieren zu können. Man kommt – auch ohne Ironie – nicht umhin, die Hebamme, den Veterinär und den Landwirt miteinander zu vergleichen, denn ihrer aller Aufgabe ist es, Leben zu geben oder möglich zu machen. Für eine Nation bedeutete das größeren Reichtum und größeren Wohlstand.

Tatsache ist, daß das Kind, besonders gegen Ende des 18. Jahrhunderts, einen kommerziellen Wert erhält. Man bemerkt, daß es einen potentiellen wirtschaftlichen Reichtum darstellt. Lassen wir Moheau sprechen, denn deutlicher kann man es nicht sagen: »Wenn es Fürsten gibt, deren Herz sich dem Ruf der Natur verschließt, wenn man sie durch eitle Huldigungen vergessen gemacht hat, daß ihre Untertanen auch Menschen sind ..., so sollten sie zumindest beachten, daß *der Mensch* zugleich das letzte Glied und das Werkzeug jeder Art von Erzeugnis ist; und selbst wenn man ihn nur als ein *Wesen* betrachtet, das *einen Preis hat*, so ist er der kostbarste Schatz eines Herrschers.«[11]

Man wird den Realismus des berühmten Demographen zu würdigen wissen, wenn er folgendermaßen fortfährt: »Der Mensch ist die

Grundlage jeglichen Reichtums ..., ein Rohstoff, der alle übrigen Rohstoffe zu bearbeiten vermag und, mit diesen in eine innige Verbindung getreten, ihnen einen Wert verleiht und von ihnen einen Wert empfängt.«[12] Aus der menschlichen Arbeit entspringt also eine Unmenge von Unterhalts- und Genußmitteln.

Vom Menschen in Begriffen von Preis und Rohstoff sprechend verwendet Moheau den kapitalistischen Diskurs der Quantität. Während es in der alten christlichen Auffassung vom Menschen vor allem auf die Qualität der Seele ankam, gilt es nun, am Ende des 18. Jahrhunderts, vor allem die Quantität an Menschen zu schätzen, denn sie ist die Quelle des Genusses. Um noch deutlicher zu werden, bezieht sich Moheau auf England, wo »man *den Preis jedes Menschen gemäß seinen Beschäftigungen errechnet hat:* man schätzt einen Matrosen auf so viel wie mehrere Landwirte und einige Künstler auf so viel wie mehrere Matrosen. Es ist hier nicht der Ort festzustellen ..., ob der Beruf, der die meisten Taler abwirft, wirklich der für den Staat nützlichste ist, doch stellen wir fest, daß man bei dieser Bewertungsweise im Menschen gemäß dem Einsatz seiner Kräfte oder seines Fleißes die Grundlage des nationalen Reichtums erkennt«.[13]

Der Mensch ist zu einer für den Staat wertvollen Ware geworden – nicht nur, weil er Reichtümer produziert, sondern auch, weil er Garant seiner militärischen Macht ist. Daher wird jetzt jeder Verlust an Menschen als entgangener Gewinn für den Staat betrachtet. 1770 faßt Didelot die neue Ideologie folgendermaßen zusammen: »Ein Staat ist nur so mächtig, wie er volkreich ist ... (und um so mächtiger,) je zahlreicher die Hände, die tätig sind und die ihn verteidigen.«[14]

Freilich hatte bereits hundert Jahre zuvor Colbert sehr eindringlich diese merkantilistische Eingebung gehabt und eine entsprechende Wirtschaftspolitik eingeleitet.[15] Während er die Ideologie der Arbeit entwickelte und die Armen in die Spitäler sperrte, um sie besser zum Arbeiten zu bringen (eine radikale, aber wenig wirksame Methode, die Arbeitslosigkeit zu verringern und sich billige Arbeitskräfte zu verschaffen), bekämpfte Colbert mit allen Mitteln die allzu große Zahl von »unproduktiven« Menschen. Unablässig beklagte er sich über die Priester und Nonnen, die »nicht nur sich von der Arbeit entlasten, die dem Gemeinwohl zugute käme, sondern sogar der Gemeinschaft *all die Kinder, die sie produzieren könnten*, vorenthalten, Kinder, die notwendige und nützliche Aufgaben erfüllen könnten«.[16] Er ergriff verschiedene Maßnahmen zur Hebung der Bevölkerungszahl, etwa derart, daß er Familien, die ihre Kinder nicht ins Kloster steckten, förderte. Er befreite Familienväter, die es geschafft hatten, zehn Kinder aufzuziehen, von der leibeigenen Steuer und gewährte solchen Burschen, die sich bis zum Alter von zwanzig Jahren verheirateten, Steuererleichterungen.

Schließlich untersagte er den Franzosen die Auswanderung. Colbert hatte also an alles gedacht außer daran, das Überleben der Säuglinge zu fördern, und die steuerlichen Maßnahmen erwiesen sich – wie immer – als unzureichend, um das Problem der Geburtenzahl zu lösen.[17]

Erst nach einer längeren Pause begegnet uns zur Mitte des 18. Jahrhunderts die Ideologie der Produktion wieder in den Schriften der Physiokraten.

Für diese neue quantitative Betrachtungsweise besitzen alle menschlichen Hände Wert, selbst jene, denen man früher eine gewisse Verachtung entgegenbrachte. Die Armen, die Bettler, die Prostituierten und selbstverständlich die ausgesetzten Kinder werden als Kräfte für eine mögliche Produktion interessant. Man konnte sie beispielsweise in die französischen Kolonien schicken, wo große Reichtümer nur auf ein paar tüchtige Hände warteten, um reiche Frucht zu bringen.

Schon im 17. Jahrhundert hatte Colbert versucht, Kanada zu besiedeln, indem er alljährlich gewaltsam »gesunde und starke Mädchen, zusammengewürfelt mit Zuchttieren«[18] dort hinschickte. Das hatte jedoch nicht ausgereicht, um die Kolonien angemessen zu bevölkern.

1756 wurde das Problem erneut und nun methodisch von einem berühmten »Philanthropen« untersucht – von Mousieur de Chamousset. Er hatte besser als Colbert begriffen, daß die wirksamsten Maßnahmen darin bestanden, das Überleben der Kinder zu sichern, einschließlich derer, die man traditionell dem Tod überließ.

In seinem *Mémoire politique sur les enfants*[19] läßt Chamousset schon vom ersten Satz an seinen Leitgedanken erkennen: »Man braucht nicht zu beweisen, wie wichtig die Erhaltung der Kinder für den Staat ist.« Die ausgesetzten Kinder, so stellt er fest, sterben wie die Fliegen ohne irgendeinen Nutzen für den Staat. Schlimmer noch, sie fallen der Nation zur Last, denn man ist genötigt, sie zu unterhalten, bis sie sterben. Der Philanthrop faßt das Problem in einem überaus realistischen, um nicht zu sagen: zynischen, wirtschaftlichen Sinne auf: »Es ist betrüblich, wenn man sieht, daß die *beträchtlichen Ausgaben*, welche die Hospitäler für die ausgesetzten Kinder zu machen gezwungen sind, *so wenig Vorteile für den Staat abwerfen* ..., die meisten sterben, bevor sie ein Alter erreichen, in dem man *einigen Nutzen* aus ihnen *ziehen* könnte ..., nicht ein Zehntel erreicht das Alter von 20 Jahren ..., und was wird aus diesem *so kostspieligen* Zehntel, wenn man die Aufwendungen, die man für jene, die tot sind, gemacht hat, auf die verbleibenden verteilt? Eine sehr geringe Zahl erlernt einen Beruf; der Rest wird, wenn er das Hospital verläßt, zu Bettlern und Vagabunden oder landet mit einem Armutszeugnis in Bicêtre.«[20]

Der ganze Plan Chamoussets besteht darin, diesen Verlust für den Staat in Profit zu verwandeln, aus diesem toten Ballast (dieser Last von Toten) eine für die Gesellschaft rentable Produktivkraft zu machen. Es sind mehrere Lösungen vorstellbar. Die erste würde darin bestehen, diese Kinder, die zuvor mit Kuhmilch ernährt wurden, im Alter von fünf oder sechs Jahren nach Louisiana zu exportieren. Die verschiedenen Pflanzungen, in denen man sie, ihrer Kraft und ihrem Alter gemäß, beschäftigen würde, wären ein »ungeheurer Profit«[21] und würden die Kosten ihrer Erziehung einbringen.

Vom Alter von zehn Jahren an bis zu ihrer Verheiratung würde man sie an Sonn- und Feiertagen mit militärischen Übungen beschäftigen, wobei natürlich der Lehre der Grundlagen der Religion eine gewisse Zeit vorbehalten bliebe. Sie würden also erzogen entsprechend den »einer heiligen Politik gemäßen Empfindungen«[22]. Dann würde man sie zwischen zwanzig und fünfundzwanzig Jahren verheiraten und ihnen so viel Land geben, wie sie bearbeiten könnten.

Zum Schluß stellt Chamousset eine Berechnung der Profite an, die fast einer Aufforderung zur Kindesaussetzung gleichkommt.

Allein in Paris, sagt er, werden 4300 Kinder ausgesetzt. Veranschlagt man für das übrige Land die doppelte Zahl, so kann man alljährlich über ungefähr 12000 Findelkinder verfügen. Würde man seinem Vorschlag folgen und all diese Kinder mit Kuhmilch aufziehen (er ist einer der ersten, der die Ernährung mit der Flasche predigt), so würden, wie er schwört, wenigstens 9000 übrig bleiben, die man Jahr für Jahr exportieren könnte. Mit diesem System wären unsere Kolonien nach dreißig Jahren um 200000 Siedler reicher. Und in weniger als einem Jahrhundert hätte man ein Land bevölkert, das größer und fruchtbarer ist als Frankreich und das dessen Reichtümer beträchtlich steigern würde.

Die Erhaltung der Findelkinder konnte indessen auch zu anderen Dingen als zur Besiedelung unserer Kolonien von Nutzen sein. In Frankreich machten sich andere Bedürfnisse geltend, und Chamousset versäumte nicht, unterschiedliche Verwendungen dieser vom Himmel gefallenen Arbeitskraft vorzuschlagen.

Während des Zeitabschnitts, der von Ludwig XIV. bis zu Napoleon[23] reicht, machte sich in Frankreich aufgrund der zahlreichen Kriege bekanntlich die Notwendigkeit bemerkbar, über eine größere Bevölkerungszahl zu verfügen, um den europäischen Koalitionen standhalten zu können. Doch die militärischen Bedürfnisse des Landes stießen auf die ökonomischen Notwendigkeiten. Die jungen Männer, die man in den Krieg schickte, fehlten als Arbeitskräfte in der Landwirtschaft. Die Physiokraten verlangten daher, die Landwirte vom Wehrdienst zu befreien; ihnen konnte jedoch nicht entsprochen werden, denn es waren dieselben Bauernhände, die im Frieden die Sichel und im Krieg das Gewehr führten.

Wieder ist es an dem guten Chamousset, eine Lösung anzudeuten, und zwar dadurch, daß er auf eine andere Verwendung der Findelkinder hinweist. Seine Überlegung geht folgendermaßen: »Kinder, die keinen anderen Vater kennen als das Vaterland, ... müssen ihm gehören und in der Weise verwendet werden, die für das Vaterland den größten Nutzen bringt: ohne Eltern, ohne eine andere Hilfe als jene, die eine weise Regierung ihnen gewährt, hängen sie an nichts, haben sie nichts zu verlieren. Wäre es möglich, daß solche Menschen, die nichts an das Leben zu binden scheint und die man, würde man sie dazu bestimmen, Soldaten zu werden, rechtzeitig mit der Gefahr vertraut machen könnte, der Tod schreckt?«[24]

Da die Erziehung alles über die Menschen vermag, kann es, so fügt Chamousset hinzu, nicht schwer sein, »Menschen, die man mit diesen Gefühlen aufzieht und die davon nicht durch gegenseitige Zuneigung oder durch Bande der Verwandtschaft abgelenkt werden, dazu zu bringen, dem Tod und den Gefahren gleichmütig entgegenzusehen.«[25]

Konkret schlägt Chamousset vor, Staat und Verwaltung sollten Anstrengungen unternehmen, um die kleinen ausgesetzten Kinder am Leben zu erhalten, und die Hygiene sowie die Aufzucht mit der Flasche soweit entwickeln, daß diese künftigen Menschen überleben können. Nach der Entwöhnung würde jedes Dorf, das vom Militärdienst freigestellt zu werden wünschte, acht dieser Kinder aufnehmen und sich bis zu ihrem Eintritt in die Armee um sie kümmern. Alle Väter und Mütter würden gebührend für diese Kinder sorgen, denn deren Erhaltung wäre für sie gleichbedeutend mit der Freiheit der eigenen Familie. Und um den Staat für die Auslagen, die er für ihre Aufzucht gemacht hat, zu entschädigen, sollten diese jungen Soldaten verpflichtet werden, ihm bis zum Alter von 25 oder 30 Jahren zu dienen. Überdies würde der Staat während ihrer Dienstjahre an Matrosen- oder Soldatensold mehr sparen, als ein Kind pro Jahr kostet.

Derart erbärmliche Überlegungen veranlaßten Chamousset, sich für das Überleben der ausgesetzten Kinder zu interessieren. Sein Interesse[26] verrät auch nicht eine Spur von Humanismus oder gar von christlicher Nächstenliebe. Dennoch galt Monsieur de Chamousset zu seiner Zeit als ein großer Menschenfreund! Seine Überlegungen, die von sozialer Gerechtigkeit nichts wissen, zeigen, daß der Status des Kindes sich geändert hat: Es ist zu einem möglichen Marktwert geworden. Nachdem sich bei den Menschen der Jahrhundertwende das vorausschauende Denken entwickelt hatte, sieht man im Kind nicht mehr die Last, die es kurzfristig darstellt, sondern die Produktivkraft, die es langfristig verkörpert. Es wird zu einer gewinnträchtigen Investition für den Staat, die zu vernachlässigen dumm und »kurzsichtig« wäre. Diese neue Sicht des Menschen in Begriffen von Arbeitskraft, Profit und Reichtum ist Ausdruck des entstehenden Kapitalismus. Wenn Chamousset (häufiger als Colbert, der nur das Interesse des Staates sieht) vom »Profit des Staates«[27] spricht, so äußert er sich im Namen der herrschenden Klassen und ihres staatlichen Ausdrucks.

Wenn die zynische Rede eines Chamousset einigermaßen ungewöhnlich ist insofern, als andere größere Umstände machen, um dasselbe zu sagen, so ist es dennoch eine Tatsache, daß seine Äußerungen keinen Anstoß erregen und daß die Mehrzahl der philanthropischen und humanistischen Überlegungen weiterhin von der Sorge um die Hebung der Bevölkerungszahl ausgeht. 1804 macht sich der Arzt Verdier-Heurtin einen seither geläufigen Satz von Juvenal zu eigen: »Es ist kein Verdienst um das Vaterland, ihm einen Bürger geschenkt zu haben, wenn er nicht dank Ihrer Pflege der Republik in Krieg und Frieden nützlich ist und wenn er nicht Ihren Boden nutzbar zu machen versteht.«[28] Zuweilen weicht allerdings der Schuldgefühle einflößende Ton Juvenals dem Alarmruf. Am Vorabend des Krieges von 1870 fleht Brochard, den Blick auf Preußen gerichtet und im Bewußtsein des problematischen Geburtenrückgangs, die französischen Mütter an, ihre Pflicht zu tun, d. h. das Überleben ihrer Kinder zu sichern.

Seit Ende des 18. Jahrhunderts werden vom Staat und von Privatpersonen Initiativen ergriffen, um notleidenden Müttern zu helfen. Die Stadtgemeinden, beispielsweise die von Rouen, besolden die Ammen, und in allen Großstädten, so in Paris, Lyon und Bordeaux, entstehen Mutterschutzvereine, die armen Müttern, welche ihren Säugling stillen wollen, Hilfe gewähren. Die Sterblichkeit dieser Kinder lag insgesamt unter derjenigen der Säuglinge, die von besoldeten Pflegemüttern aufgezogen wurden. Allerdings waren diese punktuellen Initiativen sehr begrenzt, und die durchschnittliche Kindersterblichkeit im Lande wurde dadurch wenig beeinflußt.

Die bevölkerungspolitischen Argumente der Ökonomen und der Philanthropen richteten sich zu jener Zeit in erster Linie an die »verantwortlichen« Männer. So richtig es war, sie davon zu überzeugen, wie wichtig das Überleben der Kinder ist, so waren es doch nicht sie als vielmehr ihre Frauen, die es zu erreichen galt. Nur sie konnten durch ihre intensive Pflege die Kinder vor dem Tod bewahren, der ihnen bei den Ammen allzu häufig drohte. Nun hat es aber noch nie ausgereicht, auf wirtschaftliche und politische Notwendigkeiten hinzuweisen, um die Verhaltensweisen und Bräuche zu verändern. Die Alarmrufe und Beschwörungen der Männer hatten allzu wenig mit den Sorgen der Frauen zu tun, als daß diese dazu bewogen worden wären, das verlangte Opfer zu bringen. Denn für viele Frauen ging es durchaus um ein Opfer.

Mit der Forderung, die seit zwei Jahrhunderten vergessenen Aufgaben zu übernehmen, erwartete man von ihnen nichts geringeres, als daß sie ihren Egoismus zugunsten ihrer Kinder zum Schweigen brachten. Der wirtschaftliche und soziale Imperativ hätte keine Chance gehabt, bei den Frauen Gehör zu finden, wäre ihm nicht gleichzeitig ein anderer Diskurs zur Seite getreten, der mehr Befriedigung verhieß und mehr Begeisterung weckte und sich sowohl an die Männer als auch an ihre Frauen wandte. Dieser Diskurs sprach nicht von Pflichten, Lasten und Opfern, sondern von Gleichheit, Liebe und Glück.

Eine neue Philosophie

Die Philosophie der Aufklärung propagierte zwei große, einander ergänzende Ideen, die in einem gewissen Sinne die Entwicklung der Liebe und ihres Ausdrucks förderten: die Ideen der Gleichheit und des individuellen Glücks.

Die Gleichheit

Was die Gleichheit betrifft, so scheint die Philosophie der zweiten Jahrhunderthälfte der Alltagspraxis weit vorgegriffen zu haben. Darüber hinaus hat sie sich für die Gleichheit der Männer untereinander (Gleichheit der Stände) stärker eingesetzt als für die Gleichheit unter den Menschen: die Gleichheit von Mann, Frau und Kindern.

Dennoch macht sich am Ende des Jahrhunderts eine egalitäre und libertäre Strömung in der Gesellschaft bemerkbar. Wenn es auch sehr wenige sind, die sich für die politische Gleichheit von Mann und Frau interessieren, so ändert sich doch allmählich der Status des Vaters, der Mutter und sogar des Kindes im Sinne einer stärkeren Angleichung. Diese ersten Stöße, die der väterlichen Autorität versetzt wurden, nutzten nicht allein dem Kind, sondern auch seiner Mutter, die sich stärker zur Geltung bringen und eine gewisse Autonomie erringen konnte.

Das Bild des Vaters und seiner Macht wandelt sich: Die Stärke des Vaters ist jetzt nur noch ein zeitweiliger, hilfreicher Ausgleich für die Schwäche des Kindes. Der Wandel der Einstellungen wird an zwei Texten deutlich. Der eine ist der Artikel über die väterliche Gewalt aus der *Enzyklopädie*, der andere eine Passage aus dem *Gesellschaftsvertrag* von Rousseau.

Der Artikel der *Enzyklopädie* ist namentlich dadurch interessant, daß er die alte und die neue Ideologie komprimiert wiedergibt. Er entwickelt die alte Theorie vom natürlichen und göttlichen Ursprung der väterlichen Gewalt und zugleich die neue Idee von deren Grenzen. Einerseits haben Vater und Mutter das gleiche »Recht der Überlegenheit und der Bestrafung gegenüber ihren Kindern«, andererseits sind ihre Rechte durch die Bedürfnisse des Kindes begrenzt. Die Gewalt – eher eine elterliche als eine strikt väterliche – wird jetzt begründet mit der Schwäche des Kindes, »das unfähig ist, selbst für seine Erhaltung zu sorgen«. Die Autorität der Eltern wird jetzt eher mit dem Wohl des Kindes als mit einem ebenso abstrakten wie absoluten Recht begründet. Die neuen Bestrebungen aufnehmend sagt die *Enzyklopädie* ferner, daß die Erhaltung der Kinder wichtiger sei als das Heranziehen gehorsamer Untertanen. Nicht so sehr Gott oder der Monarch, sondern vielmehr die Natur des Kindes verlangt nach elterlicher Gewalt – und zieht ihr zugleich angemessene Grenzen. Da das Wesen des Kindes definitionsgemäß wandelbar ist, unterscheidet die *Enzyklopädie* zwischen verschiedenen Stufen der väterlichen und mütterlichen Autorität, die sich mit der Entwicklung des Kindes ändern soll.

In der ersten Zeit ist der kleine Mensch keines vernünftigen Urteils fähig. Zu seinem Schutz und seiner Verteidigung bedarf er daher der ganzen Autorität seines Vaters und seiner Mutter. Mit der Pubertät beginnt er nachzudenken, aber er ist noch so unbeständig, daß er gelenkt werden muß: »Die Gewalt der Väter und Mütter ist eine Vollmacht zur Leitung der häuslichen Angelegenheiten«, eine Vollmacht, die ein wenig derjenigen ähnelt, welche Aristoteles dem Gatten gegenüber seiner Frau zuerkannte.

Wenn das Kind erwachsen geworden ist, ist die Autorität seiner Eltern äußerst begrenzt, nach Ansicht mancher nicht mehr gegeben. Lassen wir dazu die *Enzyklopädie* selbst zu Wort kommen: »In der dritten Stufe ... müssen die Kinder ... sich immer wieder dessen erinnern, daß sie ihrem Vater und ihrer Mutter Geburt und Erziehung verdanken; *sie müssen* sie daher *ihr Leben lang als ihre Wohltäter* betrachten und ihnen dafür durch alle schuldige Achtung, Freundschaft und Wertschätzung, derer sie fähig sind, ihre Dankbarkeit bezeugen. Auf *dieser Achtung und auf der Zuneigung, welche die Kinder für ihren Vater und ihre Mutter empfinden sollen*, beruht die Macht, welche die Väter und Mütter weiterhin gegenüber ihren Kindern in der dritten Altersstufe behalten.«

Wir denken heute vielleicht, daß diese letztere Form der Autorität gar keine sei. Zuneigung und Achtung für die Eltern entspringen nicht aus moralischer Verpflichtung, sondern aus der Natur. Demnach können diese ganz und gar natürlichen und spontanen Empfindungen nicht befohlen werden. Dieser Auffassung waren die Verfasser der *Enzyklopädie* offenbar nicht, denn im Artikel über die *Liebe* kann man lesen, daß die Liebe von seiten der Eltern spontan sei, weil sie sich nicht von der Eigenliebe unterscheide, während die Liebe von seiten der Kinder sehr viel mehr vom Zufall abhängig sei. Pessimisten, die sie sind, greifen die Autoren das Wort von Vauvenargues auf: »Wenn man nicht von vermögendem Hause ist, ist man selten ein guter Sohn.« Die Enzyklopädisten, die unseren heutigen Wertvorstellungen nahestehen, meinen, daß die Eltern das Recht haben, Liebe und Achtung von ihren Kindern zu fordern. Und deshalb gestehen sie ihnen diese letzte moralische Autorität zu, die erst mit dem Tod erlischt.

Ihre Ansichten verdienten, da sie uns heute so selbstverständlich erscheinen, keiner Erwähnung, wenn ihnen nicht ein Philosoph widersprochen hätte, der schließlich einer der ihren war: Rousseau.

Im *Gesellschaftsvertrag* legt Rousseau eine völlig neue Theorie der Familie dar. Er sagt dort: »Die älteste aller Gesellschaften und die einzig natürliche ist die der Familie. Und selbst dort bleiben die Kinder nicht länger an den Vater gebunden, als sie seiner zu ihrer Erhaltung bedürfen. Sobald diese Bedürftigkeit aufhört, löst sich das natürliche Band. Die Kinder, befreit vom Gehorsam, den sie dem Vater schuldeten, und der Vater, befreit von der Sorge, die er den Kindern schuldete, beide kehren gleichermaßen in die Unabhängigkeit zurück. Wenn sie weiter zusammenbleiben, geschieht dies nicht mehr natürlich, sondern willentlich, und die Familie selbst wird nur durch Übereinkunft aufrechterhalten.«[29]

Dieser Text fordert zu einigen Überlegungen heraus. Seltsamerweise hat man bei dieser Passage aus dem *Gesellschaftsvertrag*, die ausschließlich von der Familie handelt, stärker die politische Tragweite als die eigentliche Bedeutung und deren Implikationen gesehen. Nun ist sie aber nicht nur für ihre Zeit etwas sehr Eigenständiges, sondern sie liegt auch noch quer zu unseren heutigen Wertvorstellungen.

Indem er eingangs behauptet, daß die Familie die »einzig« natürliche Gesellschaft sei, spricht Rousseau der politischen Autorität des Königs über seine Untertanen jegliche Legitimation ab, soweit sie sich auf das Vorbild der Autorität des Vaters über seine Kinder beruft.[30]

Was die Familie im eigentlichen Sinne betrifft, so ist Rousseaus Nichtübereinstimmung mit seinen Vorgängern nicht minder groß, wenn er behauptet, daß die Familie nur eine provisorische Gesellschaft sei. In der Tat hält das »natürliche« Band zwischen Eltern[31] und Kindern nur so lange, wie die Kinder seiner »bedürfen«, um sich zu erhalten. Nur ihre naturbedingte Schwäche macht die Fürsorge und Hilfe der Eltern erforderlich. Für die Eltern ist es eine Pflicht, darauf angemessen zu reagieren. Rousseau spricht, nebenbei gesagt, weder in diesem Text noch im *Emile* über die Fürsorge, die den Kindern gewidmet wird, im Sinne eines natürlichen Triebes, sondern stets im Sinne der moralischen Pflicht. So weit hat die Gesellschaft die Stimme der Natur zum Verstummen gebracht, bis sie erstickt. Oder wir müssen annehmen, daß die Natur nicht viel zu sagen hat ...

Dort, wo Rousseau sich den hypothetischen Naturzustand ausmalt, beschreibt er die Beziehungen zwischen den Mitgliedern der natürlichen Familie folgendermaßen: »Die Männer und die Weiber vereinigten sich zufällig, je nach dem Zusammentreffen, der Gelegenheit und Begierde ... Sie verließen sich mit gleicher Leichtigkeit. Die Mutter säugte zuerst ihre Kinder wegen ihres eigenen Bedürfnisses, nachdem die *Gewohnheit* sie ihr teuer gemacht hatte, ernährte sie die Kinder dann wegen deren Bedürfnis.«[32] Man wird feststellen, daß die Weibchen-Frau auf dieser gleichsam animalischen Stufe ihr Kleines zunächst nur ernährt, um ihr eigenes Bedürfnis zu befriedigen, d. h. um sich von den Schmerzen des Einschießens der Milch in die Brust zu befreien. Was sie in erster Linie veranlaßt, die Brust zu geben, ist also das Bedürfnis und nicht die Liebe, und dieses Bedürfnis ist daher die erste Ursache der mütterlichen Fürsorge. All jene, die sich des langen und breiten über die Mutterliebe und die spontane Hingabe der Mutter ausließen, waren, was diesen Aspekt der Dinge betrifft, nicht sehr redselig. Man vergaß, daß das Stillen vor allem auf dem mütterlichen Egoismus und weniger auf ihrem Altruismus beruhte.[33]

Die natürliche Mutter empfindet das wiederkehrende Bedürfnis, ihre Milch loszuwerden und folglich das Kleinkind saugen zu lassen. Die Wiederholung dieser Handlung läßt die Gewohnheit eines regelmäßigen Kontakts mit dem Kind entstehen. Und aus dieser Gewohnheit erwächst die mütterliche Zärtlichkeit. Diese wiederum verleiht der Mutter eine großmütige Haltung auch dann, wenn die Bedürfnisse des Kindes ihrerseits befriedigt sind. Wenn aber die Liebe nichts Ursprüngliches ist und ihr Auftreten vom Bedürfnis der Mutter abhängt, was geschieht dann, wenn man dieses Bedürfnis künstlich zum Schweigen bringen kann? Wenn man das Einschießen der Milch unterbindet, was wird dann aus der mütterlichen Liebe?

Und der Vater? Er kommt in Rousseaus Hypothese ganz einfach

nicht vor. Es gibt nur ein Männchen, das, ohne es zu wissen, ein Weibchen befruchtet. Sollte er es zufällig wissen, so würde ihm dennoch dadurch keine besondere Funktion zufallen. Für den Begriff der Vaterschaft ist in der Natur kein Platz. Doch in dem sozialen Verband, in dem wir leben und der vielleicht der einzige ist, den es für uns je gegeben hat, hat der Mann sich väterliche Funktionen zugewiesen: Die Autorität, die mit dem Schutz des Kindes Hand in Hand geht. Rousseau grenzt diese Autorität auf die Bedürfnisse des Kindes ein. In Wirklichkeit weder natürlichen noch göttlichen Ursprungs, wird die Gewalt des Vaters, wie Grotius sagt, nur zugunsten dessen aufgerichtet, der regiert wird. Von den Rechten und Annehmlichkeiten des Regierenden kann hier nicht die Rede sein. Sein Handeln wird allein von der Pflicht bestimmt.

Damit sie der »Natur des Kindes« entspricht, darf die Vorenthaltung seiner Freiheit nur vorübergehend sein. Deshalb, sagt Rousseau, »löst sich das natürliche Band«, »sobald diese Bedürftigkeit aufhört«. Dasselbe betont er bereits im *Zweiten Diskurs* (über den Ursprung und die Grundlagen der Ungleichheit unter den Menschen), wo er über die Bindungen zwischen der Mutter und ihren Kindern sagte: »Sobald die Kinder die Kraft hatten, selbst ihre Nahrung zu suchen, zögerten sie nicht, ihrerseits ihre Mutter zu verlassen. Da sie fast kein anderes Mittel hatten, sich wiederzufinden, als sich nicht aus dem Auge zu verlieren, waren sie bald soweit, daß die einen die anderen nicht mehr wiedererkannten.«[34] Auch hier löst sich das Band, das die Kinder mit der Mutter verbindet, endgültig, sobald das Bedürfnis erlischt.

Das sind gewichtige Worte. Sie zeigen, daß Rousseau weit über das Denken der Enzyklopädisten hinausgeht, die niemals erwogen haben, daß das Band zwischen Eltern und Kindern zerreißen könnte. Im *Gesellschaftsvertrag* ändern sich, sobald das Kind für sich selber sorgen kann, seine Beziehungen zu den Eltern wesentlich, und sie können letztlich sogar zu bestehen aufhören, wie es der *Zweite Diskurs* annimmt.

Auf seine Eltern nicht mehr angewiesen, ist das Kind nicht mehr zum Gehorsam verpflichtet, ja es hat nicht einmal mehr die geringste Pflicht ihnen gegenüber. Diese haben umgekehrt keine Befehlsgewalt mehr noch eine Verpflichtung, sich um das Kind zu kümmern. Die Eltern werden ebenso wie die Kinder im Verhältnis zueinander gleich, unabhängig und frei. Wenn die Autorität des Vaters oder der Mutter sich gleichwohl zu behaupten sucht, wird sie »künstlich« und zu einer Fessel für die grundsätzliche Unabhängigkeit des Menschen, der in diesem Fall das Kind ist. Der Vater wird, seine Rechte überschreitend, zum Tyrannen und Despoten.

Die Rousseausche Idee von einem Zerreißen der natürlichen Bande zwischen Eltern und Kindern ist folgenreich. Wenn man nämlich bei entsprechendem Alter beschließen kann, seine Eltern für immer zu verlassen, und wenn diese jegliches Band mit ihren Nachkommen zerreißen können, wird unsere ganze gegenwärtige Vorstellung von der Familie falsch und verlogen. Denn das bedeutet ja, daß von einem gewissen physischen und geistigen Entwicklungsstand an die Bande und die Zuneigung, welche Eltern und Kinder miteinander verbinden, weder Notwendigkeit noch Pflicht, sondern zerbrechlich sind und zerbrechen können – wenn man nicht sogar so weit geht, daß es in der Zeit der Kinderaufzucht Liebe überhaupt nicht gegeben hat. Doch anzunehmen, daß es die Liebe nicht oder nicht mehr gibt, heißt das nicht, daß sie ihrem Wesen nach etwas Zufälliges, etwas Mögliches ist, aber nichts Sicheres?

Wer würde hier nicht an die »tierische Gesellschaft« denken? Denn mag der von Rousseau beschriebene Naturzustand auch nur eine Arbeitshypothese sein, so ist die Beziehung des Tierweibchens zu seinem Jungen sehr wohl Realität. Diese animalische Beziehung, die man so gern beschwört und zuweilen sogar den Frauen als Modell vorhält, löst sich, wenn die Zeit dazu gekommen ist, stets auf. Wenn das Junge entwöhnt ist und die Zitzen des Weibchens leer sind, dann geht das Junge und verläßt das Muttertier, von dem es seine Milch bekommen hat, für immer. Es fällt keinem ein, dagegen zu protestieren, denn darin äußert sich – im Tierreich – die wahre Stimme der Natur.

Es ist also einigermaßen ungeschickt, das Tier und die Natur als Modelle für menschliches Verhalten heranzuziehen. Desgleichen ist es in sich widersprüchlich, von entarteten (»denaturierten«) Kindern oder Eltern zu sprechen, wenn die einen die anderen im Stich lassen. Waren all die Eltern des 17. und 18. Jahrhunderts, die ihre Kinder fremden Händen überließen, entartet oder amoralisch? Und bestand nicht ihr hauptsächlicher Fehler lediglich darin, daß sie sie zu frühzeitig abgaben?

Doch Rousseau setzt nicht den Menschen mit dem Tier gleich, und wenn das Zerreißen der Bande auch denkbar ist, so ist es doch nicht die einzige Möglichkeit. Das Kind des Menschen kann wieder Bande anderer Art zu seinen Eltern knüpfen. Das sind dann nicht mehr natürliche Bande,[35] sondern freiwillige, das heißt bewußt und frei gewählte, zufällige und nicht mehr notwendige Bande. In der Sichtweise des *Gesellschaftsvertrages* stellt Rousseau sich vor, daß, wenn der Augenblick gekommen ist, jedes Mitglied der Familie entscheidet, ob es Beziehungen zu den übrigen haben will oder nicht. Diese freie Entscheidung ist so etwas wie ein stillschweigender Pakt, eine Übereinkunft, welche die Angehörigen der künftigen, neuen Familie untereinander treffen. Im *Zweiten Diskurs* folgert Rousseau: »Jede Familie wurde eine Gesellschaft im kleinen. Sie war um so inniger, weil gegenseitige Zuneigung und Freiheit ihre einzigen Bande waren.«[36] Von diesem Augenblick an ist die Familie kein natürlicher Verband mehr, sondern ein freiwilliger Zusammenschluß, nicht anders als eine politische Gemeinschaft, die auf gegenseitigen Abmachungen beruht.

Dieses zweite Stadium der Familie, wie Rousseau es sich ausmalt, gibt uns einiges zu denken. Wie hat man sich das konkret vorzustellen, daß die ursprünglichen, natürlichen Bande zerreißen und anschließend freiwillig und rational neue Bande geknüpft werden? Wie ist es möglich, mit den alten Gewohnheiten, mit der Liebe und dem Haß, die sich während der ersten Lebensjahre tief eingewurzelt haben, radikal Schluß zu machen? Ist das, was Rousseau uns beschreibt, nicht eine ideale Lösung, ja beinahe ein Mythos? Dem Menschen des 20. Jahrhunderts, der ein Unbewußtes hat und an einer Reihe von Verboten trägt, ist es nicht möglich, die Bande, die ihn mit seinen Eltern verbinden, nacheinander zu zerreißen und dann wieder auf anderen Grundlagen neu aufzubauen, weil die erste Lebensetappe die spätere allzu tief prägt. Man kann nicht einmal den (durch die Zurückweisung der Eltern charakterisierten) Übergang von der Adoleszenz zum Erwachsenenalter mit dem Rousseauschen zweiten Stadium in Beziehung bringen. Nach unserer gegenwärtigen Auffassung hat nämlich das Kind in Wirklichkeit nicht die Freiheit der Wahl, weil das Über-Ich mit seinem Gefolge von Schuldgefühlen so mächtig ist. Anders bei Rousseau: Gerade die Freiheit, auch Nein sagen zu können, verleiht der neu angeknüpften Beziehung ihren Wert. Diese ideale Wiederversöhnung zwischen gleichberechtigten Menschen, die ihre früheren Streitigkeiten um ihrer gegenwärtigen Freundschaft willen vergessen, ist – auf der emotionalen Ebene – das Symbol der perfekten politischen

Gemeinschaft. Dank der familiären Übereinkunft hat man seine Familie nicht einfach hinzunehmen, sondern man wählt sie. Was für das Mitglied des Familienverbandes gilt, gilt auch für den Bürger der politischen Gemeinschaft: Beide sind frei, sich zusammenzutun, und ebenso frei fortzugehen.

Die Darstellung im *Gesellschaftsvertrag* wirft ein neues Licht nicht nur auf den Status des Vaters, sondern auch auf den des Kindes. Mit dem ersten Satz seines Buches: »Der Mensch ist frei geboren« stellte Rousseau die Freiheit als eine unzerstörbare Gegebenheit des menschlichen Wesens dar. Zugleich schrieb er dem Vater wie dem Sohn ein gleichartiges Wesen zu. Das Kind ist danach ein potentiell freies Geschöpf, und die eigentliche Aufgabe des Vaters besteht darin, die Verwirklichung dieser noch schlummernden Freiheit zu ermöglichen. Ein Kind zu erziehen heißt, aus einem zeitweilig schwachen und seiner selbst nicht mächtigen Wesen eine Person zu machen, die ebenso selbständig ist wie ihre Eltern: den Sohn ebenso selbständig wie seinen Vater, die Tochter ebenso selbständig wie ihre Mutter.

Leider hören Rousseaus Logik und Reformismus an den Grenzen des Geschlechts auf. Die Frau bleibt für ihn ein auf den Mann bezogenes Individuum. Wir werden noch sehen, wie Sophie erzogen wird, um die Wünsche Emiles und die Bedürfnisse ihrer Kinder zu befriedigen. Aber wenn Rousseaus Auffassung von der in ihrer Rolle als Gattin und als Mutter eingeschlossenen Frau sich auch für lange Zeit durchsetzte, so machten sich dennoch andere Stimmen vernehmbar, deren Bedeutung nicht zu unterschätzen ist.

So ließ Montesquieu es sich mehrfach angelegen sein, die faktische Ungleichheit zwischen Mann und Frau zu beklagen. Ihm zufolge sind die Frauen nicht von Natur aus den Männern unterworfen. Deshalb ist »die Herrschaft, welche wir über sie ausüben, ... wahre Tyrannei«[37]. Die Frauen, fügt Montesquieu hinzu, haben die Männer nur deshalb die Herrschaft ergreifen lassen, weil sie mehr Sanftmut besitzen als der Mann – und damit mehr Humanität und Vernunft. Das ist ein Unrecht, dem abgeholfen werden kann und muß. Denn wenn die Frauen tatsächlich den Männern dieses Jahrhunderts unterlegen sind, so liegt dessen Ursache nicht in ihrer Natur, sondern in der Erziehung, die man ihnen gibt, oder vielmehr, die man ihnen verweigert.

Fast zwanzig Jahre vor der Veröffentlichung des *Emile* kritisiert der liberale Senatspräsident vorwegnehmend die Erziehungspostulate desjenigen, der weitgehend das Denken der Revolutionäre von 1789 beeinflußte. Nach Montesquieu kann eine Erziehung, wie sie dann Sophie erhalten soll, nur das traditionelle Vorurteil gegenüber den Frauen verfestigen. Er tadelt – in der Mitte des 18. Jahrhunderts – die Bedingungen, unter denen man die Frauen leben läßt: »Die Mädchen, ... die einen Geist besitzen, der nicht denken, ein Herz, das nicht fühlen darf, Augen, die nicht sehen, und Ohren, die nicht hören dürfen; die immer einfältig erscheinen müssen und unaufhörlich zu Kleinkram und guten Ermahnungen verdammt sind, (sie sind genugsam bereit zur Ehe).«[38]

In *Le Système Social* bringt Holbach, der Montesquieu näher steht als Rousseau, die untergeordnete Stellung, in der die Frau gehalten wird, als erster mit der Erziehung in Zusammenhang, die man ihr zuteil werden läßt. Er denunziert die »Spielzeug-Frau«, welche die Männer sich zu ihrem Vergnügen und um ihre Macht zu genießen zurechtgemacht haben: »Man bietet ihnen nichts als Abgeschmacktheiten und Nichtigkeiten, man gestattet ihnen nur, sich mit Spielereien, Moden und Schmuck zu befassen.« Die Frau ist nichts anderes als ein Geschöpf des Mannes, in dem doppelten Sinne, daß sie von dem Manne und für den Mann geschaffen ist. Zu jener Zeit hat der Mann die Frau noch nicht als die hingebungsvolle Mutter seiner Kinder erfaßt. Noch einen Augenblick Geduld, und es ist soweit ...

Was Voltaire betrifft, so entwickelt er einen vermittelnden Gedankengang, der Rousseaus Ideologie mit der Montesquieus oder Holbachs in Einklang zu bringen versucht. Er meint, eine solide Erziehung der Frauen würde diese noch stärker dazu bestimmen, gute Mütter und gute Ehefrauen zu sein. Je stärker eine Frau sich intellektuell entfalte, um so anziehender würden für sie die häuslichenPflichten. Allerdings klingt der Erbe Molières und Komplize Rousseaus hindurch, wenn er sagt: »Eine Frau, welche die Pflichten ihres Standes vernachlässigen würde, um die Wissenschaften zu pflegen, wäre freilich verdammenswert.«[39]

Man ist noch weit von Condorcet entfernt, dem am meisten emanzipatorisch denkenden Philosophen seines Jahrhunderts, dem einzigen, der sich bemühte, die natürliche und politische Gleichheit von Mann und Frau aufzuzeigen. Er beklagte die »Unterdrückungsgesetze, welche die Männer gegen sie (die Frauen) gemacht haben«[40], und kämpfte für die bürgerlichen Rechte der Frauen (Stimmrecht, aber auch das

Recht, sich in öffentliche Funktionen wählen zu lassen), unter der Bedingung, daß man ihnen eine ähnliche Erziehung gewährte, wie man sie den Männern zuteil werden ließ. Für ihn beschränken sich die Fähigkeiten der Frau nicht allein auf die Mutterschaft. Die Frau kann alle Positionen erreichen, denn nicht ihre Natur, sondern allein die Ungerechtigkeit versagt ihr das Wissen und die Fähigkeit.

Condorcet schließt seinen Brief mit einer ironischen Spitze gegen jene Frauen, welche die von den Männern an sie gerichteten Reden nicht mit geschärftem Verstand beurteilen: »Ich befürchte«, sagt er, »mich mit ihnen zu überwerfen ..., ich spreche von ihrem Recht auf Gleichheit und nicht von ihrer Herrschaft; man kann mich eines geheimen Dranges verdächtigen, sie herabzusetzen; und seit Rousseau ihren Beifall gefunden hat, indem er sagte, sie seien nur dazu geschaffen, uns zu umsorgen, und nur dazu imstande, uns zu quälen, darf ich nicht hoffen, daß sie sich für mich erklären.«[41]

Condorcet bewies große Klarsicht. Die lesenden Frauen waren in ihrer Mehrheit rousseauistisch, selbst jene, die sich anheischig machten, Funktionen auszufüllen, welche ihr Idol mißbilligt hätte. Madame Roland und Olympe de Gouges waren nicht, gleichgültig, was sie selbst davon dachten, die Enkelinnen Rousseaus. Die Revolution, rousseauistischer als sie selbst, richtete sie hin, weil sie nach der Macht gestrebt und es abgelehnt hatten, mit der Rolle der Gattin und Mutter vorlieb zu nehmen. Nichts ist in dieser Hinsicht beredsamer als der Bericht von der Exekution Madame Rolands in der Zeitung *Feuille du Salut Public:* »Die Frau Roland, ein Schöngeist mit hochfliegenden Plänen und eine Philosophin, die wenig hinterlassen hat ..., war ein Ungeheuer in jeder Hinsicht ..., sie war Mutter, doch sie hatte die Natur vernachlässigt, indem sie sich über sie erheben wollte; der Wunsch, eine Gelehrte zu sein, brachte sie dazu, die Tugenden ihres Geschlechts zu vergessen, und dieses stets gefährliche Vergessen ließ sie schließlich auf einem Schafott enden.«[42]

Wenn sich die Stellung der Frau im 18. Jahrhundert und selbst während der französischen Revolution nicht nennenswert geändert hat, so hat sich doch die Stellung der Ehefrau und Mutter gehoben. Gegen Ende des Jahrhunderts scheint sich das Verhalten des Ehemanns gegenüber seiner Frau in Theorie und Praxis nicht nur bei den besitzenden Klassen, sondern auch bei den einfachsten Bürgern zu ändern. Für diesen Wandel gibt es vor allem zwei Gründe. Zum einen die neue

Mode der Liebesheirat, welche aus der Gattin eine liebevolle Gefährtin macht, zum anderen wollen die verantwortlichen Männer, daß die Frauen innerhalb der Familie und vor allem bei ihren Kindern eine bedeutendere Rolle einnehmen. Die *Enzyklopädie* betonte, wie wir gesehen haben, daß die sogenannte väterliche Gewalt in Wirklichkeit mit der Mutter geteilt wird.[43] Es fiel daher immer schwerer, die Autorität des Gatten über die Ehefrau wie die unumschränkte Gewalt des Souveräns über seinen Untertan aufzufassen und die Frau so zu behandeln, wie man einst sein Kind behandelt hatte.

Zwar hat das 18. Jahrhundert nicht die reale Gleichheit von Mann und Frau sanktioniert, doch hat es den Status der Ehefrau beträchtlich dem ihres Mannes angenähert. Das liegt nicht allein an der wachsenden Bedeutung, die dem Kind in der Gesellschaft eingeräumt wird, sondern zu einem großen Teil auch an einer wahren Obsession der Aufklärungsphilosophie: dem Streben nach Glück, dem rasch die Aufwertung der Liebe folgt. Diese beiden neuen Werte kommen wie gerufen, um die Angleichung zwischen den Ehegatten und auch die zwischen Eltern und Kindern zu festigen. Insofern ist das Streben nach dem Glück in der Familie ein bedeutsamer Schritt in der Entwicklung zur Gleichheit.

Das Glück

In einem Brief an die Präsidentin de Bernière[44] schreibt Voltaire: »Das große und das einzige Anliegen, das man haben soll, ist, glücklich zu leben.« Was jetzt zählt, ist nicht mehr so sehr die Vorbereitung auf das künftige Leben der Seele als vielmehr die möglichst angenehme Organisation des irdischen Lebens. Philosophieren heißt nicht mehr, sterben zu lernen, sondern zu lernen, hier und jetzt zu leben. Das ganze 18. Jahrhundert wird immer wieder dieses Thema aufgreifen, das sich, wie R. Mauzi sagt,[45] »zu einer Obsession« auswächst. Ausgehend von dem Postulat, daß der Mensch dazu da sei, um glücklich zu sein, blieb den Denkern der Aufklärung nur noch, dafür die Bedingungen zu finden.

Die *Enzyklopädie* drückt in ihrem Artikel über das *Glück* sehr gut die neue Ideologie aus, wenn sie zu beweisen sucht, daß auch die Religion den Menschen das wahre Glück bringe. Man läßt nicht mehr wie einst das ewige Heil von den irdischen Prüfungen abhängen, sondern behauptet, daß »die Natur uns allen ein Gesetz unseres eigenen Glücks gemacht« habe. Gott hat den Menschen nur in die Welt gesetzt, um ihm, während er auf die ewige Seligkeit wartet, ein Glück zu bieten, das seiner gefallenen Natur entspricht. Aus den Worten des Abbé de Gourcy[46] hat R. Mauzi geschlossen, daß sich ein neuer Christenglauben ausbreitete, der zu einem zweistufigen Hedonismus verwässert war.[47] Von nun an ist die Kontinuität vom irdischen bis zum ewigen Glück vollkommen. Schmerz und Leid sind keine notwendigen und unmittelbaren Gegebenheiten des Daseins mehr.

Diese allgemeine Idee beherrscht das 18. Jahrhundert, in dem nicht weniger als fünfzig Abhandlungen über das Glück erscheinen. Es wird in allen Zirkeln und in allen Büchern[48] behandelt, und Stanislaus Leszczynski bestätigt, daß »die Gespräche in den Vereinigungen sich nur um das Glück und das Unglück drehen«[49]. Doch mit dem Glück befaßt man sich nicht nur in den vornehmen Salons; man spricht darüber ebenfalls zu den Schlichtesten und Ungebildetsten. Wenn ein Landpfarrer seine Schäfchen zu Tugend und Arbeit ermahnen will und das tragische Thema der Höllenfeuer, das nicht immer die erhofften Resultate bringt, erschöpft hat, greift er nicht selten auf ein verlockenderes Thema zurück. Er erklärt ihnen ganz einfach, daß man seine Pflicht tun muß, um in dieser Welt glücklich zu sein.[50]

Wenn man während des 18. Jahrhunderts lang und breit über die Definition und die Bedingungen des Glücks diskutierte, so war man sich im ganzen doch über eine Theorie des vernünftigen Glücks einig. Ein gesunder Körper, ein ruhiges Gewissen, eine befriedigende Stellung – das ist es, worauf der vernünftige Mensch hoffen darf. Wenn aber das Glück in dieser Welt möglich ist, dann hat es vor allem im familiären Kleinverband seinen Platz. Deshalb wird das Streben nach Glück spürbar die familiären Einstellungen beeinflussen; es erklärt ihre Entwicklung ebenso, wie es teilweise den Wandel der politischen Ideologie verständlich macht.

Das Glück ist nicht mehr eine bloß individuelle Angelegenheit. Man hofft, es zunächst zu zweit zu verwirklichen, solange man es noch nicht mit allen erleben kann. Damit die Beziehungen zwischen Ehegatten und Kindern glücklich seien, müssen sie, so entdeckt man im 18. Jahrhundert, auf Liebe gegründet sein – nicht auf die aus leidenschaftlichem und launischem Begehren erwachsene Liebe, die Höhen und

Tiefen, Leiden und Freuden kennt, sondern auf jene freundschaftliche Liebe, die wir heute Zärtlichkeit nennen.

Der Bürger, sagt R. Mauzi, wird zum »glücklichen Bewohner dieser Welt«[51], weil er den Traum des Jahrhunderts verwirklicht, mühelos Neigung und Pflicht in Einklang zu bringen. Er liebt die Ordnung und die Harmonie, die er unmittelbar lebt. Zweifellos ist er, wie Mauzi bemerkt, nicht für alle Arten des Glücks geschaffen. Er kennt von der Liebe nur die eheliche Hingabe, die sich auch auf seine Kinder erstreckt. Aber das genügt ihm, und er schließt es sorgsam in seinem Heim ein, fern von Versuchungen und Zerstreuungen.

Im 18. Jahrhundert vollzieht sich also ein Sittenwandel, der zum erstenmal nicht von der Aristokratie ausgeht, sondern von der neuen, aufsteigenden Klasse. Seit Beginn des Jahrhunderts verstärken die kirchlichen Moralvorschriften diesen Wandel. Sie bestätigen, daß die Frau sich im Ehealltag nach und nach teilweise von der Vormundschaft des Gatten befreit hat. Flandrin bemerkt dazu, daß die Unterordnung unter den Gatten, zu Beginn des 17. Jahrhunderts von Benedicti und Toledo noch ausdrücklich hervorgehoben, während des 18. Jahrhunderts, etwa in dem Handbuch von Antoine Blanchard, nicht mehr betont wird.

In Sprichwörtern und Volksliedern ändert sich der Ton, und es werden sogar traditionelle Motive auf den Kopf gestellt. So wird nicht mehr empfohlen, seine Frau zu schlagen. Die Vorstellung vom prügelnden Ehemann schickt sich einfach nicht mehr, zumindest bei den Bürgern. Eine solche Haltung gilt im Gegenteil als Barbarei. Man muß, heißt es jetzt, »der Kamerad seiner Frau und der Herr seines Pferdes sein«.

Die Frau wird nicht mehr mit der Schlange aus der Schöpfungsgeschichte oder mit einer verschlagenen und teuflischen Kreatur gleichgesetzt, die es zur Ordnung zu rufen gilt. Sie wird zu einer sanften und vernünftigen Person, von der man Verständigkeit und Nachsicht erwartet. Aus Eva wird ganz unmerklich Maria. Die Neugierige, Ehrgeizige, Kühne verwandelt sich in ein bescheidenes und vernünftiges Geschöpf, dessen Ambitionen nicht über die Grenzen des Heims hinausreichen.

Der Wandel der Sitten ist auch an der Sprache abzulesen. Im 18. Jahrhundert scheint die freundschaftliche Liebe Zärtlichkeit und sogar ein gewisses Streben nach Lust zu beinhalten. Verständlich wird das nur, wenn man berücksichtigt, daß sich eine neue Vorstellung von der Ehe ausbreitet.

Die von zwei Familien arrangierte Eheschließung wird gegen Ende des 18. Jahrhunderts immer mehr zum Ärgernis, weil sie die Vorlieben und Neigungen der betroffenen Individuen übergeht. Eine solche Eheschließung, die die menschlichen Gefühle gering achtet, wird, wie Flandrin sagt, mit einer Art von Entführung gleichgesetzt. Eine solche, im Namen sozioökonomischer Maßstäbe aufgezwungene Verbindung scheint den beiden neuen Rechten zu widersprechen: dem Recht auf Glück und der individuellen Freiheit. Wir werden nicht so weit gehen zu sagen, daß die Preziösen die Schlacht gegen die alte Ehe gewonnen haben. Doch man legt mehr Wert darauf, materielle Interessen und Glück miteinander in Einklang zu bringen. Man tut sogar so, als würde man den materiellen Voraussetzungen der Eheschließung nicht allzuviel Bedeutung beimessen. Man trägt, wie im *Ehekontrakt* Balzacs, dafür Sorge, das Wesentliche durch Notare aushandeln zu lassen. Madame Evangelista verkauft ihre Tochter für eine unangemessene Summe, weil der Zukünftige, Paul de Manerville, in sie verliebt ist. Alle geschäftlichen Fragen werden also, zumindest dem Anschein nach, in Abhängigkeit von den Gefühlen, die man empfindet, geregelt.

Bei dieser neuen Eheschließung steht die Freiheit der Gattenwahl ebenso dem jungen Mann wie dem jungen Mädchen zu. Voltaire schreibt bereits 1749 ein Stück – Nanine –, in dem er sich nicht scheut, die diesbezügliche Freiheit seiner Heldin zu proklamieren. Er läßt sie sagen: »Meine Mutter hat mich würdig befunden, selber zu denken und selbst einen Ehemann zu wählen.«[52] Und im Vorwort zur *Hochzeit des Figaro* denunziert Beaumarchais die alte, traditionelle Eheschließung, »bei der die Großen ihre Kinder mit zwölf Jahren verheirateten und die Natur, den Anstand und den Geschmack den allergemeinsten Konventionen unterwarfen ..., ihr Glück interessierte niemand«.

Für die Frauen erschütterte dieses neue Recht auf Liebe den Autoritarismus, der sie ihr Leben lang in Unterwerfung hielt. Denn mit der Gewährung dieses einfachen Rechts erkannte man an, daß es sie so zu erziehen galt, daß sie eher befähigt wären, besser zu urteilen. Jetzt gilt es, das junge Mädchen zu befähigen, »selber zu denken«. Dazu, schrieb Voltaire, sei es nötig, es aus dem Kloster zu holen, in dem er eine wahre Verdummungsanstalt sah, die dem jungen Mädchen das

Verlangen eingebe, es mit dem Erstbesten zu verlassen: »Sie kommen kaum aus Ihrem Gefängnis heraus, um schon einem Unbekannten verlobt zu werden, der Sie gerade am Sprechgitter erspäht hat: Wer er auch sei, Sie sehen in ihm einen Befreier, und Sie schätzen sich, wäre er auch ein Affe, überglücklich: Sie geben sich ihm hin, ohne ihn zu lieben. Dies ist ein Geschäft, das man macht, ohne Sie zu fragen, und bald danach bereuen es beide Seiten.«[53]

Man rät deshalb immer stärker dazu, die Mädchen zu Hause aufzuziehen, unter einigermaßen glücklichen Bedingungen, damit sie nicht danach drängen, den Verhältnissen um jeden Preis zu entfliehen.

Dieses Recht auf eine auf wechselseitiger Freiheit beruhende Liebe war die beste erdenkliche Einführung in die Gleichheit der Ehegatten. Wie könnte der neue Ehemann seine Frau weiterhin als minderwertig behandeln, wenn die neue Héloise feierlich verkündet, die Ehe sei die Verbindung zweier Wesen, die sich in Freiheit wählen und verbinden?

Die in der Wahl des anderen zum Ausdruck gekommene Freiheit muß logischerweise im gemeinsamen Leben weiterbestehen. Die anfängliche Gleichheit muß dem Eheleben unfehlbar eine andere Färbung geben. Wenn eine Frau genügend Urteilskraft besessen hat, um ihren Lebensgefährten zu wählen, kann man sie da anschließend behandeln, als besäße sie überhaupt kein Urteil?

Auf Freiheit gegründet, wird die neue Ehe zum bevorzugten Ort des Glücks, der Freude und der Zärtlichkeit. Ihre Krönung: die Fortpflanzung. In dem Artikel, den die *Enzyklopädie Locke* widmet, kann man lesen: »Ich will, daß der Vater und die Mutter gesund sind, daß sie zufrieden sind, daß sie fröhlich sind und daß der Augenblick, da sie sich anschicken, einem Kind das Dasein zu schenken, derjenige ist, da sie mit ihrem eigenen Dasein aufs äußerste zufrieden sind.« Ist das nicht ein ganz eindeutiges Loblied auf die in ihrer Totalität erfaßte Liebe? Ist es doch eine Huldigung nicht nur an die Zärtlichkeit, sondern auch an das Begehren und an die Sinnlichkeit, denen man in der Familie endlich Bürgerrecht gewährt.

Die Fortpflanzung ist eine der Annehmlichkeiten der Ehe; ist es da nicht ganz natürlich, daß man deren Früchte liebt? Wenn die Gatten einander frei gewählt haben, wird sich die Liebe, die sie füreinander empfinden, ganz natürlich in ihrer Nachkommenschaft konkretisieren. Die Eltern werden ihre Kinder um so mehr lieben, und die Mütter werden sich, so sagt man, spontan und freiwillig ihnen zuwenden. Das besagt zumindest die neue Ideologie, zu deren hervorragendsten Vertretern Rousseau gehörte.

Aus dieser Sicht rühmt man endlos die Freuden der Mutterschaft, die nicht mehr eine auferlegte Pflicht ist, sondern die beneidenswerteste und angenehmste Tätigkeit, die eine Frau sich erhoffen darf. Es wird als eine erwiesene Tatsache hingestellt, daß die neue Mutter ihr Kind um ihres eigenen Vergnügens willen stillen wird und als Lohn dafür eine unendliche Zärtlichkeit empfangen wird. Die Eltern werden sich zunehmend für das Glück und das Unglück ihrer Nachkommenschaft verantwortlich fühlen. Diese neue Verantwortung der Eltern, die man bereits bei den katholischen und protestantischen Reformatoren seit dem 17. Jahrhundert antraf, wird während des ganzen 19. Jahrhunderts immer deutlicher betont. Sie wird im 20. Jahrhundert durch die psychoanalytische Theorie ihren Höhepunkt erreichen. Wenn das 18. Jahrhundert – soviel kann man jetzt schon sagen – den Gedanken der elterlichen Verantwortung aufbrachte, so hat das 19. Jahrhundert ihn voll aufgenommen und dabei die Verantwortung der Mutter hervorgekehrt, während das 20. Jahrhundert den Begriff der mütterlichen Verantwortung in den Begriff der mütterlichen Schuld umwandelte.

E. Shorter hat die neue Familie sehr gut und knapp charakterisiert, wenn er von einer »Gefühlseinheit« oder auch von der »Nestwärme« spricht, die den Mann, die Frau und die Kinder einhüllt. Es entsteht die moderne Kernfamilie, die nach und nach die Mauer um ihr Privatleben errichtet, um sich vor jeder möglichen Einmischung der Gesellschaft zu schützen: »Die Liebe löst das Paar aus der Gesellschaft heraus und aus der Kontrolle, welche diese früher ausübte. Aus der mütterlichen Liebe entsteht die Nestwärme, in die die Familie sich einkuschelt.«[54]

Die Bande der Familie werden enger, und man zieht sich auf sich selbst zurück. Jetzt schätzt man die Intimität, die kleinen, gemütlichen Stadthäuser, die selbständigen Wohnungen mit separatem Eingang, die eine größere Vertraulichkeit erlauben. Eltern und Kinder finden sich, vor äußeren Belästigungen geschützt, im Eßzimmer zusammen, sitzen zusammen vor dem Kaminfeuer.

So wird zumindest die Familie in der Literatur und Malerei des ausgehenden Jahrhunderts geschildert. Moreau le Jeune, Chardin, Vernet und andere gefallen sich darin, die Interieurs dieser friedvollen Häuser und deren Bewohner darzustellen. Man rühmt allerorten die herzliche

Vertrautheit, die darin herrscht, und man verkündet, daß die Familie revolutioniert worden sei. Lassen wir als Zeugen den Doktor Louis Lepecq de la Cloture über seine kleine Stadt Elbeuf im Jahre 1770 zu Wort kommen: »Hier herrscht in den Familien die Eintracht und jene wahre gegenseitige Fürsorge, mit der man gleichermaßen die Leiden und die Freuden des Haushalts miteinander teilt, Treue zwischen den Ehegatten, Zärtlichkeit bei den Vätern, Respekt bei den Kindern und innige häusliche Verbundenheit.«[55] Dasselbe bezeugen auch die von Shorter zitierten napoleonischen Präfekte. Der Präfekt des Indre, Dalphonse, erklärt, in seinem Departement sei »die Ehe kein Joch; sie ist nichts als liebenswürdiger, gegenseitiger Erweis von Fürsorglichkeit, von Zärtlichkeit ...« Der Präfekt von Savoyen, Verneilh, bekräftigt, bei ihm seien »der Ehemann der Ehefrau und die Mutter ihren Kindern nähergerückt; alle haben das Bedürfnis empfunden, einander gegenseitig zu unterstützen und sich Trost zu verschaffen ..., indem sie sich häuslichen Besorgungen widmen, die sie früher verachtet hätten.«[56]

In Wirklichkeit erscheint uns dieses idyllische Bild der neuen Familie recht optimistisch. Ungeachtet der Maler und der rührenden literarischen Äußerungen läßt sich nur mit Mühe feststellen, daß Väter und Mütter sich für ihre Kinder interessieren oder gar aufopfern. Der langwierige Kampf für das Stillen durch die Mutter beginnt erst, und seine Anhänger sind von einem Sieg noch weit entfernt. Sie führen ihre Argumente an, doch die Frauen, die den Anschein erwecken, als würden sie interessiert zuhören, sind nicht ohne weiteres bereit, jene bewundernswerten Mütter zu sein, die zu spielen man sie anfleht.

Die Philosophie des Glücks und der Gleichheit spielte gewiß eine nicht zu übersehende Rolle im Wandel der Einstellungen, doch traf sie nur auf ein begrenztes Publikum, und sie schien das, was noch zu leisten war, als eine feststehende Tatsache zu betrachten. Was sie verkündete, war um so verlockender, als es lediglich Versprechungen und Empfehlungen, aber keinen Zwang enthielt. Nun war jedoch das Überleben der Kinder in den Augen der herrschenden Klasse zu einem vorrangigen Problem geworden, das mit den mehr oder weniger beruhigenden Worten über Glück und Liebe nicht zu lösen war.

Mit einem ganz anderen Diskurs wendet sich der Staat an die Frauen, und zwar vermittelt durch seine Agenten, die ihnen am nächsten stehen. Da der Erfolg der Operation von den Frauen abhängt, werden sie nunmehr zu den bevorzugten Gesprächspartnern der Männer. Sie werden daher zu »Verantwortlichen für die Nation« erhoben, denn einerseits braucht die Gesellschaft sie und sagt ihnen das auch, und andererseits gemahnt man sie an ihre mütterliche Verantwortung. Man fleht sie an und weckt zugleich Schuldgefühle.

Gewiß haben schon seit Beginn des Jahrhunderts verschiedene Ärzte[57] den Müttern empfohlen, ihre Kleinkinder selbst zu stillen, und andere[58] die Ammen getadelt. Doch erst mit der Veröffentlichung des *Emile* im Jahre 1762 beginnt die aufgeklärte Öffentlichkeit sich zu regen. Rousseau nahm kein Blatt vor den Mund: »Vom Bemühen der Frauen hängt die erste Erziehung der Männer ab; von den Frauen hängen außerdem ihre Sitten ab ... Die Männer zu erziehen, wenn sie jung sind, sie zu umsorgen, wenn sie groß sind, sie zu beraten, sie zu trösten ..., das sind die Pflichten der Frauen zu allen Zeiten.«[59]

Diese Worte müssen offenbar den Vorzug gehabt haben, etwas Neues zu sein, denn sie wurden bis ins 20. Jahrhundert hinein häufig wiederholt. Im Jahre 1775 wundert sich der schottische Arzt Buchan in seinem hausmedizinischen Ratgeber *Traité de médicine domestique*, der sich an die Adresse der Frauen wendet, darüber, daß diese sich ihres Einflusses und ihrer Verantwortung noch nicht bewußt geworden seien: »Wenn die Mütter über ihren *großen Einfluß* in der Gesellschaft nachdenken würden, wenn sie sich davon *überzeugen* lassen wollten, dann würden sie jede Gelegenheit ergreifen, um sich über die Pflichten zu unterrichten, welche ihre Kinder ihnen abverlangen ... *Durch sie* sind die Männer gesund oder krank; *durch sie* sind die Männer nützlich in der Welt oder werden zu Plagen der Gesellschaft.«[60]

Offenbar hatte die Bewußtwerdung noch nicht stattgefunden, doch das Thema des weiblichen und mütterlichen Einflusses war in Mode, denn gegen Ende dieses Jahrhunderts erschienen darüber alle möglichen Broschüren. Alle haben ein Wort mitzureden: Ärzte, Moralisten, Philanthropen, Administratoren und Pädagogen, nicht zu vergessen die Polizeileutnants von Paris und Lyon. Jeder wiederholt unermüdlich dieselben Argumente, um die Frauen davon zu überzeugen, daß sie sich persönlich um ihre Kinder kümmern.

Denn wenn auch ein gewisser, nicht sehr zahlreicher Frauentyp für die Thesen Rousseaus empfänglich war, so gingen doch die Überzeugung und das theoretische Akzeptieren nicht bis zur Umsetzung dieser neuen Theorien in die Praxis. Die Mühe, die man ihnen abverlangte, muß den Frauen noch allzu groß erschienen sein, als daß sie sich sogleich an die Arbeit gemacht hätten ... Es bedurfte noch mehrerer Jahrzehnte und vieler Plädoyers, Predigten und Anschuldigungen, bis die Frauen sich endlich entschlossen, »ihre Mutterpflichten zu erfüllen«.

Mehr als ein Jahrhundert lang wurden ständig und übereinstimmend dreierlei Argumente benutzt, die man folgendermaßen zusammenfassen kann: »Meine Damen, wenn Sie auf die Stimme der Natur hören, werden Sie belohnt werden, wenn Sie sie aber mißachten, wird sie sich rächen, und Sie werden bestraft werden.«

Zurück zur guten Natur

Das erste dieser Argumente, das im 18. Jahrhundert sehr im Schwange war, bezieht sich auf die Rückkehr zur Natur. Lange vor Rousseau, dessen diesbezügliche Theorien bekannt sind, haben sich seit der Antike Moralisten gefunden, die die Frauen daran erinnerten, »was die Natur verlangt«. Wie es scheint, war Plutarch der Initiator der ersten moralischen Bewegung zugunsten des Stillens durch die Mutter. Daraus kann man entnehmen, daß schon damals zumindest ein Teil der Frauen nur widerwillig seine Pflicht erfüllte. Wie hätte er sonst derart nachdrücklich betonen können, daß die Frau deshalb »Brüste« hat, damit sie ihr Kind stillt?

Bei allen Verfechtern des Stillens durch die Mutter – von Plutarch über Favorinus, Erasmus und viele andere bis hin zu Doktor Brochard (Ende 19. Jahrhundert) – stößt man unfehlbar auf ein Bekenntnis des Glaubens an die Natur: »Die Natur verlangt, daß die Mutter ihr Baby stillt.« Ihr nicht zu gehorchen, ist in moralischer Hinsicht schlecht und in physischer Hinsicht verkehrt. Bei all diesen Moralisten schimmert hindurch, daß sie das »göttliche Gesetz« meinen, wenn sie vom »Gesetz der Natur« sprechen. Und es tut nicht gut, Gott den Gehorsam zu versagen.

Die Natur hat der Frau, so wiederholten es all diese gestrengen Ratgeber um die Wette, nicht deshalb zwei Brüste gegeben, damit sie auf deren Schönheit stolz sei oder ein sinnlicher Ehemann an ihnen Gefallen finde. Die Frau soll sich auf ihre Organe nichts einbilden und nicht Lust aus ihnen beziehen, denn ihre Hauptfunktion ist, Kinder zu stillen. Die Natur hat sie vor allem deshalb als Frau erschaffen, damit sie ihr Kleines mit ihrer Milch ernähren kann. Wehe denen, die das vergessen sollten!

Da diese feierliche Berufung auf die Natur allzu abstrakt und hart erscheinen mochte, beeilten sich die gleichen Ratgeber, einen praktischen physiologischen Aspekt hervorzukehren, der eher geeignet war, die Frauen milde zu stimmen. Eure Milch, so sagte man ihnen, entspricht in wunderbarer Weise den Bedürfnissen des Kindes. Die Natur sorgt nämlich dafür, daß die Eigenschaften der Milch stets dem kindlichen Organismus angepaßt sind. Dieses Argument vermochte eher als die anderen zu überzeugen, denn es stimmt, und die Mütter konnten es selbst nachprüfen. Allerdings reicht die Wahrheit nicht immer hin, um jemanden von der Richtigkeit eines Tuns zu überzeugen, vor allem dann nicht, wenn es dazu einer Anstrengung bedarf.

Mochten große Ärzte des 18. Jahrhunderts wie Roulin, Ballexserd oder Desessartz noch so sehr die prästabilierte Harmonie zwischen Muttermilch und den kindlichen Bedürfnissen verkünden – die »aufgeklärten« Mütter stellten sich taub. Die ärmsten ebenfalls. Das Verdammungsurteil ließ nicht auf sich warten. Man erklärte, diese Frauen seien durch die schlechte Gesellschaft verdorben worden, welche die wunderbare Ordnung der Natur durcheinandergebracht habe, und man forderte sie auf, zu den ursprünglichen Prinzipien dieser guten Natur zurückzukehren, wieder zu den alten Sitten zurückzufinden.

In diesem Sinne schlug man den Frauen vor, dem nachzueifern, was ihnen am ähnlichsten sei, was aber nicht wie sie selbst die verheerenden Einflüsse der verdorbenen Gesellschaft erlitten habe. Als gebräuchliche Vorbilder dienten gleichzeitig die Frauen wilder, barbarischer Völker, die Weibchen der Tiere und sogar die Pflanzen!

Die Frau aus wilden Stämmen erfreut sich in diesem 18. Jahrhundert großer Beliebtheit. Die ausgemachtesten Intellektuellen zitieren voller

Hochachtung die Berichte all jener Reisenden, bei denen vom natürlichen Stillen, von der Zärtlichkeit der Mütter und der völligen Freiheit die Rede ist, die man dem Körper des Kindes läßt. Das Verhalten der Wilden, ganz das Gegenteil der europäischen Sitten, erscheint als die höchste Wahrheit. Alle begeisterten sich für jene halbnackten Frauen, die ihre Kinder bis zur Entwöhnung nicht verließen.

In seiner *Histoire naturelle*[61] räumt Buffon diesen Zeugnissen viel Platz ein. Er untersucht die Gebräuche der verschiedenen exotischen Völker aufs genaueste und verdammt die Praxis der Säugammen in Grund und Boden. Das *Journal des Savants* macht es sich 1763 zur Aufgabe, alle einschlägigen Werke zu rezensieren. Roulin kann sich 1769 nicht genug tun, die Sitten der »Wilden« zu rühmen. Alle verdienen seine Bewunderung: Afrikaner, Amerikaner, Brasilianer ... Er kommt zu dem Schluß, daß die Kinder dieser Völkerschaften glücklicher sind als die unseren, weil ihre Mütter gesunde Frauen sind, die eine der Schwangerschaft und der Stillzeit entsprechende Lebensweise befolgen. Gerührt äußert er sich über die sanftmütigen und in ihrer Zärtlichkeit beständigen mexikanischen Frauen: »Sie leben ständig von denselben Nahrungsmitteln, ohne deren Zusammensetzung zu verändern, während sie ihre Kinder mit ihrer Milch ernähren. Gewöhnlich dauert das vier Jahre.«[62]

Im Jahre 1778 ist es an dem Polizeileutnant Prost de Royer, die Gebräuche der Wilden zu rühmen, um die unseren um so heftiger zu brandmarken. Es versetzt ihn in Entzücken, daß die »wilde« Frau in der glühenden Wüste und in den nordischen Eismassen niederkommt, daß sie ihr Baby tagtäglich in eisigem Wasser badet, daß sie es, während sie es stillt, an ihrer Brust wieder aufwärmt. Und er schließt: »Der Wilde ist größer, besser gebaut, besser organisiert, gesunder und robuster, als er es wäre, wenn man die Natur in ihrem Gang aufgehalten hätte«,[63] wobei zu ergänzen wäre: wie bei uns. Was Prost nicht erwähnt, ist, daß sich die natürliche Auslese voll ausgewirkt haben muß. Von der Kindersterblichkeit bei den Wilden weiß man nichts, doch ist zu vermuten, daß bei einer solchen Lebensweise nur die Stärksten überlebten.

Den Frauen unzivilisierter Gegenden verwandt, wurden die Frauen der alten, barbarischen Zeiten gleichfalls aufs Podest erhoben. Der nämliche Prost spricht mit bewegten Worten vom Gewicht der Waffen der alten Römer und von der Größe der Gräber der Gallier, die von der gewaltigen Kraft und von der beeindruckenden Größe unserer Vorfahren zeugen. Hieran ist deutlich »der Niedergang der menschlichen Gattung in unserem verderbten und zivilisierten Europa«[64] zu ermessen. Im Jahre 1804 verwendet der Arzt Verdier-Heurtin nicht weniger als elf Seiten, also mehr als ein Zehntel seiner Abhandlung über das Stillen darauf, die Kraft und Gesundheit der alten Hebräer, der alten Griechen, Römer, Germanen und Gallier zu rühmen, die er der Degeneration der kleinwüchsigen, schwächlichen und kränklichen Europäer des 18. Jahrhunderts gegenüberstellt. Nun war es aber bei all diesen barbarischen Völkern so, daß jede Mutter selbst ihre Kinder stillte. Dagegen stellt Verdier-Heurtin fest, daß die Mütter von dem Augenblick an nicht mehr stillen wollten, als diese Völkerschaften zivilisierter, reicher und kultivierter wurden. Es wurden Säugammen in Dienst genommen, und unfehlbar wurden die folgenden Generationen schwächer, und die Rasse degenerierte. Verdier und viele andere zogen daraus den Schluß, daß die großen Nationen vom guten Willen der Mütter abhängig seien. Sie seien die wahrhaft Verantwortlichen für die Stärke und politische Größe der Zivilisationen.

Von Rousseau bis hin zu Doktor Brochard[65] greift man unermüdlich auf das Vorbild der römischen Frauen zurück, um die Französinnen von gewissen Wahrheiten zu überzeugen. In der ersten Zeit der römischen Republik, sagen all diese Herren, waren die Frauen stolz darauf, sich um die Familie zu kümmern: »Denken Sie an die Sabinerinnen, die mit entblößter Brust selbst auf dem Schlachtfeld nicht von ihren Kindern ließen: sie erzeugten eine Rasse von außergewöhnlichen Menschen.« Als dann jedoch die Zeit Caesars kam, die Zeit des »Luxus, Vorbote des Niedergangs der Nationen«, befreiten sich die Mütter von ihrer Pflicht und nahmen Säugammen in Dienst. Man erzählte sich, daß die Frauen mit kleinen Hunden oder Äffchen auf dem Arm in der Öffentlichkeit spazieren gingen. So soll denn auch Julius Caesar bei seiner Rückkehr aus Gallien, überrascht von einem für ihn so neuartigen Anblick, ausgerufen haben: »Heißt das, daß die römischen Frauen nicht mehr wie früher Kinder zu stillen und auf dem Arm zu tragen haben? Ich sehe überall nur Hunde und Affen.«[66] Und tatsächlich breitete sich die Sitte, die Kinder Frauen auf dem Lande anzuvertrauen, in Rom dermaßen aus, daß dieser Brauch im 5. Jahrhundert durch den Theodosianischen Kodex geregelt werden mußte.

Unsere Moralisten schlossen aus dieser Geschichte auf eine Ähnlichkeit zwischen der Neuzeit und dem Niedergang Roms. All diese aus der alten Zeit entlehnten Beispiele waren jedoch ein zweischneidiges Schwert. Sie zeigten zwar durchaus, daß die Frauen um so mehr stillten, je näher man dem primitiven Zustand kam, doch bewiesen sie zugleich, daß die Mütter jedesmal, wenn sie dazu die Möglichkeit hatten, ihre Kinder fremden Brüsten überließen. So sehr man auch den verderblichen Luxus verdammen mag, es bleibt dennoch eine Tatsache: Je reicher und kultivierter eine Nation ist, desto geringer wird das Interesse der Mütter an ihrem Muttersein.

Die Weibchen der Tiere waren da sicherlich bessere Vorbilder. Bei ihnen brauchte man nicht zu befürchten, daß sie sich höherentwickeln oder den verhängnisvollen Auswirkungen der Kultur erliegen würden. Deshalb empfahl man den Müttern, es der weisen Haltung aller möglichen Weibchen nachzutun, die »den Trieben der Natur besser gehorchen als sie«. Bei diesen Weibchen findet man die reine Natur im Idealzustand, einen Instinkt, der nicht durch das Interesse denaturiert ist, d. h. den Mutterinstinkt, der nicht durch den Egoismus der Frau abgelenkt ist.

Besonders gern berief man sich auf das Beispiel der wildesten Tiere, bei denen man bewunderte, wie die grausamsten, unbändigsten Bestien – etwa Tigerinnen oder Löwinnen – ihre Wildheit ablegten, um sich um ihre Jungen zu kümmern. Man bewunderte, wie sie, von Jägern verfolgt, häufig lieber mit den Jungen umkamen, statt sie im Stich zu lassen.

Gleich zu Beginn seines Werkes stimmt der Arzt Gilibert[67] das folgende Loblied auf diese »Bestien« an: »Man beobachte die Tiere. Obwohl der Damm der Mütter eingerissen ist ..., obwohl ihre Früchte die Ursache all dieser Übel sind, läßt doch die erste Sorge um diese sie alles vergessen, was sie gelitten haben ... Sie vergessen sich selbst, wenig besorgt um ihr eigenes Glück ... Woher mag dieser unbezwingbare und allgemeine Instinkt kommen? Von demjenigen, der alles geschaffen hat (*Deus sive Natura*) ... Er hat allen Lebewesen eine gedankenlose Liebe zu ihrer Nachkommenschaft ins Herz gepflanzt. Die Frau ist diesem Instinkt ebenso unterworfen wie alle Tiere ... Bei den Tieren reicht dieser Instinkt aus ... Allein die Natur lenkt sie ... Doch der Mensch untersteht nicht unmittelbar ihrer Herrschaft. Er hat vom Himmel einen aktiven Willen, eine aufgeklärte Vernunft erhalten (Gilibert scheint das an dieser Stelle zu bedauern) ..., die häufig durch alle

Arten von Irrtümern und Vorurteilen verdorben ist ... Sie (Willen und Vernunft) ersticken diese aktive Einwirkung der Natur ... Daher das Elend und Unglück, das über diese unglücklichen Sterblichen kommt ...«

Wenn man das liest, hat man den Eindruck, daß Gilibert es bedauert, daß die Frau mit Vernunft und Willen begabt ist. Die ideale Frau wäre jene, die dem Weibchen am nächsten kommt. Man begreift, warum seit langem die Mehrzahl dieser Humanisten nicht gern sah, daß die Frauen eine Bildung erhalten. Was sie brauchten, waren gute Gebärerinnen ohne Neugier und ohne Ehrgeiz. Da die Vernunft leicht durch Vorurteile korrumpiert wird, ist es besser, wenn die Vernunft der Frauen weiter schläft!

Im Jahre 1769 vergleicht Raulin[68] die Milch von Frauen mit der vom Weibchen. Er stellt in beiden Fällen fest, daß die Milch sich mit der Nahrung, welche die Mutter aufgenommen hat, ändert. Wieder eine günstige Gelegenheit, die Weisheit der Tiere zu rühmen und sie der Torheit der Frauen gegenüberzustellen. Er lobt die Kühe und Ziegen dafür, daß sie sich von geeigneten Pflanzen und Kräutern ernähren, und tadelt die schlechten Mütter, die während Schwangerschaft und Stillzeit alles essen, wonach ihnen der Sinn gerade steht: Ragout, scharf Gewürztes, Rohkost, Tee, Kaffee und Likör.

Er spricht sich selbstverständlich für die Tiere aus, die eine sehr gleichmäßige, von Ausschweifungen freie Lebensweise haben, im Gegensatz zu den Frauen, die ihre Milch durch alle möglichen Arten von Mißbrauch und Ausschweifung verderben. Obendrein sind diese armen Frauen auch noch stärker als die Männer »verderblichen Leidenschaften« unterworfen, von denen die Tiere nichts wissen. Sie kennen Traurigkeit, Furcht und Zorn – Verwirrungen, welche die Milch gerinnen lassen und das Temperament der Kinder ungünstig beeinflussen.

Die ideale Frau soll daher nicht nur frei von »aufgeklärter Vernunft« sein, sie sollte außerdem noch ohne jegliche Leidenschaft sein!

Das 19. Jahrhundert hat diese Argumente nicht vernachlässigt, denn 1848 kann man bei Ernest Legouvé, dessen Bücher zahlreiche Neuauflagen erlebten, lesen, daß die Mutterschaft bei den Tieren einem menschlichen Empfinden ähnele und umgekehrt.[69] Legouvé ist gerührt von dem Heroismus und der Hingabe der Löwin, von dem Mut und der Liebe der Grasmücke zu ihren Kleinen. Doktor Brochard lobt 1868 seinerseits die Weibchen, die, im Gegensatz zu den Frauen, »niemals versucht haben, sich einer Verpflichtung zu entziehen, die aus ihrer Organisation selbst entspringt«.[70] Zu Beginn des 20. Jahrhunderts schreckt man schließlich nicht davor zurück, die Frau mit einem Huhn zu vergleichen. In einem allgemeinverständlich gehaltenen Buch über Kinderhygiene glaubt Doktor J. Gérard, von den Müttern besser verstanden zu werden, wenn er die Henne als Beispiel nimmt: »Wenn eine Henne ein Ei bebrütet, bildet sie sich deshalb nicht ein, Mutter zu sein. Brüten bedeutet gar nichts ... Das Verdienst der Henne beginnt jedoch, *wenn sie mit Bewußtsein brütet, wenn sie ihre teure Freiheit aufgibt* ... Kurz, wenn sie ihre Pflichten als Mutter erfüllt, hat sie diesen Namen wahrhaft verdient.«[71]

Man könnte über diesen Text heute lächeln, würde er nicht zeigen, was für eine geringe Meinung die verantwortlichen Männer von den Frauen hatten! Die Freiheit der Frau mit der einer Henne zu vergleichen, zeigt, welch hohe Vorstellung man sich von der ersteren macht. Der Vergleich ist nicht gerade schmeichelhaft. Hat man aber je einen weniger schmeichelhaften Vergleich angestellt als Doktor Raulin, der eine Analogie zwischen der Frau und der Erde herstellt? Nachdem er behauptet hat, daß jede andere Milch außer der der Mutter die Kinder degenerieren läßt und sie gefährlichen Komplikationen aussetzt, fügt er hinzu: »Erleben die Pflanzen nicht ähnliche Komplikationen? Sie halten sich lange in dem Boden (Bild der Mutter), in den sie auf natürliche Weise gelangt sind; dort überstehen sie leichter als anderswo die Unbilden der Witterung. Bringt man sie in einen Boden, der ihnen fremd ist (Bild der Amme), so haben ihre Wurzeln Mühe, sich zu behaupten ... Sie gedeihen nicht, und häufig verwelken sie.«[72]

Weiter als mit diesem Beispiel kann man sich der Natur wahrhaftig nicht nähern – und sich nicht weiter von der Frau entfernen.

Diese erste Art von Argument, die den Frauen ihre Entartung zum Vorwurf machte, war folgenreich. Auf den ersten Blick fällt einem die in diesem Argument herrschende Ambivalenz auf. Gewiß ist der gute Wilde, der der Natur näher ist als der verderbte Europäer, zu jener Zeit, die wir gerade behandeln, in Mode. Es ist jedoch mehr eine negative Empfindung gegenüber den eigenen Gebräuchen, eine fast masochistische Selbstablehnung, was die Männer zu jener Zeit veranlaßt, »dem Brauchtum der Neger den Vorzug zu geben«[73].

Es ist mehr der Ekel an der Gesellschaft als eine wirkliche Bewunderung der fremden Gebräuche, was die Wilden so beliebt macht. Der

Snobismus von damals geht mit einem soliden Ethnozentrismus einher. Wenn sich auch gewisse Gebräuche bei den Wilden besser erhalten haben, so bleiben sie doch, was sie sind: unzivilisierte Wesen, die keine sonderliche Beachtung verdienen. Man rühmt sie, daß sie der Natur nahegeblieben sind, und gleichzeitig verachtet man sie. Für das aufgeklärte 18. und für das kolonialistische 19. Jahrhundert stellen die Wilden das Kindheitsstadium der Menschheit dar, dem man sowohl mit Herablassung als auch mit Bevormundung begegnet.

Obendrein wird die Frau, die man ermahnt, zur Natur zurückzufinden, mit derjenigen verglichen, die sie zutiefst verachtet. Gegenüber dem Tierweibchen wird jede auch noch so bejammernswerte Frau des Königreichs Frankreich immer noch eine unendliche Überlegenheit und Andersartigkeit empfunden haben.

Doch all diese Männer, die das Argument der Natur benützen, wissen oder ahnen, daß der Vergleich außerdem verletzend ist. Mit der ständigen Bezugnahme auf die Natur können sie zeigen, daß die Frau des 18. Jahrhunderts ganz einfach »entartet« (»denaturiert«) ist. Nun hat das Wort »entartet« aber unterschiedliche Bedeutungen. Definiert man die Natur als »Norm«, so ist die entartete, denaturierte Frau anormal, d. h. krank oder ein Ungeheuer. Und setzt man die Natur mit der Tugend gleich, so ist die entartete Frau verdorben oder lasterhaft, d. h. amoralisch oder eine schlechte Mutter.

In beiden Fällen muß man die Gebräuche ändern und dem Übel abhelfen, auch wenn es oft den Anschein hat, daß man diesen Frauen ihre Unverantwortlichkeit zugute hält. So meint etwa Prost de Royer, daß »die meisten Mütter die Stimme der Natur nicht vernehmen«[74]. Mit anderen Worten: Das alles ist nicht ihre Schuld, denn sie sind taub geworden ... Man hätte dem Polizeileutnant allerdings entgegen halten können, daß es, wenn die Frauen die Stimme der Natur nicht mehr vernehmen, dieser an Kraft gebricht. Denn was ist das schließlich für eine natürliche Handlungsweise, die sich nicht mit Notwendigkeit durchsetzt, was ist das für ein Ruf der Natur, den man nicht vernimmt? Das alles hindert Prost nicht an der Schlußfolgerung: »*Wenn die Mütter wüßten* ..., würden sie sich niemals entschließen, ihre Kinder zu einer Zeit zu verlassen, wo diese ihre Zärtlichkeit so nötig brauchen.«

Nachdem er von dem Schicksal der Pflegekinder gesprochen hat, fügt er hinzu: »Wenn diese *traurigen Wahrheiten* sich den Müttern *ins Herz* eingraben würden ...« Einerseits gibt Prost zu verstehen, daß das Wissen, also das, was man lernen kann und was der Vernunft zugänglich ist, den fehlenden Instinkt ersetzen könnte. Andererseits scheint er jedoch zu sagen, daß das rationale Wissen allein nicht ausreicht, wenn es nicht durch die Liebe und die Zärtlichkeit vertieft wird.[75] Was der (unbewußte, angeborene, notwendige) Instinkt nicht schafft, soll die (bewußte, erworbene, bedingte) Liebe schaffen!

Da die Berufung auf die gute Natur in Gestalt der Löwin oder der Grasmücke als Argument unzureichend erscheinen konnte, zog man zu seiner Verstärkung verführerische Versprechungen und grauenhafte Drohungen heran.

Die Versprechungen

Beginnen wir mit dem Honig. Um die bestehenden Einwände zu überwinden, machte man den Müttern, die zu stillen bereit wären, fünf Versprechungen. Da die Frauen sich beklagten, daß das Stillen sie ermüde, ihre Brüste in Mitleidenschaft ziehe und ihr Aussehen verschlechtere, stimmte man ein Loblied auf die Schönheit der Ammen an. Manche bewunderten die Frische ihres Teints, andere die Fülle ihres Busens und den Eindruck von Gesundheit, der von ihnen ausgehe. Noch im 19. Jahrhundert behauptet Doktor Brochard, die Dichter, Historiker und Maler hätten die Schönheit der Griechinnen und Römerinnen deshalb gefeiert, weil diese ihre Kinder stillten.[76] Doktor J. Gérard stellt 1904 »die schönen und üppigen Ammen den Modepuppen gegenüber, die mit ihrem gepuderten Gesicht mit 20 Jahren abgezehrt und mit 30 ledern wirken«[77].

Im 18. Jahrhundert betont man noch stärker als im 19. besonders die Annehmlichkeiten der Mutterschaft. Alle Männer, die sich an die Mütter wandten, waren sich darin einig, daß es keine angenehmere Beschäftigung gebe, als für sein Kind zu sorgen. Es gebe keine köstlichere Pflicht. Prost, der Polizeidirektor, schlägt rührende Töne an, wenn er von den Freuden der Mutterschaft spricht: »Die Stimme der Natur hat sich im Herzen einiger unserer jungen Frauen vernehmbar gemacht... Vergnügungen, Reize, Ruhe – *alles haben sie geopfert.* (!) *Würden sie uns doch erklären, ob die Sorgen und Entbehrungen ihres Standes nicht eine ebenso große Freude sind wie alle Freuden der Liebe.* Würden sie uns doch die süßen Gefühle schildern ..., die eine stillende Mutter empfindet, wenn das Kind ihre Milch einsaugt, sie anlächelt, seine Arme um sie schlingt und ihr zu danken scheint ...«[78]

Nicht anders argumentiert der Arzt Gilibert, der den Gegensatz zwischen den Lasten der Mutterschaft und dem Glück, das sie der Frau beschert, noch stärker betont. Wie Prost de Royer und ein Jahrhundert später Freud, hebt er das Masochistische an der Mutter hervor, die ihr Vergnügen allein in der absoluten Hingabe findet. Bei ihm heißt es: »Folgen Sie jenen Müttern, die ihre Kinder selbst stillen ..., sie *vergessen alles, was ihnen Freude macht.* Ausschließlich auf ihre Kinder bedacht, *verbringen sie die Nächte schlaflos, nehmen sie ihre Mahlzeit hastig zu sich*, essen sie nur, wovon sie wissen, daß es eine gute Milch ergibt; *sämtliche Stunden des Tages bringen sie damit zu*, das Objekt ihrer Liebe *zu waschen, sauber zu machen, zu erwärmen, zu erheitern, zu nähren, zum Schlafen zu bringen ... Alle in ihrer Umgebung schauen voll Mitleid auf sie* ... Man glaubt, sie seien die unglücklichsten aller Frauen ...«[79]

Diese ganze lange Rede läßt ahnen, daß man dem Schein nicht trauen darf, denn in Wirklichkeit »finden diese Mütter ein *unerklärliches Vergnügen* an allem, was sie als Mädchen abstieß; sie tun mit Freude, was damals in ihnen Abscheu erregte ...«[80]. Und Verdier-Heurtin setzt noch hinzu: »Die Ihnen grausam erscheinenden Entbehrungen werden sich in reine Lust verwandeln.«[81]

Das einzige Problem, das zu berühren man nicht umhin kann, ist folgendes: Wie kommt es, daß so wenige Frauen sich ein solches Vergnügen gönnen und so viele diesen Freuden widerstehen? Man muß annehmen, daß die »wenigen Frauen«, die stillen und der Stimme der Natur folgen, ziemlich schlechte Fürsprecherinnen sind. Nicht nur macht ihr Beispiel nicht Schule, sondern es scheint im Gegenteil, daß die anderen Frauen bei ihrem Anblick Lust bekommen, geradezu das Gegenteil zu tun. Was für ein seltsames Glück, das den Betroffenen als Belastung und Unannehmlichkeit erscheint! Die Männer waren entschieden bessere Verfechter der Sache der Mütter, wenn man nicht annimmt, daß sie dabei in Wirklichkeit indirekt ihre eigenen Interessen vertreten haben.

Zu diesen Verfechtern gehört auch Rousseau, der den stillenden Müttern eine Vielzahl von Vorteilen versprach: Nicht nur die zärtliche Zuneigung ihrer Kinder, sondern »eine gründliche und beständige Ergebenheit von seiten ihrer Männer«[82]. Dieses Argument wird häufig aufgegriffen und dem sexuellen Nachteil des Stillens entgegengehalten. Der guten Mutter wird versichert, daß ihr Mann ihr noch treuer sein wird und daß sie in einer noch süßeren Eintracht leben werden. Verdier-Heurtin schlägt vor, man möge die Väter fragen: »Mögen sie selbst die bezaubernden Szenen schildern, die sich ihnen, wenn das Paar sich wirklich versteht, alle Tage als *glücklichen Betrachtern* bieten ... Schauen Sie, wie der Vater das Kind aus den Armen der Mutter reißt, wie die Mutter es dem Vater entreißt: Ist das nicht schlechthin *das Glück*?«[83]

Wenn die Frauen weder für das Argument der Gesundheit noch für die Argumente der Schönheit und des Glücks empfänglich waren, kam man noch mit dem Argument des Ruhmes. Rousseau scheute sich nicht, die weibliche Eitelkeit zu kitzeln und den stillenden Müttern »die Hochachtung und Ehrerbietung der Welt ..., das Vergnügen, sich dereinst von ihren Töchtern nachgeahmt und andern zum Beispiele angeführt zu sehen«,[84] zu versprechen. Doktor Brochard versicherte ebenfalls: »Das Kind an der Mutterbrust ist der Ruhm der Mutter.«[85] Gern zitierte er seinen Kollegen Perrin, der zu betonen pflegte: »Was die Mutter, inmitten der Kinder, die sie stillt, ihnen an Fürsorge und Opfer zuteil werden läßt, gewinnt sie an Würde und Hochachtung.«[86]

Andere, etwa Legouvé, gingen daran, die Rolle der Mutter bei der Fortpflanzung aufzuwerten und die Lehren des Aristoteles zu widerlegen. Nein, sagt er, die Mutter gleicht nicht der Erde, in die man den Samen legt: Sie ist ebenso schöpferisch wie der Vater, auch wenn dieser den »ersten Anstoß«[87] gibt! Die Mutter wirkt gestaltend, und mit dem Stillen vollendet sie ihre Schöpfung. Neben zahlreichen anderen greift Paul Combes 1908 diesen Gedanken auf und behauptet: »Man kann beinahe sagen, daß jede Frau durch die Mutterschaft am Werk der Schöpfung mitarbeitet«![88]

Schließlich versäumt man nicht, von Zeit zu Zeit ein letztes, ökonomisches Argument vorzutragen. Dabei wird den Müttern, die ihr Kind in Pflege geben, die Gewinn- und Verlustrechnung aufgemacht. So verfährt etwa der französische Übersetzer des Buches von Buchan.[89] Die Kinder, so sagt er, werden von den Pflegemüttern schlecht ernährt und schlecht gepflegt. Wenn sie überhaupt lebend zu ihren Eltern zurückkehren, befinden sie sich häufig in einem traurigen Zustand: mager, klein, mißgebildet, von Fiebern geplagt oder von Krämpfen geschüttelt ... Was haben die Eltern also gewonnen? Sie werden für die

Pflege und Heilung der unglücklichen Opfer sehr viel mehr ausgeben, als es sie gekostet hätte, wenn sie sich um deren Ernährung und Erziehung selbst gekümmert hätten. Überdies, so fügt er boshaft hinzu, werden alle ihre Ausgaben in den meisten Fällen nutzlos sein, weil die Kinder von diesem ersten Lebensabschnitt immer Narben zurückbehalten werden. Wie groß ist dagegen der Gewinn jener Eltern, die ihre Pflicht tun!

Wenn all diese versprochenen Vorteile die Frauen nicht zu überzeugen vermochten, blieb schließlich noch die Waffe der physischen und moralischen Drohungen.

Die Drohungen

Wenn die Mutter sich zu stillen weigert, wird die Natur sich rächen und sie körperlich bestrafen.[90] Diese Strafe umfaßt all jene Krankheiten, von denen die Frauen getroffen werden, die ihre Milch künstlich versiegen lassen. Verschiedene Ärzte zögern nicht zu behaupten, daß die Frauen sogar den Tod riskieren.

Raulin hob die mit der Zurückhaltung der Milch verbundene Gefahr auf zweierlei Art hervor. Zunächst brachte er eine pseudowissenschaftliche Erklärung unter Berufung auf die Mechanik der Flüssigkeiten[91] vor, die im 18. Jahrhundert im Schwange war: Bei der Zurückhaltung der Muttermilch findet diese ihren natürlichen Ausgang versperrt und »ergießt sich unterschiedslos, je nach den Hindernissen, die diese ihr entgegensetzen, in alle Körperteile, wo sie dann unterschiedliche Beschwerden hervorruft«. Jacques Donzelot[92] zieht eine interessante Parallele zwischen dieser Erklärung und der Gefahr, der man sich durch Onanie aussetzt. Doktor Tissot[93] hatte nämlich vor der Verschleuderung des Spermas (dieses »essentiellen Öles, dessen Verlust die übrigen Säfte schwach und schal werden läßt«) durch die Onanie gewarnt, die zwangsläufig alle möglichen Krankheiten heraufbeschwören müsse. In beiden Fällen wird ein kostbarer Stoff »vergeudet«. Ob man nun seine Milch oder seinen Samen vergeudet – die Folgen können tödlich sein. Diese Anwendung der bürgerlichen Moral auf die kostbaren Säfte ist einfach zum Lachen: Jede Verschwendung verdient Strafe!

Raulin begnügte sich nicht mit der wissenschaftlichen Erklärung. Er versuchte außerdem, seine Leserinnen mit dem »unheilvollen Beispiel« einer gerade niedergekommenen Dame einzuschüchtern, die mit allen Mitteln ihre Milch zurückhalten wollte: »Sie begann zu husten ..., es stellte sich ein schleichendes Fieber ein, ein eitriger Auswurf ..., die Kranke befand sich eindeutig in einem schwindsüchtigen Zustand.«[94] Der königliche Leibarzt schrieb diese Schwindsucht der Angespanntheit ihrer Nerven und der Verkürzung der Fasern zu. Und was meinen Sie, was aus dieser Unglücklichen wurde? Sie starb schlicht und einfach daran. In medizinischer Hinsicht ist das Beispiel wenig überzeugend, denn es ist sehr wahrscheinlich, daß diese Dame bereits schwindsüchtig war, bevor sie niederkam, und daß die Zurückhaltung der Milch nichts mit ihrem Tod zu tun hat. In erkenntnistheoretischer Hinsicht ist anzumerken, daß ein Beispiel nicht genügt, um einen gesetzmäßigen Zusammenhang zu erklären. Daß die Dame gestorben ist, berechtigt Raulin nicht dazu, drohend zu verstehen zu geben, daß »wer nicht stillt, stirbt«[95]. In psychologischer Hinsicht ist allerdings die Wirkung unbestreitbar. Es genügt, bei den Leserinnen Verwirrung zu stiften.

Einigermaßen verwunderlich ist, daß das Verschleppen von Erregern durch die Milch, was zu Beginn des 19. Jahrhunderts tödlich sein konnte, am Ende des Jahrhunderts noch immer als Popanz diente. Ein solches Glanzstück leistet sich jedoch Brochard, der den nicht stillenden Frauen alle möglichen Krankheiten verspricht: »Nasenbluten, Bluthusten, mehr oder weniger hartnäckiger Durchfall, Schweißausbrüche ...«[96] Ganz zu schweigen von den »akuten und chronischen Affektionen der Milchdrüsen, den schweren fieberhaften Entzündungen von Gebärmutter und Bauchfell, den Affektionen des Uterus«[97]. Schlimmer noch, Brochard droht diesen »Halbmüttern ... mit Brustkrebs oder gar mit plötzlichem Tod«[98]. Manche seien wie vom Blitz getroffen dahingeschieden, ohne daß man ihnen noch hätte helfen können.

Dieses tragische Bild der Gefahren, die der schlechten Mutter drohen, zeigte, daß die Natur sich grausam an jenen zu rächen wußte, die ihr nicht gehorchten. Nicht nur die Natur ließ die schlechte Mutter dafür büßen. Wenn die Mutter sich zu stillen weigert, wird das von allen übereinstimmend nicht nur als ein Fehler der Ernährungsweise, sondern auch und vor allem als eine Sünde wider Gott, als unmoralische Handlungsweise dargestellt.

Im 16. Jahrhundert geißelten, wie wir gesehen haben, Theologen wie Vives jene Mütter, die sich weigerten zu stillen. Sie warnten sie freilich auch vor dem »wollüstigen Stillen«. Auf das Verdammungsurteil stößt man immer wieder in den Reden zahlreicher Kirchenmänner. 1688 warnt Bocquillot in einer seiner Moralpredigten die Mütter, »daß man sich nicht ohne zu sündigen dieser natürlichen Pflicht entziehen kann, es sei denn aus einem wichtigen Grund ... Trotz der großen Zahl von Müttern, die heute diese Sünde begehen, ist es eine Sünde, und trotzdem ist man für alle daraus entstehenden Folgen verantwortlich.«[99]

Im 18. Jahrhundert tritt an die Stelle der theologischen Verdammung die moralische Verurteilung. Die Verweigerung des Stillens durch die Mutter wird als ein Unrecht an dem Kind betrachtet. Manche Ärzte wie etwa P. Hecquet oder Dionis sprechen sogar von den »Rechten«, die das Kind auf die Milch der Mutter hat.[100] Eine Mutter, die sich zu stillen weigert, beweist dadurch ihre Verdorbenheit und muß folglich entschieden verurteilt werden.

Dieser Auffassung waren Buchan[101] und Rousseau[102]. Was Verdier-Heurtin betrifft, so richtet er, die neue Ideologie perfekt und bündig kennzeichnend, eine energische Warnung an seine Leserinnen: »Frauen, erwartet von mir nicht, daß ich euer kriminelles Verhalten ermutige ... Ich mißbillige nicht eure Vergnügungen, solange ihr frei seid ..., doch wenn ihr Ehefrauen und Mütter geworden seid, laßt den eitlen Aufputz, flieht die gleißnerischen Freuden: Ihr macht euch schuldig, wenn ihr es nicht tut.«[103]

Das Ergebnis all dieser Argumente war, die Frau mit ihrer Verantwortung zu konfrontieren, die, folgt man Rousseau und seinen Anhängern, ungeheuer ist. Sie hat, woran alle Ärzte erinnern, ganz und gar für das Überleben und die künftige Gesundheit ihres Kindes einzustehen. Alles hängt jetzt von ihr ab. Geht man nicht sogar so weit, ihr die Verantwortungslosigkeit der Väter anzulasten? Wenn diese ihre Aufgaben als Vater nicht wahrnehmen, liegt es daran, daß die Mutter schlecht ist. »Wenn die Frauen wieder zu Müttern werden, werden die Männer rasch wieder zu Vätern und Ehegatten.«[104] Im Gegensatz zu dem folgenden Jahrhundert, das es hinnimmt, wenn der Vater als eine schweigende Autorität die Last der Erziehung der Frau aufbürdet, räumen ihm die Reformer[105] des 18. Jahrhunderts die gewichtige Rolle des Erziehers ein. Mögen die Mütter nur stillen und die Väter ganz selbstverständlich ihre Arbeit tun, dann wird die Familie zusammenhalten und die Gesellschaft tugendsam sein. Polizeidirektoren und Ökonomen drücken das auf eine etwas politischere Weise folgendermaßen aus: »Der Staat wird reich und mächtig sein.«[106]

2. Die neue Mutter

Auf all diese eindringlichen und wiederholten Reden reagierten die Frauen unterschiedlich und vor allem zögernd. Es wäre ein Irrtum anzunehmen, die Schriften Rousseaus, der Moralisten und der Mediziner hätten die Gebräuche und Sitten schlagartig verändert. Die meisten Frauen brauchten lange, bevor sie sich dem »Test der Opferwilligkeit« unterzogen.

Wieder einmal wurde das Verhalten der Mutter durch das Interesse der Frau bestimmt. Zwar wurde das Verhalten der Mutter durchaus von jenen Reden beeinflußt, in denen man die gewichtige Stellung der »guten Mutter« rühmend hervorkehrte, doch gab es zwei Faktoren, die auf die Entscheidung der Frauen mindestens ebenso großen Einfluß hatten. Das waren zunächst ihre wirtschaftlichen Möglichkeiten, dann aber auch, je nach ihrer sozialen Stellung, die Hoffnung, innerhalb der Welt der Familie, aber auch innerhalb der Gesellschaft eine lohnendere Rolle zu übernehmen. Die Frau des ausgehenden 18. und vor allem die Frau des 19. Jahrhunderts akzeptierte, je nachdem, ob sie reich, gut situiert oder arm war, mehr oder weniger rasch die Rolle der guten Mutter.

Rousseau hatte, zusammen mit anderen, 1762 gewiß eine kleine Bresche aufgerissen, doch blieben in den Herzen der Frauen noch immer eine ganze Reihe von Festungen einzunehmen; es bedurfte fast eines Jahrhunderts, um den Egoismus und die Gleichgültigkeit der Mütter weitgehend auszumerzen. Noch bis ins 20. Jahrhundert hinein prangerte man die Nachlässigkeit der schlechten Mutter erbarmungslos an.

Seit dem 18. Jahrhundert zeichnet sich allmählich ein neues Bild der Mutter ab, dessen Züge in den folgenden zweihundert Jahren immer deutlicher werden. Die Epoche der Liebesbeweise ist angebrochen. Der Säugling und das Kind werden zu den bevorzugten Objekten der mütterlichen Zuwendung. Die Frau opfert sich bereitwillig auf, damit ihr Kleines an ihrer Seite ein besseres Leben hat.

Das Stillen

Das erste Anzeichen für einen Wandel des mütterlichen Verhaltens ist sicherlich der wieder erkennbare Wille, sein Baby selbst zu stillen, und allein dieses und kein anderes zu stillen. Denn es stimmt zwar, daß die Bäuerinnen in ihrer großen Mehrheit[1] immer ihre Kinder gestillt haben, doch waren darunter auch viele bereit, einen kleinen Fremdling – selbst dann, wenn es ungerecht war – an ihrer Milch teilhaben zu lassen, um ein Einkommen zu haben. Wir teilen die Auffassung von E. Shorter, daß man »jene Mütter« als »modern« bezeichnen muß, »die ausschließlich ihr eigenes Kind stillten und sich weigerten, andere Kinder anzunehmen, sei es, weil diese dem eigenen Baby einen Teil der Muttermilch weggenommen und dadurch dessen Gesundheit aufs Spiel gesetzt hätten, sei es, weil sie innerhalb der innigen häuslichen Privatsphäre als unerwünschte Eindringlinge aufgefaßt worden wären«[2].

Wir sehen also im mütterlichen Verhalten der Bäuerinnen nur dort etwas Neues, wo diese sich weigern, Kleinkinder aus der Stadt aufzunehmen beziehungsweise die eigenen Kinder aufzugeben, um in den Haushalten begüterter Familien deren Kinder zu stillen. Als »modern« betrachten wir gleichfalls die Frauen anderer Gesellschaftsklassen, die es sich angewöhnt hatten, sich von ihren Kindern zu trennen, und die in wachsendem Maße fordern, sie zu Hause zu stillen. Für diese städtischen Frauen waren zwei Lösungen denkbar: Die eigenen Kinder selbst zu stillen oder, bei entsprechenden Mitteln, eine Frau vom Lande zu sich kommen zu lassen. So oder so nahmen die Mütter in den Städten eine neue, der gewählten Lösung entsprechende Anstrengung auf sich, wenn sie bereit waren, sich um das Kleinkind zu kümmern, das noch einige Jahrzehnte zuvor als lästig betrachtet worden war.

Da es über die Zahl der stillenden Frauen im ausgehenden 18. und sogar im 19. Jahrhundert keine genauen Statistiken gibt, müssen wir mit bruchstückhaften Zahlen und mit den Aussagen von Ärzten und Stadtverwaltungen vorlieb nehmen. Die letzteren sind zwar häufig übertrieben und daher nicht objektiv, doch geht aus der Einhelligkeit ihrer Aussagen zumindest hervor, in welchem Sinne sich das mütterliche Verhalten wandelte.

Man weiß beispielsweise, daß die Zahl der Kinder, die von der Pariser Stadtbehörde für Pflegschaften bei Pflegemüttern untergebracht wurden, nach 1800 beträchtlich zurückging.[3] Hier und da stellt man fest, daß die Mütter dann, wenn ihre Kinder gefährdet sind, häufig imstande sind, ihre Bequemlichkeit aufzugeben.[4] So beschlossen 1766 Frauen aus begüterten Kreisen von La Rochelle, aufgerüttelt durch eine Welle von Todesfällen, die ihre bei Bäuerinnen untergebrachten Kinder bedrohte, diese selbst zu stillen. Damit, daß sie das öffentlich taten, erregten sie übrigens Anstoß. Gleiches gilt für die Frauen von Saint-Malo, die nach 1780 begannen, ihre Babies zu stillen, weil bei den Pflegemüttern eine Syphilisepidemie grassierte. Es galt als moralisches Gebot und als Ausdruck einer neuen mütterlichen Zuwendung, die Kinder am Leben zu erhalten.

Nach und nach setzte sich die Vorstellung durch, daß die Fürsorge und Zärtlichkeit der Mutter für das Überleben und das Wohlbefinden des Babys unersetzlich seien. In Paris, von wo die Mode, sich besoldeter Säugammen zu bedienen, ausgegangen war, stellt Doktor Menuret de Chamband im Jahre 1786 bei den Frauen der begüterten Klassen eine neue Tendenz zum Stillen fest: »Seit mehreren Jahren gibt es in den gehobenen Ständen eine größere Zahl von Frauen, die selber empfinden, daß die Mühen des Stillens durch zahlreiche Annehmlichkeiten und Vorteile belohnt werden.«[5] Die gleiche Feststellung trifft Doktor Rose bezüglich der Frauen aus der bei Paris gelegenen Kleinstadt Nemours. J.-J. Marquis stellt 1796 fest, die Frauen des Departements Meurthe hätten sich beträchtlich bemüht, ihre Mutterrolle würdig auszufüllen. Trotzdem braucht man es nicht wörtlich zu nehmen, wenn er behauptet, es sei »heute ebenso selten, eine Mutter anzutreffen, die nicht stillt, wie es vor zwanzig Jahren ungewöhnlich war, Frauen zu finden, die diese Mühe auf sich genommen hätten: Die Erhebungen vom Ende des Jahres IV (1895) zeigen, daß 59–60 Prozent der Kinder im Säuglingsalter von ihren Müttern gestillt wurden.«[6] Eine nuanciertere, weil nicht so exakte Auffassung äußert Joseph de Verneilh, der 1807 lediglich schreibt, das Stillen durch die Mutter habe im Mont-Blanc-Gebiet »glückliche Fortschritte«[7] gemacht.

Die Abschaffung des Wickelkissens und die Hygiene

So ungenau diese Angaben auch sein mögen, sie alle betonen die Fortschritte des Stillens durch die Mutter und die größere Aufmerksamkeit, welche die Mutter ihrem Kind widmet. Immer mehr ist sie bereit, ihre eigene Freiheit zu beschränken, um ihrem Kleinen um so mehr Freiheit zu lassen. So gibt sie nach und nach das traditionell gebräuchliche Wickelkissen auf, in dem der Säugling zwar gefangen war, das ihr aber erlaubte, bequemer ihren Geschäften nachzugehen. Dieselben Männer, die den Frauen befohlen hatten, ihre Kinder zu stillen, hatten ihnen empfohlen, die Wickeltücher abzuschaffen und den kleinen Körper frei zu lassen. Die Leserinnen von Rousseau, Desessarzt, Ballexserd und Gilibert beschlossen, ihre Säuglinge von der »Tyrannei des Wickelkissens«[8] zu befreien.

In Paris wie in der Provinz begann die Befreiung der Säuglinge gegen Ende des 18. Jahrhunderts. Zu Beginn des 19. Jahrhunderts war das Wickelkissen »in Straßburg nahezu völlig verpönt«,[9] und in den ländlichen Gebieten verzichteten die höheren Klassen nach und nach darauf. Dagegen zeigen die Informationen, die wir über die benachteiligten Klassen auf dem Lande haben, daß diese die Verwendung des Wickelkissens länger beibehielten und bis zur Mitte des 19. Jahrhunderts fast nichts darüber wußten, daß es in der Stadt üblich war, die Kinder frei zu lassen.

Daß die Ärmsten zögerten, ihre Kinder vom Wickelkissen zu befreien, ist sehr verständlich. Frauen, die auf dem Felde oder in der Stadt an der Seite ihres Mannes arbeiteten, Frauen, die keine Hilfe im Haushalt hatten, konnten nicht ständig auf ihre Kleinkinder achtgeben. Sie wußten nichts von den schädlichen orthopädischen Auswirkungen des Wickelkissens, lasen weder Rousseau noch sonst jemanden und hielten sich daher an die traditionelle Praxis, die es ihnen erlaubte, die täglichen Aufgaben zu erfüllen und das Kind allein zu lassen, ohne sich um mögliche Unfälle allzu sehr zu sorgen.

Nicht mehr vom Wickelkissen gefesselt, kann das Kleinkind andere Beziehungen zur Mutter entwickeln. Von seiner Zwangsjacke befreit, kann es mit ihr spielen, sie anfassen, sie berühren und kennenlernen. Die Mutter hat es leichter, das Kind zu streicheln und zu küssen, während, wie Shorter bemerkt, das eingewickelte Kleinkind unfähig ist, auf mütterliche Zärtlichkeiten zu reagieren. Nachdem dieses Gerüst gefallen ist, werden endlich Zärtlichkeit und körperliche Kontakte zwischen Mutter und Kind möglich.

Dieser Einstellungswandel wird sehr gut von einem Zeugen beschrieben, der die Erziehung, die er selbst erhalten hat, mit derjenigen vergleicht, die er bei der neuen Generation beobachtet. Früher, so bemerkt er, konnten Mittelstandskinder (wie er) nicht »auf die geringste Zärtlichkeit von seiten der Väter und Mütter hoffen: Das Prinzip, auf dem die Erziehung der Kinder beruhte, war die Furcht.«[10] Fünfzig Jahre später tauschen Mütter und Kleinkinder lächelnd Zärtlichkeiten aus. »Ständig scherzt man mit ihnen, streichelt man sie, in ihren sauberen und richtig gewickelten Windeln sind sie frei, so daß die hübschen Formen ihres Körpers sich rasch entwickeln, und die Kinder brauchen nur gutgelaunt und gesund zu sein, um die Aufmerksamkeit eines jeden, der sich ihnen nähert, zu gewinnen.«[11]

Die mütterlichen Liebkosungen, die Freiheit des Körpers und die sauberen Windeln zeugen von einer neuen Liebe zum Kleinkind. Um das alles zu leisten, muß die Mutter ihr Leben ihrem Kind widmen. Die Frau tritt hinter die gute Mutter zurück, die von nun an alles daran setzt, ihre Verantwortung auszuweiten. Am Ende dieses 18. Jahrhunderts wird die Aufmerksamkeit der Mutter vor allem durch die Hygiene und die Gesundheit des Kleinkindes gefesselt.

Ihre Pflichten beginnen, sobald sie schwanger ist. Die neue Mutter wird sorgfältig auf die richtige Ernährung achten. Statt fettem Fleisch, pikanten Soßen, Alkohol und schweren Speisen wie früher zieht sie nun leichtere Kost vor, die, wie Rousseau empfiehlt,[12] auf Gemüse, Früchten und Milchprodukten beruht. Nach der Niederkunft wird sie bei dieser Diät bleiben, weil sie nun weiß, daß zwischen ihrer Ernährung und der Qualität ihrer Milch, damit aber auch der Gesundheit ihres Babys ein enger Zusammenhang besteht. Da sie sich bewußt ist, daß sie das Wohlbefinden des Kindes beeinflussen kann, beachtet sie die von Rousseau formulierten kulinarischen Ratschläge: »Man verbessere die Regeln unserer Küche: Man verzichte auf Geröstetes und

Gebackenes; es komme weder die Butter noch das Salz, noch die Milch auf den Herd; die in Wasser gekochten Gemüse werden nicht gewürzt, als bis sie ganz heiß auf den Tisch kommen; das Fastenessen wird die Amme ganz und gar nicht erhitzen, sondern ihr Milch im Überflusse und von der besten Beschaffenheit geben. Wenn die pflanzlichen Speisen als die besten für das Kind gelten, könnte da wohl das Fleischessen das Beste für die Amme sein? Darin steckt doch ein Widerspruch.«[13]

Die neue Mutter wird ihr Kind mit dem Erscheinen der ersten Zähne abstillen und ihm anstelle der traditionellen Brühe lieber die von Jean-Jacques empfohlenen Brot- und Reissuppen geben. Zur Milderung der ersten Zahnungsschmerzen wird sie die harte und schmutzige Kinderklapper beiseite lassen und dem Kind lieber Süßholzstangen, Trockenfrüchte und Brotkrusten geben.

Die moderne Mutter ist gleichfalls auf körperliche Hygiene, auf Sauberkeit und körperliche Übungen bedacht. Rousseau, der es sehr befürwortet, das Kleinkind täglich zu baden, empfiehlt: »Man vermindere stufenweise die Wasserwärme, bis man sie endlich winters und sommers in kaltem, ja sogar eiskaltem Wasser waschen kann... Wenn diese Badegewohnheit einmal eingeführt ist, darf sie nicht unterbrochen werden, und es liegt viel daran, daß man sie auf Lebenszeit beibehält.«[14] Diese Gewohnheit ist nämlich Voraussetzung sowohl für die Sauberkeit und Gesundheit des Kindes als auch für eine robuste Gesundheit des Erwachsenen. Andere wie etwa Doktor J. Caillau, die nicht ganz so spartanisch sind, empfehlen den Müttern ein lauwarmes Bad.[15] Insgesamt vertritt die umfangreiche Literatur zur Hygiene[16] einhellig die Notwendigkeit des täglichen Bades[17] und der körperlichen Übung. »Keine Kopfbinden, keine Windelschnüre, kein Wickelkissen«, befiehlt Rousseau und fordert für das Kind lockere, weite Wäsche, die seine Glieder frei lassen und seine Bewegungen nicht behindern. »Wenn es stärker wird, lasse man es in der Kammer herumkriechen; man lasse es seine kleinen Glieder entwickeln und ausdehnen, man wird sie von Tag zu Tag sich kräftigen sehen. Man vergleiche es mit einem fest eingewickelten Kinde desselben Alters, und man wird über den Unterschied ihres Wachstums staunen.«[18] Wenn es anfängt zu laufen, wird geraten, es nicht mehr ans Gängelband zu nehmen oder in ein Gehfrei-Gestell zu setzen, sondern zuzusehen, daß es allein zurecht kommt oder sich höchstens von der Mutter helfen läßt. Es wird bemerkt, daß die Geräte, die das Kind einzwängten und es vor dem

Fallen bewahrten, ebenso nützliche Hilfsmittel für die Mutter waren, die dadurch nicht so streng aufzupassen brauchte. Mit der Abschaffung dieser Geräte wird von ihr größere Aufmerksamkeit verlangt. Auch hier ist die Befreiung des Kindes nicht ohne die Selbstentäußerung der Frau und Mutter möglich. Die Befreiung des Kindes aus der Zwangsjacke bedeutet, daß der Mutter Zeit und damit Leben genommen wird. Doch die neue Rousseausche Mutter ist darüber, wie behauptet wird, um so glücklicher.

Das unersetzliche Kind

Nun ist das Kind König, denn es ist zum kostbarsten aller Güter, zu einem unersetzlichen Wesen geworden. Sein Tod wird jetzt als ein Drama erlebt, das nicht nur die Mutter, sondern auch den Vater trifft.

Im Jahre 1776 verhehlt der berühmte Geschichtsschreiber Jacob-Nicolas Moreau nicht, daß die fortschreitende Krankheit seiner Tochter Minette ihn ängstigt. Nachdem er von ihrem Tod erfahren hat, schreibt Moreau: »Ich war wie vom Blitz getroffen. Oh meine liebe Tochter! Oh Engel Gottes! Du hast den Schmerz deiner unglücklichen Eltern erlebt ... Ich weiß nicht, wie ich das überleben konnte, und es ist mir unmöglich, den Zustand zu schildern, in dem wir uns befanden. Während der ersten Tage bin ich nicht von der Seite meiner Frau gewichen ... Wir waren in Tränen aufgelöst und zeigten uns nirgendwo bis zum Donnerstag, 9. Mai.«[19] Das heißt, acht Tage lang.

Die Gesundheit des Kindes ist zum Hauptgegenstand der elterlichen Besorgnis geworden. Man macht sich große Sorgen um die kleinen Beschwerden der ersten Kindheit, die in nicht unwesentlichem Maß die Kindersterblichkeit beeinflussen, darunter das Zahnen, das mit Fieber, Durchfall und Krämpfen verbunden ist, die Verdauungsstörungen, die sommerlichen Diarrhöen, der Wurmbefall usw. Der General de Martange, der häufig von zu Hause abwesend ist, äußert in den Briefen, die er an seine Frau richtet, diesbezüglich alle möglichen Besorgnisse. In einem der Briefe drückt er seine Befürchtungen über die Auswirkungen der Ruhr aus, an der seine kleine Tochter leidet: »Der Zustand meiner Tochter erfüllt mich mit Schmerz, und ich werde die Tage in größter Sorge verbringen, bis ich tröstlichere Nachrichten erhalte; die einzige Erleichterung verschafft mir ..., daß ich dir eine Arznei schicken kann, von der Herr Wolff verspricht, daß sie selbst bei Ruhr unfehlbar wirkt ...« In einem anderen Brief sind es die ersten Zähne seiner Kinder, die ihm Sorgen machen: »Ich bin einigermaßen beunruhigt über das, was du über den nachlassenden Appetit und die Schmerzen unseres Kleinen schreibst. Ich möchte dir doch sehr ans Herz legen, mein liebes Kind, Honig von Narbonne für ihn und für Xavière zu besorgen und nicht zu versäumen, ihnen damit das Zahnfleisch zu massieren, wenn sie Schmerzen empfinden.«[20]

Diese väterliche Fürsorge angesichts von harmlosen Erkrankungen verrät einiges über die Besorgnis der Eltern bei ernsthafteren Krankheiten. Dazu zählen die Pocken, die noch in der zweiten Jahrhunderthälfte Verheerungen anrichten, denn jedes zehnte Kind stirbt daran. Die in den Jahren nach 1730 in Frankreich eingeführte Impfung war Gegenstand zahlreicher Diskussionen.[21] Die aufgeklärtesten Geister gehen mit gutem Beispiel voran: Tronchin, Turgot und der Herzog von Orléans lassen ihre Kinder impfen. Aber die Eltern fragen sich doch, was es mit dieser neuen vorbeugenden Medizin auf sich hat. Bei den höheren Klassen, die sich eine Spritze geben lassen, weil es modern ist, geht man häufig das kalkulierte Risiko der Impfung ein. Der General de Martange überläßt es seiner Frau, die Kinder impfen zu lassen: »Am besten, sobald wie möglich, denn alle sind mit der Impfung zufrieden.«

Die Entwicklung der Pockenimpfung durch Jenner im Jahre 1796, dank derer das kleine Kind gefahrlos immunisiert werden kann, findet vollends bei den aufgeklärten Eltern Zustimmung. Es bedarf jedoch noch vieler Jahrzehnte und einer eindringlichen Propaganda seitens der Ärzte, der Hebammen und der Behörden, bis auch auf dem flachen Lande die Eltern sich damit abfinden, daß man Gift in das Blut ihrer Kinder einführt.

Der Hausarzt

Die neue Mutter, die sich für die Gesundheit des Kindes verantwortlich fühlt, macht aus ihrer Beunruhigung keinen Hehl und bittet den Arzt in erhöhtem Maße um Rat und Hilfe. Im 19. Jahrhundert macht sich die Gegenwart dieser neuen Persönlichkeit innerhalb der Familie immer stärker bemerkbar. Die Bücher Giliberts, Raulins und Buchans vermögen die Besorgnisse der Mütter nicht mehr zu zerstreuen. Man will die Autorität zu Hause konsultieren können. Die Ärzte nutzten die Gelegenheit und schlossen stillschweigend einen »Sonderbund«[22] mit der Mutter. Sie gewannen bald eine beträchtliche Bedeutung innerhalb der Familie und machten die Mutter zu ihrer Gesprächspartnerin, Assistentin, Krankenschwester und Erfüllungsgehilfin. Im *Dictionnaire de la santé* schreibt der Hygieniker Farssagrifex im Jahre 1876: »Die bezahlten Wärterinnen sind im Verhältnis zu den wahren Krankenschwestern (womit unausgesprochen die Mütter gemeint sind), was die gewerblichen Ammen im Verhältnis zu den Müttern sind ... Ich habe den Ehrgeiz, die Frau zu einer vollendeten Krankenwärterin zu machen ...«[23]

Präsenz und Hingabe

Die Aufsichtspflicht der Mutter ist von unbegrenzter Dauer. Kein Tag, keine Nacht, wo die Mutter nicht liebevoll bei ihrem Kleinen wacht. Gleichgültig, ob es gesund oder krank ist, sie muß wachsam bleiben. Wenn sie einschläft, während das Kind leidet, macht sie sich des größten Verbrechens schuldig, das eine Mutter begehen kann: der Nachlässigkeit.

Die neue Mutter bringt also sehr viel mehr Zeit mit ihrem Kind zu, als ihre eigene Mutter es mit ihr getan hatte. Gerade der Faktor »Zeit« macht den Unterschied zwischen zwei Generationen von Frauen am ehesten deutlich. Die Frauen der alten Generation »bemerkten« ihre Nachkommenschaft kaum und widmeten den größten Teil ihrer Zeit sich selbst. Die Frauen der neuen Generation sind ständig um ihre Kinder. Sie stillen, beaufsichtigen, baden, kleiden an, führen aus und pflegen. Das Kind wird nicht mehr in die Ferne verbannt oder in ein anderes Stockwerk abgeschoben. Es spielt in unmittelbarer Nähe der Mutter, nimmt seine Mahlzeiten mit ihr ein und erobert sich wie aus zahlreichen Stichen[24] hervorgeht, seinen Platz im Salon der Eltern. Es entstehen Bindungen, die es schwieriger, wenn nicht unmöglich machen, sich wie früher voneinander zu trennen. Die Eltern – und besonders die Mutter – wollen ihre Kinder nicht mehr in Klöster oder Internate verbannen.

Das Internat gerät übrigens bei den moralischen, philosophischen und ärztlichen Autoritäten immer mehr in Verruf. Eltern, die sich ihre Kinder vom Halse schaffen, werden kritisiert. Bernardin de Saint-Pierre sagt es – unter anderen – unverblümt: »Sie geben sie in Pflege, sobald sie auf der Welt sind, weil sie sie nicht lieben; sie schicken sie, sobald sie größer werden, in Pensionen und Internate, weil sie sie nicht lieben.«[25]

Seine Kinder nicht zu lieben ist zu einem unerklärlichen Verbrechen geworden. Die gute Mutter ist liebevoll, oder sie ist keine Mutter. Sie hält die Strenge und Unnachgiebigkeit, die man früher gegenüber den Kindern an den Tag legte, nicht mehr aus. Sie fürchtet die Strenge der Internate und Klöster, aber auch die schlechten hygienischen Bedingungen und die Promiskuität in den Schlafräumen. Das Internat hat, wie P. Ariès[26] sehr zu Recht bemerkt, den Wert, den man ihm einst zuerkannte – die Kinder moralisch und menschlich zu bilden –, eingebüßt.

Von der Mitte des 19. Jahrhunderts an machen sich die Folgen dieses Einstellungswandels bemerkbar. Gegenüber dem im 18. Jahrhundert erreichten Maximum beginnt die Zahl der Internatsschüler zurückzugehen. Wie aus den Statistiken des Lycée Louis-le-Grand in Paris hervorgeht, ziehen die neuen Eltern das Externat vor.[27] Sie sind mißtrauisch und nicht mehr bereit, die Sorge für die Erziehung ihrer Kinder ganz und gar fremden Personen zu überlassen, also entweder den Erziehern in den Internaten oder den Bediensteten des Hauses, denen »sittenlose Manieren« unterstellt werden. Folglich ist es die Mutter, die sich persönlich dieser neuen Aufgabe annimmt. Diese Vollzeitbeschäftigung nimmt sie völlig in Anspruch. Wenn sie ihre Kinder hüten, beaufsichtigen und erziehen will, muß sie tatsächlich zu Hause sein. Ganz in ihren neuen Verpflichtungen aufgehend, hat sie keine Zeit und auch keine Lust mehr, in den Salons zu verkehren und an gesellschaftlichen Veranstaltungen teilzunehmen. Ihr einziger Ehrgeiz sind ihre Kinder, und sie träumt davon, daß sie eine noch glänzendere und sicherere Zukunft haben mögen als sie selbst. Die neue Mutter ist die uns wohlbekannte Frau, die alle ihre Machtwünsche auf ihre Kinder überträgt. Um deren Zukunft besorgt, schränkt sie freiwillig ihre Fruchtbarkeit ein. Lieber wenige Kinder, die gut versorgt sind, denkt sie, als eine zahlreiche Nachkommenschaft mit ungewissem Schicksal. Außerdem macht sie zwischen dem Älteren und dem Jüngeren,[28] zwischen dem Mädchen und dem Jungen keinen Unterschied mehr. Ohne jemanden zu bevorzugen, liebt sie alle gleichermaßen. Jedem gibt sie das Beste von sich. Wenn es um die Kinder geht, ist ihr kein Aufwand zu groß, weil sie sie als einen Teil von sich selbst empfindet. Sie findet es unerträglich, daß man sich früher so lange von ihnen trennte. Sie braucht sie um sich, weil sie mehr liebt[29] und weil die Kinder ihr wesentlicher Daseinsgrund sind. Der bevorzugte Ort solcher engen Bande, das neue Reich der Frau ist das gegen äußere Einflüsse abgeschirmte »Zuhause«.[30]

Somit taucht am Ende des 18. Jahrhunderts eine neue Lebensweise auf, die sich während des 19. Jahrhunderts weiter entfaltet. Ausgerichtet auf das »Innere«, das die familiären Gefühlsbindungen schön warmhält, formiert sich die moderne Familie um die Mutter, die eine noch nie gekannte Bedeutung gewinnt.

Wer ist die neue Mutter?

Die Sitten wandelten sich langsamer, als man glauben würde. Aus unterschiedlichen, ja sogar entgegengesetzten Gründen lehnten viele Frauen es ab, sich nach dem neuen Vorbild auszurichten. Seltsamerweise stimmten die privilegiertesten Frauen in ihrem Verhalten mit den allerärmsten überein. Die neue Mutter gehört überwiegend dem Mittelstand an, dem begüterten Bürgertum, nicht aber jenen bürgerlichen Schichten, die der Aristokratie nacheifern.

Die Intellektuelle?

Nach dem Erscheinen des *Emile* wollten zahlreiche Leserinnen Rousseaus den Ratschlägen des Meisters folgen. Darunter waren Frauen aus der guten Gesellschaft wie Madame d'Epinay, die keine Gelegenheit ausließ, deutlich zu machen, daß sie den neuen Wertvorstellungen anhing. In einem Brief an ihren Sohn schrieb sie: »Seit ich Mutter bin, habe ich mein Glück darin gefunden, die Dinge zu pflegen, für die ich normalerweise geschaffen bin, und mangelnde Erfahrung hat mich während Ihrer erster Lebensjahre daran gehindert, mich um anderes zu kümmern; zumindest in der von mütterlicher Zärtlichkeit geweckten und getragenen Erinnerung werden diese Dinge immer klarer und bedeutender.«[31]

Madame d'Epinay war sicherlich eine Pionierin. Man könnte sagen, daß sie der Mode vorauseilte. Doch sie war nicht die einzige, der die Gnade wiederfuhr. Alle Frauen, die als »aufgeklärt« zu gelten wünschten, wollten eine Rousseausche Traum-Mutter sein. Zwischen Versailles und Paris beschloß eine ganze Reihe von Frauen, ihre Kinder »à la Jean-Jacques« aufzuziehen. Sie prahlen damit, daß sie ihren Säugling stillen, daß sie ihn nicht allzu warm anziehen und ihn an kalte Bäder gewöhnen. Dementsprechend schreibt J.-L. Fourcroy de Guillerville im Jahre 1774: »Wir fuhren im folgenden Winter, einem der strengsten, die man seit 1709 erlebt hat, fort, meinen Sohn von Kopf bis Fuß mit Wasser zu waschen, das uns die Fingerspitzen erfrieren ließ, ohne daß er mit der Wimper zuckte. Er wurde alle Tage ausgeführt, obwohl Schnee den Boden bedeckte und er nicht mehr Kleider trug als im Sommer, was diejenigen, die ihn sahen, schaudern ließ ... Unser Kind hat weder Erkältung noch Lungenentzündung noch Keuchhusten gehabt; es hat im Gegenteil eine überraschende Geschmeidigkeit und Behendigkeit erlangt, zusammen mit einer unerschütterlichen Gesundheit und einer solchen Kraft, daß es mit zehn Monaten allein laufen konnte.«[32]

Viele Leserinnen Rousseaus nehmen es sehr ernst damit, ihr Baby selbst zu stillen. Von Madame Roland haben wir zahlreiche Äußerungen über ihre besonders harte Erfahrung. Bei ihr war die Natur geizig gewesen, so daß sie wenig Milch hatte. Um die Bildung von Milch zu fördern, griff sie zu den neuesten Methoden und folgte den Ratschlägen der Madame de Rebours, die sie gelesen hatte.[33] Sie probierte alle empfohlenen Mittel aus: die Pumpe des Doktor Stern, Blechröhrchen und Umschläge mit Brotkrumen. Sie befolgte die empfohlene Diät, trank spanischen Wein und Chinarinde und aß Linsen. Auf diese Weise gelang es ihr, ihre kleine Tochter Eudora zu stillen, bis sie wegen einer schweren Ruhr damit aufhören mußte. Weil sie ihre Tochter nicht mehr zu einer Amme geben will, beschließt sie, sie mit einem Gemisch von Ammenmilch und Gerstenschleim aus der Flasche zu ernähren. Dennoch scheint Madame Roland über diesen Zustand unglücklich zu sein, und sie läßt sich mehrmals täglich von der Amme die Milch absaugen, damit ihre Tochter wenigstens einige Tropfen Muttermilch bekommt.[34]

Madame Roland, eine vielbeschäftigte Frau, muß mit der Ernährung ihrer Tochter viel Zeit zugebracht haben, denn sie stillte sie in der heutigen Weise, das heißt »auf Verlangen« des Kindes. Ganze Tage verbrachte die Kleine in ihren Armen und saugte erst an der einen, dann an der anderen Brust, wie aus einem Brief Madame Rolands an ihren Mann hervorgeht: »Du wirst dies vielleicht ziemlich unleserlich finden; ich habe nur eine Hand frei, und ich kann nur mit einem Auge hinschauen, meine Kleine sitzt auf meinem Schoß, wo ich sie den halben Tag halten muß. Sie bleibt zwei Stunden lang an der Brust und macht kleine Nickerchen dabei, die sie unterbricht, um zu saugen ... Ich bin gezwungen, sie in einer Sitzung abwechselnd auf beiden Seiten anzulegen, denn sie schafft es, sie zu leeren oder doch beinahe ...« [35] Es wäre falsch zu glauben, Madame Roland wäre einer solchen Lebensweise überdrüssig geworden, im Gegenteil: Wie die guten Ratgeber es versprochen hatten, wurde sie durch Freude und Vergnügen entschädigt. Anderthalb Monate nach der Geburt ihrer Tochter schreibt sie an ihren Mann: »Ich habe fast keine Schmerzen mehr, wenn ich ihr die Brust gebe, und was ich nicht für möglich gehalten hätte, ich spüre, wie die Lust daran wächst.« [36]

Madame Roland war eine dieser erfüllten Mütter, die Rousseau und seine Nachfolger geschildert hatten: stolz und glücklich. Sie zeigte sich gern beim Stillen und zögerte nicht, sich dabei malen zu lassen. So als ob ihr ganzer weiblicher Stolz und das Bild, das sie von sich geben wollte, vor allem im Stillen gelegen hätte. [37]

Doch im ausgehenden 18. Jahrhundert sind die Anhängerinnen Rousseaus wie Madame d'Epinay oder Madame Roland nicht sehr zahlreich. Sie bilden einen kleinen Kern von intellektuellen Anhängerinnen, die nicht für alle Französinnen repräsentativ sind. Es dauert noch sehr lange, bis diese Mode zu einem »natürlichen« Verhalten wird, das sowohl das gemeine Volk als auch die höheren Kreise erfaßt.

Die Bürgersfrau?

Seltsamerweise sind es nicht die fortgeschrittensten Frauen, die sich massenhaft an dem Rousseauschen Vorbild ausrichteten, sondern die Frauen des wohlhabenden Bürgertums, die weder gesellschaftliche Ambitionen noch intellektuellen Ehrgeiz hatten und die es nicht nötig hatten, mit ihrem Mann zu arbeiten. Es waren dieselben, die ein Jahrhundert zuvor mehr aus Konformismus, Faulheit oder mangelnder Motivation als aus Notwendigkeit ihre Kinder anderen überlassen hatten. Die Frau des Amtsrichters war ebenso darunter wie die des Präfekturangestellten oder des reichen Kaufmanns. Beweglicher als andere und unbewußt auf der Suche nach einem Ideal und einem Daseinsgrund, wurden sie vor allen anderen empfänglich für die Argumente der örtlichen Behörden und der ärztlichen Autoritäten. Sie waren die ersten, die das Kind als ihre persönliche Angelegenheit auffaßten als etwas, wodurch ihr Frauendasein einen Sinn bekommt.

Wer genau sind diese neuen Mütter? In Ermangelung genauer Informationen über ihr Einkommen und den Beruf ihrer Ehemänner kann man notgedrungen nur ein etwas verschwommenes Bild von ihnen zeichnen. Allerdings erlaubt uns die Literatur, erlauben uns Balzac, die Brüder Goncourt und andere, wenigstens die hervorstechendsten Züge festzuhalten.

Die »moderne« Mutter gehört dem mittleren Bürgertum an, das auf prosaische Tugenden mehr Wert legt als auf persönlichen Erfolg, das sich im Sein und Haben wohler fühlt als im Scheinen. Eher in der Provinz als in Paris beheimatet, ist ihr Haus eine abgeschlossene Welt, in der sie ungeteilt herrscht. In *Zwei Frauen* läßt Balzac die mondäne Louise de Chaulieu, die in Paris ein glänzendes Leben führt, an die in der Provinz lebende Renée de Maucombe schreiben: »Du tauschest ein Kloster für das andere ein! ... Du wirst ... in die Ehe gehen.«[38] Louise gibt Renée den Rat, ein anderes Leben zu führen: »Komm nach Paris, wir werden die Männer betören und uns zu Königinnen aufschwingen.« Doch Renée geht weiter den Weg einer provinzlerischen Bürgersfrau und wird zu der vorbildlichen Mutter, auf die wir noch zu sprechen kommen werden. Louise bleibt eine Aristokratin, »die Pariserin«, die in der Gesellschaft glänzt. Sie wird keine Kinder haben. Der von Balzac bewußt gesetzte Kontrast zwischen den beiden Freundinnen ist die beste nur denkbare Illustration zweier entgegengesetzter Frauenschicksale: der Mutter und der Verführerin. Die eine möchte eine modische Frau sein, die in den Salons regiert, die andere hat kein anderes Reich als ihr Haus und will nur Herrscherin ihrer Familie sein.

Die neue Mutter[39] ist nicht die Urenkelin der Bürgerinnen von Molière oder Madame Vollichons, der Heldin des *Roman bourgeois*.[40] Furetière stellte bekanntlich die bürgerlichen Sitten denen der herrschenden Aristokratie gegenüber und schilderte die Verachtung, welche die Frau aus hoher Gesellschaft für Madame Vollichon, die Frau eines Staatsanwalts, empfand, die keine anderen Sorgen und Gesprächsthemen hatte als ihre Kinder. Sie erschien ihr ebenso lächerlich, wie Renée im 19. Jahrhundert in den Augen Louises altmodisch erscheint. In einem Abstand von fast 200 Jahren findet man die gleiche Verachtung der Aristokratin gegenüber einer mütterlichen Haltung, die für würdelos und beinahe deplaziert erachtet wird.

Der Unterschied zwischen Madame Vollichon und Renée de Maucombe[41] besteht darin, daß die erstere hinter den herrschenden Wertvorstellungen des 17. Jahrhunderts zurückbleibt, während die letzte das Frauenideal verkörpert, das sich im 19. Jahrhundert durchsetzen wird. In einem allgemeineren Sinne kann man sagen, daß die Frauen des mittleren Bürgertums die letzten waren, die ihre Kinder abgaben und zugleich die ersten, die sie wieder in die Arme schlossen.

Die Aristokratin?

Die Frauen der herrschenden Klassen dagegen, die Schwestern der Louise de Chaulieu, waren die ersten, die sich von ihren Kindern trennten, und die letzten, die ihre Gewohnheiten änderten. Wenn man die Stiche von Marguerite Gérard und die Gemälde von Vernet oder Moreau le Jeune betrachtet, könnte man denken, daß viele Frauen aus der besseren Gesellschaft sich gern malen ließen, umringt von ihrem Mann und ihren Kindern und mit dem Jüngsten auf dem Arm. Diese Haltung war eher auf eine flüchtige Mode zurückzuführen denn Ausdruck eines tatsächlich geübten Verhaltens. Sie zeigen sich zwar gern als gute Mutter, doch schreiten sie seltener und weniger rasch zur Tat als die Bürgersfrauen. Im folgenden Jahrhundert hat sich die Mode übrigens schon geändert. Die Aristokratinnen und die Großbürgerinnen, die nach einer gesellschaftlichen Stellung streben, kämen nicht mehr auf die Idee, sich malen zu lassen, während sie inmitten einer wilden Kinderschar die Brust geben.

Wie ihre Vorgängerinnen im 18. Jahrhundert legen die Frauen, die in der ersten Hälfte des 19. Jahrhunderts an hervorragender Stelle stehen, Wert darauf, ihre Distanz zu den Einstellungen des mittleren Bürgertums deutlich zu machen. Um nichts in der Welt möchten sie »Kleinbürgerinnen« mit provinziellen Sitten ähneln. In Paris, aber auch in den großen Städten der Provinz lehnen die Frauen, die etwas Besseres sein möchten, die Rolle des Hausmütterchens entschieden ab.

Das Werk Balzacs bietet eine ganze Musterkollektion von Frauen, die unterschiedliche Vorstellungen von der Mutterschaft haben, und es zeigt den Graben, der die Kleinbürgerin von der reichen Aristokratin trennt. In *Eine doppelte Familie* lebt Karoline de Bellefeuille in wilder Ehe mit Roger, einem wohlhabenden Bürger. Ungeachtet ihrer Lage verkörpert sie die glückliche Frau, die in der Mutterschaft ihre größte Erfüllung findet. Balzac schildert sie uns folgendermaßen: »Unbekannt mit den Gewohnheiten einer Gesellschaft, die sie zurückgestoßen hätte und in die sie nicht gegangen wäre, selbst wenn sie auf Aufnahme hätte zählen können, denn *die glückliche Frau geht nicht in Gesellschaft*, war ihr weder die Eleganz des Auftretens noch jene Salonunterhaltung geläufig geworden, die reich an Worten und arm an Gedanken ist; *dafür wandte sie ihren ganzen Eifer darauf, die Kenntnisse zu erwerben, die für eine Mutter unentbehrlich sind, wenn sie keinen anderen Ehrgeiz hat, als ihre Kinder gut zu erziehen.*«[42] Karoline de Bellefeuille stillt ihre beiden Kinder, verläßt sie nicht einen Augenblick und besorgt ihre gesamte sittliche Erziehung. Alles in allem bestanden ihre einzigen Freuden darin, »zugleich die mühsame Arbeit einer Bonne und die süßen Pflichten einer Mutter für ihn zu übernehmen.«[43] Um das Bild dieses sanften und vollkommenen Geschöpfs zu vollenden, fügt Balzac hinzu: »Während dieser sechs Jahre ermüdeten ihre bescheidenen Wünsche nie durch einen falsch angebrachten Ehrgeiz das Herz Rogers.«[44] Und Balzac widersteht nicht der Versuchung, die großartige Szene bürgerlicher Häuslichkeit zu beschreiben: Abends spielt Roger in dem gemütlichen, liebevoll eingerichteten Salon in der Kaminecke mit seinem erstgeborenen Sohn und betrachtet gerührt seine kleine Tochter, wie sie, »von heller, blühender Farbe, an der Brust Karolines ruht, ... deren Haare in tausend Locken herunterfielen.«[45]

Dieses Bild, das Rousseau entzückt hätte, war nicht nach dem Geschmack aller Frauen, wie etwa jener Madame Evangélista, einer anderen Heldin Balzacs,[46] die zur Oberschicht von Bordeaux gehört. Am Vorabend der Eheschließung ihrer Tochter Natalie mit einem Aristokraten empfiehlt sie dieser, es nicht jenen Kleinbürgerinnen vom Typ

Karolines gleichzutun. Hören wir ihre Ratschläge, die deutlich zeigen, daß die alte Geisteshaltung sich noch erhalten hat: »Die meisten verheirateten Frauen, die das Herz ihres Mannes behalten möchten ..., die meisten scheitern, weil sie ..., weißt du, der Hauptgrund für die ehelichen Zerwürfnisse besteht in einer zu engen Bindung zwischen den Ehegatten, die es früher nicht gab, die in diesem Lande erst üblich ist, *seitdem das Familienleben so an Bedeutung gewonnen hat*. Seit der Revolution, die in Frankreich stattgefunden hat, *haben die bürgerlichen Lebensgewohnheiten auch in die aristokratischen Häuser Eingang gefunden. Schuld an diesem Unglück hat einer ihrer Schriftsteller, Rousseau*, ... und seitdem haben die Damen der Gesellschaft ihre Kinder selbst gestillt, ihre Töchter selbst erzogen und sich um die häuslichen Dinge gekümmert. Dadurch hat sich das Leben so kompliziert, daß das Glück fast unmöglich geworden ist ... Der ständige Kontakt zwischen Eltern und Kindern ist nicht weniger gefährlich als der zwischen Ehegatten. Nur in den seltensten Fällen hält die Liebe der Allgegenwart stand ... Darum errichte zwischen Paul und dir die Schranken der Gesellschaft, besuche Bälle, geh in die Oper, geh am Morgen spazieren, iß am Abend in der Stadt, mach viele Besuche, schenke Paul nur wenige Augenblicke.«[47]

Natalie soll also ihre Mutterfunktion nicht wahrnehmen dürfen! Ihre Mutter rät ihr förmlich davon ab, denn »eine Frau ist dazu geboren, in der Gesellschaft tonangebend zu sein, sich als bezaubernde Hausherrin zu erweisen ... Deine Berufung ist es zu gefallen. ... Du bist weder zur Familienmutter noch für die Rolle einer Gutsherrin geschaffen. Wenn[48] du Kinder bekommst, so hoffe ich, daß sie deine Figur nicht gleich in den ersten Monaten deiner Ehe verunstalten; es gibt nichts Bürgerlicheres, als einen Monat nach der Trauung in anderen Umständen zu sein ... Wenn du also zwei oder drei Jahre nach der Eheschließung Kinder bekommst, dann laß sie von Gouvernanten und Hauslehrern erziehen. Sei du die vornehme Dame, die den Luxus und die Freude des Hauses verkörpert ...«[49]

Ein Echo auf diese Äußerungen sind die Ratschläge des Aristokraten de Marsay für seinen Freund Paul, den künftigen Gatten Natalies: »Werde ein guter Gatte und Vater, du wirst dich für den Rest deiner Tage lächerlich machen. Könntest du glücklich und lächerlich zugleich sein, so ließe sich darüber reden; aber du wirst nicht glücklich sein ... Begehe Torheiten in der Provinz, ... aber ... heirate nicht! *Wer heira-*

tet schon heutzutage. Kaufleute im Interesse ihres Kapitals ... Bauern, die viele Kinder in die Welt setzen, um Arbeitskräfte zu haben; Makler oder Notare, die gezwungen sind, ihre Ämter zu bezahlen; unglückliche Könige, die unglückliche Dynastien fortsetzen.«[50] Ein entschiedener Feind der Ehe, die nur eine »Last« ist, wehrt de Marsay sie nicht nur ab, weil er ein Bewunderer Don Juans ist; er will auch deshalb von ihr nichts wissen, weil daraus eine neue Generation entsteht. Mit der unerbittlichen Klarsichtigkeit der Männer des vergangenen Jahrhunderts erwartet er von den Kindern nichts Gutes, im Gegenteil: »Meinst du etwa, du würdest das dumme Geschlecht der Manervilles lieben, das dir nur Kummer bereiten wird? Kennst du etwa nicht den Beruf des Vaters und der Mutter? Die Ehe ... ist die allerdümmste soziale Selbstaufopferung; nur unsere Kinder haben einen Nutzen davon, und den Preis erfahren sie erst dann, wenn ihre Pferde die Blumen abgrasen, die auf unsern Gräbern wachsen. Sehnst du dich nach deinem Vater, diesem Tyrannen, der dir deine Jugend vergällt hat? Wie willst du es anstellen, daß deine Kinder dich lieben? Deine Sorge um ihre Erziehung, dein Sinnen und Trachten, sie glücklich zu machen, deine notwendige Strenge werden sie dir entfremden. Kinder lieben einen verschwenderischen oder schwachen Vater, den sie später verachten werden. Dir bleibt also nur die Wahl zwischen Furcht und Verachtung. Nicht jeder taugt zu einem guten Familienvater. Sieh dich unter unseren Freunden um, und sage mir, wen du zum Sohn haben möchtest ... Kinder, mein Lieber, sind sehr schwierig zu behandeln.«[51] Das süße Eheleben ist nur ein bürgerlicher Mythos. Distanz zwischen dem Ehemann und seiner Frau, Vergnügungen mit seinen Mätressen, die Kinder in der »Nursery« – das ist das Geheimnis des aristokratischen Lebens.

Als mit dem finanziellen Bankrott die Ehe zwischen Paul und Natalie scheitert, legt Balzac dem alten Notar seine eigenen bürgerlichen Überlegungen in den Mund, die den Schluß und die Moral der Geschichte bilden: »Wenn Sie Kinder gehabt hätten, hätte die Mutter die Verschwendungssucht der Gattin aufgehalten, sie wäre zu Hause geblieben ...«[52] Glaubt man Balzac, der sich nicht gerade durch seinen Feminismus auszeichnete, so ist die rousseauistische Konzeption der Ehe vor allem für den Ehemann von Vorteil, der seine Frau besser als früher unter Kontrolle hat. Da sie ganz in ihren Kindern und in ihrem Haushalt aufgeht, stellen verschwenderische Ausschweifungen für sie keine Verlockung dar.

Wenn jedoch eine große Zahl von Frauen sich danach drängte, die Laufbahn einer Mutter einzuschlagen – liegt es nicht daran, daß sie darin ebenfalls Vorteile gesehen haben, um nicht zu sagen: ihren persönlichen Vorteil?

Der Vorteil der Mutterschaft

Es ist sicherlich kein Zufall, wenn die Frauen, die als erste auf die männlichen Reden über die Mutterschaft hörten, zum Bürgertum gehörten. Weder arm noch sonderlich reich oder glänzend, hat die Frau aus der Mittelschicht in dieser neuen Funktion die Gelegenheit zu einem Aufstieg und zu einer Emanzipation erkannt, die der Aristokratin gleichgültig war.

Mit der Bereitschaft, die Erziehung der Kinder in die Hand zu nehmen, verbesserte die bürgerliche Frau ihren persönlichen Status, und zwar in zweifacher Weise. Zusätzlich zu der Schlüsselgewalt (der Verfügung über die materiellen Besitztümer der Familie), die sie seit langem besaß, erhielt sie Gewalt über Menschen, nämlich die Entscheidungsbefugnis über ihre Kinder. Sie wurde dadurch zum Angelpunkt der Familie. Verantwortlich für das Haus, seine Güter und seine Seelen, ist die Mutter die unanfechtbare »Herrscherin des Hauses«.

Belege für diesen Einstellungswandel, der die mütterlichen Befugnisse zu Lasten der väterlichen Autorität verstärkt, sind die von der Akademie zu Berlin im Jahre 1785 ausgeschriebenen Preisfragen. Erstens: Welches sind im Naturzustand die Grundlagen und die Grenzen der väterlichen Autorität? Zweitens: Gibt es einen Unterschied zwischen den Rechten der Mutter und jenen des Vaters? Drittens: Inwieweit können die Gesetze diese Autorität erweitern oder beschränken?

Eine der preisgekrönten Antworten reichte der Franzose Peuchet ein, der Verfasser der *Encyclopédie méthodique*, der sich für eine Aufwertung der mütterlichen Befugnisse aussprach. In dem Artikel *»Kind, Polizei und Gemeinde«* rechtfertigt Peuchet seine Stellungnahme folgendermaßen: »Die Frau, der ihr Stand als Mutter, Ernährerin und Beschützerin Aufgaben vorschreibt, welche die Männer nicht kennen, hat von daher ein positives Recht auf Gehorsam. *Die beste Rechtfertigung dafür, daß die Mutter ein größeres Recht auf die Fügsamkeit ihrer Kinder hat als der Vater*, besteht darin, daß sie dieser Fügsamkeit in höherem Maße bedarf.«[53]

Auf diese Weise wird der Status der Mutter faktisch, wenn nicht rechtlich von dem ihres Kindes unterschieden. Für ihren Ehemann ist sie nicht mehr wie früher »ein Kind« unter seinen Kindern, das er beschützen und lenken muß. Die bürgerliche Mutter »führt Haushalt« mit der gleichen Autorität und dem gleichen Stolz, wie die aristokratische Frau »Rang und Titel führt«. Dank der ständig wachsenden Verantwortung, die sie als Mutter übernimmt, kann die Ehefrau ihrem Mann umso mehr Verantwortung aufbürden, und häufig in ihrer Eigenschaft als Mutter das letzte Wort gegenüber dem Vater haben.

Die Mutterschaft wird zu einer dankbaren Rolle, weil sie nun mit einem Ideal befrachtet ist. Die Art, wie man mit einem der Religion entlehnten Wortschatz (gemeinhin wird von der »Berufung« und dem »Opfer« der Mutter gesprochen) von dieser »noblen Aufgabe« spricht, läßt erkennen, daß man der Mutterrolle einen neuen mystischen Aspekt beilegt. Die Mutter wird jetzt gern mit einer Heiligen verglichen, und es kommt die Denkgewohnheit auf, daß eine gute Mutter nur eine »heilige Frau« sein könne. Die naturgegebene Schutzpatronin dieser neuen Mutter ist die Jungfrau Maria, deren ganzes Leben von ihrer Hingabe für das Kind zeugt. Ist es daher ein Zufall, wenn das 19. Jahrhundert sie mit der Schaffung des Himmelfahrtsfestes ehrte?

Die Rückständigkeit der benachteiligten Klassen

Als letzte wurden die am stärksten benachteiligten Frauen von der neuen Mode erfaßt. Während die gutsituierte Frau beginnt, ihre Kinder bei sich zu behalten, sind im ausgehenden 18. Jahrhundert die Arbeiterin und die Frau des kleinen Handwerkers mehr denn je darauf angewiesen, ihre Kinder aufs Land zu schicken, um einen zweiten Lohn nach Hause bringen zu können. Sogar die Bäuerin gibt ihr Kind in Pflege, um ihrem Mann besser auf dem Feld helfen zu können, oder um Pflegemutter für Kinder aus der Stadt zu sein. Diese Praxis wird bis zum Beginn des 20. Jahrhunderts fortgesetzt, als durch die Sterilisation der Gebrauch der Saugflasche gefahrlos wird.

Wenn man betrachtet, wie sie wohnen, begreift man, daß die mütterliche Aufmerksamkeit ein Luxus ist, den die armen Frauen sich nicht leisten können. Ihre Wohnung besteht überwiegend aus einem einzigen Raum, in dem drei Generationen zusammengepfercht sind.

Auf dem Lande beherbergt er außerdem noch die Haustiere. Diese körperliche Enge ist ohne Zweifel innigen und zärtlichen Beziehungen wenig förderlich. Mit allen möglichen Aufgaben überhäuft, hat die Mutter keine Zeit, ihre Nachkommenschaft zu beaufsichtigen oder gar mit ihr zu spielen. Das Kind bleibt eine schwere Belastung, der sie sich häufig gern entledigt, indem sie es zu einer Amme gibt oder später, wenn es größer ist, draußen spielen läßt.

Ihre Lage wird durch eine allzu generöse Fruchtbarkeit erschwert.[54] Léon Frapié konstatiert, daß Familien mit sieben Kindern nichts Ungewöhnliches sind. Als bürgerlicher Philanthrop beschuldigt er dieses sich rasch vermehrende Volk einer kriminellen Fruchtbarkeit: »Es gibt ein Verbrechen der Humanitätsbeleidigung, es ist das Verbrechen, zu viele Kinder zu haben.«[55] Viele haben, so stellt er fest, nicht einmal alle Tage etwas zu essen, und er denunziert die bei den armen Klassen anzutreffende »Sorglosigkeit« und »Lasterhaftigkeit«: »Man liebt die Kinder nicht, und man erweist der Gesellschaft keinen Dienst, wenn man vier hat, während man nur zwei unterbringen, ernähren und versorgen kann.«

Frapiés Moralismus trägt sehr wenig zum Verständnis der Überfruchtbarkeit der benachteiligten Klassen bei. Überzeugender sind die ökonomischen und psychologischen Motive, die wahrscheinlich für alle, die im Mangel leben, die gleichen waren. Ähnlich wie die heutigen Einwohner der ärmsten Länder, der »Vierten Welt«, werden die Ärmsten des 19. Jahrhunderts wohl gewußt haben, daß ihre Kinder, von denen viele früh starben, ihre einzige Versicherung für das arbeitsunfähige Alter waren. Ähnlich wie die »subproletarischen«[56] Frauen unserer heutigen Industriegesellschaft müssen die Mütter des 19. Jahrhunderts wohl ambivalente, wenn nicht sogar widersprüchliche Gefühle gegenüber ihrer Mutterschaft empfunden haben. M.-C. Ribeaud hat die Bedeutung der Mutterschaft für diese Frauen aufgezeigt, die für sie sowohl Anlaß von Sorgen als auch die Ursache ihres labilen emotionalen Gleichgewichts ist. Für Frauen, die nichts anderes als ein schwieriges und häufig bitteres Eheleben haben, ist die Mutterschaft die große Sache ihres Lebens. Sie lehnen jegliche Empfängnisverhütung ab, denn das Kind füllt für sie eine gefühlsmäßige und soziale Lücke und gleicht eine Zeitlang unterschiedlichste Frustrationen aus. Um den unausweichlichen Augenblick des Alleinseins hinauszuschieben, lassen diese Mütter die Natur gewähren und produzieren so viele Kinder, wie ihr

Körper mitmacht. Selbst wenn sie sich offen darüber beklagen, wollen sie doch nichts unternehmen, um den Gang der Dinge zu ändern ...

Es ist möglicherweise unangemessen, die psychologische Analyse der Frauen des 20. Jahrhunderts unbesehen zu übertragen und mit ihrer Hilfe das Verhalten der Frauen des 19. Jahrhunderts zu erklären, aber dennoch trägt sie zum Verständnis von Einstellungen bei, die immer nur von außen beurteilt wurden. Materielle Unsicherheit und mangelndes Wissen können nicht alles erklären.

Was auch immer die Gründe für die Überfruchtbarkeit der armen Klassen bis zum 20. Jahrhundert sein mögen, sie ist eine Tatsache und zieht dreierlei Konsequenzen nach sich: Die Kinder der mittellosen Familien werden einer Amme überlassen, werden ausgesetzt und weisen eine unverändert hohe Sterblichkeitsrate auf.

In der Mitte des 19. Jahrhunderts entrüsten sich die Doktoren Brochard und Monot noch über die entsetzlichen Lebensbedingungen der in Pflege befindlichen Kinder. Beide erkennen jedoch an, daß die »armen Frauen, die zu arbeiten gezwungen sind, nicht anders können«[57]. Diese gutwilligen Philanthropen bemühten sich aufrichtig, die Lage der in Pflege gegebenen Kinder zu verbessern, aber für die Lebensbedingungen der Mutter hatten sie kein Wort übrig.

Die Praxis, die Kinder einer Amme in Pflege zu geben, hält sich bei den einfachen Schichten der städtischen Bevölkerung sehr hartnäckig. Bei einer Untersuchung im Bezirk von Nogent-le-Rotrou stellte Brochard in der Mitte des 19. Jahrhunderts fest, daß die Zahl der Kleinkinder aus Paris, die durch private Vermittlungsbüros eine Pflegestelle erhalten hatten, zugenommen hatte.[58] Im Jahre 1907 werden noch annähernd 80000 Kinder, also 30 bis 40 Prozent der Neugeborenen aus den Großstädten, auf dem Lande untergebracht.[59]

Die Kindesaussetzung, die in der zweiten Hälfte des 18. Jahrhunderts stark zugenommen hatte, ging in der ersten Hälfte des 19. Jahrhunderts in noch verstärktem Maße weiter. Nach Ansicht Armangauds trug zu diesem starken Anstieg neben den Auswirkungen der Industrialisierung und des Wachstums der Städte die im Jahre 1811 erfolgte Verallgemeinerung des Systems der »Krippe« (eines Drehkastens) bei den Findelhäusern bei (dank dessen die Mutter ihr Kind ablegen konnte, ohne ihre Identität zu enthüllen).[60]

Im übrigen bleibt bei den zu einer Amme gegebenen armen Kindern und umso mehr bei den ausgesetzten Kindern die Sterblichkeit während des 19. Jahrhunderts erheblich. In den fünfziger Jahren liegt die Gesamtsterblichkeit der Kinder von weniger als einem Jahr noch über 16 Prozent.[61] Francisque Sarcey stellt fest, daß von 25000 zu einer Amme geschickten Kindern 20000 sterben,[62] und nicht weniger beunruhigend klingt Brochard, wenn er sagt, daß von den 20000 Pariser Kindern, die nach Nogent-le-Rotrou geschickt werden, wegen mangelnder Pflege und Beaufsichtigung nur 5000 übrig bleiben.[63]

Aus all dem geht hervor, daß es in der Mitte des 19. Jahrhunderts noch kein einheitliches mütterliches Verhalten gibt. Es bleiben große Unterschiede zwischen den Haltungen der Mütter bestehen, die je nach ihrer sozialen Zugehörigkeit sehr unterschiedlich reagieren. Die wirtschaftlichen Mittel, aber auch die Ambitionen der Frauen bedingen weitgehend ihr Verhalten als Mutter. Die Ankunft eines Kindes in der Familie wird von den Frauen sehr unterschiedlich erlebt: als Last oder als Erfüllung eines Bedürfnisses, als Unausweichlichkeit oder als Resultat einer freien Wahl.

Im Gegensatz zu dem, was man aufgrund von Bildern aus dem 18. Jahrhundert vermuten könnte, ist die Wiege des Kindes nicht immer von einer gerührten Familie umringt, die bereit ist, alles für das Wohlbefinden des Neugeborenen zu opfern.

Vorbehalte und Widerstände

Prüft man mit klarem Blick all die verschiedenen Einstellungen, die in der Mitte des 19. Jahrhunderts festzustellen sind, so kommt man nicht um den Schluß herum, daß ein Großteil der Frauen den Test der Opferwilligkeit noch nicht erfolgreich bestanden hat.

Aus der Feder Balzacs erfuhren wir, daß die Handvoll von Frauen aus dem Hochadel ihre Lebensweise gegenüber den früheren Jahrhunderten kaum geändert hatte. Wenn man Balzac glauben kann, waren sie sogar die schlechtesten aller Mütter. Diese großen Damen von Welt und all jene, die es gern sein würden, stellen freilich nur ein begrenztes Spektrum der weiblichen Bevölkerung dar. Aufgrund ihrer außergewöhnlichen sozialen und wirtschaftlichen Lage sind sie kaum für die Durchschnittsfranzösin repräsentativ. Ihr Fall ist jedoch insofern interessant, als er die zuvor im Hinblick auf die Frauen des 17. und 18. Jahrhunderts geäußerte Hypothese bestätigt. Wenn eine Frau (gesellschaftliche, intellektuelle oder – wie heute – berufliche) Ambitionen hat und die Mittel besitzt, diese zu befriedigen, ist die Verlockung, ihre Zeit und ihre Energie in das Aufziehen von Kindern zu investieren, für sie unendlich viel geringer als für andere. Balzacs Gesellschaftsdamen, die für die bürgerlichen Theorien Rousseaus kaum zu gewinnen waren, träumten auf ihre Weise davon, über ihresgleichen zu herrschen. Wie sie besaßen viele Frauen durchaus einen Machtwillen. Das Problem war für sie lediglich, wie sie ihn angesichts ihrer spezifischen Situation befriedigen konnten. Da die herrschende Ideologie der Frauenarbeit, selbst der geistigen Arbeit im 19. Jahrhundert jeglichen Wert abspricht, bleibt die Frau aus den höheren Klassen nur eine Alternative: Dame von Welt zu sein und in der Gesellschaft zu glänzen, oder Familienmutter zu sein und innerhalb des Hauses zu herrschen.[64] Offenbar hat sich die Mehrheit der Frauen wie Renée dafür entschieden, ihre familiären Verpflichtungen wahrzunehmen und ihren Kindern jene Aufmerksamkeit zu schenken, die ihre eigene Mutter (Renée war in einem Kloster großgeworden) ihnen verweigert hatte. Um aber eine gute Mutter zu sein, genügt es auch nicht, zum Bürgertum zu gehören. Balzac weiß das, denn er wurde in diesem Milieu geboren.[65] Den hervorragenden wirtschaftlichen und sozialen Verhältnissen entsprechend hätte seine Mutter eine glückliche und aufmerksame Mutter sein können. Zum Unglück des kleinen Honoré liebte sie ihn nicht. Bis zum Alter von vier Jahren zu einer Amme getan, kannte er anschließend zehn Jahre lang nur das Pensionat. In den sechs Jahren, die er im Kolleg der Oratorianer von Vendôme verbrachte, erhielt er von seiner Mutter nur zweimal Besuch und sehr wenige Briefe. Daraus kann man ersehen, daß Liebe nicht befohlen werden kann, und daß die soziale und wirtschaftliche Lage der Eltern allein nicht die Bedingungen der rechten mütterlichen Liebe schafft.

Die Nachlässigen

Madame Balzac ist durchaus keine Ausnahme. Auch in den gutsituierten Schichten können zahlreiche Mütter sich nicht dazu aufraffen, die Belastung, die ihre Kinder darstellen, wirklich auf sich zu nehmen, noch haben sie Kraft oder Lust, sie selbst zu stillen. Viele schicken die Kinder noch zu Ammen aufs Land, bei deren Auswahl sie keine sonderliche Aufmerksamkeit an den Tag legen. Die Ärzte Brochard und Monot lassen erkennen, daß die in Pflege gegebenen Kinder zu einem guten Teil nicht nur aus mittellosen Familien oder von Müttern stammen, die aus physischen Gründen nicht stillen können. Brochard urteilt sehr streng über die Frauen aus den begüterten Klassen, die sich auf der Suche nach einer Amme an private Vermittlungsbüros wenden, die keiner Beaufsichtigung unterliegen. Er brandmarkt ebenso wie seine Kollegen aus dem vorangegangenen Jahrhundert und mit den gleichen Worten die Haltung dieser Mütter, die »eine Amme wählen, ohne sie gesehen zu haben, ohne Garantie ..., die auf diese Weise nicht einmal ein Zimmermädchen auswählen würden«[66].

Brochard empfiehlt jenen Frauen, die nicht stillen können, ohne ihre Gesundheit zu gefährden, eine Amme, sofern sie die Mittel dazu haben, ins Haus kommen zu lassen, aber die übrige Pflege, derer das Kleinkind bedarf, persönlich zu übernehmen.[67] Nach seiner Auffassung, die von Doktor Monot geteilt wird, sollte das System der Amme im Haus eine außergewöhnliche, nur in hoffnungslosen Fällen anzuwendende Lösung sein. Nun hat sich aber innerhalb der privilegierten Klassen diese Praxis während des 19. Jahrhunderts beträchtlich ausgebreitet. Gleichgültig, ob sie zu stillen imstande sind oder nicht, lassen die Frauen, die es sich leisten können, Ammen vom Lande ins Haus kommen, an die sie fast all ihre mütterlichen Aufgaben delegieren. Diese »zweite Mutter«, vertraulich »Nounou« gerufen, ist die zentrale Persönlichkeit der bürgerlichen Familie, und sie gewinnt rasch gegenüber der unwissenden Mutter an Autorität. Man darf sie nicht ärgern, weil sonst ihre Milch gerinnt, und man schweigt lieber, statt die Gesundheit des lieben Kleinen zu gefährden. Brochard faßt die Situation folgendermaßen zusammen: »Der Mode gehorchend, nehmen zahlreiche junge Frauen in den großen Städten eine Amme ins Haus. Ich will Ihnen, meine Damen, nicht von all dem Ärger reden, dem die Frau sich aussetzt, wenn sie sich der Diktatur einer Amme unterwirft ... Wenn eine junge Frau das jedoch tut und glaubt, damit allen Anforderungen der Mutterliebe zu genügen, dann möchte ich Ihnen sagen, daß sie sich in einem großen Irrtum befindet.«[68]

Betrügerinnen sind in den Augen der anspruchsvollen Moralisten und Rousseauisten jene Frauen, die »so tun, als ob sie gute Mütter wären«. Gegenüber der Gesellschaft wird der Schein gewahrt, denn sie behalten die Kinder bei sich und beaufsichtigen die Amme. In Wirklichkeit verbringt das Kind jedoch den größten Teil seiner Zeit mit seiner »Nounou« (später dem Kindermädchen), die es stillt, wäscht, pflegt, ausführt usw. In zahlreichen Fällen hängen die Kinder übrigens mehr an ihrer Amme als an ihrer Mutter, einer fernen Persönlichkeit, von der sie nur zu den von dieser bestimmten Stunden etwas bemerken. In einem gewissen Sinne waren diese Mütter Betrügerinnen, die ihre Kinder verrieten und die Regeln der neuen Moral auslegten, wie es ihnen paßte. Da man nun einmal eine gute Mutter sein mußte, war man es – gegen Geld –, und delegierte die Belastungen dieser Funktion an eine andere.

Eine Moral, die auf die Dauer nicht mehr an solchen Praktiken Anstoß nimmt, ist zugegebenermaßen nicht sehr anspruchsvoll. Das Zusammenleben von Mutter und Kind wurde schließlich zum Merkmal der Unterscheidung zwischen guten und schlechten Müttern. Ob sie sich in einem gewissen Maße um ihre Kinder kümmern, ist letzten Endes ziemlich unwichtig, denn nicht auf die Zeit, die sie mit ihnen verbringen, oder auf die Qualität der gegenseitigen Beziehungen kommt es in erster Linie an, sondern auf die »Aufsicht«, die sie auszuüben haben. Zwischen der echten Mutter, die von Renée de l'Estorade verkörpert wird, und der Gesellschaftsdame, der die Baronin Staffe[69] Empfehlungen zum Umgang mit der Amme gibt, macht die konformistische Gesellschaft keinen großen Unterschied.

Nach Ansicht von Brochard und Monot läßt schließlich die Mutter, die sich eine Amme ins Haus holt, in einem umfassenderen Sinne mütterliches Empfinden vermissen, denn sie beraubt ein Kind vom Lande der Milch seiner Mutter. »Haben Sie sich manchmal gefragt, was aus ihrem Kind wurde, das sie abstillen mußte, um das Ihre ernähren zu können? ... In manchen Gegenden beträgt die Sterblichkeit der Kinder von Ammen, die im Haushalt ihrer Auftraggeber leben, 64 Prozent, in anderen 87 Prozent.«[70] Die Kinder gutsituierter Stadtbewohner überleben also auf Kosten der Kinder armer Landbewohner. Begreiflich, daß Doktor Monot »die Frivolität der Pariser Damen« beklagte,

»die die Freuden der Mutterschaft den gesellschaftlichen Vergnügungen, Empfängen, Theaterbesuchen ... opfern. Aus solchen Gründen läßt man es ohne zu protestieren zu, daß ein Drittel der Kleinkinder geopfert wird.«[71] Als Kreisarzt in einer Gemeinde des Morvan ist er in der Lage festzustellen, daß das Gewerbe der sich verdingenden Ammen beträchtliche Fortschritte macht, daß sie massenhaft nach Paris abwandern und ihre Kinder von hoher Sterblichkeit betroffen sind. Durch diesen Zustand aufs äußerste beunruhigt, legte er 1867 der kaiserlichen medizinischen Akademie einen aufschlußreichen Bericht vor.

Er erklärte darin, daß die Zahl der Burgunderinnen,[72] die in Paris eine Anstellung als Ammen suchten, innerhalb von vierzig Jahren in erschreckendem Ausmaß (nahezu 1 zu 1000) gestiegen sei, so daß dieses Gewerbe zum wichtigsten Handelszweig des Morvan geworden sei. Nach seinen Statistiken gingen mehr als zwei von drei Frauen[73] unmittelbar nach der Niederkunft nach Paris. Zwanzig Jahre zuvor habe die Amme, die sich in der Hauptstadt verdingen wollte, abgewartet, bis ihr Kind sieben oder acht Monate alt war, um es abzustillen. Heute gehe sie, kaum daß sie sich vom Wochenbett erhoben habe, nach Paris, um bei einem Vermittlungsbüro für Ammen nach einer Stelle zu fragen. Ihr Kind werde dann mit einer kaum verdaulichen Kost ernährt, die schwere Erkrankungen hervorrufe: Darmentzündungen, Skrofulose und Rachitis. Alljährlich würden über 64 Prozent[74] dieser Kinder sterben. Die überlebenden seien häufig geistig und körperlich herabgesetzt, wie aus dem hohen Prozentsatz hervorgehe, der in dieser Region für militäruntauglich erklärt werde.

Eine für die Region derart verheerende Praxis war nicht einmal für die »anständige« Amme vorteilhaft. Wenn sie nur die bis zur Entwöhnung des von ihr gestillten Kindes erforderlichen vierzehn oder fünfzehn Monate in Paris blieb, hatte sie nach den Berechnungen Monots nach Abzug ihrer Unkosten (Reise, Vermittlungsbüro, Unterbringung ihres eigenen Kindes usw.) lediglich einen Gewinn von etwas mehr als 200 Franken. Das war, wenn man das Leben ihrer Kinder dagegenhielt, recht bescheiden.

Warum wollten unter diesen Bedingungen so viele Frauen vom Lande Haus, Mann und Kinder verlassen, um in Paris zu arbeiten? Alphonse Daudet, der sie mitleidlos porträtiert hat, sah ihr einziges Motiv in der Habgier: »Alles, was sie in der Stadt umgibt, weckt ihr Verlangen, sie möchte alles mitnehmen in ihr Kaff da unten ... Im Grunde ist sie nur deshalb gekommen, ihre fixe Idee ist die Ware ... Die Ware, das sind die Geschenke und die Löhnung, das, was sie einem zahlen, was sie einem geben, was man an sich rafft und was man stiehlt ...«[75]

Das ist ein maßloser Angriff, der einem großen Teil der Ammen vermutlich unrecht tut. Viele hingen sehr an den Kindern, die sie gestillt hatten, und wollten nicht mehr heimkehren, sondern bei ihnen bleiben. Wenn sie stärker mit ihnen verbunden waren als mit ihren eigenen Kindern, ist es da verwunderlich, wenn sie es vorzogen, in einem bürgerlichen Haushalt zu leben, wo sie ein viel angenehmeres Dasein hatten als zu Hause? Auf die Dauer wurde die Adoptivfamilie für sie zu ihrer eigentlichen Familie.

Wenn man dennoch sein Augenmerk allein auf ihre Kinder richtet, die allzu früh verlassen und allzu häufig dem sicheren Tod überlassen wurden, muß man feststellen, daß auch bei diesen Frauen die Stimme des Blutes oder die Stimme der Natur recht schwach war. Viele von ihnen hätten sicherlich einige Monate abwarten können, bevor sie ihr Kleinkind verließen, und ihm so eine größere Überlebenschance geben können. Nun, sie haben es, im Gegensatz zu den Gepflogenheiten früherer Jahrzehnte, nicht getan.

Darf man nicht – auch wenn Vorsicht uns jedes endgültige Urteil untersagt – annehmen, daß diese Frauen ihr eigenes Leben und ihre eigenen Interessen denen ihrer Kinder vorgezogen und dadurch gezeigt haben, daß die mütterliche Hingabe nichts für immer Feststehendes ist – in einer Gesellschaft, die gleichwohl lauthals beteuert, sie sei eine natürliche Gegebenheit? In einer heuchlerischen Gesellschaft, welche die Tugenden der guten Mutter feiert, ihre Anhänglichkeit an das Kind proklamiert und gleichzeitig ihre Augen vor der Verstellung der einen und dem Elend der anderen verschließt?

Fortdauernde Geringschätzung

Monot stellte nicht ohne Ironie fest, daß »der Staat die Zahl der Ochsen, Pferde oder Schafe kennt, die alljährlich sterben, nicht aber die Zahl der Kinder.«[76] Erst um 1865–1870 entstanden in den Großstädten

Kinderschutzvereine. Brochard, der zu ihren Anregern gehört, kann sich ähnliche Bemerkungen nicht verkneifen: »Es gibt einen Verein, der sehr viel glücklicher ist als der Kinderschutzverein, und das ist der Tierschutzverein. Während der erstere kaum zwölfhundert Mitglieder zählt, umfaßt der letztere über dreitausend. Drei Minister des staatlichen Schulwesens, eine große Zahl von Präfekten, vierundachtzig Lehrer, siebzig kommunale Schulen haben die Ehre, dem Tierschutzverein anzugehören. Der Kinderschutzverein hat unter seinen Mitgliedern weder Minister des staatlichen Schulwesens noch Lehrer noch kommunale Schulen ... *alles ist für Tiere, nichts ist für Säuglinge.*«[77] Daneben untersucht Brochard die Bedeutung dieser Kinderschutzvereine und gelangt zu einer sowohl luziden als auch grausamen Diagnose. Ihre Gründung »beweist, wie wenig das Gefühl der Mutterschaft in Frankreich entwickelt ist. Geschaffen zum Schutz der Neugeborenen vor der Nachlässigkeit der bezahlten Ammen, ist dieser Verein gelegentlich gezwungen, sie vor der Gleichgültigkeit ihrer eigenen Mütter zu schützen. Schon der Name *Kinderschutzverein* verrät allen, daß es Mütter gibt, die sich nicht um ihr Neugeborenes kümmern.«[78]

Brochard fügt mit Recht hinzu, daß die Aufgaben der Mutterschaft nicht begriffen worden sind, da man sie lehren müsse. Er täuscht sich jedoch, wenn er hofft, daß alle Frauen ihre Aufgaben erfüllen werden und daß dann das Stillen für Geld nicht mehr ein Gewerbe, sondern die Ausnahme sein wird. Niemals werden die Ratschläge Rousseaus vollständig befolgt werden. Das System der gedungenen Ammen prosperierte bis zum Ende des 19. Jahrhunderts. Danach wurde das Stillen für Geld abgelöst durch die Flaschenernährung mit Kuhmilch, die durch die Fortschritte der Sterilisierung möglich geworden war. Man mag das bedauern, wenn man wie Rousseau oder Brochard allein den Standpunkt des Kindes sieht; man kann das auch begrüßen, wenn ein solches System jene Frauen, die es wünschen, von den Lasten der Mutterschaft befreit, ohne die Gesundheit ihres Kindes zu gefährden. Wenn selbst die intensive Propaganda Rousseaus und seiner Nachfolger nicht alle Frauen davon überzeugen konnte, grenzenlos hingebungsvolle Mütter zu sein, so hatten ihre Reden dennoch eine starke Wirkung auf sie. Frauen, die sich weigerten, den neuen Imperativen zu gehorchen, fühlten sich mehr oder weniger genötigt, zu mogeln und alle möglichen Verstellungskünste zu benützen. Etwas hatte sich also grundlegend geändert: Die Frauen fühlten sich in wachsendem Maße für ihre Kinder verantwortlich. Deshalb fühlten sie sich, wenn sie ihre Pflicht nicht wahrnehmen konnten, schuldig.

In diesem Sinne hat Rousseau einen ganz wichtigen Sieg errungen. Das Schuldgefühl hat ins Herz der Frauen Eingang gefunden.

III.

Die erzwungene Liebe

Die Bedeutung der Mutterschaft änderte sich. Um neue Aufgaben bereichert erstreckte sie sich über die unverkürzbaren neun Monate hinaus. Es blieb nicht dabei, daß die mütterliche Arbeit erst beendet war, wenn das Kind »körperlich« aus dem gröbsten heraus war, denn man entdeckte bald, daß die Mutter ebenfalls für die Erziehung ihrer Kinder und zu einem bedeutenden Teil für ihre geistige Bildung zu sorgen hatte.

Die Frauen guten Willens griffen diese neue Verantwortung mit Begeisterung auf, wie aus der beachtlichen Zahl der von Frauen verfaßten Bücher über Erziehung hervorgeht. Man wurde sich bewußt, daß die Mutter nicht nur eine »animalische« Funktion hat, sondern auch die Pflicht, einen guten Christen, einen guten Bürger, schließlich einen Mann heranzuziehen, der innerhalb der Gesellschaft den bestmöglichen Platz findet. Das neue ist, daß man die Mutter für die geeignetste hält, diese Aufgaben wahrzunehmen. Wie es heißt, weist »die Natur« ihr diese Aufgaben zu.

Im 18. Jahrhundert Helferin des Arztes, im 19. Mitarbeiterin des Priesters und des Lehrers, nimmt die Mutter des 20. Jahrhunderts eine noch weitergehende, äußerste Verantwortung auf sich – die für das Unbewußte und die Wünsche ihres Kindes.

Durch die Psychoanalyse wird die Mutter zur »Hauptverantwortlichen« für das Glück ihres Sprößlings befördert. Eine entsetzliche Aufgabe, die ihre Rolle erschöpfend festlegt. Gewiß ging die wachsende Belastung, die man ihr nach und nach aufbürdete, mit einer Aufwertung des Bildes der Mutter einher, doch verschleierte diese Aufwertung eine doppelte Falle, die gelegentlich als Entfremdung erlebt wird.

Die Frau ist in die Mutterrolle eingesperrt und kann sich ihr nur bei Strafe moralischer Verurteilung entziehen. Dies war lange ein bedeutender Anlaß der Schwierigkeiten, die der Frauenarbeit im Wege standen. Es war zugleich der Grund dafür, daß man Frauen gegenüber, die keine Kinder hatten, Verachtung oder Mitleid empfand, und daß man es als eine Schande betrachtete, wenn Frauen keine Kinder wollten.

Auf der einen Seite wurden die Aufgaben der Mutter in den höchsten Tönen als großartig und nobel gepriesen, auf der anderen Seite wurden alle Frauen, die diese Aufgaben nicht perfekt zu erfüllen vermochten, verurteilt. Von der Verantwortung zur Schuld war es nur ein kleiner Schritt, und dieser Schritt wurde rasch getan, sobald nur die geringste Schwierigkeit mit den Kindern auftauchte. Jetzt wurde es üblich, von der Mutter Rechenschaft zu verlangen ...

Die Frauen, die ganz in ihrem Muttersein aufgingen, übernahmen freudig die entsetzliche Bürde. Für sie lohnte sich die Mühe. Die anderen aber, die zahlreicher waren, als man meinen würde, konnten sich nicht ohne Angst oder Schuldgefühle von der neuen Rolle distanzieren, die man ihnen antrug. Das lag einfach daran, daß man die »weibliche Natur« gerade so definiert hatte, daß sie alle Merkmale der guten Mutter beinhaltete. Entsprechend entwerfen Rousseau und Freud, durch 150 Jahre voneinander getrennt, ein merkwürdig übereinstimmendes Bild der Frau: Nach ihrer Ansicht zeichnet sich die »normale« Frau vor allem durch Hingabe und Opfersinn aus. Von solchen Autoritäten in dieses Schema gepreßt, fällt es den Frauen schwer, sich ihrer, wie man es zu benennen liebte – »Natur« zu entziehen. Die einen bemühten sich, dem verordneten Modell so »treu« wie möglich zu sein, und verstärkten damit seine Autorität, die anderen versuchten, sich von ihm zu distanzieren, und mußten teuer dafür bezahlen. Eine Frau, die sich der herrschenden Ideologie widersetzte, wurde als egoistisch, böswillig, ja sogar als seelisch gestört bezeichnet, und es blieb ihr nichts anderes übrig, als ihre »Anormalität« schlecht und recht auf sich zu nehmen. Da es jedoch schwer ist, mit der Anormalität – wie mit jeder Art von Abweichung – zu leben, unterwarfen sich die Frauen stillschweigend, manche von ihnen beschwichtigt, andere frustriert und unglücklich.

Heute sind wir teilweise schon ein Stückchen weiter. Von den Feministinnen attackiert liegt das Modell der idealen Frau von Rousseau und Freud in den letzten Zügen. Gewisse Anzeichen deuten darauf hin, daß eine weitere Revolution der Familie begonnen hat. Zwei Jahrhunderte nach der Rousseau-Begeisterung richtet sich der Scheinwerfer erneut auf den Vater, nun aber nicht, um die Mutter wieder in den Schatten treten zu lassen, sondern um erstmals in unserer Geschichte Vater und Mutter gleichzeitig stärker ins Licht zu rücken.

1. Der von Rousseau überkommene moralisierende Diskurs oder »Sophie, ihre Töchter und ihre Enkeltöchter«

Sophie: die ideale Frau

Sophie ist die Ehefrau Emiles und bald die Mutter seiner Kinder. Genauer gesagt ist Sophie die von Rousseau ersonnene ideale Frau und Gefährtin für den Mann, den er sich erträumte. Bevor er sich an das Porträt Sophies macht, definiert Rousseau die »weibliche Natur« und untersucht die Voraussetzungen der richtigen Erziehung.

Leider hat der Rousseau des *Zweiten Diskurses* seine Versprechungen nicht gehalten; er beweist weniger Umsicht und Einbildungskraft als bei der Untersuchung der Natur des Menschen! Während er glaubte, die »weibliche Natur« zu schildern, tat er nichts anderes, als die Merkmale des Bürgertums, das er vor Augen hatte, mit größerer Deutlichkeit wiederzugeben.

Unter Beachtung der Reihenfolge, die von der Schöpfungsgeschichte beziehungsweise den Vorurteilen vorgeschrieben ist, läßt Rousseau die Frau erst »auftreten«, nachdem er Emile, den Mann, gestaltet hat und nachdem dieser eine Gefährtin braucht. Nachdem er den Mann ausführlich als ein aktives, starkes, mutiges und intelligentes Geschöpf definiert hat, stellt Rousseau, der sich den Geschlechtsunterschied nur als »Ergänzung« vorstellen kann, logischerweise das Postulat auf, daß die Frau von Natur aus schwach und passiv sei. Entgegen aller methodologischen Vorsicht spricht er jedoch nicht von einem Postulat, sondern von einem »erwiesenen Grundsatz«.[1] Da liegt der erste Fehler. Den zweiten, nicht minder irreparablen, aus dem alles übrige folgt, begeht er, als er aus diesem Grundsatz folgert, daß *»die Frau besonders dazu geschaffen ist, dem Mann zu gefallen«*[2].

Als »Ergänzung« des Mannes ist die Frau ein ganz und gar relatives Geschöpf. Sie ist das, was der Mann nicht ist, um mit ihm und unter seiner Leitung die vollständige Menschheit zu bilden. Wenn Emile stark und gebieterisch ist, muß Sophie schwach, schüchtern und gehorsam sein. Besitzt Emile eine abstrakte Intelligenz, so muß Sophie praktische Intelligenz besitzen; wenn Emile Ungerechtigkeit nicht ertragen kann, so muß Sophie sie ertragen. In diesem Sinne geht es weiter. Da aber Emile den besseren Teil bekommt, wird Sophie sich mit dem bescheideneren begnügen müssen. Elisabeth de Fontenay hat dazu die hübsche Bemerkung gemacht: »Die Weiblichkeit ist unauffindbar ... Der Mann allein besitzt die Fähigkeit, Prinzipien aufzustellen, und deshalb setzt er sich als einen absoluten Zweck.«[3]

Dem könnte man hinzufügen, daß er zugleich den absoluten Zweck für die Frau darstellt. Die weibliche Natur ist eigentlich durch den Mann und für den Mann »entfremdet«. Ihr Wesen, ihr Zweck, ihre Funktion beziehen sich auf den Mann. Die Frau ist nicht um ihrer selbst willen geschaffen, sondern dazu, »zu gefallen und sich ihm zu unterwerfen«, dazu, »sich dem Manne angenehm (zu) machen«,[4] dazu, »dem Manne nachzugeben und sogar seine Ungerechtigkeit zu ertragen«[5]. Bald wird diese Frau eine Mutter sein, die ganz und gar bereit ist, durch das Kind und für das Kind zu leben.

Die Erziehung der künftigen Ehefrau und Mutter

Wie soll Sophie erzogen werden, um für Emile eine würdige Gefährtin zu sein? Um auf diesem Gebiet erfolgreich zu sein, gibt es nur eine Methode: den von der Natur vorgezeichneten Weg einzuschlagen. Da die Frau »von Natur aus« die Ergänzung, das Vergnügen und die Mutter des Mannes ist, wird die Erziehung diese drei Ziele verfolgen[6] und völlig voraussetzungslos eine passende »weibliche Natur« erzeugen.

Als liberaler Mensch gibt Rousseau uns zu verstehen, daß Sophie nicht in völliger Unkenntnis erzogen wird. Sie wird vieles lernen, »doch nur das, was (ihr) zu wissen ansteht«[7]. Da sie von Natur aus kokett ist und schöne Kleider liebt, wird die kleine Sophie in jungen Jahren sehr gern lernen, die Nadel zu führen und zu zeichnen. Man wird sie nicht zwingen, lesen oder schreiben zu lernen, bevor sie nicht die Notwendigkeit spürt,[8] nämlich dann, wenn sie an die »Mittel« denken wird, mit denen sie ihren Haushalt gut führen kann. In religiösen Dingen zu keinem Urteil fähig, wird Sophie die Religion ihrer Mutter teilen, bevor sie sich der ihres Ehemannes anschließt. Man wird sie von den himmlischen Dingen jedoch nur das lehren, was der menschlichen Weisheit dient, zum Beispiel, »das Böse ohne Murren zu leiden«[9].

Um nichts in der Welt wäre Rousseau bereit gewesen, aus ihr eine »Theologin oder Vernünftlerin« zu machen, denn das wäre gegen ihre Bestimmung gewesen. Schließlich heißt es bei ihm: »Die Erforschung der abstrakten und spekulativen Wahrheiten ..., alles, was darauf abzielt, die Ideen zu verallgemeinern, taugt nicht für die Frauen.«[10] Ihre Studien werden sich auf die Praxis beschränken, denn das Aufstellen von Prinzipien müssen sie den Männern überlassen. Hundertfünfzig Jahre später wird die Psychoanalytikerin Helene Deutsch dort, wo sie »die normale Frau«[11] schildert, nichts anderes sagen.

So findet Emile, als er Sophie begegnet, ein bescheidenes junges Mädchen, das, »wenn die Dienstboten fehlen, auch deren Aufgaben wahrnehmen kann, mit einer ansprechenden, aber nicht glänzenden, soliden, aber nicht allzu gründlichen Bildung«. Rousseau hegt gegenüber der Erziehung der Frauen ein solches Mißtrauen, fürchtet deren verderbliche Auswirkungen dermaßen, daß er, alles in allem, sagt: »Ich wollte aber doch noch hundertmal lieber ein einfaches und derb erzogenes Mädchen als einen Blaustrumpf und Schöngeist heiraten, der in meinem Hause ein Literaturgericht eröffnen und sich zur Präsidentin machen würde. Eine Frau, die ein Schöngeist ist, ist die Geißel ihres Mannes, ihrer Kinder, ihrer Freunde, ihres Gesindes, der ganzen Welt. In der erhabenen Hoheit ihres Geistes verachtet sie alle ihre Frauenpflichten ...«[12]

Man könnte glauben, Chrysale, den Biedermann Molières, zu hören. Rousseau ist allerdings völlig humorlos, wenn er feststellt, daß allein die Küche und die Kinder den Ruhm, die Würde und die Freuden der Frau ausmachen, die niemals die Grenzen des »Mittelmaßes«[13] überschreiten darf. Nicht so gewitzt wie Henriette, ist Sophie in den Augen Rousseaus die liebenswürdigste Frau, von der ein rechtschaffener Mann nur träumen kann.

Da aber die Mutterschaft ebenso sehr zum Wesen der Frau gehört wie die Tugenden einer Ehefrau, wird man dafür Sorge tragen, die junge Sophie auf ihre spätere Aufgabe vorzubereiten: Sie hat einen sanften Charakter in einem kräftigen Körper. Die künftige Mutter darf nicht eigensinnig, stolz, energisch oder egoistisch sein. Sie darf auf keinen Fall zornig werden und nicht die geringste Ungeduld zeigen, denn die Rousseausche Mutter weiß nichts vom Lustprinzip und von

Aggressivität. Es gilt daher, schon das kleine Mädchen darauf vorzubereiten, jene sanftmütige Traummutter zu sein, die ihre Kinder stillt und erzieht; dabei muß sie »Geduld und Sanftmut, einen Eifer, eine Hingabe haben, die nichts abschreckt«[14]. Man muß den Mädchen daher sehr früh beibringen, »wachsam und arbeitsam (zu) sein ... Sie müssen beizeiten an Zwang gewöhnt werden ... Man muß sie gleich anfangs üben, sich Zwang anzutun, damit es sie niemals schwer ankomme, alle ihre Launen zu bezähmen, um sie dem Willen anderer zu unterwerfen.«[15]

Der Dressur des kleinen Mädchens wird die Mutter sich annehmen und sie wird ihm beibringen, daß »die Abhängigkeit ein den Frauen natürlicher Zustand ist«[16]. Sie wird es daran gewöhnen, seine Spiele ohne zu murren abzubrechen und seine Absichten zu ändern, um sich denen anderer zu unterwerfen. Aus dieser guten Gewohnheit entsteht »eine Folgsamkeit, welche die Frauen ihr ganzes Leben hindurch nötig haben, weil sie niemals aufhören, entweder einem Manne oder den Urteilen der Menschen unterworfen zu sein«[17].

Da die Mütter ihre Fürsorge auf ihre Familie zu beschränken haben, wenn diese das Glück erfahren soll,[18] zögert Rousseau nicht, eine radikale Maßnahme vorzuschlagen: die Einschließung der Frauen. In milder Form, wenn er ihnen die Entscheidungsgewalt über die Familiengemeinschaft zubilligt: »Die Frau soll allein im Hause kommandieren, ja, es geziemt sich nicht einmal für den Mann, sich darüber zu unterrichten, was dort geschieht (so wird das Desinteresse des Mannes an den häuslichen Dingen gerechtfertigt). *Aber* die Frau soll sich ihrerseits auf die häusliche Regierung *beschränken*, sich nicht um das Draußen kümmern, in häuslicher Zurückgezogenheit bleiben.«[19] In brutalerer Form, wenn er behauptet: »Indessen ist doch die wahre Hausmutter bestimmt keine Dame von Welt, sondern in ihrem Haus nicht weniger eingeschlossen als die Nonne in ihrem Kloster.«[20] Das ist es, was dem noch immer so lebendigen Rousseauschen Denken zugrunde liegt: Die gute Mutter ähnelt der Klosterschwester[20a] oder bemüht sich doch, ihr ähnlich zu sein. Noch einen Schritt weiter, und sie darf den Titel einer »Heiligen« beanspruchen.

Die Analogien zwischen Mutter und Nonne sowie zwischen Haus und Kloster verraten einiges über Rousseaus Frauenideal. Dessen Voraussetzungen sind Aufopferung und Eingeschlossensein. Außerhalb dieses Modells gibt es für die Frauen kein Heil. Den Beweis dafür liefern das Leben der Sophie oder auch der Julie. Die erstere verläßt ihr Haus, begibt sich in die Welt und läßt die Ihren im Stich. Sie bezahlt dafür mit ihrer Tugend und mit ihrem Leben. Die letztere macht dagegen eine Jugendsünde wieder gut, indem sie Ehegattin und eine bewundernswerte Mutter wird. Doch sobald die Herrin von Clarens ihr Haus verläßt,[21] lauern die Versuchungen auf sie.

Rousseaus Hinweis ist also klar: Die einzige mögliche weibliche Bestimmung ist es, über das »Drinnen« zu herrschen. Die Frau soll die Welt und das »Draußen« dem Mann überlassen, sonst ist sie anormal und unglücklich. Sie muß stumm leiden können und ihr Leben den Ihren widmen, denn das ist die Funktion, welche die Natur ihr zugewiesen hat, ihre einzige Chance, glücklich zu sein.[22]

Die Töchter Sophies

Die von Rousseau erteilte Lehre findet Aufnahme. Seine »bewährten Grundsätze« werden von einer ganzen Reihe von Männern[23] aufgegriffen und weiterentwickelt. Sie werden die Töchter und Enkeltöchter Sophies in der Achtung vor den Wertvorstellungen des Schöpfers dieser Lehre erziehen.

Am genauesten hat Napoleon den *Emile* gelesen. Der Artikel 212 des unter Napoleon entstandenen Bürgerlichen Gesetzbuches, des Code civil, der die Autorität des Ehemannes festlegte und dessen Fassung stark von Napoleon beinbeeinflußt war, schöpfte seine Begründungen nicht nur aus der biblischen Schöpfungsgeschichte, sondern auch aus Rousseau.[24]

Zur nachdrücklicheren Bekräftigung des in Artikel 212 proklamierten weiblichen Gehorsams kümmerte sich sogar Napoleon persönlich um die bessere Erziehung, die den Frauen zu geben sei. Die Gelegenheit dazu erhielt er durch die Errichtung der Schule der Ehrenlegion, deren Leitung er Madame Campan anvertraute. Zusammen mit ihr beriet er lange über den Zweck der weiblichen Erziehung und die dafür einzusetzenden Mittel. Es gibt eine in dieser Hinsicht bezeichnende Anekdote. Napoleon soll eines Tages zu Madame Campan gesagt haben:

»Die alten Erziehungssysteme taugen nichts; woran fehlt es den jungen Leuten für eine gute Erziehung in Frankreich?«

»An den Müttern«, erwiderte Madame Campan.

»Aha«, sagte er, »damit hätten wir ja ein komplettes Erziehungssystem. Madame, Sie müssen aus den Mädchen Mütter machen, die ihre Kinder zu erziehen verstehen.«[25]

Napoleon verfaßte einen mehrseitigen Vermerk über die Anstalt von Ecouen und darüber, wie sie nach seiner Ansicht zu leiten sei. Mit peinlicher Sorgfalt legte er die Grundsätze und das Programm dieser Schule für verwaiste Mädchen fest, die die moralische Speerspitze der Napoleonischen Gesellschaft bilden sollten. Ausgehend von dem Grundsatz, daß »in einer unbemittelten Familie die Mutter die Haushälterin ist«,[26] schlägt er vor, »natürliche« Hausdienerinnen heranzuziehen: »Ich möchte, daß eine junge Frau, die die Schule von Ecouen verläßt, um die Führung eines kleinen Haushalts zu übernehmen, imstande ist, sich ihre Kleider zu nähen, die Kleider ihres Mannes in Ordnung zu halten, die Babyausstattung für ihre Kinder herzustellen, ihrer kleinen Familie Leckereien zu verschaffen ... ihren Mann und ihre Kinder zu pflegen, wenn sie krank sind ... Das alles ist so einfach und so trivial, daß man nicht lange darüber nachzudenken braucht.«[27]

Man kann sich danach leicht vorstellen, was für ein Programm den jungen Damen von Ecouen vorgesetzt wird. An erster Stelle steht die Religion, die »der sicherste Garant für die Mütter und für die Ehemänner ist. Ziehen Sie uns Gläubige und nicht Vernünftlerinnen heran.[28] *Die Schwäche des Gehirns der Frauen ..., ihre Bestimmung* innerhalb der sozialen Ordnung, *die Notwendigkeit eines dauernden und beständigen Verzichts und einer Art von nachsichtiger Nächstenliebe*, das alles erreicht man nur durch die Religion, eine wohltätige und milde Religion.«[29] Im übrigen werden drei Viertel des Tages eingenommen mit dem Erlernen von Handarbeiten, und das letzte, noch verfügbare Viertel ist dem Unterricht im eigentlichen Sinne gewidmet: Ein bißchen Rechnen, Grammatik, Geographie und Geschichte,[30] Anfangsgründe der Arzneimittel- und Heilkunde, damit sie für ihre kleine Familie vollendete Krankenwärterinnen abgeben, ein bißchen Kochen, um im Notfall ein nicht vorhandenes Dienstmädchen ersetzen zu können.[31]

Auch der Historiker Michelet entwarf ein Bild der idealen Frau, das der Sophie zum Verwechseln ähnelt. Er stellt der schöpferischen Kraft des Mannes die weibliche Harmonie gegenüber[32] und betont, daß die Frau ein relatives Wesen[33] und ihre Berufung die Mutterschaft sei:[34]

Vorbild und Grundlage aller weiblichen Liebe ist in seinen Augen die Mutterliebe. Ohne daß die Frau es bemerkt, setzt sich in ihren ganz und gar unüberlegten Handlungen »der Mutterschaftsinstinkt gegenüber allem anderen durch ..., denn von der Wiege an ist die Frau Mutter, auf die Mutterschaft versessen.«[35]

Da die Frau vor allem Ehefrau und Mutter ist, soll ihre Erziehung sie in dieser doppelten Funktion bestärken. Michelet entwirft ein weiteres Programm von Ecouen, das aus ihr eine ausgezeichnete »Mitarbeiterin« und eine vorbildliche Mutter machen soll. Da sie für das Leiden geschaffen ist und es liebt, kann die Frau keine bessere Gelegenheit für die Anwendung ihrer Fähigkeiten finden als in der Mutterschaft. Die Rolle der Ehefrau, die gewiß notwendig ist, kann der vollen Entfaltung ihrer Weiblichkeit nicht genügen. Damit eine Frau ihre Berufung erfülle, muß sie Mutter sein, nicht wie früher in sporadischer und unregelmäßiger Weise, sondern dauernd, rund um die Uhr.

Nach dem auf Rousseau zurückgehenden Verständnis des 19. Jahrhunderts ist die Mutterschaft ein heiliges Amt, eine glückliche Erfahrung, die notwendig auch Schmerzen und Leiden einschließt. Eine wahre Selbstaufopferung. Wenn dieser Aspekt der Mutterschaft immer wieder mit einem gewissen Wohlgefallen hervorgehoben wird, dann wird stets darauf verwiesen, wie vollkommen die Natur der Frau und die Funktion der Mutter einander entsprechen.

Die Frau, als eine »Kranke«[36] definiert, wird das Leid ihr ganzes Leben lang kennen. Die Rousseau-Anhängerin Madame Roland faßt die Dinge in diesem Sinne auf: »Von Geburt an Gefahren ausgesetzt, die im Handumdrehen ihren zarten Lebensfaden durchtrennen können, würde man sagen, daß *die Frauen nur atmen, um für den Ruhm, Mütter sein zu können* oder für die Ehre, es gewesen zu sein, *mit Schmerzen zu büßen*. An allen möglichen Klippen vorbei *erreichen sie schwankend das Ende der Jugendzeit*,[37] wo sich die Pforten des Lebens ihnen öffnen. Unter *unsäglichen, langen Qualen geben sie, was die Natur ihnen anvertraute, zurück* und bringen neue Wesen zur Welt; und von Krankheiten begleitet vollenden sie einen Weg, auf dem sie Blumen nur streuen, indem sie auf Dornen wandeln. *Im Leiden großgezogen* ... erwerben sie jene unerschütterliche Geduld, die den Prüfungen friedlich widersteht und sie überwindet ...«[38]

Es steckt ein Christus in diesen Frauen. Geboren, um zu leiden und den ganzen Schmerz der Welt auf sich zu nehmen, ruft eine Frau wie

Madame Roland ihre Schwestern auf, »die mächtige Hand zu segnen, die in die Schmerzen, zu deren Opfern sie uns macht, den Keim jener Tugenden legte, denen die Welt ihr Glück verdankt!«[39]

Äußert sich in diesen Worten nicht die berühmte masochistische Komponente, die Freud so sehr am Herzen lag? Im übrigen haben diese Zeilen einer Revolutionärin nichts Übertriebenes oder Außergewöhnliches an sich. Männer und Frauen der folgenden Generationen waren mit dieser Darstellung des Frauen- und Mutterdaseins durchaus einverstanden.

Die ideale Mutter

Eine der besten Beschreibungen der »guten Mutter« und der von ihr empfundenen Gefühle lieferte Balzac in den *Zwei Frauen*. Renée de l'Estorade ist jene ideale Mutter, die man allen Frauen seines Jahrhunderts und sogar des unseren als Muster vorhalten könnte. Sicherlich hätte sie Freud oder Winnicott gefallen, denn Helene Deutsch machte sie zum unvergänglichen Idealtyp der Mutter.[40] Renée gehört jener Art von Frauen an, die alles in der Mutterschaft investiert haben, weil diese in einem Leben ohne Leidenschaft, Sexualität und Ehrgeiz ihren einzigen »Trost« darstellt. Sie ist mit einem liebenswürdigen Mann verheiratet, dem sie sich ohne Vergnügen hingibt, und sie pflegt seine Illusionen »wie eine Mutter, die ihrer selbst nicht achtet, wenn sie dem Kinde eine Freude verschaffen kann«[41]. Kaum verheiratet, empfindet Renée mütterliche Gefühle:[42] »Darum möchte ich Mutter sein, und wäre es auch nur, um den nagenden, verzehrenden Kräften meiner Seele Nahrung zu geben ... Die Mutterschaft ist für mich eine Spekulation, der ich ungeheuren Kredit gegeben habe ... *Sie soll meine Tatkraft entfalten, mein Herz weit machen, mich mit ungezählten Freuden überschütten.*«[43] Die Mutterschaft ist jedoch eine komplexe Erfahrung, die widersprüchliche Empfindungen weckt. Renée entgeht diesem Dualismus nicht. Zugleich glücklich und unbefriedigt, schwankt ihr Leben zwischen Befriedigung und Frustration. Da sie es jedoch versteht, ihre Leiden in Bausteine des Glücks zu verwandeln, wird Renée für immer mustergültig bleiben.

Als Schwangere gesteht sie – trotz des Drucks, den ihre Umgebung ausübt –, daß sie nichts empfindet, bevor ihr Kind sich zum ersten Mal bewegt: »Jeder spricht mir von dem Glück, Mutter zu werden! Ach! Nur ich allein spüre nichts davon, und ich schäme mich fast, dir die ganze Fühllosigkeit zu gestehen, in der ich mich befinde ..., dir ... muß ich es sagen, daß meine Mutterschaft bis jetzt nur in meinem Bewußtsein begonnen hat.«[44] Obwohl ihr Körper noch immer stumm ist, empfindet Renée jedoch vorwegnehmend das Glück der Hingabe. In vollkommenem Einklang mit ihrer »Natur« stimmt sie einen langen Hymnus an: »Hingabe! bist du nicht größer noch als Liebe? Ist nicht in dir die tiefere Lust verborgen? ... Hingabe! du stehst nun als Zeichen über meinem Leben.«[45] Es ist ein doch abstraktes Glück, denn während der letzten Monate ihrer Schwangerschaft empfindet Renée nichts als Abgespanntheit und Beschwerden, und ihr Herz wird davon nicht berührt. Ihre im Grunde masochistische Natur wird erst bei der Niederkunft deutlich. Sie hat »diese entsetzliche Qual ... mit wunderbarer Fassung« getragen.[46] Sie hat geschrien und zu sterben geglaubt, doch der erste Schrei des Neugeborenen hat alles vergessen gemacht. Schon wird ihr klar, daß »jegliches weibliche Glück mit einem entsetzlichen Leiden bezahlt wird. So sind die Dinge nun einmal ...«

Als man ihr das Kind zeigt, hat Renée noch einmal eine spontane Reaktion, die den gewohnten Vorurteilen widerspricht: »Liebe, ich habe vor Schrecken aufgeschrien. ›Ein kleiner Affe‹, sagte ich; ›seid Ihr gewiß, daß es ein Kind ist?‹«[47] Wie kann ihr »göttlicher Instinkt«[48] einen einzigen Augenblick versagen? Glücklicherweise achtet die Umgebung darauf, daß die »normalen« Einstellungen und die richtigen Gefühle eingehalten werden. Es ist die Mutter von Renée, die ihrer Tochter die herrschenden Wertvorstellungen vermittelt: »Quälen Sie sich nicht, ... Sie haben das schönste Kind der Welt geboren. Lassen Sie jetzt alle beunruhigenden Gedanken und nehmen Sie Ihre ganze Vernunft zusammen, um dumm zu werden; Sie dürfen jetzt nichts anderes sein als eine Kuh, die wiederkäut, um Milch zu geben.«[49]

Renée fühlt sich erst von dem Augenblick an vollständig als Mutter, als sie ihr Baby stillt. »Das kleine Wesen nahm die Brust und sog: fiat lux! Ich war Mutter. Da war das Glück, die Freude, eine unversiegliche Freude, wenngleich nicht frei von körperlichen Schmerzen.«[50] Diese Schmerzen wecken zugleich ihre Sinnlichkeit: »Seine Lippen heften sich mit einer unbeschreiblichen Liebe an die Brust und wecken in uns gleichzeitig Schmerz und Lust; eine Lust, die sich bis zu Schmerzen steigert, einen Schmerz, der sich in süße Lust auflöst; ich kann dir dieses Gefühl nicht schildern, das von den Brüsten aus in mein Inneres hinein, bis zum Urgrund des Lebens selber, führt. Es ist wie eine Sonne, von der tausend Strahlen ausgehen, Seele und Leib zu erquikken.«[51] Ist das nicht eine dem Orgasmus ähnliche Empfindung? Das scheint sie einzugestehen, wenn sie sagt: »Es gibt keine Liebkosung des Geliebten, die derjenigen der kleinen rosa Händchen gleichkäme, wenn sie so zart umhergleiten.«[52]

Man begreift, daß die Mutterschaft für Renée eine Lust ist, die alle anderen Lüste verblassen läßt. Dem Baby kann sie ohne die geringste Zurückhaltung ihren Körper und ihr Herz schenken. Mit ihm zusammen bildet sie das Traumpaar, das ganz und gar eins ist, das nichts und niemanden braucht, um glücklich zu sein: »Nichts anderes in der Welt kümmert uns mehr: Der Vater? ... Es wäre uns ein Leichtes, ihn zu töten, wenn er versehentlich das Kind aufweckte. Wir allein sind die Welt für das Kind, wie das Kind allein unsere Welt ist.«[53] Damit sind die Mühen und Leiden, welche die stillende Mutter erduldet, reichlich belohnt. Die Schürfungen an der Brust rufen wahnsinnige Schmerzen hervor, doch was bedeutet das alles gegenüber dem geschilderten Glück, sofern diese Schmerzen nicht überhaupt den Freuden zugerechnet werden müssen.

Als gute Mutter nimmt Renée nahezu allein die gesamte Erziehung ihrer Kinder in die Hand. Da sie Wert darauf legt, alles selbst zu machen, fragt man sich, wozu die von ihr erwähnte »englische Bonne« da ist. Sie hat die Babyausstattung, die Garnituren usw. eigenhändig hergerichtet. Ihr Sohn bekommt die Brust, so oft er will (»und er will immer«); sie wechselt, wäscht und kleidet ihn selbst, sie betrachtet ihn, während er schläft, singt ihm vor, führt ihn bei schönem Wetter auf ihren Armen aus. »Ein reiches und erfülltes Leben«, sagt Renée, und sie fügt hinzu, daß ihr keine Zeit mehr bleibt, um sich selbst zu pflegen. »Ich bin Tag und Nacht Sklavin.«[54]

Von den Herzensergüssen der mit ihm befreundeten Zulma Carraud[55] inspiriert, beschreibt Balzac ausführlich »den gewöhnlichen Lauf des Tages«[56] einer guten Mutter. Alle Tage gleichen sich und erhalten nur durch zwei Ereignisse einen unterschiedlichen Akzent: »Die Kinder sind krank oder die Kinder sind nicht krank.« Die Mutter lebt in der beständigen Furcht, daß ihren Kindern etwas zustoßen könnte, und findet nur Ruhe, während sie schlafen oder wenn sie sie in ihren Armen hält. Noch des Nachts beaufsichtigt sie sie fast genauso wie am Tage. Beim geringsten Schrei läuft die Mutter herbei, um eine Decke zurechtzuziehen oder das Kind nach einem Alptraum zu trösten. Auch darf eine Mutter, die diesen Namen verdient, keinen allzu tiefen Schlaf haben, und ihre Kinder dürfen nicht weit von ihr sein. Vom Ehemann ist keinen Augenblick lang die Rede. Haben die Kinder ihn nicht aus dem Ehebett, ja sogar aus seinem Zimmer vertrieben? Renée sagt das nicht, aber man ahnt es ... Sie bildet mit ihren Kindern eine allzu geschlossene Einheit, als daß dort für einen Geliebten, einen Ehemann und selbst für einen Vater Platz wäre.

An das von Zärtlichkeiten, Küssen und Spielen erfüllte Aufstehen schließt sich die rituelle Zeremonie des Waschens und Ankleidens an. Als treue Anhängerin Rousseaus ergreift Renée Partei für die Freiheit des kindlichen Körpers: »Meine Kinder werden die Füße immer in Wolle und bloße Beine haben. Sie werden nicht eingezwängt und eingewickelt *und nie allein gelassen. Die Knechtschaft des französischen Kindes am Gängelband ist die Freiheit der Amme ... Eine rechte Mutter ist nie frei.*«[57] Damit hat Renée es ausgesprochen: Man kann nicht zugleich Mutter und etwas anderes sein. Der Beruf der Mutter läßt der Frau keine freie Sekunde. Davon kann man sich übrigens schon überzeugen, wenn man nur die rastlose Tätigkeit Renées beobachtet.

»Die Verdienste einer Mutter sind verschwiegen und von keinem gekannt; ihre glanzlosen Tugenden erschöpfen sich in den geringsten Einzelheiten. Ihre Hingabe ist in jeder Stunde lebendig. Da gilt es auf die Suppe aufzupassen ... Oder hältst du mich für die Frau, die sich solcher Mühe entzöge? ...Wie kann man einer fremden Frau das Recht, die Fürsorge, das Vergnügen abtreten, auf einen Löffel Suppe zu hauchen, auf den Nais ungeduldig das Mäulchen spitzt? ... Das Kotelett für Nais kleinzuschneiden und mit Kartoffeln zu vermengen, braucht viel Geduld; und nur eine Mutter bringt es zustande, dem unwilligen Kinde die Mahlzeit bis zum Ende einzuschmeicheln.«[58] Renée ist nicht die Frau, die ihre Vollmachten delegiert, denn sie glaubt, daß allein der Mutterinstinkt ein unfehlbarer Führer bei der Ausübung dieses Berufes und daß dieses wahrhafte Priesteramt die Pflicht und der Daseinsgrund der Frau sei. Eine Frau, die sich dem entzöge, wäre daher eine schlechte Mutter: »Kein Dienstbote, keine englische Bonne ersetzen die Mutter auf dem Kampfplatz.«[59]

Zwar gibt Renée zu, daß »nur einer im Hause völlig vergessen wird, und das bin ich«, doch genügt das Glück ihrer Kinder, um sie glücklich zu machen, ja, es ist die einzige Bedingung ihres Glücks. Deshalb läßt Balzac seine andere Heldin, Louise, die kein Kind hat, sagen: »Eine kinderlose Frau ist eine Ungeheuerlichkeit; wir sind einzig dazu geschaffen, Mutter zu sein.«[60] Renée wird also nicht als eine glückliche Ausnahme oder als eine Heilige betrachtet; sie ist »die Norm«, der jede Frau nacheifern muß, wenn sie ihrer Natur gehorchen will. Man kann nicht mogeln, einige Pflichten weiterreichen, an einem Teil des Tages Mutter sein und am anderen nicht. Wenn man nicht alles gegeben hat, hat man nichts gegeben. »Man ist«, wie Brochard bemerkt, »des süßen Namens einer Mutter unwürdig.«[61]

Dieser tiefgreifende Einstellungswandel hatte zweierlei Konsequenzen. Vielen Frauen ermöglichte er, ihre Mutterschaft freudig und stolz zu erleben und in einer Tätigkeit, die nunmehr von allen geehrt und als nützlich anerkannt war, die Erfüllung zu finden. Nicht nur hatte die Frau eine bestimmte Funktion, sondern jede erschien unersetzbar. Die gefeierte Mutterschaft erlaubte den Frauen, einen wesentlichen Aspekt ihrer Persönlichkeit zu äußern und dadurch obendrein noch ein Ansehen zu gewinnen, das ihre Mutter nie genossen hatte.

Umgekehrt riefen derart endgültige und autoritäre Ansichten über das Muttersein bei anderen Frauen so etwas wie ein unbewußtes Unbehagen hervor. Der ideologische Druck war so stark, daß sie sich verpflichtet fühlten, Mutter zu sein, ohne es wirklich zu wünschen. Dadurch erlebten sie ihre Mutterschaft als von Schuldgefühl und Frustration geprägt. Sie taten vielleicht ihr Bestes, um die gute Mutter zu spielen, doch da sie darin keine rechte Befriedigung fanden, verpfuschten sie ihr Leben und das ihrer Kinder. Vermutlich ist das der gemeinsame Ursprung des Unglücks – und später der Neurose – so vieler Kinder und ihrer Mütter. Doch solche Erwägungen stellten die Denker des 19. Jahrhunderts, allzu sehr Gefangene ihrer eigenen Postulate, nicht an. Sehr viel weiter dachten aber die Denker des 20. Jahrhunderts, wie man sehen wird, auch nicht.

Erweiterung der mütterlichen Verantwortung

Auf ihre Gewißheiten gestützt nutzten die Ideologen des 19. Jahrhunderts die Theorie von der »natürlichen Hingabe« der Mutter, um deren Verantwortung zu erweitern. Außer der Funktion der Ernährung übertrug man ihr die Erziehung.[62] Den Frauen wurde erklärt, sie seien die naturgegebenen Hüterinnen der Moral und der Religion, und von der Art, wie sie ihre Kinder erziehen, hänge das Schicksal der Familie und der Gesellschaft ab – und ferner, ob der Himmel sich bevölkert!

Die Mutter als Erzieherin

Diese Idee, für das 19. Jahrhundert beinahe eine Obsession, findet bei Doktor Brochard eine recht eindeutige Übersetzung: »Ich möchte Ihnen zeigen, daß die Mutterliebe, die sich so innig mit den Bedürfnissen des Neugeborenen verbindet, nicht minder eng mit den geheiligten Interessen der Familie und der Gesellschaft zusammenhängt.«[63]

Die Mutterliebe besteht für die Frau nicht nur darin, ihr Kind zu stillen, sie besteht vor allem darin, es gut zu erziehen. Die eigentliche Erziehung muß die Mutter ihm geben.

Erziehung bedeutet mehr als Wissensvermittlung. Sie ist vor allem Weitergabe der moralischen Wertvorstellungen, während der Unterricht auf die geistige Bildung ausgeht. Das 19. Jahrhundert scheint – nach Fénélon und Rousseau – wiederzuentdecken, daß diese bedeutende Aufgabe der Mutter zufällt. Ein guter Erzieher ist nämlich nur der – oder vielmehr diejenige, die sich in dem »Gelände« der Erziehungsmaßnahmen vollständig auskennt. »Um einen jungen Menschen zu erziehen, muß man seine Vorlieben und seine Abneigungen studieren, ihn in seinen Spielen ebenso wie in seiner Arbeit beurteilen können, ihm mit einem *aufgeklärten Instinkt* bei den scheinbar unbedeutenden Tätigkeiten folgen, an denen man häufig erkennt, mit welchen Mitteln man ihn vorzugsweise lenken kann.«[64] Nur die Mutter kann diesem Phantombild entsprechen, denn selbst die gewissenhafteste Lehrerin könnte niemals diesen Instinkt besitzen. Um so mehr muß man sich vor der Wahl eines Privatlehrers hüten, »dem dieser Takt, dieser kostbare weibliche Instinkt abgeht«[65].

Wahrlich, kein anderer als die Mutter kann Anspruch auf den Titel der Erzieherin erheben, eines weiblichen Begriffs par excellence. Der »mütterliche Instinkt«, von anderen auch »mütterliches Genie«[66] genannt, leitet die Frauen unfehlbar bei ihrer Erziehungsaufgabe und »gibt ihnen jene heilsamen Vorkehrungen ein, mit denen sie das junge Kind umgeben ..., läßt sie in dieser Seele lesen, die von sich selbst nichts weiß, und läßt sie mühelos auf die ursprünglichen Mittel der Erziehung kommen«[67]. Dieser Instinkt löst bei der Mutter eine grenzenlose Hingabe, Geduld und Liebe aus – notwendige und hinreichende Bedingungen für eine gute sittliche Erziehung. »Ja«, sagt Bischof Dupanloup, »die Kinder sollen aus dem Munde einer Mutter, die ihre reinen Stirnen mit zärtlichen Liebkosungen bedeckt, die ersten Lehren der Frömmigkeit erhalten.«[68]

Nunmehr wird die Mutter also als »der Gouverneur par excellence«[69], als »der erste und notwendigste Erzieher«[70] betrachtet. Und da die Natur es so beschlossen hat, kann sie sich ihren Pflichten nicht entziehen. Wie könnte im übrigen eine wirkliche Mutter auch nur einen Augenblick lang zögern, diese neuen Verantwortungen auf sich zu nehmen? Die sittliche Erziehung ihres Kindes ist die nobelste Aufgabe, die sie sich je vorstellen kann. Fénélon, Rousseau und Napoleon hatten es schon gesagt, aber vielleicht hatte es ihnen an Überzeugungskraft gefehlt. Im 19. und 20. Jahrhundert spart man nicht mit Adjektiven und Superlativen. Die moralische Erziehung ist »die erhabenste Aufgabe«[71] der Mutter, »die ihr von der Vorsehung zugewiesene Mission«[72], »ihr absolutes Meisterwerk«[73]. Sie macht aus ihr die Schöpferin schlechthin, »neben der der vollendetste Künstler nur ein Lehrling ist«[74]. Mehr noch, indem sie das Kind regiert, regiert die Mutter die Welt. Ihr Einfluß reicht über die Familie hinaus bis zur Gesellschaft, und alle sagen immer wieder, daß die Männer sind, was die Frauen aus ihnen machen.

Anläßlich der Auszeichnung der besten Schüler einer von besseren Kreisen besuchten Pariser Schule[75] legte Pater Didon 1898 vor einem Publikum, das sich aus »guten Müttern« zusammensetzte, dar, was genau unter »Erziehung« zu verstehen sei; sie läßt sich in vier Worten zusammenfassen: Einführung, Erhaltung, Emanzipierung und Wiederherstellung.

In einem für Weltgeistliche sehr charakteristischen Stil erinnert Didon die Mütter daran, daß »keine Macht im Himmel und auf Erden Sie davon dispensieren darf, ihnen die Milch des Glaubens, der Vernunft und der Wahrheit, die Milch des Gewissens und der Tugend zu geben«.[76] Bei diesen Worten, so wird bemerkt, kam es im Saal zu lebhaftem Beifall. Anschließend ermahnt er die Mütter, das Kind vor sich selbst zu schützen und zu bewahren, denn besser noch als der Vater ist sie die Hüterin seiner sittlichen Gesundheit. Da Erziehung nicht allein darin besteht, die schlechten Neigungen zu unterdrücken, besteht schließlich die dritte und nicht die geringste Pflicht der Mutter darin, das Kind zu empanzipieren und ihm Schritt für Schritt Selbständigkeit beizubringen.

Diese dreifache Aufgabe der Mutter ist vollendet, wenn das Kind achtzehn oder zwanzig Jahre alt ist, das heißt, wenn es erwachsen ist. »So lange werden Sie sicherlich brauchen, um aus Ihren Söhnen Männer zu machen.«[77] Bilden wir uns aber nur nicht ein, daß die Mutter dann von jeder Verpflichtung gegenüber ihren Kindern frei ist. Es bleibt ihr noch eine letzte Aufgabe zu erfüllen, die erst mit ihrem eigenen Tod beendet sein wird: die Wiederherstellung. »O Mütter, Sie dürfen nicht denken, daß Ihre emanzipierten und freien Söhne, wenn sie ihre ersten Schritte ins Leben tun und ihre ersten Schlachten schlagen, im Kampf keine Verletzungen einstecken.«[78] Dann ist es Aufgabe der Mütter, sie zu trösten, sie zu ermutigen, kurz sie »wieder auf die Beine zu stellen«.[79] Beifallsstürme an dieser Stelle beweisen, daß die christlichen Mütter (und welche Mutter war damals nicht christlich!) mit der Ideologie der absoluten Hingabe, die Pater Didon ihnen vortrug, einverstanden waren. Selbst wenn sie in Wirklichkeit das Gefühl hatten, nicht ganz das leisten zu können, was man von ihnen wollte, so begriffen und billigten sie doch das ideale Programm, das man ihnen vortrug. Sie waren aufrichtig bestrebt, sich dem vollkommenen Vorbild anzugleichen. Dieses lief aber auf nichts geringeres hinaus als darauf, aus der Mutter eine Heilige zu machen.

Zunächst konnte keine Mutter sich als eine gute Mutter betrachten, wenn sie nicht gleichzeitig die Verkörperung von Tugend, Güte, Mut und Milde war. Als »lebendes Vorbild«[80] für ihr Kind muß die Mutter unablässig das gute Beispiel geben. »Flößen Sie ihnen die Liebe zur Arbeit ein, indem Sie selbst niemals untätig sind ..., zeigen Sie sich ihnen niemals impulsiv und launenhaft..., bewahren Sie und verbreiten Sie um sich herum Heiterkeit und Gelassenheit.«[81] Die Mutter lehrt nicht die Tugend, sondern »regt sie an« und sorgt dafür, daß sie geliebt wird. Die »Sendung« der Mutter besteht darin »Einfluß auszuüben«.[82] Deshalb soll die Mutter mit zunehmendem Alter unablässig vollkommener werden und »an Güte wachsen«.[83] Wenn sie sich die Zuneigung ihrer groß gewordenen Kinder erhalten und bei ihren Schwiegersöhnen und -töchtern beliebt machen will, ist ihr schlechte Laune untersagt. »Auch dann noch sollen Sie der besänftigende Geist des Hauses sein.«[84]

Doch bevor sie diese Stufe erreicht, wird die gute Erzieherin bei ihrem Kind ein uneingeschränktes Vertrauen wecken und gleichzeitig eine unumschränkte Aufsicht über es ausüben. In einer Zeit, da man noch an die kindliche Unschuld glaubt und schlechte Einflüsse wie die Pest fürchtet, gehört Wachsamkeit, um nicht zu sagen Spionage zur ersten Tugend der Erzieherin. Dazu muß die Mutter sich mit allen Mitteln Zugang zu den Geheimnissen und zur Intimsphäre ihrer Kinder verschaffen. Entscheidend ist, wie man sicherlich versteht, die Zeit der Pubertät. Noch mehr als sonst »muß die Wachsamkeit der Mutter sich auf alles erstrecken«[85] – auf den Umgang, auf die Bücher und auf die Bettwäsche.

Die Mutter als Lehrerin

Seit Jahrhunderten war es üblich gewesen, den Müttern die Söhne zu nehmen, um deren Unterweisung in Kollegschulen zu vervollständigen, und die Töchter in Klöster zu verbannen, um deren Erziehung zu vervollkommnen. Als während der Revolution die Klöster geschlossen wurden, hatte sich der Brauch eingebürgert, die Mädchen zu Hause zu behalten, wobei die Mutter verpflichtet war, ihnen die Anfangsgründe des Glaubens und des Wissens zu vermitteln. Solange die Anforderungen in dieser Hinsicht bescheiden blieben, machte man sich über die geistige Bildung der Mütter nicht allzu viele Gedanken. Bald machten sich jedoch neue Bestrebungen geltend. Das wohlhabende Bürgertum erinnerte sich Fénélons und Fleurys und wünschte sich eine bessere Unterweisung seiner Töchter, um aus ihnen angenehmere Mütter und Ehefrauen zu machen. Das mittellose Bürgertum war der Ansicht, die Unterweisung der Töchter könne ein Kapital sein und die Mitgift ersetzen, indem sie ihnen die einzige »anständige« Möglichkeit verschaffte, ihren Lebensunterhalt zu erwerben. Dieses doppelte Motiv der Mädchenerziehung hat L. Sauvan, um 1835 Inspektorin der kommunalen Mädchenschulen der Stadt Paris, sehr deutlich erkannt: »Im Hinblick auf deren künftige Rolle als Mutter und Ehefrau ist es eine Pflicht für die Familie, ihre Töchter nicht ohne Kenntnisse zu lassen, und ein Anrecht darauf hat diejenige, die zu Hause nicht das tägliche Brot findet und von ihrer Arbeit oder von ihren Fähigkeiten leben muß.«[86] Der einzige Beruf, den eine Frau ausüben konnte, ohne ihr

Ansehen zu verlieren, war der Beruf der Lehrerin, der aus ihr eine »geistige Mutter« machte.

Lange galt die Schule für die Mädchen als eine Notlösung; es war Aufgabe der Mütter, ihnen all das beizubringen, was ihnen »als Mütter, Hausfrauen und Damen der Gesellschaft an Kenntnissen nötig und nützlich ist«.[87] Die Mütter sollten aus ihnen »aufmerksame, besonnene, fleißige« zukünftige Frauen machen. Leider erreicht, wie Dupanloup feststellt, die sittliche Erziehung allein dieses dreifache Ziel nicht immer. »Die schmerzliche Wahrheit ist, daß die Erziehung, selbst die religiöse, den jungen Mädchen allzu selten die ernsthafte Freude an der Arbeit vermittelt.«[88]

Als Mensch seines Jahrhunderts glaubt Dupanloup, daß die Arbeit die Voraussetzung aller Tugenden sei. Er wollte daher beweisen, daß die geistige Bildung der Frau eine wesentliche Garantie ihrer Moral sei. Eine entsprechende Bildung von Jugend an würde ihr eine bleibende Freude an ernsthaften Beschäftigungen vermitteln. »Alles im Hause und in der Familie wird dadurch besser gehen.«[89] Mehr noch, die geistige Beschäftigung hat den Vorzug, die Frauen zu Hause festzuhalten: »Ohne daß sie aus dem Haus gehen müssen, läßt sie sie aus sich und ihren Sorgen herauskommen.«[90] Man wettert zwar gegen die Frauen, sie seien oberflächlich und kokett, doch – »zwingt man nicht die Frau, die ernsthafte Neigungen hat, sie zu verbergen oder sie durch alles mögliche zu entschuldigen, als ginge es um einen Fehler?«[91] Ist doch »der Zusammenhalt einer Ehe kaum zu bewahren, wenn die Übereinstimmung der Herzen nicht durch eine geistige Übereinstimmung ergänzt wird«[92].

Demnach ist die Intelligenz der Frauen eine der Voraussetzungen für den Bestand der Ehe. Sie ist jedoch vor allem die Voraussetzung einer besseren Mutterschaft. Eine gebildete Frau wird eine vollendetere Mutter und eine bessere Erzieherin sein, namentlich für ihre Tochter, der sie den größten Teil ihres Wissens weitergibt. Ob sie nun aber die einzige Lehrerin ihrer Tochter oder die Nachhilfelehrerin ihres Sohnes ist, Dupanloup sieht in ihr »die naturgegebene, notwendige und von der Vorsehung gewollte Erzieherin ihrer Kinder«.[93] Selbst wenn sie eine Lehrerin oder einen Hauslehrer engagiert, der sich um ihre Kinder kümmert, muß sie »die fachlichen Grundlagen besser beherrschen als diese, sie überwachen, lenken und notfalls auch ersetzen können ...«[94]

Noch einmal wird die Mutter daran erinnert, daß die Mutterschaft sich nicht darin erschöpft, den Kindern das Leben zu geben. Außer den Funktionen des Gebärens, Stillens und Erziehens übt sie die Funktion einer Lehrerin aus. Sie soll die ersten und grundlegenden Lehren der Muttersprache, der Geographie, der Geschichte vermitteln, »die kein anderer Mund so gut vermitteln kann wie der der Mutter«.[95] Da ihre Söhne später eine Kollegschule besuchen werden, kann sie auf einen Hauslehrer verzichten, kann sie ihnen als Nachhilfelehrerin dienen und ihnen die Anfangsgründe des Lateinischen beibringen. Später kann sie dann zusammen mit ihrem Mann über die Erziehung ihres Sohnes entscheiden. Mehr noch, sie kann ihren Mann, der allzu sehr von seinen Geschäften aufgefressen wird, ersetzen, und den zuweilen schädlichen Einfluß der Schule bekämpfen. Als Lehrerin ihres Kindes wird sie gleichermaßen seine Inspiratorin, seine Beraterin und seine Vertraute sein.[96]

Für ihre Tochter wird sie noch mehr tun. Bei vielen Frauen riefen die Notwendigkeit einer besseren Erziehung der Mädchen, das Mißtrauen gegenüber der Schule und das als mittelmäßig geltende Niveau der Mädchenschulen ein richtiggehendes Gefühl hervor, sie seien zu Privatlehrerinnen berufen, sofern sie die entsprechenden Mittel hatten.

Ermutigt wurden sie durch die Schaffung von höheren Mädchenschulen, die nur funktionieren konnten, wenn die Mütter der Schülerinnen eng mit der Schule zusammenarbeiteten.[97] Indessen waren all diese gutwilligen Mütter nicht immer ausreichend vorgebildet, um kompetente Nachhilfelehrerinnen zu sein. Um diesem neuen Bedürfnis zu entsprechen, schuf man Schulen, deren Ziel es war, den Lehrerinnen zu helfen, ihr Examen zu bestehen, und »den Müttern, die die Erziehung ihrer Töchter leiten und überwachen«.[98]

Dieses Phänomen, das zuerst in Paris auftrat, breitete sich unter dem zweiten Kaiserreich auch in der Provinz aus. Sicherlich richtete es sich im wesentlichen nur an ein bürgerliches und adliges Publikum, aber gleichwohl ist es für die Entwicklung der Mutterrolle bezeichnend. Für alle, die es sich erlauben konnten, wurde die »Mutter als Lehrerin« zu einem Muß.

Noch im Jahre 1864 sprach sich Hippolyte Carnot für die Erziehung durch die Mutter aus.[99] Es scheint festzustehen, daß gute Mütter »geborene Lehrerinnen« sind.[100] Das geht soweit, daß man die beiden Ausdrücke für gleichbedeutend hält: »Die Berufung der Frau ist in zwei Worten zusammenzufassen: Mutter der Familie und Lehrerin«. Diese beiden Termini werden auf einen einzigen reduziert: »Die Mutter soll die erste Lehrerin ihrer Kinder sein, und die Lehrerin kann sich kein edleres Ziel setzen, als eine Mutter für ihre Schüler zu sein«.[101] Die im Jahre 1848 geschaffene Vorschule hat übrigens die Aufgabe, die mangelnde Mütterlichkeit jener Frauen, die arbeiten müssen, auszugleichen. Die Lehrerin setzt sich wie die Mutter bei dem Kind durch Zärtlichkeit und Liebe durch. Wie die Mutter soll sie vor allem das gute Beispiel geben und bei den Kleinen die Bereitschaft wecken, ihr nachzueifern. Mutter und professionelle Lehrerin verfolgen ein und dasselbe Ziel: ein Mädchen heranzubilden, das dann wiederum zu einer guten Mutter, Erzieherin und Lehrerin wird. Die Erziehung der Frauen ist noch immer kein Selbstzweck. Man darf die künftige Frau um keinen Preis ihren natürlichen Pflichten entziehen, indem man ihr ein nutzloses und abstraktes Wissen vermittelt, das ihren Stolz, ihren Egoismus und die Neigung fördern würde, dieses Wissen für persönliche Zwecke zu nutzen. Das war die Befürchtung der Gegner Dupanloups und all jener, die sich der Bildung der Frauen widersetzten.

Es gab alle möglichen Abstufungen zwischen den extremsten Reaktionären, wie etwa Joseph de Maistre, und den Republikanern, zwischen jenen, die meinten, eine unwissende Frau sei leichter zu lenken, und jenen, die eine Frau wünschten, die »argumentieren, urteilen und vergleichen« kann; zwischen jenen, die als Ehefrau ein gehorsames »Kind« suchten, und jenen, die sich eine Mitarbeiterin und eine Vertraute wünschten. Alle fürchteten sich jedoch davor, mit »Gelehrten« und »Preziösen« zu leben, jenen schrecklichen Frauen, die nur nach ihrem eigenen Kopf gingen und darüber die heiligen Pflichten der Familie vergaßen.

Im letzten Drittel des 19. Jahrhunderts wurden die Anhänger der Beschränkung des weiblichen Wissens jedoch verdrängt durch die Verfechter der laizistischen Schule, die um jeden Preis die Frauen dem Einfluß der Kirche entziehen wollten. Das Gesetz von Camille Sée, mit dem im Dezember 1880 die staatlichen höheren Schulen für Mädchen begründet wurden, entsprang dieser Besorgnis der Republikaner, in der Michelet, V. Duruy und Jules Ferry sich einig waren. In seiner Rede vom 10. April 1870 hatte Ferry es deutlich ausgedrückt: »Es gibt heute eine Schranke zwischen der Frau und dem Mann, zwischen der Ehefrau und dem Ehemann ..., einen stummen, aber hartnäckigen Kampf zwischen der Gesellschaft von einst ..., die nicht die moderne Demokratie akzeptiert (die Frauen), und der aus der französischen Revolution hervorgegangenen Gesellschaft (die Männer) ... *Wer die Frau besitzt, der besitzt alles, weil er das Kind besitzt, sodann, weil er den Ehemann besitzt* ... Deshalb will die Kirche die Frau festhalten, und genau deshalb muß die Demokratie sie ihr entziehen.«[102]

Für die Republikaner beruhte der Kampf um die Bildung der Frau eher auf einer antiklerikalen Strategie als auf dem Willen, den Frauen die Fähigkeit zur Selbständigkeit zu vermitteln. Ihre laizistische Erziehung sollte sie den Männern näherbringen, ohne aber die alten Familienstrukturen zu stürzen. Noch immer wurden jene Frauen verdammt, die ihr geistiges Rüstzeug für ihre eigenen Zwecke nutzen wollten und es ablehnten, sich an das herrschende Modell zu halten. Man machte sich über das Aussehen oder über die Bestrebungen der »Blaustrümpfe« lustig. Gegenüber Frauen, die lange studierten oder (beispielsweise in der Medizin oder dem höheren Schulwesen) »Karriere zu machen« versuchten, war die herrschende Meinung derart ablehnend, daß die meisten sich freiwillig mit einem »anständigen Mittelmaß« begnügten.

Bis zum Kriegsausbruch 1914 ist kaum ein Wandel des Weiblichkeitsideals festzustellen, wie die Rede von R. Poincaré zur Eröffnung eines Mädchengymnasiums in Reims zeigt: »Für die Mehrzahl von ihnen (den Mädchen) wünschen wir nicht, daß dieser Traum (die Karriere) Wirklichkeit wird ... Nicht auf den Gerichtssaal oder auf den Hörsaal möchten wir die Tätigkeit der überwiegenden Zahl unserer Schülerinnen ausrichten: Unser Ziel ... ist, daß sie liebenswürdige Mädchen bleiben und daß sie später hingebungsvolle Ehefrauen und aufmerksame Mütter werden.«[103]

Diese weitverbreitete Auffassung wurde von einem ganzen Zweig der Romanliteratur gestützt, beispielsweise von einem der Romane von Colette Yver, der 1908 unter dem vielsagenden Titel *Les Cervelines*[103a] erschien.

»Cerveline« ist eine junge, sehr begabte Medizinstudentin, all zu begabt für den Geschmack ihres Chefs, der in sie verliebt ist. Sie wird als eine strahlend schöne Frau beschrieben, bei der sich der Ehrgeiz zu Lasten des Herzens entwickelt hat: »Von Kopf bis Fuß mit Stolz gepanzert ..., von Ungeduld und Ruhmsucht geplagt«.[104] Äußerlich erscheint Cerveline ganz wie eine Frau, wenn man vom wesentlichen absieht, »dem Herzen ... und der Liebe«. Sie ist eine Art Ungeheuer, eine »Feministin«, wie der unglückliche Held sagt. Die richtige Frau in diesem Roman ist dagegen die Schwester dieses Arztes, die ihm ihr Leben opfert, die »sein Haus, seine Bediensteten, die Patientenkartei überwacht«.[105] Die Moral von dieser Geschichte ist, daß man nicht gleichzeitig eine glückliche und ehrgeizige Frau sein kann. Davon waren die jungen Mädchen durchaus überzeugt, denn sie träumten von nichts anderem als davon, das offizielle Ideal des *juste milieu* zu verwirklichen, das aus der gebildeten Frau, der Gefährtin und Beraterin ihres Mannes eine gute Haushälterin, eine gute Familienmutter machte, »die den Haushalt ebenso geschickt führt, wie sie mit allgemeinen Ideen umzugehen versteht«.[106] Diese Frauen versuchten auch dann, wenn sie schon eine gewisse Vorstellung von persönlicher Unabhängigkeit entwickelt hatten, diese um jeden Preis mit ihren familiären Pflichten in Einklang zu bringen.[107] Nun hatten sich aber diese Pflichten und besonders die Pflichten der Mutter seit einem Jahrhundert unablässig erweitert, und so muß es häufig schwierig gewesen sein, das Gleichgewicht zwischen Unabhängigkeit und Altruismus zu finden.

Die Ideologie der Hingabe und des Opfers

Die Mehrzahl der Ideologen wollte das Dilemma zu Lasten der Unabhängigkeit lösen. Je mehr die Funktion der Mutter mit neuen Verantwortlichkeiten belastet wurde, um so lauter wiederholte man, daß die Hingabe ein Wesensbestandteil der weiblichen »Natur« und die sicherste Quelle ihres Glückes sei. Wenn eine Frau sich nicht zum Altruismus berufen fühlte, nahm man die Moral zu Hilfe, die von ihr verlangte, daß sie sich opferte. Dieser mißliche Tatbestand muß verbreiteter gewesen sein, als man zuzugeben bereit war, denn gegen Ende des 19. und zu Beginn des 20. Jahrhunderts sprach man von der Mutterschaft nur noch im Sinne von Leiden und Opfer, unterließ es aber – Fehlleistung oder bewußtes Vergessen –, jenes Glück zu versprechen, das natürlicherweise daraus hätte erwachsen müssen.

Madame Roland hatte sich über das für die Frau naturwüchsige Leiden und ihren Masochismus ausführlich verbreitet. Michelet hatte diesen Gedanken 1859 aufgegriffen: Die Frau ist nur dazu geschaffen, Mutter zu sein und die Leiden zu lieben, die mit ihrer Berufung verbunden sind. In der folgenden Zeit schlugen die Moralisten und »Frauenkenner« einen anderen Ton an. Gewiß wurde nie so stark wie in dieser Zeit betont, daß das Opfer der Mutter notwendig sei, wurde nie so häufig darauf hingewiesen, daß das Leid der Mutter die Voraussetzung für das Glück ihres Nachwuchses sei, doch das Natürliche und Spontane an einer solchen Haltung wurde dabei fast völlig übergangen. Es scheint daher, daß es zwischen Rousseau und Freud, die beide zutiefst davon überzeugt waren, daß das Wesen der Frau per definitionem masochistisch sei, eine Zeit gegeben hat, in der man diesen Mythos aufgab. An die Stelle des naturwüchsigen Masochismus trat ein pflichtgemäßer Masochismus.

Wenn Ida Sée, die für die zu Beginn unseres Jahrhunderts herrschende Geisteshaltung repräsentativ ist, am Schluß ihres Werkes über die Pflicht der Mutter schreibt: »In der glanzvollen Erfüllung einer aufgeklärten und bewußten Mutterschaft soll die Frau all die Opfer, all die Schmerzen, all die Leiden, die mit ihrer Mission verbunden sind, vergessen, und dieser Ausgleich *soll ihr zugleich ein Ansporn und eine Hoffnung sein*!«[108], so spricht sie eher eine Empfehlung aus als eine Gewißheit.

Hingegen scheint E. Montier[109], der den Müttern rät, »jede unbedachte Übertreibung auch in der Hingabe, jeden indirekten Selbstmord, und sei es aus Opferbereitschaft«[110] zu vermeiden, den weiblichen Opfersinn als etwas Natürliches zu betrachten, da er es für nötig hält, ihm Grenzen zu ziehen. Allerdings wechselt Montier, ohne vor Widersprüchen zurückzuscheuen, den Ton und rügt den unbewußten mütterlichen Egoismus. Allzu viele Mütter lieben ihre Kinder nur aus Eigenliebe. Sie machen sich des Egoismus schuldig, der ihre gutartige, altruistische Natur mit einem Schlage widerlegt! Montier fühlt sich daher verpflichtet, seine Idee zu erläutern: »Sie sollen sich ihnen opfern. Man muß sich jedoch über die Art und die Auswirkung dieses Opfers im klaren sein. Die Mutter opfert gern ihre Zeit und ihre Kraft für ihre Kinder, die ein Stück von ihr selbst sind, aber das ist nicht das große Opfer. Es besteht in der Uneigennützigkeit ..., sie ziehen zu lassen.«[111] Diese Einstellung teilt auch Ida Sée, wenn sie gleichfalls mit Nachdruck daran erinnert, daß »die Mutterpflicht keine Schwäche duldet; die Mutter wird daher ihre Kinder um ihrer selbst und nicht aus eigensüchtigen Motiven lieben, sie wird deren Glück dem eigenen vorziehen«.[112]

Dieses allseitige Beharren auf den »Pflichten« der Mutter deutet doch wohl darauf hin, daß nicht alles wunschgemäß verlief. Mochte man auch noch so sehr betonen, daß »das Herz der Mutter eine unermeßliche Fülle von Zärtlichkeit, Hingabe, Opfersinn usw. bietet«[113], so wurden doch solche Äußerungen stets ergänzt durch andere, die fordernder und gebieterischer klangen. Man zählte eine lange Liste von Pflichten auf, denen keine Mutter sich entziehen dürfe. Sicherlich ein Beweis dafür, daß die Natur einer kräftigen Unterstützung seitens der Moral bedurfte! Im Gegensatz zu seinen Zeitgenossen, die in der mütterlichen Hingabe die einzige Glückschance für die Frau sahen, gab Paul Combes seinen Leserinnen einen freimütigeren Hinweis: »Selbst diejenigen, die ihren *Auftrag auf der Erde* mit äußerster Vollkommenheit erfüllt haben, dürfen nicht immer damit rechnen, *hienieden aus ihrer Selbstaufopferung jene Freuden zu ziehen*, die sie sich davon erhofft haben mögen.«[114]

Diese Passage hat den Vorzug, mit dem Mythos vom weiblichen Glück im Opfer Schluß zu machen und an die Stelle des Instinkts eindeutig die Moral zu setzen. Anschließend heißt es, mit den Worten der Religion, daß die Leiden der Mutterschaft der Tribut seien, den die Frauen zahlen, um in den Himmel zu kommen. Wie alle gläubigen Moralisten empfand Paul Combes durchaus, daß die Selbstaufopferung auch bei den Frauen nichts Natürliches war und daß man den Müttern eine erhabene Belohnung versprechen mußte, damit sie bereit waren, ihren Egoismus zum Verstummen zu bringen und sich so vollkommen zu vergessen, wie man es von ihnen verlangte. Diese Auffassung setzte sich im 19. Jahrhundert durch; man pflegte von der Mutter und ihren Aufgaben in mystischen Begriffen zu reden. Man behauptete, das mütterliche Opfer sei in der weiblichen Natur verankert, und im gleichen Atemzug, die gute Mutter sei eine »Heilige«. Wenn das Opfer tatsächlich etwas so Natürliches war, worin bestand dann das Verdienst, das die Heiligkeit begründet?

Schon Michelet hatte die Mutterschaft in mystischen Ausdrücken beschrieben, als er davon sprach, daß »der erste Blick der Mutter etwas Göttliches« habe, von »der Verzückung der jungen Mutter, ihrem unschuldigen Erstaunen darüber, einen Gott geboren zu haben, ihrer frommen Rührung ...« Die Mutter macht demnach im freudigen Austausch mit ihrem Kind eine regelrechte mystische Erfahrung: »Soeben hat es sich noch von ihr ernährt; nun ernährt sie sich von ihm, verschlingt es, trinkt es und verzehrt es (so wie der Christ symbolisch den Leib Christi verzehrt) ... Das Kind gibt das Leben und empfängt es, indem es seinerseits seine Mutter verschlingt ... *Eine große, eine ganz große Offenbarung.*«[115] Es handelt sich um einen Akt des Glaubens, geradezu um ein Mysterium.

»*Wenn das Kind nicht Gott wäre*, wenn die Beziehung zu ihm nicht *ein Kult* wäre, würde es nicht leben. Dieses Wesen ist so zerbrechlich, daß es niemals groß geworden wäre, gäbe es nicht *in dieser Mutter die wundervolle Verehrerin, die es vergottet*, die es ihr, der Mutter, *angenehm* und wünschenswert *macht, sich für es*, das Kind, *aufzuopfern.*«[116]

Als eine zugleich natürliche und göttliche entspricht diese Beziehung derjenigen, die zwischen einem Gott und seinem »Anbeter« oder einem absoluten König und seinem Untertan besteht. Diese Beziehung beinhaltet daher einen ontologischen Statusunterschied zwischen den beiden Protagonisten, mit der Folge, daß der eine dem anderen absolut unterworfen ist. Für Michelet ist es »natürlich«, daß eine Mutter ihr Leben verliert,[117] um ihr Kind zu retten. Wenn die Frage ist, wer überleben soll, hat das 19. Jahrhundert beschlossen, das Kind zu retten und die Mutter zu opfern. Die Frau fand in dieser Selbstaufopferung zugleich ihre Daseinsberechtigung und ihre Lust. Die Mutter war tatsächlich masochistisch.

Später hob man stärker den religiösen Aspekt der Mutterfunktion hervor, nun jedoch, um ihre Schwierigkeiten ins Licht zu rücken. Es ist nicht ganz einfach, eine gute Mutter zu sein. Es bedarf einer regelrechten geistigen und christlichen Vorbereitung, um die Notwendigkeit des Opfers anzuerkennen, und diese Selbstvergessenheit hebt die gute Mutter über die spontane egoistische Veranlagung des Menschen hinaus. Sie wird also zu einer Heiligen, weil die von ihr verlangte Anstrengung ungeheuerlich ist. Doch im Gegensatz zu den eigentlichen religiösen Aufgaben, die frei und freiwillig sind, ist die Aufgabe der Mutter eine obligatorische. Alle Mütter haben den gleichen »Auftrag«,[118] alle sollen sie »sich ganz und gar diesem heiligen Amt widmen«,[119] »ihren Willen oder ihr Vergnügen für das Wohl der Familie opfern«[120]; alle können sie schließlich nur ihr Heil finden, »indem sie sich ihrer mütterlichen Aufgabe hingeben«.[121] Diese grenzenlose Hingabe ist »das Bußleiden«[122] schlechthin, durch das Eva sich in Maria verwandeln kann. Niemals wurde das Gebären unter Schmerzen so sehr als ein absolutes Dogma aufgefaßt. Da jetzt »das Gebären« oder »Hervorbringen« die gesamte Entstehungsperiode des Kindes vom Fötus bis zum Erwachsenenalter umfaßt, verlängert sich das mütterliche Leiden ebensosehr. Der von Gott über Eva verhängte Fluch hat nie eine so große Bedeutung gehabt wie bei den Christen des 19. Jahrhunderts. Im Gegensatz zu Michelet sieht Dupanloup darin nicht die Quelle der Lust für die Frau, sondern vielmehr die Wiedergutmachung ihrer Ursünde durch die Frauen: »Es liegt auf der Hand, daß die Mutter für ein sühnendes und heiliges Leiden bestimmt ist. Sie ist groß, weil sie leidet. Und wenn ich bei ihrem Anblick von religiöser Rührung ergriffen werde, so deshalb, weil *die quälendsten Schmerzen auf Erden ihr zugedacht sind* ... Ihr ist gesagt worden: *›Unter Schmerzen sollst du Kinder gebären ...‹ Aber das ist nicht alles: Ihre Kinder, deren Geburt sie so teuer zu stehen kam, zieht sie in den meisten Fällen ebenfalls unter Schmerzen auf.*«[123] Die christliche Mutter, wie die Jungfrau Maria die neue Eva des Evangeliums, »soll in ihrem Herzen eine unerschöpfliche Quelle der Geduld und in ihrem Leben eine erhabene Bürde der Traurigkeit tragen, die die Mutter des Menschen zum schmerzensreichen, unvergleichlichen Glanz der Menschheit macht«[124]. Ihre Schmerzen sind die Bedingung ihrer religiösen Reinigung, und man versteht besser, weshalb sie auf dieser Welt keine Belohnungen zu erhoffen hat.

Wie aber kann eine Frau wissen, daß sie ausreichend gesühnt und sich soweit aufgeopfert hat, wie es nötig war, um ihre mütterlichen Pflichten zu erfüllen? Die Antwort erhält sie durch ihr Kind. Da sein körperliches und seelisches Schicksal vollständig von ihr abhängt, wird es zum Anzeichen und Maßstab ihrer Tugend- oder ihrer Lasterhaftigkeit, ihres Sieges oder ihres Scheiterns. In der Person ihres Kindes wird die gute Mutter belohnt und die schlechte bestraft. Da »das Kind nur so viel taugt wie seine Mutter«[125] und deren Einfluß absolut bestimmend ist, liegt es nur an ihr, ob ihr Sohn ein großer Mann oder ein Verbrecher wird.

Diese ungeheure Verantwortung, die auf den Frauen lastete, hatte eine zweifache Konsequenz.

So einig man sich darin war, die bewundernswerte Mutter heiligzusprechen, so einig war man sich auch, jene, die in ihrer heiligen Aufgabe scheiterte, zu geißeln. Von der Verantwortung zur Schuld war es nur ein Schritt, der unmittelbar zur Verdammung führte. Deshalb versahen alle, die sich an die Mütter wandten, ihre Äußerungen sowohl mit Ehrbezeugungen als auch mit Drohungen. Das ganze 19. Jahrhundert über wurden die schlechten Mütter in Grund und Boden verdammt. Unglück über die Frau, die nicht ihre Kinder liebt, ruft Brochard aus.[126] Unglück über diejenige, die es nicht stillt! fährt Doktor Gérard fort: »Sie verurteilt ihre gesamte Nachkommenschaft zu schrecklichen Leiden, deren entsetzliche Konsequenzen wir noch nicht voll erkennen: Zu unheilbaren Krankheiten wie der Tuberkulose, der Epilepsie, dem Krebs und dem Wahnsinn, ganz zu schweigen von all den schrecklichen Neurosen, unter denen die Menschheit so grausam leidet.«[127] Unglück auch über die Mütter, die ihre Kinder nicht unterweisen, sie auf die Straße laufen lassen und es versäumen, ihnen eine religiöse Erziehung zu geben, setzt Paul Combes hinzu.[128] Unglück schließlich über all jene, die »ihre Aufgaben verraten, vernachlässigt und versäumt«[129] haben, schließt Pater Didon.

Ob das Kind stirbt oder kriminell wird, nun weiß man, wen man dafür auf die Anklagebank schicken kann. Es ist nicht mehr wie früher der Vater, der für die Vergehen seines Kindes einsteht, es ist die Mutter, von der man jetzt Rechenschaft fordert.

Der Rechtsanwalt H. Rollet, der ein Vorwort zu dem Buch von Ida Sée verfaßte, scheute nicht vor der Behauptung zurück: »Als Anwalt der Kinder und nach dem Studium von über zwanzigtausend (!) Akten von minderjährigen Delinquenten oder Kriminellen *wissen wir mit Gewißheit*, daß die Jugendkriminalität *fast immer* die Folge entweder des *Fehlens einer Mutter* im Haushalt der Familie oder *ihrer Unfähigkeit* beziehungsweise *ihrer Unwürdigkeit* ist; nicht minder sicher sind wir andererseits, daß, wenn wir in unserem Leben etwas Gutes tun, wir den Anstoß dazu unserer lieben ›Mama‹ verdanken.«[130]

»Abwesend, unfähig oder unwürdig« ist jene andere Frau, von der wir nun sprechen müssen. Sie ist das Gegenteil der soeben geschilderten guten Mutter. Etwas, das zwischen diesen beiden Persönlichkeitstypen läge, ist nicht denkbar. Getreu der Logik vom ausgeschlossenen Dritten kann sich das 19. Jahrhundert halbwegs gute oder halbwegs schlechte Mütter nicht vorstellen. Zwischen der Heiligen und der Schlampe bleibt eine unüberwindliche Kluft.

Die Unwürdige

Der erste Typ der »natürlichen Rabenmutter« (einer leiblichen Mutter, die sich wie eine Stiefmutter verhält), der »schlimmste« Typ von allen, ist jene Mutter, die ihr Kind nicht liebt und ihm nicht die geringste Zärtlichkeit entgegenbringt. Die Literaten des 19. Jahrhunderts haben verschiedene Beschreibungen solcher weiblichen »Ungeheuer« geliefert. Die meisten haben den Standpunkt des unglücklichen Kindes eingenommen, ohne nach den Motiven der Haltung der Mutter zu suchen.[131] Eine Ausnahme machte Balzac mit der Schilderung des Dramas der Julie d'Aiglement, der berühmten »Frau von dreißig Jahren«. Sein Interesse gilt ihr und nicht ihrer kleinen Tochter Hélène, die sie von einem Mann hat, den sie nicht liebte. Balzac will nämlich gleichzeitig den psychologischen Mechanismus begreifen, der eine Frau daran hindert, ihr Kind zu lieben (wie es bei seiner eigenen Mutter der Fall war), und die »gesetzlich sanktionierte Prostitution«[132] kritisieren, die die Ehe im 19. Jahrhundert darstellt.

Julie d'Aiglement vertraut ihre Qualen einem Priester an und legt ihm bei dieser Gelegenheit die Theorie von der doppelten Mutterschaft dar – einer leiblichen und einer seelischen Mutterschaft. Ihre Tochter Hélène ist nur ein leibliches Kind, das seine Mutter, die es nicht liebt, »zur Falschheit verdammt. Die Gesellschaft verlangt ständige Grimassen, und sie befiehlt uns ..., ihren Konventionen zu gehorchen«[133]. Wie kann sie dieses kleine Mädchen lieben, eine »Fehlschöpfung, Kind der Pflicht und des Zufalls«[134], das sie nur an einen Ehemann erinnert, den sie verachtet? Julie tut alles, was man von einer guten Mutter erwartet, doch möchte sie ihre mütterlichen Verpflichtungen rasch hinter sich bringen: »Hat sie mich einmal nicht mehr nötig, dann wird damit alles gesagt sein: Ist die Ursache erloschen, dann werden auch die Wirkungen ausbleiben.«[135] Julie träumt den Tag herbei, an dem ihre Tochter sie für immer verlassen wird. Im Gegensatz zur wirklichen guten Mutter, die durch Hingabe und die Opfer nur noch enger an ihr Kind gebunden wird, empfindet Julie diese als unerträgliche Zwänge, die sie von ihm trennen.[136] Das Kind läßt sich übrigens durch die falschen Empfindungen seiner Mutter nicht täuschen, denn Liebe kann man nicht vortäuschen.[137] Und die Mutter, die sich vor dem Gericht ihrer Tochter schuldig fühlt, fürchtet, daß eines Tages der Haß zwischen sie tritt.[138]

Der Pfarrer, durch eine solche Ungeheuerlichkeit aufs höchste bestürzt, beschließt das Gespräch mit den Worten: »Es wäre besser für Sie, tot zu sein.«[139]

Der Mangel an Liebe wird also als ein unverzeihliches Verbrechen betrachtet, das durch keine Tugend gutgemacht werden kann. Er stellt die Mutter, die solche Gefühle empfindet, außerhalb der Menschheit, da sie das, was sie als Frau auszeichnen sollte, verloren hat. Halb Ungeheuer und halb Verbrecherin, ist eine solche Frau das, was man als einen »Irrtum der Natur« bezeichnen könnte. Doch innerhalb des Spektrums der unwürdigen Mütter ist Julie bei weitem nicht die Schlimmste. Selbst wenn sie nicht liebt – und darin besteht das eigentliche Verbrechen –, tut sie zumindest so, weil sie den absoluten Wert der Liebe kennt. Sie spielt die zärtliche Mutter, umarmt ihr Kind und lächelt ihm zu, selbst wenn ihr Herz sich dagegen wehrt. Andere Mütter geben sich nicht diese Mühe und lassen ihre Gleichgültigkeit, ihre Grausamkeit und ihren Haß unverhüllt zutage treten.

Madame Vingtras, die Mutter des *Jacques Vingtras* von Jules Vallès, gehört zu jenen, die aus der Härte und dem Mangel an Zuneigung eine Erziehungsmethode gemacht haben. Als arme Bäuerin, die mit einem kleinen Schulaufseher verheiratet ist, träumt sie davon, aus ihrem Sohn Jacques einen »Monsieur« zu machen und einen Menschen heranzuziehen, der sich vollkommen beherrscht. Das scheint eine gute Absicht zu sein, doch zeigt die unnachgiebige Strenge, die sie an den Tag legt, daß es ihr auch nur an der geringsten mütterlichen Zuneigung fehlt. Das Leid, die Demütigungen und die Gewalttätigkeiten, die sie ihrem Kind zufügt, beweisen ihre ganze Gefühllosigkeit und reihen sie in die Kategorie der bösen Mütter ein.

Die berühmten Worte, mit denen Vallès seinen Roman einleitet, geben uns hinreichend Auskunft über die Persönlichkeit von Madame Vingtras: »Hat meine Mutter mich genährt« ... Ich weiß es nicht. Welche Brust ich auch benagt habe, ich erinnere mich aus der Zeit, als ich ganz klein war, an keine Liebkosung; man hat mich nicht gehätschelt und getätschelt und abgeküßt; man hat mich viel verprügelt. Meine Mutter sagt, man soll Kinder nicht verwöhnen, und sie verprügelt mich jeden Morgen; wenn sie morgens keine Zeit dazu hat, komme ich mittags dran, selten später als vier Uhr.«[140] Der Rest des Buches ist vom gleichen Kaliber. Alles, was die Mutter tut, ist von Härte, wenn nicht von Sadismus geprägt. Sie gibt dem Jungen Zwiebeln zu essen, die er erbrechen muß, und macht das vierteljährliche Bad zu einer Folterszene. Sie nennt ihn nicht »Jacques«, sondern »Nichtsnutz«, »komischer Vogel«, »Herr Ungeschickt«, »faul«, »hochnäsig«, »frech«, »brutal«. Wenn er sich verletzt hat oder krank ist, wird sie wütend. Was es auch tun mag, das Kind ist an allem schuld.

Gewiß können wir dank der Soziologie und der Psychoanalyse das Verhalten von Madame Vingtras verstehen, aber dennoch ist sie die Verkörperung der schlechten Mutter und tritt im literarischen Museum der unwürdigen Frauen neben Madame Lepic und Madame Fichini. Allerdings ist Madame Fichini[141] nur die Stiefmutter Sophies, im Gegensatz zu der guten, leiblichen Mutter, Madame de Fleurieux. Insofern bleibt die Gräfin de Ségur dem klassischen Schema treu. Vallès und Jules Renard sind weiter geegangen und haben es gewagt, die grausame Rabenmutter mit der leiblichen Mutter zu einer und derselben Persönlichkeit zusammenzufügen. Das ist für das Denken des 19. Jahrhunderts schlechthin ein Skandal. Denn wenn die jungen Leser der Gräfin de Ségur bei der Schilderung der Prügel, deren Opfer Sophie wird, vor Angst bibbern, so trösten sie sich bei dem Gedanken, daß die natürliche Mutter ganz Güte und Verständnis ist. Die Leser von Renards *Rotfuchs*[142] haben diesen Trost nicht mehr. Tatsächlich kann unsere wirkliche Mutter sadistisch sein, unseren Nachttopf verstecken und uns am nächsten Morgen zwingen, unseren Urin zu trinken. Madame Lepic ist sehr viel beunruhigender als die grobe Madame Fichini, auch raffinierter in ihrer haßerfüllten Bosheit. Was ist also mit der geheiligten, prästabilierten Harmonie zwischen Mutter und Kind geschehen? Gern würde man sich mit dem Gedanken beruhigen, daß diese bösartigen Frauen lediglich der Phantasie der Literaten entsprungen sind. Aber leider haben Vallès und Renard nicht verhehlt, daß ihre Darstellungen der eigenen Biographie entstammen. Sind diese Mütter also Ausnahmen wie jene Ungeheuer, die von den Teratologen als Mißbildungen erforscht werden? Das ist am Ende des 19. Jahrhunderts durchaus nicht sicher, denn man entdeckt endlich, daß das leidende Kind eine Realität ist, und es verbreiten sich die Kinderschutzvereine, deren Aufgabe es ist, die Unschuldigen vor der Gewalttätigkeit ihrer eigenen Erzeuger zu schützen.

Die Grausamkeit ist weder die einzige noch die verbreitetste Form mütterlicher Unwürdigkeit. Madame Vingtras und Madame Lepic sind keine erfundenen Modelle, aber sie sind auch nicht repräsentativ für die »durchschnittliche schlechte Mutter«, deren Porträt weniger karikaturhaft ist.

Die Egoistin

Sie liebt ihr Kind ein wenig, aber nicht so sehr, daß sie sich für es aufopfert. Sie beschäftigt sich mit ihm, sofern es ihren eigenen Wünschen entspricht, und nicht entsprechend den wirklichen Bedürfnissen des Kindes. Ihre Unwürdigkeit beruht, gemessen an den neuen Normen, weniger auf ihrer Härte als auf ihrer erzieherischen Unfähigkeit. Diese Frau, die nicht den Beinamen einer Rabenmutter verdient, wird unterschiedslos als »egoistisch«, »leichtsinnig« oder »nachlässig« bezeichnet. Diese Kritik zielt insbesondere auf zwei Gruppen von Frauen: solche aus den höheren Klassen und solche, die zu den ganz und gar Benachteiligten gehören. Die Moralisten greifen beide Gruppen an, ohne zwischen ihnen einen Unterschied zu machen. So warnt Dupanloup, der sich ausschließlich an die begüterten Klassen wendet, die Mütter vor Faulheit und Nachlässigkeit in der Erziehung. Er kritisiert Frauen, die lieber gesellschaftliche Veranstaltungen besuchen, als sich persönlich um die Erziehung ihrer Kinder zu kümmern. Es genügt übrigens schon, daß nur ein Mitglied der Familie sich nicht auf das »Zuhause« beschränken mag, um die Mutter schuldig zu sprechen. Kehrt der Vater nach seiner Arbeit und seinen Geschäften nicht nach Hause zurück, so liegt es an seiner Frau, die es nicht versteht, ihm ein gemütliches Heim und brave Kinder zu bieten. Wenn, wie es bei armen Familien üblich ist, die Kinder auf der Straße spielen, ist die Mutter unfähig, sie richtig zu erziehen. Das Kind, das sich auf der Straße herumtreibt, ist übrigens in den Augen der Moralisten und Philanthropen das deutlichste Anzeichen einer unordentlichen Familie und folglich einer unwürdigen Mutter. Noch 1938 schreibt Albert Dussenty in seiner juristischen Doktorarbeit: »Wenn ein Kind sich auf der Straße herumtreibt und später zum herumstreunenden Dieb wird, so liegt das in den meisten Fällen am Versagen der Eltern.« [143] Und in erster Linie am Versagen der Mutter, denn sie spielt in der Familie die Polizei, und sie soll ständig ein Auge auf das Tun und Treiben ihrer Kinder haben.

Zu denen, die ihre Aufsichtspflicht verletzen, gehören die Arbeiterin und die Liebhaberin, wobei die letztere eher die Gunst der Literatur genossen hat. Alphonse Daudet hat sie beschrieben in Gestalt der Halbweltdame Ida de Barancy, der Mutter eines kleinen unehelichen Kindes, Jack. [144] Schon zu Beginn des Romans hebt Daudet die »zweifelhafte Herkunft« hervor, die sowohl auf den unmoralischen Wandel der Mutter hinweist als auch Ursache des späteren Mißgeschicks des Kindes ist. Ein illegitimes, außerehelich geborenes Kind ist für Daudets Zeitgenossen der sichere Beweis für die Schwäche und Leichtfertigkeit der Frau. Diese Merkmale treffen nicht auf die gute Mutter zu, der per definitionem »anständig« ist und es versteht, ihr Vergnügen hinter ihre Pflichten zu stellen.

Wie geplant ist Ida de Barancy ein leichtfertiges und sentimentales Geschöpf, das für sein Kind eine Liebe empfindet, die sich nicht bis zum Heroismus der Hingabe erhebt. Solange es klein ist, behält sie es bei sich und umgibt es mit ihrem Luxus und ihrer Fröhlichkeit. Das Kind ist, wie Daudet zugibt, glücklich, aber schlecht erzogen. Das eigentliche Drama beginnt erst mit der Trennung von Mutter und Kind, als sie beschließt, es in Pension zu geben, und es wegen eines Liebhabers vergißt, der sich ihrer alsbald entledigt und sie in die Fabrik schickt.

Ida de Barancy vereinigt in ihrer Person alle Fehler, die eine Mutter haben kann: uneheliches Kind, Mangel an Erziehung und Ernsthaftigkeit, Fortgeben des Kindes in eine Pension, Vernachlässigung und schließlich sozialer Abstieg. Das Kind wird durch die Schuld seiner Mutter als Arbeiter enden, was in gesellschaftlicher Hinsicht einen echten Niedergang bedeutet. In den Augen der Moralisten, die die Tugend vor die Liebe stellen, ist sie in noch größerem Maße schuldig als Madame Vingtras, deren Verfehlung in übertriebener Strenge und nicht in Nachlässigkeit, in pädagogischer Unwissenheit und nicht in Egoismus bestand.

Die Arbeiterin

Die Frauenarbeit wird, aus welchen Motiven auch immer, von den Moralisten verurteilt, die kaum zugeben können, daß diese Arbeit eine unausweichliche Notwendigkeit sein könnte. Bei Doktor Bertillon heißt es: »Die Ehefrau soll vor allem nicht Arbeiterin, Händlerin, Bäuerin oder Gesellschaftsdame sein; sie soll in erster Linie Mutter sein.«[145] Nicht anders bei Ida Sée: »Das Schicksal des Kindes, das Glück der Familie hängen sehr viel stärker von ihrer ständigen Anwesenheit als von dem ab, was sie mit ihrer Arbeit draußen verdienen kann.«[146] Sie räumt ein, daß »die Witwen, die Verlassenen und die Verratenen« arbeiten müssen, um zu überleben, doch fügt sie sogleich hinzu, daß deren Kinder die Opfer dieser harten Notwendigkeit seien. Sie empfiehlt daher, daß der Staat die Mutter bezahlt, damit sie zu Hause bleibt.

Ida Sée erinnert unablässig daran, daß eine Frau, die sich verheiratet, »den *Anspruch* aufgeben muß, allein für ihren Bedarf aufzukommen«[147], es sei denn, sie würde ihr Kind opfern. Pauschal verdammt sie alle Frauen, die arbeiten, und sagt, daß »für die Arbeiterin und die Handwerkerin das Kind eine zusätzliche Belastung ist, welche sie weder begehrt noch erwünscht haben ... Und so viele unter ihnen haben überhaupt keine Vorstellung von der mütterlichen Pflicht.«[148] In Anbetracht der sozialen Plagen, die die Rasse aushöhlen, und der Degeneration, die durch die Frauenarbeit hervorgerufen wird, ist unsere Moralistin nicht weit davon entfernt, die Sterilisation der Armen zu wünschen: »Die Theorien über die Beschränkung der Geburtenzahl sind dadurch annehmbar.« Doch dann besinnt sich die Christin und fügt hinzu: »Es ist eine vornehmere Aufgabe, die Frau an ihre Mutterpflicht zu erinnern.«[149]

Andererseits macht Ida Sée keinen Hehl daraus, daß sie eine Mutter, die ihre Arbeit nicht mit einer unausweichlichen Notwendigkeit rechtfertigen kann, haßt. Das ist bei den Intellektuellen der Fall, die ihre bevorzugte Zielscheibe sind. Sie ist verstört über all jene, die studieren wollen statt sich der »Hauswissenschaft« und der Kinderpflege zu widmen: »Gestehen wir es uns ein, daß wir Angst haben vor diesen jungen Mädchen, daß sie uns mehr noch beunruhigen als die Koketten, die Leichtsinnigen, sogar mehr noch als die Unwissenden ...«[150] Solche Personen haben für das Kind nichts übrig, und »aus ihnen werden leichtsinnige Mütter, für die das Kind eine Belastung ist ... Vielleicht werden aus ihnen gar jene sterilen Mütter, die man im Bürgertum, im Adel und jetzt gelegentlich auch im Volk antrifft (besteht hier nicht ein Widerspruch zu dem verdrängten Wunsch, die Armen möchten ihre Vermehrung freiwillig beschränken?), zu Müttern, die für sich das Recht verkünden, sich den Belastungen der Mutterschaft zu entziehen, die ... unweigerlich mit Mühen verbunden ist ...«[151]

Diese Vernünftlerinnen, diese berechnenden Frauen, diese Feministinnen sind Hauptschuldige, die »die Ehe zu einer zivilrechtlichen Angelegenheit machen, die Liebe entweihen, den Zerfall der Familie bewirken«.[152] Um diesen Niedergang zu bekämpfen, »muß man die Mädchen in dem Sinne erziehen, daß jede Frau wünschen muß, Mutter zu sein, und daß allein ein ungnädiges Schicksal sie dazu verdammt, Arbeiterin, Buchhalterin, Lehrerin, Ärztin oder Anwältin zu sein!«[153]

Die Schuld der Intellektuellen ist größer als die der Arbeiterinnen; nicht nur, weil sie sich nicht mit wirtschaftlichen Gründen entschuldigen können, sondern vor allem, weil sie sich weigern, ihre Welt freiwillig auf die Familie zu begrenzen und ihr Leben auf die Mutterschaft und den Haushalt zu beschränken. In dieser monströsen Einstellung sah man die Ursache und den Grund aller gesellschaftlichen Übel, denn wenn die Frau ihre natürlichen Funktionen mißachtet, kann daraus für die Gesellschaft nur Unordnung erwachsen. Um dem Übel zu wehren, begnügte sich Ida Sée nicht damit, das Muttersein zu glorifizieren und zu behaupten, allein die Mütter sorgten dafür, daß die Frauen geachtet sind. Sie erhob außerdem Schuldvorwürfe. Ja, die Frauenarbeit machte aus dem Kind ein Opfer. Ja, das Fehlen der Mutter im Hause war die Ursache unzähliger Übel und vor allem des Auseinanderbrechens der Familie. Wie konnte sie unter diesen Umständen ihre erste und schlichteste Pflicht erfüllen, nämlich für die Familie die (für die Gesundheit notwendige) Suppe »auf kleiner Flamme« zu kochen? Man betrachte nur, wettert Ida Sée, wie beim Bauern und beim Arbeiter an die Stelle der Suppe alle möglichen anderen Speisen getreten sind, die nicht so gut für den Magen sind, aber rascher zubereitet: »Die der Frau auferlegte Verpflichtung, arbeiten zu gehen, hat es ihr unmöglich gemacht, die Suppe zu bereiten! Und von der Suppe hängt möglicherweise das Glück der Familie ab ...«[154]

Wenn man ihr (Ida Sée) glauben soll, rächt sich der mißachtete Suppentopf, indem er die Familie desorganisiert. Der Mann, der kein gemütliches Heim mehr hat, verläßt es und geht statt dessen »ins Wirtshaus«, weil seine Frau keine Zeit mehr hat, ihm liebevoll kleine, schmackhafte Gerichte zu bereiten. »Er sucht, um die Auswirkungen der schädlichen Fleischgerichte, der gehaltlosen Speisen des gewöhnlichen Restaurants zu mildern, falschen Trost im Alkohol, und es wächst die Gefahr ... daß alles auseinanderfällt und zusammenbricht!«[155]

Der Niedergang der Vaterrolle

Mit der seit dem Ende des 18. Jahrhunderts beträchtlich gewachsenen Verantwortung der Mutter ist das Bild des Vaters immer schwächer geworden. Seine im 17. Jahrhundert noch so große Bedeutung und Autorität gehen zurück, denn mit der Übernahme der Führungsrolle im Hause hat die Mutter sich viele seiner Funktionen angeeignet. Offenbar beklagt sich niemand darüber, denn in den meisten Texten wird diese Situation völlig gerechtfertigt: der Primat der Mutter und der Rückzug des Vaters.

Die Rechtfertigungen

Manche behaupteten energisch, »der Vater wäre zu dieser heiklen Arbeit (der physischen und moralischen Erziehung seines Kindes) vollkommen unfähig«,[156] während andere nach einer weitergehenden Erklärung für die offenkundige Tatsache« suchten. Chambon machte das soziale Leben verantwortlich, »das immer komplizierter wird und immer stärker in unser Privatleben eingreift. Die Geschäfte, die Politik nehmen die Familienoberhäupter völlig in Anspruch«[157]. Der Konkurrenzkampf und die Überbelastung hindern sie daran, ihre Rolle als Väter wahrzunehmen. Sie haben weder die Zeit noch die nötige geistige Beweglichkeit, um eine erzieherische Aufgabe erfüllen zu können: »Der Vater, der den ganzen Tag lang Zahlen gewälzt hat, kann sich am

Abend kaum darum kümmern, bei seinem Kind das sittliche Bewußtsein zu fördern. Was die anderen betrifft, die sich hartnäckig in Wissenschaft oder Literatur vergraben, so werden sie gewiß versuchen, sich von sich selbst zu lösen; sie werden ihrer *Vaterpflicht* (es gibt sie, auch wenn der Zwang nicht sehr groß ist, dennoch) das Zugeständnis machen, sich von ihren gewohnten Gedankengängen loszureißen und sich auf das Niveau der jungen, noch tastenden Intelligenz ihrer lieben Kleinen herabzulassen, doch wird die Bemühung, gerade weil sie Mühe macht, nicht von Dauer sein.«[158] Damit ist also das Problem der väterlichen Pflichten sehr rasch geregelt. In dem einen Fall läßt sich die sittliche Erziehung nicht mit dem Beruf des Vaters vereinbaren, im anderen hindert ihn die Erhabenheit seiner Gedankengänge, sich auf das Niveau seiner Kinder »herabzulassen«. Von Arbeitern, Handwerkern oder Beamten ist nicht die Rede, so als gäbe es keine anderen möglichen Väter als den Kaufmann, den Bankier, den Gelehrten ..., den Mann, der rechnet, oder den Mann, der denkt. Chambon schließt, daß »die Erziehung also *normalerweise* der Mutter übertragen wird«.

Diese Erklärungen für den Rückzug des Vaters waren jedoch nicht hinreichend, um wirklich zu überzeugen. Als nachgeschobene Erklärungen *a posteriori* begnügten sie sich damit, die Norm durch die Tatsachen zu rechtfertigen. Die Initiative zu einem Beweis a priori ist dem Philosophen Alain zu danken.

Der Beweis

Alain befaßte sich 1927 mit dem Problem der familiären Empfindungen und nahm sich vor, die notwendige Unterscheidung zwischen den elterlichen Rollen zu beweisen (!). Er untersuchte deshalb zunächst das »Wesen« der beiden Geschlechter, das allein uns »die Möglichkeiten und Fähigkeiten des einen und des anderen« verstehen läßt.[159] »Aufgrund seiner Struktur und seiner biologischen Funktionen ist es *offensichtlich* die Rolle des Mannes, jener zerstörenden, erobernden und gestaltenden Arbeit nachzugehen, ohne die unsere Existenz bald unmöglich wäre, und so ist das Jagen, Fischen, Eilen, Bauen, Befördern die Arbeit des Mannes.«[160]

Um das passive Geschlecht zu begreifen, braucht man »nur die unbeugsamen biologischen Notwendigkeiten zu betrachten«.[161] Alain zufolge ist es die sich an die Geburt des Kindes anschließende Bildung und Pflege, was »das weibliche Denken« von der äußerlichen Notwendigkeit fernhält. Da das ganze Wesen der Frau darin besteht, das Kind auszutragen und aufzuziehen, richten sich ihre Blicke auf das Nest, das Innere. Sie wird in ihrer Aufgabe unterstützt durch ein stärker als beim Mann ausgeprägtes Gefühlsleben, das sich unmittelbar aus dem Phänomen der Schwangerschaft herleitet: »*Die Mutterliebe ist die einzige Liebe, die ganz und gar der Natur entspringt*, weil die beiden Wesen anfangs nur eines sind.«[162]

Noch einmal spielt die Mutter die Rolle des Vermittlers zwischen Kind und Vater, denn nach Alain gibt es im »Wesen des Mannes« nichts, was ihn zu gefühlsmäßigen Beziehungen mit dem Kleinen disponiert. Das Kind ist für ihn etwas Fremdes, weil er in einer Welt lebt, aus der die Kindheit und die sie bestimmenden Regeln der Zuneigung ausgeschlossen sind. Daher sein Unverständnis, seine Strenge und seine Ungeduld. Er, der gewohnt ist, sich mit der harten äußeren Notwendigkeit herumzuschlagen, kann die Launen, die Träume und die Schwäche des Kindes nicht akzeptieren, die der Mutter hingegen vertraut sind.

Die Funktion des Vaters

Wenn die Natur dafür gesorgt hat, daß der Mann der Kindheit fremd gegenübersteht und die Beziehung zwischen Mutter und Kind etwas an sich Vollkommenes ist, erhebt sich die Frage, worin eigentlich die Funktionen des Vaters bestehen. Die Männer des 19. Jahrhunderts haben auf diese Frage mehr oder weniger abweichende Antworten gegeben, was allerdings eine gewisse Übereinstimmung nicht verhinderte. Zwischen denjenigen, die dem Vater eine wichtige Funktion zuerkennen, und den anderen, für die er praktisch gar keine Funktion hat, gibt es eine mittlere Position, die beim Publikum Anklang finden muß. Zu denjenigen, die den Vater ständig an der Erziehungsaufgabe der Mutter mitwirken lassen, gehört Dupanloup. Er spricht häufig von den »naturgegebenen Lehrern« und scheint zwischen Vater und Mutter als Erziehern keinen Unterschied zu machen.[163] Er beläßt es jedoch immer nur bei allgemeinen Äußerungen, und es ist schwer zu erkennen, worin die spezifische Funktion des Vaters besteht, wie er konkret an der Ausbildung »des Denkens, des Sprechens, des Charakters, des Herzens und des Gewissens« mitwirkt.[164]

Ausführlicher ist dagegen Gustave Droz, Verfasser eines Bestsellers des Jahres 1866: *Monsieur, Madame et Bébé*. Er wendet sich an beide Eltern gemeinsam und ermutigt die Väter zu engeren Beziehungen mit ihrem Kind. Er betont, daß die Zuneigung und der Kontakt des Vaters mit dem Kind wichtig seien, und er bedauert, daß es Väter gibt, die es nicht verstehen, Papa zu sein, die nicht imstande sind, sich auf dem Boden zu wälzen, Pferdchen zu spielen, den bösen Wolf zu spielen, ihr Kind auszuziehen. »Was sie damit versäumen, sind nicht nur angenehme Kindereien, es sind wahre Vergnügungen, köstliche Freuden ...«[165]

Droz will nicht so sehr dem Vater erzieherische Aufgaben auferlegen, sondern vielmehr eine Liebe bei ihm wecken, die nicht in dem Maße wie die Mutterliebe instinktiv ist. Um einer Art von naturgegebener Gefühlskälte abzuhelfen, schlägt er vor – und das ist sehr modern –, auf körperliche Kontakte und spielerische Aktivitäten zurückzugreifen. So würden, meint er zu recht, gemeinsame Gewohnheiten von Mann und Kind eine von Natur aus unsichere Bindung stärken. Daß dieses Buch immer wieder neu aufgelegt wurde und hohe Auflagen erreichte, zeigt, daß zahlreiche Eltern für dieses neue Bild der Vaterschaft empfänglich waren.[166]

Wenn man auch eine gewisse gefühlsmäßige Annäherung zwischen Vater und Kind feststellt, so bedeutet das doch keineswegs, daß sie zu einer allgemeinen Tatsache wurde, und es bedeutet noch weniger, daß sie als »obligatorisch« empfunden worden wäre. Es bedeutet ebenfalls nicht, daß der Vater sich tatsächlich gezwungen gesehen hätte, sich mit der Mutter in die erzieherischen Aufgaben zu teilen. Die gutwilligen Männer wurden gepriesen, doch die anderen ließ man nicht die gleiche Mißbilligung spüren, wie sie den schlechten Müttern widerfuhr. Denn für das kollektive Unbewußte bleibt die Erziehung in erster Linie eine Sache der Frau, der Vater ist eher ihr Mitarbeiter als ihr Teilhaber mit gleichen Rechten und Pflichten, und schließlich ist seine Beteiligung weniger notwendig oder, wenn man so will, mehr Nebensache.

Nichts ist in dieser Hinsicht verräterischer als der »Lapsus« von L. A. Martin, dem Verfasser des Buches *L'Education des mères de famille ou la civilisation du genre humain par les femmes*, das zwischen 1834 und 1883 zehn Neuauflagen erlebte. In der zweiten Auflage von 1840 fügte er ein ganzes Kapitel über die Rolle des Vaters ein. Im Vorwort schreibt Martin: »Dieses Kapitel holt etwas *Vergessenes* nach: Es schildert die Rolle des Vaters in der Erziehung, die die Kinder von der Mutter erhalten«.[167] Wie bezeichnend dieses Vergessen für das unbewußte Denken des Autors, also für die Bedeutungslosigkeit der Funktion des Vaters ist! Schaut man sich dieses eingefügte Kapitel an, so bemerkt man, daß es mit einer negativen Feststellung beginnt: »Man hat uns gefragt, warum wir nicht den Vater zur Erziehung des Kindes aufgerufen haben. Unsere Antwort ist einfach: Bei den herrschenden Sitten ist, von einigen seltenen Ausnahmen abgesehen, die Mitwirkung des Vaters fast ausgeschlossen ... Gewiß ist der Einfluß des Vaters eine gute Sache, sofern es ein guter Einfluß ist; doch wie selten sind die Fälle, wo dieser Einfluß sich voll entfalten kann! Was dem Vater fehlt, sind die Zeit und der Wille.«[168]

Glücklich darüber, daß die Väter den Despotismus und die Strenge von früher immer mehr abgelegt haben, räumt L. A. Martin ein, daß sie ihren Kindern nähergekommen sind. Bei der Schilderung des guten Vaters fällt jedoch auf, wie leicht seine Verpflichtungen wiegen: »Der Anteil des Vaters an der Erziehung seiner Kinder soll weder in Belehrung noch in Arbeit bestehen. Wenn er zu erkennen gibt, wie er wirklich ist, wenn er bestrebt ist, seine Pflichten als Mann und Bürger zu erfüllen, wenn seine Worte und Taten stets übereinstimmen, wenn seine Worte stets ein großmütiges Denken erkennen lassen, hat er mehr für seine Kinder getan, als die Kleinigkeitskrämer aller Universitäten der Welt es könnten.«[169] Er braucht also nur das gute Beispiel abzugeben, und er hat seine Pflicht erfüllt. Da er den äußeren Bereich und die Öffentlichkeit verkörpert, genügt es, wenn er regelmäßig erzählt, was er gesehen und gehört hat, und sich in der Familie darüber äußert, um aus seinem Sohn »einen anständigen Mann und Patrioten (zu machen): *Das ist eine leichte Erziehung*, die an den Lebensgewohnheiten nichts ändert, *die kein Opfer erfordert*, die keine Sorgfalt verlangt ...«[170] Seine Tochter wird der Vater über die Vorrechte des männlichen und die Abhängigkeit des weiblichen Geschlechts unterrichten! Besonderer Aufwand ist nicht nötig, es genügt, daß er sich zeigt und daß er spricht, und er hat seine Pflicht im wesentlichen erfüllt.

Siebzig Jahre später wird Ida Sée nicht mehr, höchstens weniger verlangen. In ihren Augen hat der Vater nur zwei Pflichten: »Seine körperliche Gesundheit zu erhalten, um dieses unschätzbare Gut an seine Söhne (und was an die Mädchen?) weiterzugeben.«[171] Später hat er dann die Aufgabe, mit der Mutter an der sozialen Erziehung des Kindes teilzunehmen. In der Zwischenzeit ist vom Vater nicht mehr die Rede, denn »es liegt auf der Hand, daß der Vater dem Kind während seiner ersten Lebensjahre ferner, fremder ist ...[172] Wenn er dann schließlich als würdevolles Standbild eines Kommandeurs auftaucht, sind, »wie man glaubt«, seine bloße Gegenwart und »sein Beispiel ausschlaggebend für die Führung des jungen Mannes«.[173] Objektiv ist die Funktion des Vaters, verglichen mit der der Mutter, auf sehr wenig zusammengeschrumpft. Niemand denkt ernstlich daran, sich darüber zu beklagen. Weder die Männer, die doch einst ihre Fähigkeiten als Erzieher bewiesen haben, noch die Frauen, die dieses Übermaß an Verantwortung als normal, wenn nicht sogar als schmeichelhaft zu empfinden scheinen. Sie haben, als sie mit dem Segen der Männer diese Last, aber auch diese Macht innerhalb der Familie in die Hand nahmen, am Rückzug des Vaters und an der Verringerung seiner Funktionen und seines Prestiges mitgewirkt. Sie sind aber nicht allein für diesen Zustand verantwortlich. Hatte sich der Staat einst bewußt an die Seite des Vaters gestellt und dessen Rechte gestärkt, um mehr Gehorsam zu finden, so nimmt er im 19. Jahrhundert eine andere Haltung ein, ja er verfolgt sogar eine entgegengesetzte Politik.

Der Staat tritt an die Stelle des Vaters

Innerhalb von zweihundert Jahren hat sich das Bild des Vaters beträchtlich gewandelt. Im 17. Jahrhundert galt er als »der Stellvertreter Gottes« und Ersatz des Königs innerhalb seiner Familie. Von diesen beiden absoluten Autoritäten hatte er die Vorrechte und Vollmachten erhalten, die er im Rahmen der Familie ausübte. Für seine Angehörigen war er von Rechts wegen »allwissend, allmächtig und voller Güte«. Das 18. Jahrhundert hatte die Nichtigkeit dieser königlichen Attribute deutlich gemacht. Man mußte jedoch erst das 19. Jahrhundert abwarten, um zu bemerken, daß der Familienvater dumm, fehlbar und böse sein konnte. Nach der Entdeckung der leiblichen Rabenmutter nahm man offiziell von der Existenz des »Rabenvaters« Kenntnis, eines Familienoberhaupts, das die gesellschaftlichen Normen weder befolgte noch weitergab.

Im Gegensatz zur schlechten Mutter, die in keinem bestimmten Milieu zu Hause ist, ist der schlechte Vater im allgemeinen der arme, mittellose Mann, der Arbeiter oder kleine Handwerker, bereits am Ende des 19. Jahrhunderts in zu enge Wohnungen eingepfercht, der Trunkenbold, der sich im Wirtshaus besäuft und nur nach Hause geht, um zu schlafen und ein Übermaß an Gewalttätigkeit an seiner Frau und seinen Kindern auszulassen. Es ist zugleich der ungebildete Mann, der seiner Nachkommenschaft nicht durch sein Vorbild moralische und gesellschaftliche Werte beizubringen vermag, der Vater des künftigen Herumtreibers und Verbrechers.

Im 19. Jahrhundert interessiert sich der Staat immer stärker für das Kind, das für ihn Opfer, Delinquent oder auch nur mittellos ist, und er gewöhnt sich an, den Vater zu überwachen. Jedesmal, wenn in gebührender Weise ein Versäumnis des Vaters festgestellt wird, nimmt der Staat sich vor, den Pflichtvergessenen durch neue Institutionen zu ersetzen. Neue Personen tauchen in der Welt des Kindes auf, und sie haben alle mehr oder weniger die Aufgabe, die von dem leiblichen Vater offen gelassene Rolle auszufüllen: der Lehrer, der Jugendrichter, die Sozialfürsorge, der Erzieher und später der Psychiater, die alle einen Teil der früheren Attribute des Vaters besitzen.

Daß der Staat, der den Vater aller oder doch eines Teils seiner Vorrechte Schritt für Schritt beraubte, nur das Los des Kindes verbessern wollte, steht außer Zweifel. Daß die ergriffenen Maßnahmen einen geschichtlichen Fortschritt bedeuteten, steht ebenfalls außer Zweifel. Am tatkräftigsten werden die Rechte des Vaters übrigens von liberalen Regierungen beschnitten, gegen den Widerstand der Reaktion. Infolge der Kinderfürsorge- und Schutzpolitik geriet freilich nicht nur die Familie unter eine immer kleinlichere Kontrolle, es trat auch an die Stelle des familiaren Patriarchats ein »Staatspatriarchat«.[174]

Die von der Dritten Republik geschaffene konfessionslose, obligatorische Schule ist eine der Institutionen, welche das väterliche Prestige erheblich einschränkten. Während die konfessionslosen oder religiösen Privatschulen von einst die Aufgabe hatten, die familiäre Erziehung durch einen Unterricht zu ergänzen, der die Vater-Ideologie respektierte, verfolgt die öffentliche Schule von J. Simon und J. Ferry ein anderes Ziel. Einerseits vermag sie den Kindern eine Ausbildung zu geben, die über alle anderen Möglichkeiten weit hinausgeht.[175] Andererseits strebt die staatliche Schule dadurch, daß sie allen denselben

Unterricht zuteil werden läßt, eine geistige, wenn nicht sogar soziale Gleichförmigkeit an. Das Kind, das nun den größten Teil seiner Zeit in der Schule verbringt, wird mehr durch den Lehrer als durch seinen Vater erzogen. Nicht die Wertvorstellungen des Vaters, sondern die des Lehrers bringt es nach Hause mit. Die gesellschaftliche Moral und ihre Normen, die dem Kind von seinem Vater vermittelt werden sollten, werden ihm in Wirklichkeit von seinem Lehrer beigebracht. J. Donzelot sagt mit Recht, daß »dem Lehrer bei den nicht in der Kultur verankerten Bevölkerungsschichten die soziale Mission zufällt, das Kind gegen die väterliche Autorität einzustellen, nicht, um es seiner Familie zu entreißen und deren Zerfall zu beschleunigen, sondern um das Kind die Kultur in die Familie tragen zu lassen«.[176]

Nun ist es das Kind, das in der Familie Kenntnisse und Normen vermittelt. Und durch das Kind möchte der Staat die Familie kontrollieren. Die wirtschaftlich wie kulturell rückständigen Eltern werden sich mehr oder weniger rasch den Wertvorstellungen des Lehrer anschließen, jenes Sprachrohrs der Dritten Republik, dessen Äußerungen das Kind abends zu Hause wiedergibt. Damit ist die frühere Situation vollständig auf den Kopf gestellt. Das Kind wird zum Träger der Wertvorstellungen der Außenwelt und gibt sie an seine Eltern weiter. Bei den begüterten Schichten, die ihren Kindern weiterhin ihre eigenen Wertvorstellungen vermitteln und sie auf Privatschulen schicken, ist das natürlich nicht der Fall. Dort können aber auch die Mütter ganz ihre Rolle als Erzieherin und Nachhilfelehrerin spielen. Doch bei den einen wie bei den anderen wird das Prestige des Vaters beeinträchtigt. Er weiß nicht mehr, was das Kind lernt, da die Mutter oder der Lehrer oder beide zusammen das Monopol auf Erziehung und Ausbildung besitzen. Gleichgültig, ob der Vater in der Fabrik arbeitet oder seinen Geschäften nachgeht, er hat nicht mehr die Zeit, dem Kind irgend etwas beizubringen. Nur der Bauer hat noch die Möglichkeit, seinem Kind Wissen und Erfahrung weiterzugeben. Es ist daher kein Zufall, wenn seine Autorität noch für lange Zeit fast unangefochten bleibt.

Die Schule für alle machte im 19. Jahrhundert mit dem Mythos der väterlichen Allwissenheit Schluß, indem sie zeigte, daß mancher Vater unfähig ist, dem Lehrstoff seiner Kinder zu folgen oder auch nur eine Hausaufgabe zu erklären. Der Vater mußte sich zu dem Eingeständnis durchringen, »es nicht zu wissen«. Im 19. Jahrhundert entdeckte man ebenfalls, daß die alte Annahme von der natürlichen Güte des Vaters unberechtigt war. Daß ein Mann unbesonnen sein Kind schlug oder es grundlos einsperren ließ, war schließlich nichts Neues.[177] Es war jedoch niemandem und noch weniger dem Gesetzgeber in den Sinn gekommen, daß man die Handlungen des Vaters verurteilen könnte. Der Staat wollte ihm die Vollmacht lassen zu richten und zu strafen. Im Höchstfalle half er ihm, seine Funktionen zu erfüllen, und hielt sich bereit, ihn zu ersetzen, wenn er seine Pflicht nicht erfüllte. Seine Autorität in Frage zu stellen hätte bedeutet, sie zu schwächen, und es hätte Unruhe in die Familie gebracht. Das wollte die Regierung nicht. Dann nahm man doch lieber einige Ungerechtigkeiten in Kauf.

Die Gleichheitsideologie der französischen Revolution und ein neues Gespür für das Schicksal des Kindes waren die Ursachen dafür, daß man die väterliche Autorität stärker kontrollierte. Diese Autorität war bereits merklich dadurch eingeschränkt worden, daß man das Volljährigkeitsalter auf einundzwanzig Jahre senkte. Darüber hinaus bedurfte es für ein längeres Einsperren der Kinder der richterlichen Zustimmung. Dennoch verfünffachte sich zwischen 1830 und 1855 die Zahl der Kinder, die in Besserungsanstalten geschickt wurden, und man stellte fest, daß in den meisten Fällen die Eltern notleidend waren.[178] Richter und philanthropische Gesellschaften, die sich über diesen Tatbestand Sorgen machten, taten sich zusammen, um diese ungehemmte Ausnützung des Erziehungsrechts durch die Eltern einzuschränken. Von nun an sollten die Richter die Anlässe elterlicher Unzufriedenheit systematisch überprüfen. Das war der Anfang der »Sozialenquête«, die von der Polizei und den »Gesundheitsfürsorgerinnen« durchgeführt wurde.[179]

Der Vater wird zum Überwachungs- und Ermittlungsobjekt, weil man nun seine Nachbarn und seinen Arbeitgeber befragt, um sich nach seinen Gewohnheiten und seinem »einwandfreien Lebenswandel« zu erkundigen. Das veranlaßt P. Meyer zu der Feststellung, daß in Wirklichkeit »nicht allein das Kind gebessert werden soll, sondern im Gegenteil die Familie ...«[180] Die Schuld wurde nun anders verteilt: Das unglückliche oder straffällige Kind erschien immer mehr als das Opfer eines Vaters, der diesen Namen nicht verdient. Verstärkt wurde dieses Gefühl unter dem Druck der zahlreichen privaten Kinderschutzvereine[181], die über das Schicksal mißhandelter oder moralisch verwahrloster Jugendlicher und über die fehlende Möglichkeit, ihnen wirkliche Hilfe zuteil werden zu lassen, besorgt waren.

Um diesen philanthropischen Gesellschaften und der neuen, 1881 geschaffenen Sozialfürsorge zu entsprechen, wurde mit den Gesetzen von 1889 und 1898 die »moralisch ungenügende« väterliche Gewalt in wachsendem Maße auf die Gruppen der privaten Philanthropen, der öffentlichen Fürsorge, der Jugendrichter und der Kinderärzte übertragen. Das Gesetz von 1889 regelte den Verlust der elterlichen Gewalt und seine unmittelbaren Folgen. Der Verlust konnte ausgesprochen werden gegen unwürdige Eltern, die »durch gewohnheitsmäßige Trunksucht, notorischen schlechten Lebenswandel und schlechte Behandlung die Gesundheit oder die Moral ihrer Kinder gefährdeten.«[182]

Mit der Jugendgerichtsbarkeit weitete sich 1912 die Sozialenquête aus. Zur Überwachung der »auffälligen« Familien und zur Unterrichtung der Justiz, der das Erziehungsrecht übertragen worden war, wurde ein regelrechtes Netz von Erkundungen geschaffen.

Gerade vor dem Jugendgericht wird der Niedergang des Vaters wohl am deutlichsten. Lassen wir J. Donzelot zu Wort kommen, der diesen Niedergang in bewegender Weise beschrieben hat: »Wenn er (vor Gericht) erscheint, dann in neun von zehn Fällen, um zu schweigen und seiner Frau das Wort zu überlassen. Wenn er erscheint, merkt man, daß es daran liegt, daß seine Frau ihn beharrlich dazu aufgefordert hat, oder an einer eingefleischten Gewohnheit, Vorladungen zu befolgen, mit Sicherheit aber in der Hoffnung, eine Rolle zu spielen. Weil er sonst kaum eine Rolle zu spielen hat. Seine symbolische Autoritätsfunktion hat der Richter an sich gerissen, seine praktische Funktion hat ihm der Erzieher abgenommen. Bleibt die Mutter, die man in ihrer Rolle nicht behindert, sondern die im Gegenteil eine Rolle spielen soll. Sofern diese Rolle irgendwo zwischen dem Bittgesuch und der respektvollen Würde liegt. Es ist die Rolle des ›natürlichen Anwalts‹ gegenüber der durch die Richter verkörperten Vormundschaftsgewalt.«[183]

Natürlich ist dieser abwesende, schweigende, all seiner alten Vorrechte beraubte Vater ein karikiertes Bild für den Niedergang der väterlichen Funktion. Aber in dieser extremen Situation äußert sich am deutlichsten, daß die Stellung des Vaters sich in ihr Gegenteil verkehrt hat. Wie weit sind wir von dem einstigen allmächtigen Stellvertreter Gottes entfernt! Man wird vielleicht einwenden, daß all die Maßnahmen, die auf die Beschränkung der väterlichen Gewalt zielen, lediglich für die armen Familien gelten, die eine Gefahr oder eine Verletzung der gesellschaftlichen Ordnung darstellen, daß die Väter von wohlhabenden Familien, die in moralischer und gesellschaftlicher Hinsicht »achtbar« sind, kaum zu befürchten haben, daß ihre Autorität durch solche Maßnahmen eingeschränkt wird. Dennoch können auch diese, obwohl es nicht so häufig der Fall ist, in diese demütigende Lage geraten. Die für alle gültigen Gesetze von 1889, 1898 und 1912 stellen durch ihre bloße Existenz eine Überwachung und Beschneidung der väterlichen Autorität dar. Sie bedeuten, daß es jedem Vater passieren kann, daß er eines Tages gegenüber der Gesellschaft Rechenschaft abzulegen hat und den Gebrauch der ihm gegebenen Gewalt rechtfertigen muß. Folglich ist seine Autorität nicht mehr absolut, weil von Gott empfangen und durch den König bestätigt, sondern nun wird sie vom Staat zugewiesen und durch seine Beamten überwacht.

Man kann sich fragen, welche Rolle dem Vater noch bleibt, nachdem die Mutter und der Staat, – beide auf ihre Weise – die väterlichen Funktionen weitgehend an sich gerissen haben. Es scheint, daß seine Qualität, sein Prestige und seine Güte mehr als an jeder anderen Leistung an seiner Fähigkeit gemessen werden, die Familie zu unterhalten. Dieses Bild des guten Vaters, der als Ernährer für das Wohlergehen der Familie sorgt, hat sich bis in unsere Tage erhalten. Je mehr er sich schindet, um pünktlich seinen gesamten Lohn zu Hause abzuliefern, um so eher wird sein Wert anerkannt. Die Kinder und das Haus sind für ihn nur mittelbar ein Gegenstand der Sorge. Sobald er abgeliefert hat, was diese kleine Fabrik in Gang hält, darf er beruhigt seine Pantoffeln anziehen und warten, daß man ihm die Suppe serviert. Dieser Vater hat jahrzehntelang zufrieden gelebt, sicher, seinen Auftrag erfüllt zu haben ... Und warum sollte er auch nicht zufrieden sein, verlangte man doch von ihm nichts weiter, als ein guter Arbeiter zu sein, der jeden Abend brav nach Hause kommt? Wenn es hoch kam, war man ihm dankbar dafür, daß er am Abend das widerspenstige Kind zurechtstauchte oder den fleißigen Schüler belobigte.

Man muß gerechterweise zugeben, daß der Mann seiner Väterlichkeit beraubt worden ist. Indem man ihm nur (und allein ihm) eine wirtschaftliche Funktion zuerkannte, hat man ihn – im wörtlichen wie im übertragenen Sinne – immer stärker von seinem Kind entfernt. Den ganzen Tag über physisch abwesend und am Abend abgespannt, hatte der Vater keine große Gelegenheit mehr, um zu dem Kind eine Beziehung zu haben. In unserer von Männern regierten Gesellschaft scheint jedoch alles darauf hinzudeuten, daß dieser Verlust nicht ohne das Einverständnis derer möglich war, die ihn zu ertragen hatten. Welcher Vater wäre bereit gewesen, mit der Frau zu tauschen? Aber welcher Mann hätte auch gewagt, die Arbeitsteilung innerhalb der Familie und die geltende Unterscheidung zwischen Vater- und Mutterrolle infrage zu stellen? Möglich, daß während dutzender aufeinanderfolgender Generationen einige Väter im stillen darunter gelitten haben.

Paradoxerweise bedurfte es erst der wirtschaftlichen Befreiung der Frau, der Öffnung von einst den Männern vorbehaltenen Karrieren für sie, damit die Männer, durch die so entstehende Gleichberechtigung angestoßen, endlich über den beharrlichen Vorschlag der Frauen nachdenken, die Vaterrolle infrage zu stellen. Werden sie auch für sich die Befreiung vom wirtschaftlichen Zwang und das Recht fordern, endlich als Väter präsent zu sein?

2. Der auf Freud zurückgehende ärztliche Diskurs

Der Diskurs der Psychoanalyse hat sehr dazu beigetragen, aus der Mutter die zentrale Persönlichkeit der Familie zu machen.

Nachdem sie die Existenz des Unbewußten entdeckt und gezeigt hatten, daß es sich im Laufe der Kindheit, ja der allerersten Kindheit bildete, nahmen die Psychoanalytiker die Gewohnheit an, bei der geringsten psychischen Störung des Kindes die Mutter zu befragen, ja, sie sogar infrage zu stellen. Zwar hat die Psychoanalyse nie behauptet, die Mutter sei allein für das Unbewußte ihres Kindes verantwortlich, und dennoch erschien sie sehr bald – man wird sehen, warum – als die unmittelbare, wenn nicht die erste Ursache des psychischen Gleichgewichts des Kindes. Die Psychoanalyse hat, ob man es will oder nicht, lange zu verstehen gegeben, daß ein affektiv gestörtes Kind Sohn oder Tochter einer schlechten Mutter sei, auch wenn der Ausdruck »schlecht« hier keine moralische Bewertung enthält.

Damit nämlich eine Frau die von der Psychoanalyse gewünschte »gute Mutter« sein kann, sollte sie in ihrer Kindheit eine befriedigende sexuelle und psychologische Entwicklung durchgemacht haben, und zwar bei einer Mutter, die ihrerseits relativ ausgeglichen war. Ist eine Frau jedoch von einer gestörten Mutter erzogen worden, so wird sie ihre Weiblichkeit und ihre Mutterschaft sehr wahrscheinlich nur sehr schwer annehmen. Wenn sie selbst Mutter wird, wird sie, wie es heißt, die falschen Einstellungen, die ihre eigene Mutter zeigte, reproduzieren.

Die schlechte Mutter ist also nicht mehr im moralischen Sinne persönlich verantwortlich, denn es mag eine Art von psychopathologischem Fluch auf ihr lasten. Sie ist vielmehr eine Mutter, die für die Übernahme ihrer Rolle »ungeeignet« ist, so etwas wie eine erblich »Kranke«, obwohl die Gene damit nichts zu tun haben. Das geht so weit, daß zahlreiche Psychoanalytiker heute jenen Müttern, deren

Kinder Probleme haben, vorschlagen, sich selbst einer analytischen Therapie zu unterziehen. Die Leitidee dabei ist, daß es nicht genügt, das Kind zu behandeln, wenn man nicht gleichzeitig die Wurzeln des Übels anpackt, nämlich das Leiden der Mutter.

Die Psychoanalyse hat also nicht nur die der Mutter zugeschriebene Bedeutung gesteigert, sie hat auch das Problem der schlechten Mutter zu einem medizinischen gemacht, ohne daß es ihr gelungen wäre, die moralisierenden Auffassungen des vorigen Jahrhunderts zunichte zu machen. Noch immer überlagern sich die beiden Diskurse in einer Weise, daß die schlechte Mutter verworren als eine böse und zugleich kranke Frau wahrgenommen wird: Angst- und Schuldgefühle der Mutter sind nie so groß gewesen wie in unserem Jahrhundert, das doch ein Jahrhundert der Befreiung sein wollte. Gewiß ist die Psychoanalyse nicht an einer solchen Verwirrung schuld, doch kann man zumindest sagen, daß sie nicht überzeugend darzulegen vermochte, daß psychisches Leiden *(mal)* nichts mit dem moralischen Übel *(mal)* zu tun hat.

Wir wollen hier nicht eine erschöpfende Darstellung der psychoanalytischen Theorien zum Problem der Mutter geben, noch wollen wir von all den Auseinandersetzungen berichten, zu denen es in den letzten Jahrzehnten gekommen ist. Wir wollen zunächst den Ursprung einer neuen Denkweise feststellen, die sich (gleichgültig, ob sie dabei verraten wurde oder nicht) dank der Massenmedien rasch in einem solchen Maße ausgebreitet hat, daß das weibliche Unbewußte davon wirklich und schwerwiegend geprägt worden ist.

Die sachkundigen Leser mögen uns verzeihen, wenn wir noch einmal auf die bekannten »heiligen Texte« Freuds über die Weiblichkeit zurückkommen, und sie mögen nachsichtig sein, wenn wir zwei seiner Schüler zitieren, die heute aus der Mode gekommen sind. Gleichwohl haben sie, was das Bild der sogenannten »normalen« Frau und Mutter betrifft, einen großen Einfluß auf die Öffentlichkeit. Ohne diesen Rückgriff auf die Vergangenheit kann man die aktuelle Problematik der Mutterliebe nicht verstehen, und ebensowenig kann man beurteilen, in was für Sackgassen und Konflikte die Frauen hineingetrieben worden sind, besonders seit dem letzten Krieg.

Hundertfünfzig Jahre nach dem *Emile* stellt Doktor Freud sich seinerseits die Frage nach der Natur des weiblichen »Geschlechts«, nun aber im wörtlichen wie im übertragenen Sinne. Wie sein Vorgänger, der behauptete, als vorurteilsloser Beobachter zu sprechen, glaubt Freud, die sexuelle und psychologische Entwicklung der Frau allein aufgrund seiner Erfahrung als praktischer Arzt zu beschreiben. Seine Unsicherheit bezüglich dieses »dunklen Kontinents«, bezüglich des Rätsels, das das Problem der Weiblichkeit für jeden Mann darstellt, ist dabei zweifellos eingeflossen. Doch das hindert ihn nicht, eine Theorie zu äußern, die bei seinen zahlreichen Lesern eine bestimmte Vorstellung von der »normalen« Frau erzeugte und damit indirekt eine Vorstellung von der abweichenden, der anormalen, um nicht zu sagen der kranken Frau. Seine Schüler hatten es dann nicht schwer, das Porträt der »normalen« Mutter zu zeichnen, das sich logisch von der durch Freud beschriebenen Frau herleitet. Der Hinweis, daß jene Frauen und Mütter, die der von der Psychoanalyse definierten Norm entsprechen, die größten Chancen haben müßten, Ehemänner und Kinder glücklich zu machen und selbst ein erfülltes Leben zu haben, erübrigt sich eigentlich.

Bevor wir auf die Merkmale der »guten Mutter« zu sprechen kommen, müssen wir deren Bedingungen erkunden und die Entwicklung beobachten, die das kleine Mädchen in eine ausgeglichene Frau verwandelt. Wir werden deshalb noch einmal lesen, was Freud darüber geschrieben hat, weil das Quelle und Ursprung aller späteren Diskurse ist.

Vom kleinen Mädchen zur normalen Frau

Nach Freud umfaßt der Prozeß, der das Kind in eine Frau verwandelt, zwei Hauptabschnitte, die wiederum in mehrere wichtige Phasen unterteilt sind. Der erste Abschnitt ist durch die Bisexualität gekennzeichnet, die das kleine Mädchen mit dem kleinen Jungen gemeinsam hat, der zweite betrifft die für sein Geschlecht kennzeichnende Entwicklung.

Die ursprüngliche Bisexualität ist ein Thema, das Freud wiederholt aufgriff. Ausgehend von den Feststellungen der Anatomie, derzufolge bestimmte Teile des männlichen Sexualapparats sich auch bei der Frau finden und umgekehrt, schloß Freud sich dem Gedanken einer Zwiegeschlechtigkeit (Bisexualität) an, »als ob das Individuum nicht Mann oder Weib wäre, sondern jedesmal beides, nur von dem einen so viel mehr als von dem anderen«.[1] Er sprach auch von der Existenz einer psychischen Bisexualität, welche die Tatsache erkläre, daß man eine gewisse weibliche Komponente (die Passivität) beim Mann und eine männliche Komponente (die Aktivität) bei der Frau antrifft. Diese Bisexualität wird noch deutlicher, wenn man Jungen und Mädchen während der ersten Lebensjahre miteinander vergleicht. »Die frühen Phasen der Libidoentwicklung scheinen beide Geschlechter in gleicher Weise durchzumachen.«[2] Freud gibt zu verstehen, daß diese »gleiche Weise« essentiell männlich ist, wenn er behauptet, das kleine Mädchen zeige im sadistisch-analen Stadium nicht weniger Aggressivität als der kleine Junge: »Wir müssen nun anerkennen, das kleine Mädchen sei ein kleiner Mann.«[3]

Statt wie Freud von ursprünglicher Bisexualität zu sprechen, wäre es vielleicht besser, von einer beiden Geschlechtern eigentümlichen »Monosexualität« von essentiell männlichem Charakter zu sprechen. Das geht jedenfalls aus Freuds Äußerungen hervor, wenn er von der Ähnlichkeit des weiblichen und männlichen Sexualverhaltens zu Beginn der phallischen Phase spricht: Der kleine Junge lernt, sich durch seinen Penis Lust zu verschaffen, und das kleine Mädchen bedient sich zu dem gleichen Zweck seiner Klitoris. In den Augen Freuds (wohl mehr in seinen als in denen des kleinen Mädchens) ist die Klitoris ein »Penisäquivalent«, und weder sie noch der kleine Junge sollen die »eigentlich weibliche«[4] Vagina entdeckt haben.

Selbst wenn man bei dem kleinen Jungen, der die Weiblichkeit seiner Mutter begehrt und gewisse passive, als weiblich qualifizierte Haltungen übernimmt, von Bisexualität sprechen kann, so ist doch nach Freud die Bisexualität bei dem kleinen Mädchen sehr viel ausgeprägter als bei dem Jungen. Denn der Mann hat nur einen dominierenden Genitalbereich, während die Frau deren zwei besitzt: Die Klitoris, die dem männlichen Glied entspricht, und die eigentlich weibliche Vagina.

In den Augen Freuds und zahlreicher Psychoanalytiker stellt dieses doppelte weibliche Geschlecht, Zeichen der Bisexualität, eine zusätzliche Schwierigkeit für die richtige Entwicklung der Frau dar. Diese ursprüngliche Bisexualität muß zurückgelassen, ja sogar überwunden werden. In einem bestimmten Augenblick muß jedes der beiden Geschlechter seinen eigenen Weg gehen, um seine spezifische Differenz zu realisieren. Dabei treten die Schwierigkeiten der weiblichen Entwicklung zutage. Um sie besser einschätzen zu können, bleiben wir einen Augenblick bei der männlichen Entwicklung, die, wie Freud sagt, nicht die großen Anstrengungen erfordert, die das kleine Mädchen machen muß, um zu einer normalen Frau zu werden. Um es kurz und bündig zusammenzufassen: Der kleine Junge erlebt zunächst eine große Liebe zu seiner Mutter, die ihm die Nahrung gibt und ihm Pflege und Zärtlichkeiten zuteil werden läßt. Sie bleibt Liebesobjekt, bis er dieses durch ein anderes ersetzt, das ihm ähnelt: eine andere Frau. Diese leidenschaftliche Liebe zur Mutter geht bald Hand in Hand mit einem Gefühl der Eifersucht und Rivalität gegenüber dem Vater. Aus dieser Dreiecksbeziehung entsteht der Ödipuskomplex.

Die Entdeckung des weiblichen Organs läßt den Jungen dann Kastrationsangst empfinden. Er stellt fest, daß das in seinen Augen so kostbare männliche Glied nicht notwendig zum Körper gehört, erinnert sich der Drohungen, die man ihm gegenüber aussprach, als er beim Onanieren »auf frischer Tat« ertappt wurde, und er beginnt, sich vor der Verwirklichung dieser Drohungen zu fürchten. Die Kastrationsangst läßt den Ödipuskomplex zurücktreten und führt zur Ausbildung des Über-Ichs. Da er seinen Vater nicht beseitigen kann, um seine Mutter zu heiraten, identifiziert sich der kleine Junge mit demjenigen, der das Gesetz und die Außenwelt repräsentiert. Diese Verinnerlichung der Vaterinstanz begründet das Über-Ich und beendet eine der für die Entwicklung des männlichen Erwachsenen wesentlichen Phasen.

Die weibliche Entwicklung ist unendlich viel komplizierter. Denn das kleine Mädchen muß, wie Freud und seine Schüler behaupten, nicht nur lernen, das Organ seiner Befriedigung (von der Klitoris zur Vagina) zu wechseln, sondern auch das Liebesobjekt, indem es die Leidenschaft, die es zunächst für seine Mutter empfunden hat, auf seinen Vater überträgt. Sonst läuft es Gefahr, nie zu einer wirklich weiblichen

Frau zu werden, und ihre Bestimmung als Ehefrau und Mutter ist in Gefahr.

Der Weg zur Weiblichkeit

Betrachten wir nun den mit Fallstricken übersäten Vorgang der »Verweiblichung«. Das kleine Mädchen erlebt zunächst eine sehr viel längere präödipale Phase als der kleine Junge. Es empfindet wie er libidinöse Gefühle für die Mutter, die jeweils die Merkmale der Phasen annehmen, die sie durchmacht (oral, sadistisch-anal und phallisch), doch sind diese Gefühle zugleich ambivalenter. Sie sind sowohl zärtlich gegenüber der Mutter, die die Bedürfnisse befriedigt, als auch aggressiv, weil sie nie genug gibt. Für das Mädchen ist der Vater während dieser präödipalen Phase nicht viel mehr als ein störender Rivale, doch ist die Feindseligkeit ihm gegenüber weniger stark als beim Jungen.

Bis hierher scheinen Unterschiede zwischen männlicher und weiblicher Entwicklung unmerklich zu sein. Die Psychoanalytiker behaupten jedoch, diese Phase sei für das kleine Mädchen sehr viel folgenreicher. Zunächst stellt diese Periode der Identifikation mit der Mutter die notwendige Vorgeschichte für jede Frau dar. Dic Art, wie sie diese erlebt, bestimmt ihr künftiges Schicksal, denn die psychoanalytische Erfahrung zeigt, so scheint es, daß die Entwicklung der Weiblichkeit Störungen ausgesetzt bleibt, die von den Manifestationen der »ursprünglichen Männlichkeit« hervorgerufen werden. Freud behauptet, die Regression auf die Fixierungen dieser präödipalen Phase sei sehr viel häufiger, als man glaubt, und er sei unter den Kindheitstraumata und -phantasien einer Frau häufig auf das Trauma einer Verführung durch die Mutter gestoßen. Marie Bonaparte teilt wiederum mit, das größte Hindernis für die weibliche Entwicklung sei nicht, wie man häufig glaubt, eine allzu hartnäckige Fixierung auf den Vater, »sondern eine allzu starke Fixierung auf die in der Kindheit klitoral begehrte Mutter«. Allerdings, so fährt sie fort, kann das kleine Mädchen sich diese präödipale Bindung an die Mutter nicht ersparen, denn »die mangelnde Identifikation mit der Mutter ... und das Fehlen des daraus fließenden Mutterinstinkts im eigentlichen Sinne ... scheint im Hinblick auf die erotische Funktion der Frau pathogen zu sein«[5].

Wenn das kleine Mädchen beim Anblick der Genitalorgane des anderen Geschlechts die »Kastration« entdeckt, »merkt es sofort den Unterschied und – man muß es zugestehen – auch seine Bedeutung«.[6] An anderer Stelle schreibt Freud, daß es »seinen Defekt erfährt«.[7] Besser kann man nicht ausdrücken, daß der Unterschied als ein Anzeichen der Minderwertigkeit erlebt wird! Dagegen lehnt es sich auf: »Es fühlt sich schwer beeinträchtigt, äußert oft, es möchte ›auch so etwas haben‹ und verfällt nun dem Penisneid.«[8] Mit der Einsicht in die »Allgemeinheit dieses negativen Charakters«[9] gelangt es zu einer Entwertung der Frauen und seiner eigenen Mutter. Auch wenn es jede Hoffnung verliert, einen Penis zu haben, bleibt dieses Verlangen, wie Freud sagt, lange in seinem Unbewußten lebendig. Es ist eines der Motive, welche die erwachsene Frau veranlassen können, sich analysieren zu lassen.

»Die Entdeckung seiner Kastration ist ein Wendepunkt in der Entwicklung des Mädchens.«[10] Es kann dazu drei Haltungen einnehmen. Die erste läuft auf die Sexualhemmung oder die Neurose hinaus. M. Bonaparte spricht von der »Verzichtenden«. Die zweite besteht in einem auftrumpfenden Beharren des Mädchens auf seiner Männlichkeit: Es weigert sich, auf die klitorale Lust zu verzichten. Freud spricht diesbezüglich vom »Männlichkeitskomplex«, und M. Bonaparte nennt dieses Mädchen die »Fordernde«. Nur die dritte Haltung führt zur »normalen Weiblichkeit«[11], die für das Mädchen darin besteht, den Peniswunsch aufzugeben und durch den Wunsch nach dem Kind zu ersetzen. M. Bonaparte glaubt, diese, die »Akzeptierende«, sei die wahre Frau schlechthin. Verfolgen wir also weiter, was es mit dieser letzteren auf sich hat.

Nach der Entdeckung der Kastration erlebt das normale Mädchen eine dreifache psychologische und sexuelle Veränderung: Feindseligkeit gegenüber der Mutter, Aufgeben der Klitoris als Objekt der Befriedigung und einen »Passivitätsschub«, der mit einer stärkeren Anhänglichkeit an den Vater einhergeht. Die Liebe des kleinen Mädchens richtete sich auf eine phallische und nicht auf eine kastrierte Mutter. Mit der Entdeckung der Kastration kann es sich von seiner Mutter abwenden und seine seit langem aufgestauten feindseligen Gefühle[12] die Oberhand gewinnen lassen. Das ist wünschenswert, denn nach Freud ist die Entfernung von der Mutter ein sehr bedeutsamer Schritt in der Entwicklung des Mädchens.

Gleichzeitig wird bei ihm ein starkes Zurückgehen aktiver sexueller Regungen und eine Steigerung passiver sexueller Regungen beobachtet. Die klitorale Onanie hört auf, weil die aktiven Tendenzen, die sich als unrealisierbar erwiesen haben, durch Frustration geschwächt wurden. Nun gewinnt, wie Freud sagt, die Passivität die Oberhand. So als ob das kulturelle Muster keinen spezifischen Einfluß auf das Verhalten des Mädchens hätte.

Indem es passiv wird, ist es endlich bereit, das Liebesobjekt zu wechseln. Seine Neigung zum Vater setzt sich durch. Freud erklärt diesen neuen Wunsch mit dem älteren, einen Phallus zu besitzen. Da die Mutter ihm diesen verweigert, hofft es, ihn von seinem Vater zu erhalten. Dieser Prozeß ist aber erst wirklich abgeschlossen, wenn der Peniswunsch ersetzt ist durch den Wunsch, ein Kind zu haben. In dieser von Freud festgestellten Äquivalenz zwischen Kind und Penis deutet sich bereits eine Definition der normalen Frau im Sinne einer möglichen Mutter an.

Folgt man der Freudschen Analyse, so ist tatsächlich festzustellen, daß die weibliche ödipale Situation den Abschluß einer sehr viel längeren und schmerzlicheren Entwicklung als beim kleinen Jungen bildet. Im übrigen richtet sich das Mädchen so in dieser Situation ein, wie man sich in einen Hafen flüchtet. Da es nicht den gleichen Antrieb (Kastrationsangst) wie der Junge hat, den Ödipuskomplex zu überwinden, behält es ihn lange und wird erst sehr spät und unvollkommen damit fertig. Infolgedessen ist die Ausbildung seines Über-Ichs gefährdet, denn das Mädchen kann nicht zu der »Potenz« und »Unabhängigkeit« gelangen, die dafür notwendig sind. 1931 gelangte Freud zu der für die Frau tragischen Schlußfolgerung: »Daß man dem Weib wenig Sinn für Gerechtigkeit zuerkennen muß, hängt wohl mit dem Überwiegen des Neids in ihrem Seelenleben zusammen ... Wir sagen auch von den Frauen aus, daß ihre sozialen Interessen schwächer und ihre Fähigkeit zur Triebsublimierung geringer sind als die der Männer ... Ich kann es nicht unterlassen, einen Eindruck zu erwähnen, den man immer wieder in der analytischen Tätigkeit empfängt. Ein Mann um die Dreißig erscheint als ein jugendliches, eher unfertiges Individuum ... Eine Frau um die gleiche Lebenszeit aber erschreckt uns häufig durch ihre psychische Starrheit und Unveränderlichkeit ... Wege zu weiterer Entwicklung ergeben sich nicht; es ist, ... als hätte die schwierige Entwicklung zur Weiblichkeit die Möglichkeiten der Person erschöpft.«[13]

Besser kann man den auf dem weiblichen Geschlecht lastenden Fluch nicht ausdrücken: Sich in der Verwirklichung seiner Weiblichkeit zu erschöpfen ..., so daß ihm für irgendwelche andere kreative Tätigkeit keine Kraft mehr bleibt.

Die weibliche Dreiheit

Freud ließ es sich besonders angelegen sein, die Entwicklung zu untersuchen, die aus dem kleinen Mädchen eine Frau werden läßt. Seine treue Schülerin Helene Deutsch setzte die begonnene Arbeit fort und brachte die Untersuchung zum Abschluß. Unter Verwendung der Begriffe und Prämissen des Meisters, die sie sich zu eigen machte, verfaßte sie zwei umfangreiche Bände über die Psychologie der Frau und der Mutter. Daher werden wir sie jetzt fragen, was unter einer »normalen Frau« oder einer »weiblichen Frau« zu verstehen ist. Helene Deutsch definiert sie im wesentlichen durch drei Begriffe: Passivität, Masochismus und Narzißmus.

Passivität

Zwar erwähnt Helene Deutsch in einem Satz »den hemmenden Einfluß der Mutter«[14] als eine der Ursachen der Passivität des kleinen Mädchens, doch beeilt sie sich, diese auf die erste Ursache zurückzuführen, die konstitutionelle Passivität: »Der Unterschied in der Bildung der Genitalien wird von anderen körperlichen Verschiedenheiten begleitet ..., auch in der Triebanlage treten Differenzen hervor ...«[15] Angeblich ist das kleine Mädchen – seine ursprüngliche Bisexualität wird ganz vergessen – »in der Regel weniger aggressiv, trotzig und selbstgenügsam, es scheint mehr Bedürfnis nach Zärtlichkeit zu haben, die man ihm erweisen soll, darum abhängiger und gefügiger zu sein«[16] als der kleine Junge. Helene Deutsch geht noch weiter und behauptet, daß »der hemmende Einfluß der Mutter darauf beruht, daß sie *spürt*, daß das Mädchen schwächer ist, daß es mehr der Hilfe bedarf als der Junge und daß es sich nicht in Aktivitäten stürzen kann, ohne sich Gefahren auszusetzen«.[17]

Um die der weiblichen Natur eigene Passivität überzeugender darzustellen, griffen Freud und nach ihm Helene Deutsch zu einer Reihe von Analogien. Sie verglichen das Weibliche mit der Eizelle: »Das Ei ist unbeweglich, passiv erwartend«, im Gegensatz zur Samenzelle, die »aktiv und beweglich«[18] ist, und sie bemerkten, daß »das Sexualverhalten der männlichen und weiblichen Individuen beim Geschlechtsakt eine Nachbildung des Verhaltens der elementaren sexuellen Organismen ist«.[19] Das Männchen packt sich das Weibchen und penetriert es. Zwar werden Fälle von aktiven und aggressiven Weibchen im Tierreich (Spinne, Grille, gewisse Schmetterlinge) erwähnt, doch folgert Helene Deutsch gleichwohl, daß »dies nur Ausnahmen von der allgemeinen Regel sind«[20] und die Passivität das Kennzeichen des Weibchens wie der Frau bleibt. »Ich wage zu behaupten, daß diese grundlegenden Gleichungen ›weiblich-passiv‹ und ›männlich-aktiv‹ in allen Kulturen und bei allen Rassen in unterschiedlichen Formen und in verschiedenem Ausmaß auftreten.«[21]

Um diese Passivität zu verstehen, muß man auf die Entwicklung der weiblichen »Sexualtriebe« zurückkommen. Einerseits ist die sexuelle Erregbarkeit des Mädchens »weniger aktiv und intensiv« als die des kleinen Jungen; andererseits ist sein Geschlechtsorgan (die Klitoris) zur Erreichung der gleichen Triebziele »weniger geeignet«[22]. Dieser organische Mangel soll teilweise das Aufgeben der Onanie erklären, und die gehemmte Aktivität sei bereit, sich in Passivität zu verwandeln. Während einer langen Periode wurde das aktive Organ, die Klitoris, nicht durch das passiv-empfangende Organ, die Vagina, ersetzt. »So sieht sich das kleine Mädchen zum zweiten Mal vor einem organischen Mangel: Erst fehlte ihm ein aktives Organ, jetzt fehlt ihm ein passives Organ.«[23] Da das Erwachen der Vagina zu ihrer vollen sexuellen Funktion nicht in seiner Macht steht (es hängt völlig von der Aktivität des Mannes ab), »stellt dieser Mangel an spontaner vaginaler Aktivität die physiologische Grundlage der weiblichen Passivität dar«.[24]

Masochismus

Der Passivität verwandt ist der Masochismus, das zweite Wesensmerkmal der Frau. Wenn Junge und Mädchen anfänglich die gleiche Aggressivität aufweisen, so werden sie sie bald nicht mehr in der gleichen Weise äußern können. Während die männliche Aggressivität sich ungehindert nach außen richten kann, wird von der Aggressivität des Mädchens behauptet, sie »muß sich nach innen wenden«.[25] Und diese verdrängte, gegen das eigene Ich gewendete Aggressivität soll den weiblichen Masochismus begründen, der sich angeblich – Gott sei Dank! – in ein Bedürfnis verwandelt, geliebt zu werden.

Um die Entwicklung des Masochismus zu begreifen, muß man auf die Phase der eintretenden Geschlechtsreife des Mädchens zurückgreifen. Wenn es sich von seiner Mutter löst, nimmt es gegenüber seinem Vater eine erotisch-passive Haltung ein.[26] Er erscheint unbewußt als Verführer, von dem erwartet wird, daß er Initiativen ergreift. Jetzt verwandeln sich H. Deutsch zufolge die aggressiven Komponenten des Mädchens in masochistische Komponenten gegenüber dem Vater und dann in eine allgemeine masochistische Haltung gegenüber allen Männern.[27]

Narzißmus

Glücklicherweise bildet der Narzißmus ein Gegengewicht zur masochistischen Tendenz. Er hängt mit der kindlichen Phase der Ich-Bildung zusammen, in der die Libido das Ich zum Objekt nimmt, in der, anders gesagt, das Kind sich selbst liebt. Diese Selbstliebe verwandelt sich beim kleinen Mädchen nach und nach in den Wunsch, geliebt zu werden. Um die besondere Intensität des weiblichen Narzißmus zu verstehen, muß man berücksichtigen, daß er für die Frau eine zweifache kompensatorische Funktion erfüllt. Einerseits dient er als Kompensation für die Demütigung ihrer genitalen Minderwertigkeit.[28] Andererseits schränkt er ihre masochistische Tendenz ein, die sie auf Ziele lenkt, die für ihr Ich gefährlich sind. Durch den Narzißmus verteidigt sich das Ich und stärkt seine Sicherheit, da dieser seine Selbstliebe intensiviert. Eine normale Frau kann nämlich der masochistischen Tendenz nicht entgehen. Diese ist für die Überwindung der wichtigsten Etappen ihres Lebens notwendig: des Geschlechtsakts, der Niederkunft, der Mutterschaft – Etappen der Reproduktion, die eng mit Leiden verbunden sind.

Diese Theorie des weiblichen Masochismus dient als nachträgliche Rechtfertigung für das Akzeptieren aller Schmerzen und Opfer. Wenn die Frau von Natur aus zum Leiden geschaffen ist und das obendrein noch liebt, braucht man sich keine Hemmungen mehr aufzuerlegen. Insofern ist dieses psychoanalytische Theorem sehr viel gefährlicher als die jüdische-christliche Theologie, derzufolge die Frau leiden muß, um für die Ursünde zu büßen. Der Fluch hatte einen moralischen Grund, und der physische Schmerz war der Preis, den sie für ihren Fehler zu zahlen hatte. Zumindest verlangte man nicht von ihr, das zu lieben. Nach der Freudschen Theorie ist der Fluch ein biologischer: ein Organmangel, der Mangel eines Penis ist die Ursache ihres Unglücks. Freud und H. Deutsch scheinen indessen zu sagen: »Schaut nur, wie gut die Natur es eingerichtet hat; sie hat der Frau die Möglichkeit gegeben, die Lust im Schmerz zu finden!« Die normale Frau leidet gern. Für die Frau, die das nicht liebt und sich gegen ihre Natur auflehnt, gibt es keine andere Lösung, als der Homosexualität oder der Neurose zu verfallen. Damit ist der Kreis also geschlossen: Wenn die Frau es ablehnt, ihre wahre masochistische Natur anzunehmen, wird sie wirklich unglücklich! Mehr als dreißig Jahre lang hat man nicht gewußt, was man darauf antworten sollte..

Die gute Mutter

Aus einem solchen Bild der normalen Frau war es dann leicht, das Bild der guten Mutter abzuleiten. H. Deutsch definiert sie als »dic weibliche Frau«, konstituiert durch die harmonische Wechselwirkung zwischen narzißtischen Tendenzen und der masochistischen Fähigkeit, das Leid zu ertragen. Der narzißtische Wunsch, geliebt zu werden, verwandelt sich bei der mütterlichen Frau in eine Übertragung des Ichs auf das Kind, das nur ein Ersatz des Ichs ist. Was die masochistischen Komponenten der mütterlichen Haltung betrifft, so äußern sie sich hauptsächlich in der Fähigkeit der Mutter zur Selbstaufopferung,[29] in ihrer Bereitschaft, für das Wohl des Kindes zu leiden, und schließlich im Verzicht auf die Abhängigkeit des Kindes, wenn die Stunde seiner Befreiung gekommen ist.

Die Fähigkeit der Mutter, Leiden zu akzeptieren, wird ausgeglichen durch die »Freuden der Mutterschaft«, die ihre spontanen masochistischen Tendenzen dämpfen. Aber wehe jenen, die diese Tendenzen nicht kennen, denn »immer dann, wenn der weibliche Masochismus mit seiner aktiv-mütterlichen Fähigkeit zum Opfer nicht wirksam ist, kann die Seele der Frau einem viel grausameren Masochismus zum Opfer fallen, der aus dem Schuldgefühl entspringt«.[30] Wieder einmal droht jenen, die nicht leiden wollen, Unglück. Doch solche Frauen müßten eigentlich nur unglückliche Ausnahmen sein, denn H. Deutsch behauptet, es gäbe einen mütterlichen Instinkt, der in seinen primitiven Formen chemischer und biologischer Natur ist. Preisen wir die Weisheit der Natur, die dafür gesorgt hat, daß die Liebe der Frau zu ihrem Kind »normalerweise größer ist als ihre Eigenliebe«.[31]

Um diese Überlegungen bereichert, können wir uns der Beschreibung der Einstellungen und Erlebnisse der guten Mutter zuwenden, die der Psychoanalytiker und Kinderarzt Winnicott als »normale hingebende Mutter«[32] bezeichnet hat. Die erste Voraussetzung einer guten Mutterschaft besteht in der Fähigkeit, sich den Bedürfnissen seines Kindes anzupassen, mit anderen Worten, in der psychologischen Verlängerung der intrauterinen, biologischen Beziehung um einige Wochen nach der Geburt.[33] In einem Artikel beschreibt Winnicott dieses Gefühl als »primäre mütterliche Sorge«[34], die mit der Schwangerschaft entsteht und sich über einige Wochen nach der Niederkunft erstreckt. Angeblich versetzt sie die Mutter in einen Zustand der Abkapselung, der dem schizoiden Zustand nahekommt. Diese mütterliche Überempfindlichkeit ist jedoch eine gutartige Krankheit, die es der »normalen Mutter« erlaubt, sich den dringendsten Bedürfnissen des Kleinkindes mit Zartgefühl und Einfühlung anzupassen. Die »normale hingebende« Mutter zeichnet sich also vor allem durch ihre Fähigkeit aus, unter Ausschluß jedes anderen Interesses um ihr Kind besorgt zu sein. Weil sie es versteht, sich in ihr Baby hineinzuversetzen, entwickelt dieses sich harmonisch und läßt sich durch diese oder jene Entbehrungen nicht allzu sehr stören. Gelingt ihr das nicht,[35] dann löst ihr Versagen Phasen der Reaktionsbildung auf Verletzungen aus, die die richtige Entwicklung des Kindes verzögern. Im schlimmsten Fall kann eine solche Mutter »Ursache eines autistischen Kindes sein«.[36]

Man weiß, daß Freud es mehrfach abgelehnt hat, Eltern Ratschläge zu erteilen, weil jede Erziehung scheitern müsse. Nach dem Kriege haben viele seiner Schüler die Warnung vergessen und sind vom Beschreiben zum Vorschreiben übergegangen. Psychoanalytiker wurden berühmt, indem sie darstellten, was eine gute Mutter ist, und indem sie durch Bücher, die speziell für sie verfaßt waren, oder durch die Massenmedien Frauen Ratschläge erteilten.[37] Der Erfolg dieser ersten Vulgarisatoren der Psychoanalyse bewies gleichzeitig die Ratlosigkeit der Mütter und ihre Bereitschaft, einem Ideal zu folgen, was die Vorstellung von einer instinktiv richtigen mütterlichen Haltung widerlegt. Für alles, was die Mütter taten, gab es Empfehlungen.

Das Stillen

Das Stillen ist der erste Beweis der Liebe der Mutter zu ihrem Kind, denn es ruft starke körperliche und seelische Lustgefühle hervor. Die größte Befriedigung verschafft nach Winnicott das »natürliche« Stillen, das sich nach dem Verlangen des Kleinkindes richtet. »Das ist die Basis.« Wenn das Baby keinen regelmäßigen Rhythmus findet, besteht dic schnellste Methode, das Vertrauen wiederherzustellen, darin, daß »sie erneut nur dann stillt, wenn das Kind es wünscht, und erst zu einem neuen und angemessenen Rhythmus zurückkehrt, wenn das Kind gelernt hat, ihn zu ertragen.«[38] Was Winnicott zu erwähnen vergißt, ist, daß ein solches Stillen ohne Regeln oder feste Zeiten mehrere Monate dauern kann. Da die allmähliche Entwöhnung erst nach etwa neun Monaten vorgesehen ist, kann man nur mit Sorge an all die Frauen denken, die bald nach ihrer Entbindung wieder die Arbeit aufnehmen. Und da diese Äußerungen über die Sender der BBC ausgestrahlt wurden, kann man sich das Schuldgefühl vorstellen, das jene Hörerinnen empfunden haben müssen, die sich in dieser Darstellung der guten Mutter nicht wiedererkannten.[39] Dieses Bild wurde aber ganz generell von sämtlichen Psychoanalytikern der Nachkriegszeit vertreten. Helene Deutsch,[40] aber auch Melanie Klein priesen das Stillen und die mütterliche Hingabe. Die letztere glaubte sogar behaupten zu dürfen: »Die Erfahrung lehrt, daß *häufig* auch Kinder, die nicht gestillt worden sind, sich recht gut entwickeln. Dennoch wird man bei solchen Menschen in der Regel eine tiefe Sehnsucht nach der Brust feststellen, die nie erfüllt worden ist. (...) Man *darf sagen*, daß ... *ihre Entwicklung anders und* auf die eine oder andere Weise *besser verlaufen wäre*, wenn man sie gestillt hätte. Andererseits schließe ich aus meiner Erfahrung, daß Kinder, die eine Fehlentwicklung aufweisen, obwohl sie gestillt worden sind, ohne die natürliche Ernährung noch kränker geworden wären.«[41] Grausame Worte für all jene zahlreichen Frauen nach dem Kriege, die ihre Kinder nicht an der Brust stillten. Worte, die umso weniger in Frage gestellt wurden, als das Ansehen der Psychoanalyse auf dem Höhepunkt war und niemand daran dachte, Beweise dafür von Melanie Klein zu fordern.

Nochmals: Die Hingabe ...

Es zeigte sich, daß die »normale hingebende« Mutter jene Mutter ist, »die sich Zeit läßt«[42], die auf alle Bedürfnisse ihres Kindes acht gibt, die sich ganz mit ihm beschäftigt. Die Mutter von »normaler« Hingabe ist daher in Wirklichkeit eine Mutter von »absoluter« Hingabe. Allerdings ist es mit dieser Hingabe für eine gute Mutterschaft noch nicht getan. Für eine wirklich gelungene Beziehung zwischen Mutter und Kind ist es unerläßlich, daß sie darin ihr Vergnügen findet. »Die Freude der Mutter muß vorhanden sein, sonst ist die ganze Prozedur tot, unnütz und mechanisch.«[43] Deshalb ermahnt Winnicott die Mütter, ihre Situation zu genießen. »Wir fangen gerade erst an zu verstehen, wie absolut nötig die Mutterliebe für das Neugeborene ist. *Die körperliche Gesundheit* des Erwachsenen wird in der Kindheit begründet, aber die seelische Gesundheit des Menschen bewirkt die Mutter in den ersten Wochen und Monaten *des Lebens*. (...) Freuen Sie sich darüber, daß Sie ernst genommen werden. Lassen Sie andere sich um die Welt sorgen, während Sie damit beschäftigt sind, ihr einen neuen Bürger zu schenken. (...) Seien Sie auch ruhig ärgerlich über das Kind,[44] wenn es durch Schreien die Milch verweigert, die Sie ihm so gern geben möchten. Genießen Sie alle Arten von weiblichen Gefühlen, die Sie einem Mann überhaupt nicht erklären können. (...) Das Vergnügen, das man bei dem unsauberen Geschäft der Säuglingspflege empfinden kann, ist auch für das Kind von lebenswichtiger Bedeutung.«[45]

Um die von der Mutter geforderten Opfer zu rechtfertigen, fügt Winnicott hinzu: »Weiß sie auch, daß sie, einfach dann, wenn sie sich ganz natürlich verhält, nicht nur die Grundlage der seelischen Gesundheit für das Kind legt, sondern daß das Kind diese seelische Gesundheit gar nicht erhalten kann, wenn es am Anfang des Lebens nicht eben diese Erfahrung gemacht hat, die ihm zu geben sie jede Mühe auf sich nimmt?«[46] Kann man besser die ungeheure Verantwortung ausdrücken, die auf der Mutter lastet? Der rote Faden, der sich von den Diskursen des 18. Jahrhunderts bis zu diesem hinzieht, ist unübersehbar. Bei Winnicott und seinesgleichen ist der Höhepunkt der mütterlichen Verantwortung und damit auch ein diffuses Schuldgefühl erreicht.

Muß eine Mutter sich nicht bei der geringsten psychologischen Schwierigkeit des Kindes verantwortlich und damit schuldig fühlen? Hat sie jemals genug von sich gegeben? Hat sie immer ihr Vergnügen in der Hingabe für das Kind gefunden? Kurz, ist sie genügend masochistisch gewesen, wie jede normale Frau es sein soll? Das sind die Fragen, die sie sich stellen muß, wenn sie die Frauenzeitschriften liest und Radio hört.

Die schlechte Mutter

Die negative Darstellung der schlechten Mutter mußte das Schuldgefühl der Frauen verstärken. Helene Deutsch spricht von den »Verirrungen«, zu denen es kommen kann, wenn die instinktiven mütterlichen Antriebe nachlassen: »Beispielsweise jenes System, sich des Kindes während seines ersten Lebensjahres zu entledigen, indem man es einer Pflegemutter anvertraut (wie es während zweier Jahrhunderte bei den Mittelschichten in Frankreich der Brauch war)... oder das beinahe ebenso beklagenswerte System, die Brüste der Mutter zu schonen, indem man eine Amme mietet oder das Kind auf künstliche Weise ernährt...«[47] Winnicott geht noch darüber hinaus und nennt diejenigen, die die Bedeutung der Mutter in der ersten Zeit leugnen und behaupten, eine gute Kinderfrau täte es auch verblendet. »Man findet sogar Mütter (ich hoffe, nicht in diesem Land!), denen gesagt wird, daß sie ihr Baby *bemuttern müssen*, was die absolute Negation der Tatsache darstellt, daß die ›Bemutterung‹ sich natürlich daraus ergibt, daß man Mutter ist.«[48] Man wollte also nicht sehen, daß nicht alle Frauen auf spontane Weise mütterlich sind. Aus der Voraussetzung, daß die Mutterschaft auf natürliche Weise Liebe und Hingabe für das Kind erzeugt, folgte zwangsläufig, daß die »Verirrungen« als krankhafte Ausnahmen von der Norm zu gelten hatten.

Helene Deutsch befaßte sich mit dem Fall der schlechten Mutter und versuchte, deren Verhalten zu erklären, indem sie die Merkmale der guten Mutter in ihr Gegenteil verkehrte. Ausgehend von der Idee, daß »der höchste Ausdruck der Mutterliebe nur erreicht wird, wenn alle maskulinen Wünsche (Peniswunsch) aufgegeben oder sublimiert worden sind«, folgerte sie, daß Frauen, die diese Wünsche noch empfanden, innere Konflikte haben müßten, die einer guten Mutterschaft wenig günstig sind. Da die Mutterliebe sich nur auf Kosten der Selbstliebe entwickelt, läßt sie zwangsläufig das Ich der Mutter verkümmern. Bei manchen Müttern kämpft das Ich darum, sich zu äußern und sich zu befriedigen, und diese »egoistische« Tendenz gerät in Konflikt mit derjenigen, welche die Nabelschnur zum Kind erhalten möchte. Je stärker ihre männlichen Tendenzen sind, umso entschiedener wird ihr Ich sich von den Aufgaben der Mutterschaft abwenden können.[49]

Zu der nach dem Krieg in Mode gekommenen Ernährung mit der Flasche bemerkte H. Deutsch, sie stelle eine Kompromißlösung dar, welche die persönlichen Interessen der Frau mit denen der Mutter versöhnen wolle. Mit Recht fügte sie jedoch hinzu, daß dieser Kompromiß den Konflikt noch verschärfte. Denn einerseits wurden den Frauen immer größere Möglichkeiten geboten, ihr Ich außerhalb der Fortpflanzungsfunktion zu entfalten, gleichzeitig wurde aber die Ideologie der aktiven Mutterschaft mit wachsender Begeisterung verkündet.

Die notwendige Unterscheidung der Rollen

Verschärft wurde die mißliche Lage mancher Frauen durch die psychoanalytische Theorie von der notwendigen Unterscheidung zwischen Vater- und Mutterrolle. Während die Frauen in wachsender Zahl bestrebt waren, gleichermaßen alle Aspekte ihrer Persönlichkeit zu entfalten, darunter auch die, die man traditionell als aktiv und männlich einstufte, während sie Teilung der Aufgaben mit den Männern forderten, hat die Psychoanalyse nicht aufgehört, von der qualitativen Verschiedenheit der Vater- und Mutterfunktion zu sprechen. Mag man auch hier und da einen Wandel in der Terminologie bemerken, so haben sich gerade über diesen Punkt die Aussagen seit der Entstehung der Psychoanalyse kaum geändert. Für Freud und seine Nachfolger symbolisiert die Mutter vor allem die Liebe und die Zärtlichkeit, der Vater das Gesetz und die Autorität. So unerschöpflich man aber auch war, wenn es um die mütterliche Hingabe ging, so wenig wußte man über die alltägliche Rolle des Vaters zu sagen. Es war eine feststehende Tatsache, daß die Mutter während der ersten Monate, ja sogar während der ersten Lebensjahre die Hauptrolle für das Kind spielte.

In dem Bemühen zu erklären, was ein »guter Vater« für das junge Kind ist, legte Winnicott in seinen BBC-Vorträgen eine Auffassung von der Vaterschaft dar, die durch und durch traditionell war. Nachfolgend die Hauptgedanken, die für seine Äußerungen kennzeichnend sind:

Die Mutter ist dafür verantwortlich, daß ihr Mann ein guter Vater ist.

Die Mutter erscheint als notwendige Vermittlerin zwischen ihm und dem Kind. »Es hängt von der Mutter ab, ob der Vater sein Kind kennenlernt oder nicht.«[50] Ihre Aufgabe ist es, »Vater und Sohn oder Vater und Tochter gelegentlich auf einen Ausflug zu schicken«.[51] Winnicott folgert: »Es steht nicht in Ihrer Macht, daraus eine reiche Beziehung entstehen zu lassen ... Aber es steht in Ihrer Macht, eine solche Beziehung zu ermöglichen, zu verhindern oder zu zerstören.«[52]

Die Anwesenheit des Vaters kann nur episodisch sein.

»Es gibt viele Gründe für die Schwierigkeiten, die für den Vater bestehen, an der Entwicklung des Säuglings teilzuhaben. Einmal mag er kaum je zu Hause sein, wenn der Säugling wach ist. Aber auch, wenn er zu Hause ist, fällt es der Mutter oft ein wenig schwer zu entscheiden, wann ihr Mann ihr bei der Pflege des Kindes nützlich sein kann und wann sie ihn lieber aus dem Weg haben will.«[53] Als Stütze für die Autorität der Mutter »braucht er nicht immer da zu sein, aber er muß oft genug auftauchen, damit das Kind wissen kann, daß er wirklich und lebendig ist«.[54] Winnicott nimmt es hin, daß *manche Väter sich nie für ihr Kleinkind interessieren.*[55] Daß die väterliche Liebe etwas Zufälliges ist, wird aus der folgenden Überlegung deutlich: »Aber es ist immer gut, *wenn* der Vater da ist und das Kind kennenlernen will, dann ist das Kind glücklich ...«[56]

Die Väter können die Mütter nicht ersetzen.

»Man darf nicht in jedem Falle annehmen, daß es gut ist, wenn der

Vater früh dabei ist ... Einige Männer haben das Gefühl, daß sie bessere Mütter als ihre Frauen wären, und sie können dann ziemlich lästig sein ... Und dann gibt es Väter, die wirklich bessere Mütter als ihre Frauen sein könnten, *aber praktisch ist das doch nicht möglich* ...«[57] Für diese letztere Behauptung gibt Winnicott keine Erklärung, weil es sich von selbst versteht, daß ein Mann keine Brüste hat und die Ernährung mit der Flasche das natürliche Stillen nicht ersetzen kann.

Das Kind zieht seine Mutter vor.

»Anfangs kennt das Kind zuerst die Mutter. Früher oder später werden bestimmte Qualitäten der Mutter vom Kinde erkannt, und einige von diesen werden immer mit der Vorstellung von der Mutter verbunden – wie Wärme und Zärtlichkeit ... Immer wieder einmal fängt ein Kind an, jemand zu hassen, und wenn der Vater nicht da ist, um es zurechtzuweisen, wird es seine Mutter hassen und dadurch in Verwirrung geraten, weil *es die Mutter ist, die so fundamental von ihm geliebt wird.*«[58]

Warum »fundamental«? Liegt es nicht vielmehr daran, daß es zu allererst ihre Bekanntschaft macht?

Der Vater ist das Notventil für den Haß des Kindes.

»Alles ist viel leichter für Kinder, die zwei Eltern haben; ein Elternteil kann der liebende bleiben, während man den anderen haßt, und dies bedeutet an sich eine stabilisierende Wirkung.«[59] Aufgrund der vorhergehenden Äußerung ist derjenige, den man hassen kann, ohne daß es schadet, der Vater.

Die erste positive Tugend des Vaters: Seiner Frau zu ermöglichen, eine »gute Mutter« zu sein. »Der Vater in der Familie ist nötig, damit die Mutter sich körperlich wohl und seelisch glücklich fühlen kann.«[60]

Der Vater verkörpert in den Augen des Kindes das Gesetz, die Kraft, das Ideal und die Außenwelt, während die Mutter das Haus und den Haushalt symbolisiert. »Wie Sie wissen, spielen die Kinder ›Vater und Mutter‹, wobei der Vater morgens zur Arbeit geht, während die Mutter die Hausarbeit macht und auf die Kinder aufpaßt. Die Kinder lernen die Hausarbeit leicht kennen, weil sie immer in ihrer Umgebung vor sich geht, aber die Arbeit des Vaters, abgesehen von seinen Liebhabereien in der Freizeit, erweitert die kindliche Welt beträchtlich.«[61]

Winnicott kann sich nicht vorstellen, daß ein Vater das Gemüse putzt, während die Mutter ins Büro oder in die Fabrik geht! Denn all seine Äußerungen beruhen auf einer radikalen Rollentrennung, die wiederum mit der Notwendigkeit des Stillens begründet wird, das der Vater dem Kind nicht bieten kann. Hier rechtfertigt der anatomische Unterschied (die Mutter »hat« es ...) noch einmal den Unterschied zwischen dem Los von Mutter und Vater.

Wenn man Winnicott liest, überzeugt man sich rasch von der geringen Bedeutung des Vaters im Leben des Kindes, vor allem, wenn er folgert, daß das einzige, was man sinnvollerweise von einem Vater verlangen kann, ist, in den ersten Lebensjahren seiner Kinder »lebendig zu sein und es zu bleiben«.[62] Man kann nicht sagen, daß das eine maßlose Forderung wäre!

Der symbolische Vater

Psychoanalytiker haben in der letzten Zeit noch einmal das Problem des Vaters überdacht und eine Trennung zwischen dem symbolischen Vater und dem leibhaftigen Vater vorgenommen. Ob es sich um Jacques Lacan oder um Françoise Dolto handelt, jeder hat auf seine Weise demjenigen, dessen Bedeutung man in den letzten Jahrzehnten herunterzuspielen geneigt war, erneut eine »fundamentale« Bedeutung verliehen. Seine Funktion sei zwar zurückgegangen, hieß es, doch sei seine symbolische Funktion deshalb nicht minder bedeutsam.

Zunächst bleibt der Vater der Bezugspunkt für die nominelle Abstammung.[63] Dank seines Familiennamens kann das Kind sich in die soziale Gruppe einordnen und versuchen, die beängstigende Frage nach den Ursprüngen zu lösen. Im übrigen hat Jacques Lacan nachdrücklich die Bedeutung des »Vaternamens« hervorgehoben, der als Signifikant im Unbewußten des Kindes den symbolischen Vater, den

Träger des Gesetzes repräsentiert. Kein menschliches Wesen kann dieses grundlegende Element der symbolischen Ordnung ohne schwere Schäden entbehren. Wenn es den Vaternamen verliert, bricht beim Kind die Psychose aus, und es gelingt ihm nicht, sich zu einem Subjekt zu erheben – zum Subjekt des Diskurses und zum sozialen Subjekt.

Um die ganze Bedeutung des Vaters als Symbol des Gesetzes und des Verbots (und in erster Linie des Inzestverbots) zu begreifen, muß man sich erinnern, daß die ursprüngliche Dyade Mutter-Kind pathogen werden kann, wenn ein bestimmtes Stadium überschritten ist. Denn wenn am Anfang des Lebens die absolute Abhängigkeitsbeziehung zur Mutter für das Kleinkind eine biologische Notwendigkeit ist, so ist ihre unangemessene Verlängerung ein Hindernis für die Entwicklung des Kindes. Die Mutter tritt nämlich, indem sie die Bedürfnisse ihres Kindes stillt, in eine Wunschbeziehung mit ihm ein, und das Kind versucht, diesen unbewußten Wunsch seiner Mutter zu befriedigen. Wenn die Mutter in ihrer Kindheit aus dem einen oder anderen Grund die präödiale Phase nicht richtig überwunden hat, kann sie dazu neigen, ihr Kind als einen sexuellen Ersatz oder als »ihr phantasmatisches Objekt« zu betrachten. Dadurch behindert sie seine Entwicklung, die notwendig die ödipale Phase durchlaufen muß. In der mütterlichen Welt gefangen, gelingt es dem Kind nicht mehr, aus dieser erstickenden, verzehrenden Beziehung herauszukommen und seiner selbst als eines geschlechtlich differenzierten und unabhängigen Subjekts bewußt zu werden. Wenn der Inzestwunsch auf kein Gesetz stößt, das sich ihm entgegenstellt, wird das Kind von Angst gepackt, und es findet nicht seinen Platz in der Welt.

Ob die Mutter pathogen ist oder nicht, der Vater muß sich im richtigen Augenblick in das Paar Mutter-Kind einmischen. Er muß sie trennen und die ursprüngliche Dyade durch die Dreiecksbeziehung ersetzen, die die einzige wahrhaft menschliche Beziehung ist. Durch seine, oft mehr symbolische als tatsächliche Gegenwart muß er dem Kind begreiflich machen, daß seine Mutter ihm verboten ist, weil sie einem anderen gehört, und daß es, um die Kastrationsangst zu überwinden, den Inzestwunsch aufgeben muß. Erst wenn es das väterliche Gesetz verinnerlicht hat, kann das Kind ein autonomes »Ich« haben und sich als ein unabhängiges Subjekt fühlen, das der Außenwelt standzuhalten vermag.

Dem symbolischen Vater wird eine solche Bedeutung beigemessen, daß man es allzu häufig unterläßt, konkret von dem leibhaftigen Vater zu sprechen. Pierre David erinnert an die aufschlußreiche Handlung der Erfolgskomödie *Les Enfants d'Edouard* von M. G. Sauvajon. Das Stück handelt von einer blendenden Literatin, Mutter von drei Kindern, deren Salon das Porträt von Edouard schmückt, dem verschollenen Vater der Kinder. Bald erfahren die Kinder und die Zuschauer, daß es den lieben Edouard nie gegeben hat, daß er nur ein Mythos ist, den die Mutter aufgebaut hat, um zu verbergen, daß jedes ihrer Kinder einen anderen Vater hat. Doktor David weist darauf hin, daß es der Mutter gelungen ist, ihre Kinder zu erziehen, indem sie an die Stelle des realen Vaters nicht nur eine fiktive Person, sondern ein Bild des Vaters (das Foto) setzte. Der Kommentar von David: »Das ist natürlich ein Theaterstück! Aber wieviele Familien bleiben in der Realität von heute nur deshalb bestehen, weil Frauen über eine oder mehrere Generationen hinweg eine männliche Abstammungslinie aufrecht erhalten, die nur noch auf einem Namen, einer Fassade, auf dem Schein beruht?«[64]

Der leibhaftige Vater

Françoise Dolto gehörte zu jenen, die sich nicht damit begnügten, die Theorie vom symbolischen Vater zu vertreten. Sie, die täglich über den Sender France–Inter die schriftlichen Anfragen von Eltern und generell von Frauen beantwortet, hat sehr häufig bedauert, daß in dem ihr vorgetragenen Fall der Vater nicht erwähnt wird. Wie oft haben wir sie sagen hören: »Was macht der Vater? Sie haben mir nichts über ihn gesagt!« Wenn man über die Probleme spricht, die ein Kind mit sich bringt, ist so selten von dem Vater die Rede, daß Françoise Dolto in der Sendung sagte: »Ja, es geht soweit, daß man manchmal glaubt, daß es keinen gibt.«[65] F. Dolto sollte sich über eine solche Abwesenheit der Väter nicht wundern, denn deren reale Wirkung und Bedeutung werden seit fast zwei Jahrhunderten mit Bedacht heruntergespielt. Dafür sind nicht zuletzt die Psychoanalytiker verantwortlich, die das Verhalten der Mutter und den symbolischen Vater anstelle des wirklichen Vaters in den Vordergrund gestellt haben. Man muß daher jenen danken, die wie F. Dolto bereit waren, uns von dem leibhaftigen Vater zu sprechen.

Einem Hörer, der sich beklagte, keine zufriedenstellenden Beziehungen zu seinen Kindern zu haben, die sich über seine Zärtlichkeiten und Küsse lustig machten, gab F. Dolto die folgende Antwort: »*Die Liebe zum Vater äußert sich nie durch den körperlichen Kontakt*. Es mag solche Kontakte geben, wenn das Kind klein ist, warum nicht? Aber sehr bald soll es keine mehr geben oder so wenig wie möglich. Der Vater ist derjenige, der die Hand auf die Schulter legt und *sagt*: ›Mein Sohn!‹ oder ›meine Tochter!‹, der das Kind auf den Schoß nimmt, Lieder *singt*, der zu den Bildern in Büchern und Zeitschriften *Erklärungen gibt*, der über das Leben, über alles *erzählt*; er *erklärt* auch die Gründe seiner Abwesenheit; da er häufig außer Hause ist, kann das Kind annehmen, daß *er die Welt kennt*, besser als die Mama, die sich vor allem in den häuslichen Dingen auskennt ... Der Vater soll *mit seinen Kindern ausgehen*, ihnen interessante Dinge zeigen (wenn er ein Mädchen und einen Jungen hat, soll er sie getrennt mitnehmen, denn Jungen und Mädchen interessieren sich nicht für die gleichen Dinge). Die Väter müssen aber vor allem wissen, daß sie nicht durch den körperlichen Kontakt, sondern *durch das Wort* die Liebe und Achtung ihrer Kinder gewinnen können.«[66]

Dieses Bild des guten Vaters ist in mehr als einer Hinsicht interessant. Zunächst bestätigt es die traditionelle Vorstellung vom Mann, der zugleich der Besitzer des Wortes und der Repräsentant der Außenwelt ist. Sodann scheint es, als könne der Vater keine anderen als sprachliche und rationale Kontakte mit seinen Kindern haben. Er »sagt«, »singt«, »erzählt«, »erklärt«. Er nennt die Gründe des Handelns und gibt damit das allgemeine Sittengesetz weiter. Dagegen werden ihm bei Strafe des Verlusts der Zuneigung und Achtung seiner Kinder Bemutterung und Zärtelei förmlich untersagt. Die väterliche Liebe zeichnet sich also dadurch aus, daß sie nur auf Distanz gedacht und realisiert wird. Die Vernunft ist die notwendige Vermittlerin zwischen dem Vater und seinen Kindern, und sie erlaubt es gerade, die Distanz zu wahren. Ein Verdienst dieses Textes ist schließlich, daß er die Unterscheidung zwischen männlicher und weiblicher, väterlicher und mütterlicher Rolle bestätigt. Wenn man diese Äußerungen liest, weiß man nicht, ob F. Dolto diese Situation als naturgegeben und damit notwendig betrachtet oder ob sie nur eine gesellschaftliche und folglich bedingte Tatsache feststellt. Wie dem auch sei, wir haben keinen Anhaltspunkt dafür, daß sie daran denkt, die Situation in Frage zu stellen. Besonders bei dem folgenden nicht: »Von drei Jahren an macht ein kleines Mädchen gern alles, was die Mama zu Hause macht: Sie putzt das Gemüse, macht die Betten, putzt die Schuhe, klopft die Teppiche oder führt den Staubsauger, spült das Geschirr, wäscht und stopft ... Gern tut es auch alles, was der Vater macht, wenn er es mit den Händen tut.«[67] Für F. Dolto scheint es also eine feststehende Tatsache zu sein, daß die Mutter, die Herrin des Hauses, sich um den Haushalt und die Küche kümmert. Und nicht der Vater.

Die Anwesenheit der Mutter

Mehrfach unterstreicht F. Dolto, daß von vornherein und in erster Linie das Haus und die kindlichen Seelen, die es bewohnen, Gegenstand der mütterlichen Besorgnisse sind. »Ich habe gesagt, daß die Anwesenheit der Mutter nach meiner Ansicht für ihr Kind bis zu dem Augenblick notwendig ist, wo es durch verständige Schritte und klare Worte mit jemand anders Kontakt aufnehmen kann, d. h. bei Kindern mit gesunder Entwicklung im Alter von 25, 28 Monaten.«[68]

Jenen Müttern, die »es verrückt macht, sich nur mit ihren Kindern zu befassen«[69], rät F. Dolto, sie in die Krippe zu tun und arbeiten zu gehen, denn »sie sind nicht gut für ihre Kinder«. Nur einmal, als sie von der Möglichkeit einer Beihilfe für die Mutter spricht, die (bis zum dritten Lebensjahr ihres Kindes) zu Hause bleibt, stellt sie die Frage: »Und warum nicht der Vater?«[70] Leider bleibt diese Frage ohne Antwort, so als würde die Eventualität nicht wirklich ernst genommen. Diese Hypothese wird übrigens in den beiden folgenden Bänden nicht mehr erwogen.[71]

Man wird vielleicht sagen, daß F. Dolto Nachsicht und Verständnis beweist, wenn sie sich mit dem Fall jener Frauen befaßt, die sich nicht gerne ausschließlich mit ihren Kindern beschäftigen. Indem sie diesen Frauen Kinderkrippe und Arbeit nahelegt, öffnet sie ihnen einen ehrenhaften Ausweg. Theoretisch ist das richtig. Aber welche Mutter wäre tatsächlich bereit zuzugeben, daß sie »schlecht« für ihr Kind ist? Es in die Krippe zu tun, kann als ein Preisgeben, ein Eingeständnis des Egoismus und des Scheiterns erlebt werden. Vor allem dann, wenn die Arbeit der Mutter für das Ehepaar keine wirtschaftliche Notwendigkeit ist. Schließlich ist durch nichts erwiesen, daß, wie F. Dolto glaubt, eine Mutter, die außer Haus arbeitet, am Abend, wenn sie ihr Kind wiedersieht, liebevoller ist.

Sehr wahrscheinlich würden viele Frauen es vorziehen, ihre mütterlichen Aufgaben mit dem Vater ihrer Kinder zu teilen; diese Lösung wäre näherliegend und würde weniger Schuldgefühle erzeugen als die Zuhilfenahme von Pflegemüttern und Krippen.

Die Psychoanalytiker haben sich jedoch wegen der Theorie des Rollenunterschieds stets geweigert, diesen Wunsch zu unterstützen, der vielleicht nicht nur ein Wunsch der Frauen ist. Die Analytiker sehen in der mangelnden Unterscheidung der Rollen eine mögliche Ursache der Verwirrung und damit der Störung für das Kind. Deshalb sehen sie es lieber, wenn eine Pflegemutter die leibliche Mutter ersetzt, als wenn der Vater einen Teil der Mutterrolle übernimmt. Und umgekehrt sehen sie lieber einen Ersatzvater als eine Mutter, die die Doppelrolle spielt. Denn das väterliche Gesetz und die an sich mütterliche Liebe sollen, nachdem sie einmal für verschiedenartig erklärt worden sind, vorzugsweise von Personen unterschiedlichen Geschlechts verkörpert werden.

Die Verantwortung der Mutter

Folglich kann, wenn die Mutter während der ersten Lebensjahre des Kindes ausfällt, der Vater ihr nicht wirklich zu Hilfe kommen. Sie fühlt sich deshalb innerhalb der Familie unersetzlich. Wenn weder Mutter noch Schwiegermutter an ihre Stelle treten können, bleibt ihr keine andere Lösung, als sich an Fremde zu wenden. Woher kann sie aber im voraus wissen, ob die Kinderpflegerin, die Amme oder das Aupair-Mädchen, dem sie tagtäglich ihr Kind überläßt, rücksichtsvoll und ernsthaft damit umgehen kann? Wie kann sie sicher sein, daß diese sie nicht im Stich lassen und sie an ihrer Stelle andere und wieder andere suchen muß? Muß sie nicht eine ungeheure Verantwortung empfinden, wenn sie weiß oder argwöhnt, daß gerade diese ersten Jahre, um die sie, die Mutter, sich kümmern müßte, für das spätere Leben ihres Kindes entscheidend sind? Muß sie sich nicht schließlich schuldig fühlen, wenn bei diesem Kind eine psychologische Schwierigkeit auftaucht?

Françoise Dolto macht keinen Hehl daraus, daß jede Mutter, sei sie nun arm oder reich, für das Kind ein Risiko eingeht, wenn sie es einer Pflegemutter anvertraut. Ein Kindermädchen oder eine Amme sind nie vollkommen verläßlich, denn es kann passieren, daß sie fortgehen und etwas Wesentliches von dem Kind mitnehmen. Sprachliche oder psychomotorische Entwicklungshemmungen, die heute so häufig sind, »sind nicht nur in wirtschaftlich schwachen Familien anzutreffen. Häufig findet man sie auch in wohlhabenden Familien, wenn die Eltern aus unterschiedlichen Gründen auf Pflegepersonen zurückgreifen. *Es entsteht ein Trauma, wenn die Bezugsperson unüberlegt gewechselt wird*, denn mit ihr geht der menschliche Bezugspunkt der sprachlichen (verbalen oder gestischen) Kommunikation verloren; sie läßt das Kind in der Wüste seiner Einsamkeit zurück. Das Kind muß bei jeder weiteren Pflege- oder Aufsichtsbeziehung ein neues, allerdings unsicheres Netz der zwischenmenschlichen Kommunikation aufbauen, das bei jedem Abgang immer wieder hinfällig wird ...«[72]

Es ist verständlich, wenn viele Frauen ein solches Risiko nicht eingehen, sofern sie nicht durch eine unumgängliche Notwendigkeit oder durch dringliche persönliche Wünsche dazu gezwungen sind. Doch unabhängig davon, wie sie sich entscheiden und welchen Zwängen sie ausgesetzt sind, ist den Frauen durch einen auch nur oberflächlichen Kontakt mit der Psychoanalyse bewußt geworden, daß sie für das Kind eine wesentliche Rolle spielen, die zu übernehmen sehr viel schwerer fällt als die des Vaters. Eine symbolische Mutter genügt nicht, und das Kleinkind ist während der ersten Lebensjahre auf eine leibhaftige Mutter[73] angewiesen. Dagegen ist nach der überwiegenden Meinung der Psychoanalytiker die Anwesenheit des Vaters bei weitem nicht so wichtig. Er kann den ganze Tag über abwesend sein, von Ferne her strafen und lieben, ohne daß es dem Kind schadet.

Der Eindruck, daß der Vater weniger wichtig ist und daß er vor allem bei psychischen Störungen des Kindes weniger Verantwortung trägt, wird dadurch verstärkt, daß er die Stellung eines »Zweiten« einnimmt. Er taucht immer erst »nachher« auf, nachdem sich in der ersten unmittelbaren Auseinandersetzung zwischen Kind und Mutter die sprachliche Dimension hergestellt hat. Da er während der ersten Lebensmonate seines Kindes praktisch nicht vorhanden ist – denn kein Psychoanalytiker empfiehlt, daß der Vater sich unmittelbar mit dem Kleinkind befaßt –, kann er für keine der zahlreichen Störungen, die während dieser Zeit auftreten können, verantwortlich gemacht werden. Von dem pathogenen oder schlechten Vater ist deshalb viel weniger die Rede als von der pathogenen oder schlechten Mutter. Die Psychoanalytiker wissen durchaus, daß es einen solchen Vater gibt – unter anderem haben Bruno Bettelheim, Maud Mannoni und Françoise Dolto von jenen unsicheren Männern gesprochen, die die Flucht ergreifen, weil sie ihr Gesetz nicht durchzusetzen verstehen –, aber man ist ihnen gegenüber nachsichtig. Selten werden sie wirklich in dem gleichen Maße zur Verantwortung gezogen wie die Mütter.[74] Wenn man Berichte über die Analyse von psychotischen oder neurotischen Kindern liest, stellt man fest, daß in den meisten Fällen die Mütter den Psychologen um Rat angehen. Sie sind es, die sich, gleichgültig, wie hoch der Preis ist, den sie an Angst- und Schuldgefühlen dafür zu zahlen haben, bemühen, dem Kind aus seinem Unglück herauszuhelfen. Allzu häufig müssen sie sich allein mit dem Psychoanalytiker auseinandersetzen, mit ihm sprechen und vor der Tür auf das Kind warten. Sie sind es schließlich, denen man häufig rät, sich gleichzeitig mit ihrem Kind einer analytischen Behandlung zu unterziehen. Gleichgültig, ob der Vater während dieser Zeit da ist oder nicht, ob er seine Frau unterstützt oder entmutigt, man hat nicht das Gefühl, daß es ebenso sehr seine Sache ist wie die der Mutter.

Diejenigen, die Françoise Dolto tagtäglich hören, werden bezeugen können, daß die Empfehlung an einen der Elternteile, eine Psychoanalyse zu machen, sich in neun von zehn Fällen an die Mutter richtet. Muß man da nicht glauben, daß die Krankheit oder das Leiden des Kindes von der Mutter hervorgerufen, von ihr zu verantworten und folglich ihre Sache ist?

Eine ungeheure Pressekampagne

Dieser Glaube wurde von den Frauen – und den Männern – umso eher aufgenommen, als sich in diesem Sinne seit dem letzten Krieg eine ungeheure Pressekampagne entfaltet hat, die sich auf vulgarisierte Freudsche Vorstellungen stützte. Betty Friedan[75] hat sehr schön gezeigt, wie die Amerikanerinnen kurz nach 1945 dazu gebracht wurden, hingebungsvolle Mütter und Hausfrauen – und nichts anderes zu sein, wie nicht nur die »weibliche« Presse, sondern auch die Intellektuellen und Akademiker daran mitwirkten und wie sie dauernd die Freudschen Theorien vom Masochismus, von der weiblichen Passivität und das Dogma vom Rollenunterschied, das den Funktionalisten so sehr am

Herzen lag, benutzten, um die Religion der Mutter aufzubauen. »Eine regelrechte Mystik wurde um die Mutter getrieben. Plötzlich wurde entdeckt, daß man der Mutter fast alles in die Schuhe schieben konnte. In jeder Krankengeschichte eines gestörten Kindes, eines Alkoholikers, eines suizidalen, schizophrenen, psychopatischen oder neurotischen Erwachsenen, eines impotenten oder homosexuellen Mannes, einer frigiden oder nymphomanischen Frau, eines krebskranken, asthmatischen oder sonstwie leidenden Amerikaners kam eine Mutter vor. Eine frustrierte, unterdrückte, gemütskranke, gequälte, niemals befriedigte, unglückliche Frau. Eine ewig fordernde, nörgelnde, zänkische Ehefrau.«[76] Auch in Frankreich wurden die Frauen unter diesen ideologischen Druck gesetzt. Er war vielleicht nicht so stark und durchdringend wie in den USA, aber es gab ihn gleichwohl. A. M. Dardigna[77] stellt fest, daß die Themen, die seit zehn Jahren in der Frauenpresse die Hauptrolle spielen, sich um die »Natur der Frau« drehen, deren zentraler Punkt die Mutterschaft ist. Angeblich hat die Frau eine »biologische Bestimmung« zu erfüllen, die häufig als etwas Triebhaftes dargestellt wird: als ein »Lebenstrieb, der mit dem Lebenstrieb der Gesellschaft identisch ist«, oder als ein »tiefsitzender Nesttrieb«. Fast die gesamte Frauenpresse[78] verdammte bis zum Jahre 1978 alle Frauen, die keine Kinder wollten. Ihnen wurde Egoismus, mangelnde Ausgeglichenheit, fehlende Reife oder Narzißmus vorgeworfen, wenn sie nicht als »infantil«[79] eingestuft wurden. Die Frauen sind nicht dazu geschaffen, zu verdorren, sondern um, wie es bei Jean Duché heißt, »die Rolle der Ehefrau und Hüterin des Hauses, der Geborgenheit vermittelnden Mutter, der Quelle von Zärtlichkeit und Liebe zu spielen«.[80] Und das müßte ihr umso leichter fallen, als sie in größerem Maße als der Mann etwas Animalisches in sich bewahrt hat. Sie wird gern mit der Kuh verglichen, die ihrem Kälbchen spontane Zärtlichkeit entgegenbringt,[81] oder mit der Katze, die instinktiv ihre Milch und ihre Zärtlichkeiten zu geben vermag.[82] Folglich wird die Frau wie im 18. Jahrhundert aufgefordert, sich an den Tierweibchen ein Beispiel zu nehmen und ihr Kind an der Brust zu stillen. Eine regelrechte Kampagne für die Rückkehr zum natürlichen Stillen, das zahlreiche Frauen vor 1970 aufgegeben hatten, erfaßte sogar jenen Teil der Presse, der sich nicht unmittelbar an Frauen wandte. Professor Royer machte sich in dem Wochenmagazin *Le Point*[83] zum Lobsänger des Stillens, und die Zeitschrift *Parents* behauptete kategorisch, daß »die Kinder, die gestillt werden, besser zu erziehen sind«, wobei man sich hinzudenken mußte: als die anderen.[84] Beifällig wurde von Frauen berichtet, die ihr Kind bis zum Alter von 17 Monaten stillen.

Wie A. M. Dardigna festgestellt hat, geht man, wenn von der Mutterschaft die Rede ist, von der biologischen Fortpflanzungsfunktion unvermittelt zum Aufziehen und zur Erziehung der Kinder über. Für all das ist allein die Frau verantwortlich. Deshalb wird der Frau in einer Flut von Erklärungen davon abgeraten, einen Beruf auszuüben, der sie von der Familie fernhält. »Theoretisch kann eine Frau alles tun. Wenn sie aber Kinder haben will, muß sie bereit sein, zehn Jahre ihres Lebens zu opfern, und das im Alter von zwanzig bis dreißig Jahren. Wenn ihr die Erziehung ihrer Kinder gelingen soll, sehe ich keine anderen Möglichkeiten.«[85] Das zieht sich wie ein Echo durch alle Zeitschriften und wird, wie A. M. Dardigna feststellt, zu einer feststehenden Tatsache: »Eines Tages wird sie ihre Karriere opfern (oder unterbrechen) müssen, oder sie geht das Risiko ein, daß ihre Kinder zu Opfern werden.«[86] Jean Duché, der Moralist der Zeitschrift *Elle*, folgert: »Die Psychoanalyse zeigt, daß die Bedeutung der Mutter gegen das vierte Lebensjahr zurücktritt. Stellen wir uns vor, sie hat in drei Jahren drei Kinder. Das macht, bis das letzte Kind vier Jahre alt ist, ungefähr sieben Jahre ... Danach wäre sie frei, einen normalen Beruf auszuüben.«[87]

Leider macht der Übergang von der Fortpflanzungsfunktion zum Aufziehen der Kinder nicht immer bei dem von den Psychoanalytikern empfohlenen dritten oder vierten Lebensjahr halt. In zahlreichen Zeitschriften wird den Frauen erklärt, es sei für jedes Familienmitglied notwendig, daß sie ständig zu Hause und verfügbar sind. So schreibt Doktor Solignac in *Femme pratique*: »Die Mutter im Hause ist ein Gleichgewichtsfaktor. Für die Kinder ist es ein Bedürfnis, daß jemand im Hause ist, wenn sie heimkommen ... Nach meiner Ansicht ist die derzeitige berufstätige Lebensweise nicht gut für die Familie.«[88] Schließlich heißt es in *Bonnes Soirées* zur Rolle der Eltern in der Erziehung der Kinder während des Übergangs von der Kindheit zur Jugend: »Während in der vorhergehenden Phase allein die Mutter betroffen war, spielt nun der Vater eine wichtige Rolle; das Mädchen möchte alles tun, um ihm zu gefallen, und der Junge möchte ein Mann wie er werden. *Die Rolle der Mutter bleibt wichtig* vor allem in der Zusammenstellung der täglichen Mahlzeiten!«[89]

Jahrzentelang hat sich die französische Frauenpresse bereitwillig zum Träger all dieser traditionellen Auffassungen gemacht. Das stereotype Bild von der guten Mutter im Hause wurde ebenso fleißig verbreitet wie die Vorstellung von dem alleingelassenen Kind, dem alle möglichen Gefahren drohen, während die Mutter arbeitet. Die Psychoanalytiker, die nicht so viel verlangten, wurden regelrecht überboten. Leider haben viele Psychologen und Ratgeber aller Art, die in den Zeitschriften zu Wort kamen, diese sinnlosen Forderungen unterstützt.

Allerdings hat eine große Zahl von Frauen all diesen Pressionen widerstanden. Manche taten es auf Grund ihrer emanzipatorischen Überzeugungen aus freiem Willen, andere, die sehr viel zahlreicher waren, weil sie keine Wahl hatten. Wahrscheinlich haben die letzteren am meisten unter ihrer doppelten Arbeitsbelastung (einerseits als Mutter und Hausfrau, andererseits als Berufstätige) gelitten. Nicht nur deshalb, weil ihnen die Bildungsvoraussetzungen fehlten, um diesem ideologischen Druck entgegenzutreten, sondern auch weil sie, empfänglicher für die herrschenden Ansichten, eine Situation, die man hartnäckig als widerspruchsvoll darstellte und dennoch beizubehalten trachtete, als beklemmend empfinden mußten.

Danken wir der Frauenbewegung, daß sie dafür gekämpft hat, daß die Lage der Frauen und namentlich das Bild der Mutter sich ändert. Dank ihres militanten Einsatzes und eines Teils der Medien, der ihnen Gehör verschaffte, wird die Malaise der Frauen und Mütter allmählich zur Kenntnis genommen. Der überwiegende Teil der Frauenpresse mußte einen anderen Ton anschlagen, wenn nicht sogar seine Auffassungen ändern. Er mußte, wenn auch nur zaghaft, feststellen, daß zwischen der lautstark verkündeten Theorie und dem wirklichen Leben der Frauen eine tiefe Kluft bestand.

3. Die Kluft zwischen Mythos und Realität

In den sechziger Jahren – fast fünfzehn Jahre, nachdem *Das andere Geschlecht* von Simone de Beauvoir in Frankreich erschienen war – entstand in den USA eine bedeutende feministische Bewegung, die sich rasch in der westlichen Welt ausbreitete. Die neuen Theoretikerinnen wollten vor allem die Grundlagen und Implikationen der Freudschen Konzeption der Weiblichkeit in Frage stellen. Sie begnügten sich allerdings nicht damit, die Begriffe der Psychoanalyse einer kritischen Prüfung zu unterziehen. Sie zeigten durch ihr Beispiel und ihre Kämpfe außerdem, daß eine andere weibliche Praxis möglich, ja sogar wünschenswert war. Nach einer langen Periode des Schweigens ergriffen Frauen – für den Geschmack mancher allzu laut – das Wort, um auf Wünsche aufmerksam zu machen, die seit Jahrhunderten verborgen waren, sowie auf die sexistische Unterdrückung, die dafür verantwortlich war.

Dieser neue weibliche Diskurs hatte weitreichende, bis heute noch nicht abzusehende Folgen. Er zerstörte zunächst den Freudschen Mythos von der normalen, passiven und masochistischen Frau, ließ das durch die Theorie von der natürlicherweise hingebenden, zum Opfern geschaffenen Mutter hinfällig werden und brachte die derzeitigen Theoretiker der Psychoanalyse unbestreitbar in Schwierigkeiten. Weil dadurch ein nicht mehr rückgängig zu machender Konflikt zwischen zwei einander widersprechenden Forderungen geschaffen wurde, entstand eine ganz und gar unhaltbare Situation. Indem sie die Frauen dazu ermutigten, das zu sein und zu tun, was als anormal galt, haben die Feministinnen den Keim zu einer objektiv revolutionären Situation gelegt. Aus dem Widerspruch zwischen den weiblichen Wünschen und den herrschenden Wertvorstellungen können nur neue Verhaltensweisen hervorgehen, die die Gesellschaft vielleicht stärker umwälzen werden als jeder zu erwartende wirtschaftliche Wandel.

Freud hatte den Mann als aktiv beschrieben, als Eroberer, der sich mit der Außenwelt auseinandersetzt. Die Frau blieb passiv, masochistisch, Spenderin der Liebe innerhalb der Familie und fähig, ihrem Mann mit Hingabe zu dienen.

Kate Millett gehört zu jenen, die die Freudschen Theorien einer eingehenden Kritik unterzogen.[1] Indem sie die einzelnen Begriffe der Psychologie der Frau unter die Lupe nahm, konnte sie die Brüche in der Argumentation des Vaters der Psychoanalyse aufdecken: Er hatte nicht die Gesellschaft in seine Hypothesen einbezogen und theoretische Annahmen unzulässig mit bewiesenen Wahrheiten gleichgesetzt.

Wir haben gesehen, daß der Freudschen Auffassung von der weiblichen Persönlichkeit der Penisneid zugrunde liegt; dies ist einer der Schlüsselbegriffe, der einer kritischen Untersuchung bedarf. Nach Freud macht das kleine Mädchen, wenn es sein Genitale mit dem des Jungen vergleicht, eine tragische Erfahrung, die es für sein ganzes Leben prägt. Kate Millett bemerkt dazu, daß eine solche Behauptung weit davon entfernt ist, bewiesen zu sein, und selbst wenn man annähme, daß sie wahr wäre, müßte man sich fragen, warum es so ist. Wenn die Männlichkeit an sich etwas Höherwertiges ist, müßte es möglich sein, das zu beweisen. Anderenfalls beurteilt die Frau sie falsch und leitet daraus zu Unrecht ab, daß sie minderwertig sei. In diesem Falle müßte man sich fragen, welche Kräfte sie dazu veranlaßt haben, sich als ein minderwertiges Wesen zu betrachten. Kate Millett meint mit Recht, die Antwort sei in der patriarchalischen Gesellschaft zu suchen und in der Situation, die diese den Frauen vorbehält. »Freud aber zog es vor, diese Gedankenrichtung nicht weiter zu verfolgen, und versteifte sich statt dessen auf die Ätiologie der Kindheitserfahrungen, die auf der biologischen Tatsache anatomischer Unterschiede beruhen.«[2]

Freud nimmt ebenfalls an, das kleine Mädchen lege den Vergleich mit dem sichtbaren Geschlecht des kleinen Jungen, dem Penis, zu seinem eigenen Nachteil aus und sei neidisch darauf. Warum, so fragt K. Millett, soll das, was größer ist, als besser gelten? Warum soll das kleine Mädchen nicht seinen eigenen Körper als Norm betrachten und den Penis als einen unästhetischen Auswuchs? Worauf stützt sich Freud schließlich bei der Behauptung, der Penis erscheine dem kleinen Mädchen als besser zum Onanieren geeignet als die eigene Klitoris? Auf diese Fragen hat Freud nie eine Antwort gegeben, und er hat keinen objektiven Beweis für seine Begriffe des Penisneids und des weiblichen Kastrationskomplexes geliefert. Muß man daraus nicht schließen, daß Freud subjektivistisch urteilte, daß er ein »ziemlich massives männlich-suprematistisches Vorurteil«[3] besaß, das Ernest Jones als »phallozentrisch« bezeichnet hat? Ist es nicht schließlich bestürzend, mit welcher Leichtfertigkeit Freud aus der Entdeckung der Kastration (die er für eine universelle weibliche Erfahrung hält) alle weiteren Etappen der weiblichen Psychologie und Sexualität ableitet? Liegt es nicht an diesem verdrängten, aber niemals vernichteten Penisneid, wenn die Frau ihre volle Verwirklichung in der Mutterschaft findet? Liegt es nicht an diesem organischen Mangel, wenn sie für immer abhängig, neidvoll, schamhaft, weniger schöpferisch, weniger sozial und weniger moralisch ist als der Mann?

Die Frau gilt, je nach dem ob der Penisneid in der Mutterschaft sublimiert wird oder nicht, als gesund oder krank. Folglich sind alle, die Anzeichen von Männlichkeit, Unabhängigkeit oder Aktivität aufweisen, verrückt. Alle, die lieber Karriere machen, statt sich fortzupflanzen, und alle – es sind überwiegend dieselben! –, die nicht auf ihre Klitoris verzichten, sind »unreif«, »regressiv« und »unvollständige Persönlichkeiten«.

Im Hinblick auf die drei Wesensmerkmale der weiblichen Persönlichkeit (Passivität, Masochismus und Narzißmus) verwarf Freud mit derselben Leichtfertigkeit die Hypothese ihrer kulturellen und gesellschaftlichen Bedingtheit. Die drei genannten Merkmale erscheinen ihm nicht nur als konstitutionell bedingt, sondern stellen außerdem die Norm für die richtige weibliche Entwicklung dar. Daß die Erziehung und alle Sozialisationsfaktoren die Frauen veranlaßten, eine entsprechende Haltung einzunehmen, spielte offenbar keine Rolle. Wieder einmal wurde das Bestehende für angeboren erklärt, und Freud vollzog denselben methodischen Fehler, den Rousseau im *Emile* begangen hatte. Beide glaubten die weibliche Natur zu beschreiben und schilderten in Wirklichkeit doch nur die Frau, die sie vor Augen hatten. Die Sentimentale des 18. Jahrhunderts und die Kastrierte des 19. Jahrhunderts erschienen als das ewig Weibliche.

In der zweiten Hälfte des 20. Jahrhunderts haben Frauen diese Definitionen der weiblichen »Natur« eindeutig widerlegt. Sie haben durch ihr Handeln bewiesen, daß sie weder konstitutionell »passiv« oder »masochistisch« noch hauptsächlich »vaginal« sind.

Denn seit die Frauen die Türen ihres Hauses aufgestoßen und Universitäten, Gerichtssäle, Krankenhäuser und Gewerkschaften erobert haben, haben sie gezeigt, daß Aktivität, Unabhängigkeit und Ehrgeiz nicht den Männern vorbehalten sind. Sollte jemand ernstlich behaupten, diese Frauen, Staats- oder Parteioberhäupter, Chirurginnen, Technikerinnen, Richterinnen oder Unternehmerinnen seien nur verdrängte Homosexuelle? Wir können feststellen, daß die Frauen sich mit zunehmender geistiger Entwicklung Ziele setzen, die traditionell als männlich bezeichnet werden. Man wird vielleicht einwenden, es handele sich dabei nur um die »Fordernden«, deren »Natur« in ihrer Kindheit durch eine unglückliche psychologische Entwicklung deformiert wurde, oder um ein pathologisches Zurückbleiben auf der präödipalen Stufe. Diese Erklärungen können uns nicht mehr zufriedenstellen.

Was taugt ein Naturbegriff, der sich mit der Kultur und der Erziehung ändert? Was wird von dem Freudschen »ewig Weiblichen« übrig bleiben, wenn morgen alle Frauen genau wie die Männer Zugang zu Wissen und Macht haben werden? Wird dann die gesamte weibliche Bevölkerung für homosexuell erklärt? Oder werden wir weiterhin verkünden, die Frauen seien weniger gerecht, weniger sozial, weniger schöpferisch als ihre männlichen Mitstreiter?

Nicht anders verhält es sich mit dem Masochismus, der prinzipiell alle bedeutenden Etappen des weiblichen Sexuallebens kennzeichnen sollte: die Regel, die Defloration, die Niederkunft. Was die Regel und die Niederkunft betrifft, so weiß man heute, daß der damit einhergehende Schmerz nicht unausweichlich ist. Wenn die Frauen es heute massenhaft ablehnen zu leiden, ist das nicht ein Beweis dafür, daß das Leiden ihnen ebenso widerstrebt wie der anderen Hälfte der Menschheit? Zumindest lebt, wird man vielleicht sagen, in ihrer sexuellen Aktivität ihr »erotischer Hang zum Schmerz« fort. Schlummert nicht in jeder Frau eine »O«? Und ist die Vergewaltigungsphantasie nicht etwas spezifisch Weibliches? Aber wie kann man wissen, ob dieser Wunsch nicht in Wirklichkeit von Männern und Frauen gleichermaßen geteilt wird? Wie kann man den Einfluß von jahrtausendealten Traditionen und Bildern auf das menschliche Seelenleben ermessen? Wenn die Frauen zur gleichen Zeit, da sie das Wort ergriffen, sehr nachdrücklich gerufen haben, sie haßten die Vergewaltigung und verlangten Wiedergutmachung für solche Kränkung, so ist das sicherlich kein Zufall. Gleichgültig, ob man sie als fanatische Feministinnen oder als Frauen mit »verdrängter Männlichkeit« bezeichnet, auf jeden Fall nimmt die Zahl derjenigen, die es nicht mehr ertragen, stumm zu leiden und so zu tun, als hätten sie das gern, unaufhörlich zu.

Muß man bei den zahlreichen Frauen, deren Sexualleben durch einen allzu brutalen Liebhaber oder durch einen Ehemann versaut wurde, der sie vergewaltigte, die Frigidität ihrem mangelnden Masochismus in die Schuhe schieben? Oder sind sie nicht einfach deshalb frigide, weil Vergewaltigung und Brutalität den Frauen ebenso wenig gefällt wie den Männern? Was soll man schließlich von Frauen denken, die sich für frigide gehalten haben, weil man ihnen jahrhundertelang wiederholt hat, es gebe nur einen vaginalen Orgasmus und außerhalb der Vagina kein Heil für die Frauen? Sie haben während dieser Zeit aus Scham geschwiegen, weil sie glaubten, sie seien anormal, Opfer einer Verwünschung, über die man nicht sprechen kann. Mußten sie sich nicht krank und verdreht vorkommen, wenn man hier und da liest, der »Vaginismus« sei der dramatischste Ausdruck der weiblichen Frigidität, wenn man hört, daß Doktor Friedmann erklärt, »der Vaginismus sei der Ausdruck ihrer Aggressivität und Rache für die tägliche Versklavung«?[4]

Aus den ersten großen Untersuchungen zur weiblichen Sexualität ging hervor, daß das »Übel« dermaßen verbreitet war, daß man zu dem Schluß gelangte, es gäbe keinen vaginalen Orgasmus. Der Kinsey-Report von 1953, der sich auf eine Umfrage bei 6000 Frauen stützt, kam zu dem Schluß, daß es »nur den klitoralen Orgasmus gibt, denn der Orgasmus wird durch die Klitoris ausgelöst«. Masters und Johnson bestätigten in den Jahren 1966–1970 erneut, daß es nur eine Art von weiblichem Orgasmus gebe und nicht zwei; der Orgasmus werde während des Koitus durch eine indirekte Reizung der Klitoris und nicht durch eine Reizung der Vagina hervorgerufen.[5] Die Psychoanalytiker ließen sich in ihrer Auffassung allerdings kaum durch die Statistiken der Sexualwissenschaftler beeinflussen. Sie behaupten weiterhin den Primat der Vaginalität, wie P. David, der »die falsche Vorstellung (?) von einer Überlegenheit des klitoralen Orgasmus gegenüber der vaginalen Lust denunziert. Dadurch wird demagogisch eine Neurose unterstellt ...«[6]

Angesichts der massiven Weigerung der Frauen, die Klitoris zugunsten der Vagina aufzugeben oder sie auch nur zu unterscheiden, kann man eigentlich nicht umhin, sich für einen Augenblick auszumalen, wie Freud, Marie Bonaparte oder Helene Deutsch reagiert hätten. Hätten sie sich angesichts dieser Heerschar von »Männlichen«, »Regressiven« und »Impotenten« geschlagen gegeben? Wären sie gegen eine Gesellschaft, die solche entarteten Frauen hervorbringt, zu Felde gezogen? Oder hätten sie, wie es Balint tut, die Ehemänner getadelt, die »zu höflich« sind und »außerstande, ihre Frau mit Gewalt zu nehmen«[7], in der Auffassung, allein die Vergewaltigung könne deren heimliche Wünsche befriedigen?

Zahlreiche Psychoanalytiker sind weiterhin der Ansicht, die weibliche Frigidität beim Koitus sei das Ergebnis eines unbewußten Kampfes gegen die eigenen masochistischen Wünsche, und die Vergewaltigung bleibe der »Urtraum« jeder Frau. Aus den sexualwissenschaftlichen Untersuchungen scheinen sie sich wenig zu machen, wenn sie sie nicht gar verächtlich abtun. Als ob es besser wäre, Erfahrungstatsachen zu mißachten, um nicht Begriffe und Theorien ändern zu müssen. Als einer Hermeneutik des Unbewußten sind der Psychoanalyse sicherlich mildernde Umstände zuzubilligen. Sie ist es gewöhnt, bewußte Weigerungen als unbewußte Wünsche zu deuten,[8] und kommt daher leicht, wenn eine Frau behauptet, nicht masochistischer zu sein als ein Mann oder keinen vaginalen Orgasmus zu haben, zu dem Schluß, es handele sich dabei nur um den umgekehrten Ausdruck verdrängter Wünsche. Können Psychoanalytiker, die dermaßen selbstsicher sind, jemals bereit sein, die Äußerungen und Forderungen von Frauen ernstzunehmen?

Es scheint allerdings, als seien einige Psychoanalytiker nicht unempfänglich für die Argumente der Feministinnen. Manche, wie etwa Juliet Mitchell, versteifen sich zwar darauf, keine der Feministinnen habe Freud richtig gelesen, doch andere spitzen die Ohren und betonen, daß die ursprüngliche Bisexualität weiter bestehe und daß Passivität und Aktivität keine ausschließlichen Merkmale der Frau beziehungsweise des Mannes seien. Wenn man einmal vom Masochismus als einem »weiblichen Charakteristikum«[9] absieht bleiben einige »Binsenwahrheiten«, von denen niemand abzurücken gedenkt. Dazu zählt der Penisneid,[10] ein universelles Gesetz der weiblichen Natur, sofern man Maria Torok glaubt: »In allen Analysen von Frauen kommt *notwendig* eine Periode vor, während der ein neidvolles Begehren des männlichen Gliedes und seiner symbolischen Äquivalente auftaucht... Der heftige Wunsch nach dem Besitz von etwas, dessen die Frau sich durch das Schicksal – oder durch die Mutter – beraubt glaubt, drückt eine fundamentale Unbefriedigtheit aus, die *manche der weiblichen Natur zuschreiben* ... Das Bemerkenswerte ist, daß, wenn man den Mann und die Frau betrachtet, nur sie diesen Mangelzustand auf ›*die Natur*‹ *ihres Geschlechts* zurückführt: ›Das liegt daran, daß ich eine Frau bin‹.«[11]

Ein Ende der totalen Hingabe?

Das andere Dogma, das die Theoretiker der Psychoanalyse nicht aufzugeben bereit sind, ist das von der Notwendigkeit der Unterscheidung zwischen Vater- und Mutterrolle für eine gute Entwicklung des Kindes. Die Mutter bleibt diejenige, von der das Neugeborene und kleine Kind in erster Linie Liebe erfährt. Ihr oder einem weiblichen Ersatz bleibt das Vergnügen beziehungsweise die Mühe vorbehalten, diese direkte, für das Kind lebenswichtige Auseinandersetzung auf sich zu nehmen. Das Wort »Hingabe« ist zwar nicht mehr modern, doch ist die Realität, die es bezeichnet, eine unausweichliche Tatsache, die allen Müttern gut bekannt ist. Stillen, Füttern, Waschen, die ersten Schritte beaufsichtigen, Trösten, Pflegen, nachts Beruhigen ... das sind Taten der Liebe und der Hingabe, aber auch Opfer, welche die Mutter für ihr Kind bringt. Die Zeit und die Kraft, die sie dem Kind widmet, sind etwas von ihr selbst, dessen sie sich um des Kindes willen entäußert. Dieses Geschenk ihrer selbst, das seit fast zwei Jahrhunderten etwas so Natürliches und für ihr Geschlecht so Spezifisches zu sein scheint, wird offenbar von den Frauen in Frage gestellt. Sie wenden sich nicht völlig von diesen Aufgaben ab, aber sie zeigen durch zahlreiche Hinweise, daß sie die Liebe zum Kind und die Selbstaufopferung mit ihrem Gefährten teilen wollen, so als ob beides eben nicht mehr selbstverständlich wäre. Als ob diese beiden Attribute der Mutterschaft nicht unbedingt zum weiblichen Geschlecht dazugehörten.

Außerdem empfinden die Frauen in wachsendem Maße den Dualismus der (auf das Haus, das Heim zentrierten) Mutterrolle und der (nach außen gewandten) Frauenrolle. Es ist viel von der Harmonie, der Komplementarität, ja sogar von der wohltuenden Wirkung dieser beiden Rollen auf das Kind die Rede, doch selten wird von den Problemen gesprochen, die sie für die Frau aufwerfen können. Daß sie möglicherweise in Konflikt miteinander geraten, wird verschwiegen, so als ob das lediglich eine Sache der Frauen wäre. Die Männer und die Gesellschaft, die deren Wertvorstellungen widerspiegelt, scheinen nicht bereit zu sein, Abhilfe zu schaffen. Die einzige Lösung, die man erwägt, um den Konflikt zwischen den beiden Rollen zu beenden, besteht darin, eine der beiden wegfallen zu lassen, nämlich die Frauenarbeit außerhalb des Hauses. Das hilft allerdings nicht, weil die Frauen davon nichts wissen wollen.

Im Gegenteil: Immer mehr Frauen beschneiden ihre hausfraulichen, aber auch ihre mütterlichen Aufgaben, und sie betrachten »ihr Zuhause« mit den Menschen und Dingen, die dazugehören, nicht mehr als ihr natürliches Reich.

Die bedeutende Zunahme der Anzahl der erwerbstätigen Frauen seit den sechziger Jahren scheint dieser Hypothese recht zu geben.[12] Zählte man 1962 6585000 weibliche Beschäftigte (27,5% der gesamten Erwerbsbevölkerung), so waren es 1976 annähernd 8,5 Millionen (entsprechend 38,4%). Diese Zunahme der weiblichen Arbeitskräfte um 11% in weniger als fünfzehn Jahren gibt zu denken. Denn wenn 1906 bereits 39% der Erwerbstätigen Frauen waren, so hatten sie doch einen ganz anderen Status, andere Funktionen und andere Motive als heute. Damals arbeiteten annähernd 40% in der Landwirtschaft, 30% in der Industrie (als Arbeiterinnen) und der Rest im tertiären Sektor. 1976 sind die Verhältnisse zwischen den Sektoren umgekehrt. Die Frauen stellen nur noch 22,9% der Industriebeschäftigten, und selbst wenn sie mehrheitlich angelernte und ungelernte Arbeiterinnen sind (53%), so sind doch 40% der weiblichen Beschäftigten in der Industrie Büroangestellte und mittlere Verwaltungskräfte.

Die spektakulärste Veränderung besteht in der Zunahme der Anzahl der Frauen im tertiären Sektor und in ihrer steigenden Qualifikation. Stellten die Frauen zu Beginn des Jahrhunderts 35% sämtlicher Arbeitskräfte (beiderlei Geschlechts), so sind es 1968 46,2% um 1975 48,1%. Während die im tertiären Sektor beschäftigten Frauen 1968 59,8% aller erwerbstätigen Frauen darstellten, waren es 1976 67,2%. Sie nehmen zwar überwiegend Arbeitsplätze mit geringer Qualifikation ein, doch steigt ihr Anteil in allen Katergorien. So stieg der Anteil der Frauen unter den höheren Angestellten zwischen 1968 und 1972 von 14 auf 22%.

Was ist aus all diesen Zahlen zu schließen? Zunächst ist festzustellen, daß zwischen 1962 und 1978 11 % der Frauen eine Berufstätigkeit gewählt haben, und das war nicht eine Zeit des Mangels, des Krieges oder der Krise, sondern eine Periode der Prosperität und der wirtschaftlichen Expanison. Für einen beträchtlichen Teil der Frauen war das zweite Einkommen folglich nicht in dem Maße notwendig wie 1906. Andererseits werden bei einem gewissen Anteil der Haushalte die mit der Berufstätigkeit der Mutter verbundenen Einbußen an sozialen und steuerlichen Vorteilen und die Kosten für die Beaufsichtigung der Kinder kaum durch das zweite Einkommen ausgeglichen. Zieht man neben diesem geringfügigen Vorteil noch die Strapazen des doppelten Arbeitstages, die nervliche Belastung durch den Arbeitsweg usw. in Betracht, so muß man sich wundern, wie es ja auch viele tun, daß die Frauen sich für diese Lösung entscheiden. Wenn es schließlich stimmt, daß viele, vor allem die angelernten und ungelernten Arbeiterinnen im sekundären Sektor keine andere Wahl haben, weil das zweite Einkommen für die Familie lebensnotwendig ist, so weist der Anstieg der weiblichen Qualifikation im tertiären Sektor in eine ganz andere Richtung. Zum ersten Mal in der jahrtausendelangen Geschichte der Frauenarbeit entschließen sich Frauen freiwillig, Haushalt und Kinder zu verlassen, um außerhalb des Hauses zu arbeiten. In ihren Augen ist die Arbeit nicht mehr mit dem »Tripalium« [13] von einst gleichzusetzen, sondern sie stellt ein Mittel der Selbstverwirklichung, wenn nicht sogar der Entfaltung der Persönlichkeit dar. [14]

Wir können feststellen, daß seit rund fünfzehn Jahren eine wachsende Zahl von Frauen, denen es möglich wäre, zu Hause zu bleiben und nach Belieben ihr Baby zu hätscheln, es vorzieht, diese Aufgaben anderen zu überlassen und ihre Zeit zum großen Teil außerhalb des Hauses zu verbringen.

Dies ist natürlich nicht bei der Mehrheit der Fall, denn mehr als die Hälfte der Französinnen sind Mütter und Hausfrauen und unter denjenigen, die arbeiten, kann eine sehr große Zahl gar nicht anders. Tatsache bleibt dennoch, daß die Frauen mit wachsendem Bildungsstand und wachsenden Möglichkeiten einer interessanten Berufstätigkeit beschließen, das Haus zu verlassen.

Allerdings wirft die Berufstätigkeit von Müttern in der gegenwärtigen westlichen Gesellschaft und besonders in Frankreich, wo die Gemeinschaftseinrichtungen für die Aufnahme von Kindern in skandalöser Weise unzulänglich sind, ein doppeltes Problem auf, das gewisse Auffassungen, denen man Ewigkeitswert zuschrieb, in ein neues Licht rückt, wenn es ihnen nicht sogar widerspricht: der Auffassung, daß die Frau sich wesentlich über die Mutterschaft definiert, und der Ansicht, daß die Mutter für ihr Kind spontane Liebe und natürliche Hingabe empfindet.

Das vorrangige Problem für jede Mutter, die außerhalb des Hauses arbeitet, ist die Beaufsichtigung ihres (ihrer) Kindes (Kinder) im Alter von unter drei Jahren. Dieses Problem hat zwei Aspekte: einen materiellen (wem soll man das Kind anvertrauen?) und einen psychologischen (wird es glücklich sein?). Dem materiellen Aspekt ist heute besonders schwer beizukommen. Nach den jüngsten Zahlen[15] müssen 920000 Kinder von null bis drei Jahren von Frauen gehütet werden, die nicht ihre Mutter sind. Nun bieten die öffentlichen Kinderkrippen kaum mehr als 56000 Plätze an, die Familienkrippen 26000, die privaten Kindergärten 17000 und die staatlichen Vorschulen 120000 (die aber nur Kinder zwischen zwei und drei Jahren aufnehmen). Für die übrigen 700000 zu beaufsichtigenden Kinder greifen die Eltern entweder auf ein anderes Mitglied der Familie (für 100000 Kinder), eine Hausangestellte (70000 Kinder) oder eine anerkannte Kinderpflegerin (über 300000 Kinder) zurück. Die übrigen 200000 Kinder werden im allgemeinen bei Nachbarinnen oder »schwarz« untergebracht. Aus all diesen Zahlen geht hervor, daß die verschiedenen Regierungen seit den sechziger Jahren (seit die Frauenarbeit beträchtlich zugenommen hat) nichts getan haben, um den berufstätigen Frauen zu helfen, und offenbar haben sie noch immer nicht die Absicht, »in die Kindheit zu investieren«.[16]

Der zweite Aspekt ist vor allem ein psychologischer, und er wirft die Frage auf, wie man im Sinne des Kindes »richtig entscheidet«. An dem Problem ändert sich im Grunde nichts, wenn die Mutter statt zweieinhalb Monate erst vier Monate nach der Niederkunft[17] wieder ihre Arbeit aufnimmt. Sicherlich erlaubt das denjenigen Frauen, die stillen wollen, es länger zu tun und damit den immer dringlicheren Empfehlungen der Kinderärzte, Psychologen und Ökologen zu folgen. Der bekannte Kinderarzt Professor Royer behauptete auf dem Kongress von Monaco: »Mindestens sechs Wochen bis zwei Monate, und wenn ich ein Optimum nennen müßte, würde ich sagen: zwischen zwei und fünf Monaten ... und warum nicht länger.«

Wir haben schon darauf hingewiesen, in welchem Maße die Medien sich zum Träger der ökologischen Kampagne für das natürliche Stillen gemacht haben. Haben diese Kampagne und die Publizität, die man den Mahnungen der Kinderärzte verschaffte, solche Wirkungen hervorgerufen? Bei den Müttern ist allerdings ein regelrechter Meinungsumschwung festzustellen. Bis zu den siebziger Jahren nahm trotz ständiger Proteste der Psychologen und Kinderärzte die Zahl der Frauen, die ihr Kind stillen, regelmäßig ab. 1972 waren es nur 37 %.[18] 1976 ging aus einer im Auftrag von Giugoz in französischen Entbindungskliniken durchgeführten Umfrage des Meinungsforschungsinstituts S. O. F. R. E. S. hervor, daß 48 % der Frauen ihr Kind während der ersten Woche nach der Geburt stillen. Eine zweite Umfrage im Jahre 1977 ergab 51 %. Im Gegensatz zu vorherrschenden Ansichten war der Prozentsatz höher bei Frauen mit Berufstätigkeit, höherem Bildungsniveau und Zugehörigkeit zu privilegierten sozialen Gruppen. Bei Frauen von leitenden Angestellten waren es 57 % gegenüber 25 % der Landfrauen. Die Untersuchung sagt jedoch nichts darüber, ob die Frauen von leitenden Angestellten selbst leitende Angestellte waren.

Diese neue Mode des Stillens ist etwas Seltsames in einer Zeit, wo die Kindersterblichkeit ihren tiefsten Punkt erreicht hat und es auch nie einen besseren Ersatz für die Muttermilch gegeben hat! In einem wesentlichen Punkt lassen uns diese Umfragen im Stich: Wir wissen, daß die Frauen in den Entbindungskliniken immer mehr zum Stillen übergehen, aber wir wissen nicht, wie lange sie das zu Hause fortsetzen. Ebensowenig erfahren wir über ihre neuen Motive oder über die unbewußten Pressionen, denen sie ausgesetzt sind. Wir wissen jedoch, daß in einigen Pariser Modell-Entbindungskliniken die neuen Mütter in diesem Sinne beeinflußt werden. Man kann daher nur sehr schwer den Prozentsatz der Frauen abschätzen, die es spontan und aus Vergnügen tun, derjenigen, die es mechanisch tun, um einer Mode zu gehorchen, und derjenigen schließlich, die stillen, um sich nicht schon in den ersten Tagen ihres Kindes schuldig und als »schlechte Mutter« zu fühlen. Die Tatsache, daß vor allem berufstätige Frauen und Frauen mit gehobener Bildung als erste und am massivsten dem Aufruf der Kinderärzte gefolgt sind, legt verschiedene Hypothesen nahe. Sind Frauen, die bereit sind, neue Erfahrungen zu machen, nicht am wenigsten rigide, am wenigsten traditionsgebunden? Vielleicht haben sie, die von ihrer eigenen Mutter wahrscheinlich kaum oder überhaupt nicht gestillt wurden, gedacht, sie gäben ihrem Kind durch das Stillen eine »zusätzliche Befriedigung« und eine zusätzliche Chance, ausgeglichen und glücklich zu sein! Man kann ebenso die Hypothese aufstellen, daß sie, durch die herrschende Ideologie ermutigt, sich ein echtes Vergnügen gönnen konnten, das sie früher nicht zu fordern wagten. Da jedoch die berufstätigen Frauen in höherem Maße stillen als die anderen, kann man ebensogut annehmen, daß es an einem unklaren Schuldgefühl liegt, das sie dem Kind gegenüber empfinden, das sie bald anderen überlassen werden. Sie denken vielleicht: »Ich gebe dir meine Milch, um dich ein wenig für meine spätere Abwesenheit zu entschädigen ...!«

Was die Frauen unbewußt leitet, ist nur schwer festzustellen, weil jede ihre eigenen Gründe dafür hat, daß sie stillt oder nicht stillt. Nach unserer Auffassung wäre es jedoch ein Irrtum, von dem erneuten Vordringen des Stillens allzu rasch auf eine natürliche Hingabe der Mutter für ihr Kind zu schließen.

Während das Stillen im 18. Jahrhundert unbestreitbar Ursache einer größeren Überlebenschance des Kindes und daher ein objektiver Liebesbeweis war, können wir heute nicht mehr sagen, ob die Mutter stillt, um sich und ihrem Kind ein Vergnügen zu machen, oder ob sie es tut, um ihre Angstgefühle zu beschwichtigen.

Wenn man unterstellt – was bei weitem nicht bewiesen ist –, daß die Mutter ihr Kind entsprechend den Ratschlägen der Kinderärzte stillt, also zwischen sechs Wochen und fünf Monate lang, bleibt noch der entscheidende Augenblick der ersten Trennung zu erörtern. Wenn der Mutterschaftsurlaub zu Ende ist und das Kind drei oder vier Monate alt ist, muß die Mutter es fremden Händen überlassen und auf die Vorsehung vertrauen. Außerdem darf sie, wenn sie die Arbeit wieder aufnehmen will, bevor das Kind drei Monate alt ist, diese erste Trennung nicht allzu sehr hinausschieben, weil besonders dringlich davon abgeraten wird, das Kind erstmals zwischen sechs und achtzehn Monaten wegzugeben.

Man wird sich erinnern, daß Françoise Dolto der Ansicht ist, daß das Kind nicht nur bis zum Alter von fünfundzwanzig oder dreißig Monaten seine Mutter oder einen Ersatz braucht, sondern daß es einen allzu raschen Bezugspersonenwechsel schlecht verträgt. Alle berufstätigen Frauen, die nicht auf die Unterstützung einer Familienangehörigen hoffen können, gehen daher ein Risiko ein, das sich schwierig im voraus abschätzen läßt. Wie kann sie dem häufig wechselnden Personal einer Kinderkrippe oder sonstigen Einrichtung vertrauen? Woher kann sie wissen, ob die Pflegerin, der sie ihr Kind für den ganzen Tag überläßt, hinreichend gewissenhaft und fürsorglich ist? Wie kann sie sicher sein, daß sie nicht während der ersten dreißig Monate gezwungen sein wird, umzuziehen oder den Arbeitsplatz zu wechseln, was ebenfalls bedeuten würde, daß die Beaufsichtigung des Kindes wechseln muß? Wie kann sie sich schließlich vergewissern, daß ein Aupair-Mädchen oder eine Hausangestellte während der gesamten vereinbarten Zeit bei dem Kind bleibt, das eine Anhänglichkeit an sie entwikkelt? Wie kann sie mit anderen Worten sicher sein, daß eine andere das für das Kind tun wird, was die Mutter nicht für es tut? Daß sie ihm die Präsenz, Zärtlichkeit und Aufmerksamkeit widmet, die von der idealen Mutter erwartet wird?

Da diese Fragen unmöglich zu beantworten sind und es Gewißheiten nicht gibt, müssen wir wohl zu dem Schluß gelangen, daß die berufstätigen Mütter ein reales, von Kind zu Kind verschiedenes psychologisches Risiko eingehen. Manche Kinder passen sich ja bekanntlich besser an Veränderungen an und sind weniger gefährdet als andere. Wie kann man jedoch, wenn man die These von der spontanen, natürlichen Hingabe der Mutter vertritt, erklären, daß Frauen, die nicht durch eine unabweisbare Notwendigkeit dazu gezwungen sind, ein solches Risiko eingehen? Stehen wir hier nicht vor einer ähnlichen Situation wie im 18. Jahrhundert? Läßt sich nicht zwischen den Frauen, die lieber arbeiten gehen, als während der ersten dreißig Monate des Kindes zu Hause zu bleiben, und den gutsituierten oder reichen Frauen des 17. und 18. Jahrhunderts, die sich nicht persönlich um ihre Kinder kümmern wollten und sie gleich nach der Geburt in Pflege gaben, eine Parallele ziehen?

Durch zwei Jahrhunderte Mutterschaftsideologie und die immer weitergehende »Verantwortlichmachung« der Mutter haben die Einstellungen sich grundlegend gewandelt. Selbst dann, wenn sie arbeiten, sind die Frauen des 20. Jahrhunderts ihren Kindern unendlich viel näher und mehr um sie besorgt als einst. Es erweist sich jedoch erneut, daß die Mutterschaft nicht immer die erste und instinktive Sorge der Frau ist, daß das Interesse des Kindes nicht selbstverständlich dem Interesse der Mutter vorgeht, daß Frauen, die frei von wirtschaftlichen Zwängen sind, aber persönliche Ambitionen haben, nicht immer – bei weitem nicht immer – beschließen, diese Ambitionen, und sei es nur für einige Jahre, zum Wohle des Kindes aufzugeben. Folglich ist das mütterliche Verhalten offenbar nicht so einheitlich, daß man von einem Mutterinstinkt oder einer mütterlichen Haltung »an sich« sprechen kann. Allzu viele Frauen lehnen es ab, Ambitionen und Wünsche für das Wohlergehen des Kindes zu opfern, als daß man sie zu den pathologischen Ausnahmen rechnen könnte, die die Regel bestätigen. Frauen, die sich besser außerhalb als zu Hause verwirklichen können, sind sehr häufig solche, die eine höhere Bildung genossen haben und größte Befriedigung in ihrem Beruf erwarten können. So leicht es wäre, sich ironisch über die Tatsache zu äußern, daß die gebildetsten Frauen die »entartetsten« sind, wäre damit doch nichts geklärt. Der Bildungsprozeß der Frauen ist nicht rückgängig zu machen, und wenn wir heute die Frau der Zukunft schildern sollten, so würden wir sie uns zweifellos als noch entarteter vorstellen, als Inhaberin des gleichen Wissens und Könnens, wie es ihr männlicher Gefährte besitzt.

Die Unzufriedenheit

Das zweite Problem, das durch die Frauenarbeit und besonders die Arbeit der Mutter aufgeworfen wird, ist die doppelte Arbeitsbelastung, die Unzufriedenheit erzeugt, weil sie in allzu ungleicher Weise zwischen der Frau und dem Ehemann aufgeteilt ist. Alle Untersuchungen zeigen, daß die Frauen, seien sie berufstätig oder nicht, den größten Teil der Hausarbeit und der elterlichen Aufgaben erledigen und daß die Männer sich nur in sehr geringem Maße daran beteiligen. Die berufstätigen Frauen widmen zwar der Hausarbeit und den Kindern weniger Zeit, doch tun sie noch immer das meiste und beschneiden ihre eigene Freizeit. Aus einer von Andrée Michel[19] zitierten Untersuchung des nationalen Instituts für Statistik und Wirtschaftsforschung I. N. S. E. E. geht hervor, daß die Männer im Durchschnitt, alle Altersgruppen zusammengenommen, der Marktproduktion (Lohnarbeit) und der nicht über den Markt vermittelten Produktion (Hausarbeit) insgesamt täglich 9,2 Stunden widmen, gegenüber 10,3 bei den Frauen. Ihnen bleibt eine tägliche Freizeit von 4,1 Stunden gegenüber nur 3 Stunden für die Frauen. Der Mann erreicht also durchschnittlich eine um 7,7 Stunden längere Freizeit pro Woche.

Geht aus den Untersuchungen hervor, daß der Mann sich stärker an der Hausarbeit beteiligt, wenn die Frau arbeiten geht, so zeigt die Tabelle, die wir wiederum A. Michel[20] entnehmen, auf der anderen Seite, daß diese Beteiligung relativ ungleichmäßig ist.

Beteiligung des Ehemanns an der Hausarbeit (in Prozent)

	wochentags		sonntags	
	Hausfrauen	berufstätige Frauen	Hausfrauen	berufstätige Frauen
Bettenmachen	3,2	15,8	10,4	18,5
Aufräumen	2,8	4,8	8,4	9,9
Kochen	5,8	16,7	10,5	16,6
Geschirrspülen	11,7	23,0	15,2	20,4
Tischdecken	17,5	21,4	14,8	12,6
Unterstützung bei der Hausarbeit insgesamt	28,7	43,4	36,8	41,4
Einkaufen	15,9	18,9	15,1	14,8

A. Michel merkt im übrigen an, daß der Anteil der Väter, die beim Waschen und Anziehen der Kinder oder bei den Schulaufgaben helfen, noch sehr gering ist, obwohl bei fast allen Befragten Kinder vorhanden sind. Doch bevor wir auf das Problem der väterlichen Beteiligung an der Erziehung der Kinder kommen, betrachten wir noch einmal die graphische Darstellung[21] des Zeitbudgets der Mutter (während eines normalen Tages) in Abhängigkeit von ihrer beruflichen Stellung und der Zahl der Kinder. Sie zeigt, daß die erwerbstätige Mutter weniger schläft als die Hausfrau und daß sie im Vergleich zu dieser selbst dann, wenn sie den Kindern und den Aufgaben des Haushalts weniger Zeit widmet, über sehr viel weniger Freizeit verfügt. Aus diesen Zahlen geht hervor, daß die Abgespanntheit und Nervosität berufstätiger Mütter an objektiven Faktoren liegt.

Tätigkeiten der Mutter nach Berufsstellung und Kinderzahl (an einem normalen Tag)

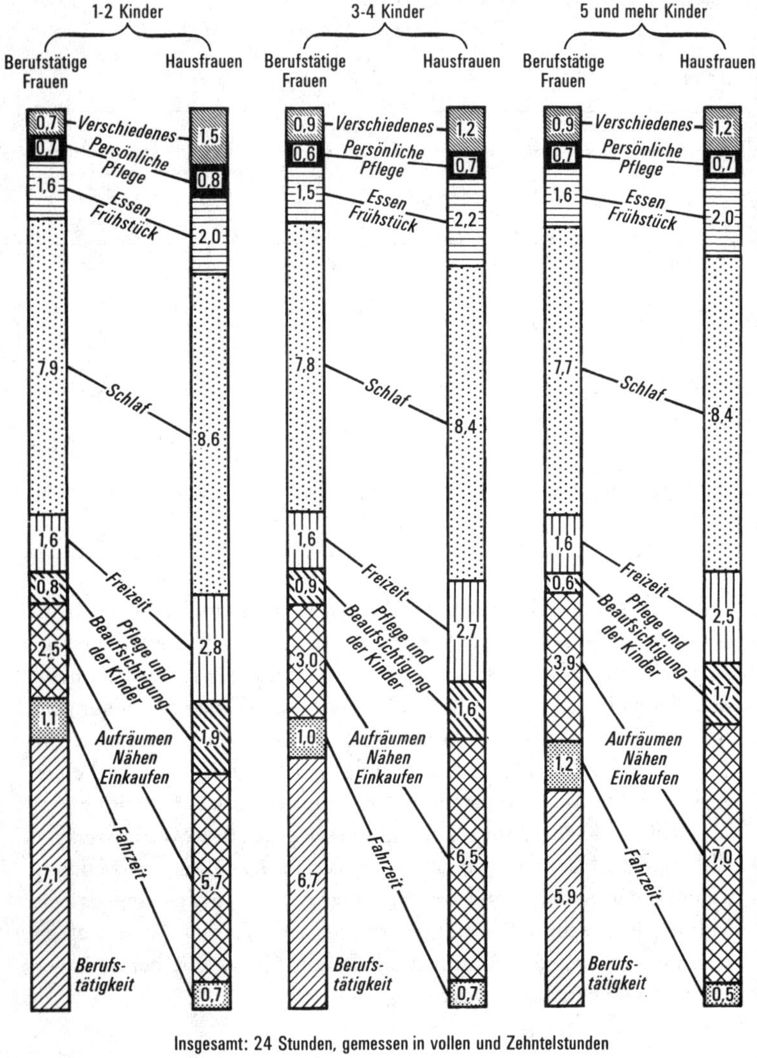

Insgesamt: 24 Stunden, gemessen in vollen und Zehntelstunden

Graphische Darstellung von B. Riandley aus dem Buch von Andrée Michel La Femme dans la société marchande, p. 187

Um die Lage und vor allem die Unzufriedenheit dieser Mütter besser zu verstehen, müssen wir einen Augenblick bei dem Problem der Aufgabenteilung innerhalb der Familie verweilen. Dank einer sehr detaillierten Untersuchung des Eltern- und Erziehungsverbandes F. N. E. P. E.[22] über französische Familien mit Kindern zwischen sieben und elf Jahren wissen wir, wie die Aufgaben tatsächlich zwischen den Eltern verteilt sind. Die beiden Elternteile, getrennt danach befragt, was sie selbst, ihr Ehepartner oder beide gemeinsam zur Erledigung der Aufgaben beitragen, mußten Fragen beantworten, die folgendermaßen lauteten: »Wer kümmert sich in Ihrer Familie um ... – vor allem der Vater, vor allem die Mutter, oder alle beide?« Folgendes kam heraus:

Der geringste Beitrag der Mutter (22 %) ist noch immer höher als der größte Beitrag des Vaters (15 %); die Mütter kümmern sich vor allem um die für das Kind wesentlichen Aufgaben: Ernähren, Pflegen, Bekleiden, während die Väter jene Aufgaben vorziehen, die sie am wenigsten beanspruchen (Spielen, Organisation von Freizeitunternehmungen und Gespräche mit den Lehrern) und am angenehmsten sind.

	Mutter	Vater
Essenszubereitung	82 %	2 %
Kind bei Krankheit hüten und pflegen	81 %	1 %
Kleider und Sonstiges kaufen	77 %	1 %
Arzt- und Zahnarztbesuch	75 %	5 %
Einkauf von Lebensmitteln	67 %	4 %
Beziehungen mit Lehrern	57 %	9 %
Hilfe bei Schularbeiten	50 %	5 %
Freizeitunternehmungen organisieren	36 %	6 %
Mit dem Kind spielen	22 %	15 %

Andererseits sind die Aufgaben, welche die Väter am häufigsten allein übernehmen, zugleich diejenigen, die sie am häufigsten zusammen mit ihren Ehefrauen erledigen. »Man beobachtet«, sagt C. Dollander, »eine sehr traditionelle Aufteilung der familiären Aufgaben, was darauf hindeutet, daß die elterlichen Rollen und die in ihnen enthaltenen Bilder vom Mann und von der Frau sich in dieser Hinsicht nicht weiterentwickelt haben.«[23] Ebenfalls ist zu beobachten, daß der Beitrag des Vaters ungeachtet seiner sozialen und beruflichen Stellung gleichermaßen gering ist, während die gemeinsame Erledigung von Aufgaben mit seinem Bildungsniveau variieren kann. Allerdings sind die Väter fast nie der Ansicht, daß die familiären Aufgaben speziell ihre Sache sein könnten. Wenn »die Aufgaben geteilt werden«, »helfen« sie den Müttern bei den Aufgaben, die weiterhin deren traditionelle Sache sind. Offenbar findet das eine große Mehrheit der Männer und Frauen normal:

	Väter	Mütter
zufrieden	92 %	86 %
unzufrieden	7 %	13 %
keine Antwort	1 %	1 %

In einem Kommentar zu dem relativ niedrigen Prozentsatz mütterlicher Unzufriedenheit stellt sich C. Dollander die Frage, »ob die Mütter sich berechtigt fühlen, mit einem jahrtausendealten Modell unzufrieden zu sein, und ob diejenigen, die sich dieses Gefühl erlauben, und umso mehr die wenigen, die es zu äußern wagen, wirklich eine Minderheit sind ... Oder legen die Frauen nicht in einer gewissen Weise Wert darauf, die Macht in der Familie zu behalten, die ihnen aus der Verantwortung für die mit der Familie verbundenen Aufgaben zuwächst?« Das sind zwei interessante Hypothesen. Die erste wird bestätigt durch eine Untersuchung von *F Magazine* über seine Leserinnen[24] (die im Vergleich zum nationalen Durchschnitt jünger sind und ein höheres Bildungsniveau haben) und durch die Tatsache, daß bei indirekten Fragen nach dem Grad der Nervosität, Abgespanntheit usw. die Mutter eine eindeutig negativere Erfahrung hat als der Vater. Was die zweite Hypothese betrifft, so wird sie mehr oder weniger bestätigt in Abhängigkeit davon, ob die Mutter in ihrer beruflichen Tätigkeit Erfüllung und Erfolg findet.

Die Unzufriedenheit der Väter ist gering und variiert schwach. Unzufriedene Väter finden sich allein bei einem Teil der höheren Angestellten, die ein Hochschulstudium absolviert haben und in größerem Umfang die familiären Aufgaben »teilen«. Der Anteil der zufriedenen beträgt bei ihnen 85 % gegenüber 94 % bei denjenigen, deren Bildungsgrad niedriger ist. Muß diese größere Unzufriedenheit der Väter, die »mit Hand anlegen«, in Beziehung gesetzt werden zu dem Hauptmotiv, das von Männern zwischen achtzehn und vierunddreißig Jahren dafür angeführt wird, daß sie kein drittes Kind haben wollen? Auf diese, von *F Magazine* im Januar 1979 gestellte Frage antworteten 69% der Männer (gegenüber nur 31% der Frauen): »Weil ich nicht auf meine Freiheit verzichten will.«

Kommt die Unzufriedenheit der Mütter (alle sozialen Schichten zusammengenommen) nur sehr schwach zum Ausdruck, wenn man ihnen direkte Fragen stellt, so wird auf indirekte Fragen ein Unbehagen der Frauen in der Ehe und ein gewisser Abstand gegenüber der Mutterschaft sehr deutlich. Andrée Michel hat festgestellt, daß die Frauen in umso höherem Maße Unzufriedenheit in der Ehe[25] empfinden, je jünger, gebildeter und aktiver sie sind, und daß sie in umso geringerem Maße Erfolg und Glück der Frau an die Mutterschaft knüpfen[26]. Aus der Untersuchung von M.-C. Riveaud geht dagegen hervor, daß bei subproletarischen Frauen die Einstellungen und Motive denen der Frauen mit dem höchsten Bildungsgrad diametral entgegengesetzt sind.

Distanz gegenüber der Mutterschaft

Die Entwicklung der weiblichen Einstellungen zur Mutterschaft können wir aus zweierlei Arten von Unterlagen ablesen: Umfragen und Selbstzeugnisse, in denen ein tiefgreifender Wandel der Auffassungen sichtbar wird. Die neuen Einstellungen sind zwar nur bei einer Minderheit zu beobachten, doch ist diese so aktiv und emanzipiert, daß man sie ernst nehmen muß. Das Neue ist nicht so sehr, daß ein gewisser Überdruß an der Mutterschaft geäußert wird, daß Enttäuschung und Entfremdung laut werden, das Neue ist vielmehr, wie es gesagt wird. Die Frauen äußern sich heute ohne Schuldgefühle, aber nicht ohne eine gewisse Bitterkeit. Das ist weit entfernt von den Herzensergüssen oder Geständnissen einer Madame Guitton (der Mutter des Philosophen Jean Guitton), einer großen Christin aus dem Bürgertum. Als Mutter eines Einzelkindes schrieb sie nicht ohne einige Gewissensbisse: »*Ich sollte mich vollkommen glücklich fühlen* mit einem Ehemann, der mich sehr liebt, und einem Kind, das vielleicht nicht hübsch, aber lieb und gesund ist. Und dennoch scheint es mir manchmal – *schelten Sie mich ruhig* – mit meinem unruhigen und unersättlichen Geist, *daß mir etwas fehlt*. Mein Leben ist inhaltlich so abstumpfend geworden, daß ich keine Zeit mehr habe zum Nachdenken, keine Zeit mehr ein besseres Leben zu leben.«[27] Später fügt sie hinzu: »An der Wiege meines kleinen Lieblings *habe ich alles, was ich liebte, geopfert*, die Lektüre, die von Arbeit erfüllten Stunden, alles, was früher mein Leben ausfüllte.«[28]

Diese Klagen der Madame Guitton beeindrucken uns umso mehr, als sie von einer Frau stammen, die im Geiste der Hingabe und des Opfers aufgezogen wurde. Sie belegen, daß die Mutterschaft durchzumachen schwerer ist, als man glaubt, und daß die allmächtige Natur die Frauen nicht hinreichend ausgerüstet hat, um damit fertigzuwerden. Da sie nicht genügend masochistisch ist, leidet Madame Guitton, ohne dabei auf ihre Rechnung zu kommen. Das Frauendasein scheint ihr so wenig beneidenswert, daß sie gesteht: »Stellen Sie sich vor, ich möchte niemals Mädchen haben ... Mit der Bejahung ihres Wesens würde ich ihnen eine zusätzliche Gelegenheit geben, an den kleinen Stichen und der Schäbigkeit des Daseins zu leiden.«[29]

Solche Geständnisse findet man heute nicht mehr, heute wird verkündet und angeklagt.

»Die Kinder, das ist schwer, das frißt einem das Leben auf.«

»Es gibt Tage, wo man viel dafür gäbe, daß sie nicht da sind; man könnte sie alle umbringen.«

»Jahrelang habe ich nur aus Pflichtgefühl gelebt, so daß ich nicht einmal mehr wußte, was mir Spaß machte. Für sich zu leben, das muß toll sein.«

»Sie saugen mich aus; es gibt Tage, da hängt es mir zum Hals raus, da möchte ich mit mir allein sein.«

»An manchen Tagen bin ich dermaßen erschöpft, dermaßen mit meinen Nerven am Ende, daß ich sie nur deshalb nicht schlage, weil ich weiß, daß sich dadurch nichts ändern würde, daß es noch schlimmer wäre.«

»Eine Mutter ist eine Milchkuh, die man ununterbrochen melkt bis zur Erschöpfung.«

»Meine Kinder haben mich ausgepumpt, ich habe keine Lebenskraft mehr.«

»Wer es nicht erlebt hat, kann sich nicht vorstellen, was diese ständige Beanspruchung bedeuten kann; der einzige Trost ist, daß die Kinder auch einmal Eltern sein werden!«

»Jetzt, wo meine Kinder groß sind, ist es nicht mehr dasselbe, aber um nichts in der Welt würde ich noch einmal die Zeit durchmachen wollen, wo sie klein waren; es gibt Dinge, die macht man einmal im Leben, aber nicht noch einmal.«[30]

»Ich wußte nicht einmal mehr, was mir Spaß macht!«

»Ich habe so viele Aktivitäten wegen meiner Kinder aufgesteckt, weil sie nicht mit der Pflege, die sie brauchen, unter einen Hut zu bringen waren, ich habe auf so viele Dinge verzichtet, die mir fehlen.«[31]

All diese aus dem Leben gegriffenen Zeugnisse sprechen von der Enttäuschung, der Erschöpfung und dem Verzicht, den die Mutterschaft für manche Frauen bedeutet. »Sie sind ausgelaugt, aufgefressen, ausgesaugt, leergepumpt, abgezehrt, ausgeleert, zerstört, mit allem fertig ...« und doch, merkt B. Marbeau-Cleirens an, »hat keine dieser befragten Frauen mehr als vier Kinder gehabt!«[32] Am auffälligsten ist jedoch die Bitterkeit und der Wunsch nach Rache, die aus diesen Worten sprechen und die wahrscheinlich dreißig Jahre zuvor nicht hätten geäußert werden können. Diese Frauen machen einfach Schluß mit dem traditionellen Bild der Mutter und erklären, daß sie darauf nicht noch einmal hereinfallen werden. Sie sagen, ihre Erfahrung als Mutter habe ihr Leben als Frau verdorben, und wenn sie es vorher gewußt hätten, dann ...

Neben denjenigen, die sich damit begnügen, das Scheitern ihrer Erfahrung als Mutter festzustellen, sind andere Feministinnen daran gegangen, den Mythos von der natürlichen Mutterschaft zu zerstören. Sie haben den Begriff des Mutterinstinkts in Frage gestellt: »Gibt es einen Mutterinstinkt, oder gibt es in den Beziehungen zwischen Mutter und Kind nicht nur jene Gefühle, die wir auch anderswo finden, Liebe, Haß, Gleichgültigkeit, jeweils in unterschiedlicher Dosierung? ... Gibt es den Mutterinstinkt, oder ist das ein großer Witz? Ein großer Witz, der den Frauen beibringen soll, daß sie die ›Drecksarbeit‹ zu machen haben, nämlich immer dasselbe machen, ohne daß man ihnen etwas abnimmt, endlos, immer den Boden wischen, den die Gören dreckig gemacht haben, immer die Gören füttern?«[33]

Was ist das für ein Instinkt, der sich bei manchen Frauen zeigt und bei anderen nicht? »Von sechs Millionen Frauen, die Kinder haben können, ist ein Teil unverheiratet, ein Teil ist verheiratet, lehnt aber die Mutterschaft ab. Außerdem gibt es zwischen 500000 und einer Million (?) Abtreibungen pro Jahr.«[34]

Wäre es nicht besser, statt von einem Instinkt von einem unwahrscheinlichen sozialen Druck zu sprechen, der den Frauen einreden will, sie könnten sich nur in der Mutterschaft verwirklichen? B. Marbeau-Cleirens hat das sehr gut ausgedrückt: »Aus der Tatsache, daß die Frau Mutter sein kann, hat man nicht nur abgeleitet, daß sie Mutter sein sollte, sondern auch, daß sie nichts als Mutter sein sollte und nur in der Mutterschaft das Glück finden könne.«[35]

Wie kann man wissen, ob der legitime Wunsch, Mutter zu sein, nicht ein teilweise entfremdeter Wunsch ist, eine Reaktion auf gesellschaftliche Zwänge (unverheiratet zu sein und nicht Mutter zu sein wird bestraft, als Mutter genießt die Frau soziale Anerkennung)? Wie kann man sichergehen, daß dieser Wunsch, Mutter zu sein, nicht Kompensation für unterschiedliche Frustrationen ist?

In Wirklichkeit, sagen die einen wie die anderen,[36] sei die Mutterschaft ein doppelköpfiges Ungeheuer (Fortpflanzung und Fürsorge), dessen patriarchalische Strategie darauf ziele, Verwirrung zu stiften. Sie sei der Angelpunkt der Unterdrückung der Frau. Denn »die Spezialisierung der Frau auf diese Mutterfunktion ist die Ursache und das Ziel der Schikanen, die sie im ganzen sozialen Leben zu erdulden hat ... Erst werden die Frauen in der Mutterschaft mobilisiert, damit man sie besser immobilisieren kann.«[37]

Für all diese Frauen ist die Mutterschaft, wie sie seit Jahrhunderten erlebt wird, nur der Ort der weiblichen Entfremdung und Sklaverei. Sie fordern daher das uneingeschränkte Recht, kein Kind zu haben, und sie proklamieren die Forderung, daß »Fortpflanzung und alleinige Sorge für das Kind seitens der Frauen voneinander getrennt werden, denn nur unter dieser Bedingung gibt es in der Mutterschaft eine freie Wahl.«[38]

Man wird sicher bemerkt haben, wie sehr diese Klagen denen der Preziösen des 17. Jahrhunderts ähneln. Die einen wie die anderen erheben den Vorwurf, die Mutterschaft koste sie ihr Leben als Frau, und sie lassen nicht gelten, daß die rein biologische Tatsache der Schwangerschaft ihnen für lange Zeit eine als unveräußerlich betrachtete Freiheit raubt. Zwischen diesen Frauen, die drei Jahrhunderte voneinander trennen, besteht allerdings ein wesentlicher Unterschied. Die ersteren flüchteten sich in die Enthaltsamkeit, weil sie keine Hoffnung hatten, die Männergesellschaft verändern zu können. Wenn man nur zwischen zwei verschiedenen Frustrationen wählen konnte, opferte man besser den Körper und die körperlichen Freuden als seine Unabhängigkeit!

Heute lehnen die Frauen diese Alternative und das Opfer ab und sind stattdessen entschlossen, die Einrichtung der Welt zu verändern, mit anderen Worten: das Verhalten der Männer. Nicht nur, daß sie kein Kind mehr machen wollen, um deshalb als »vollendete Frau« bezeichnet werden zu können; sie fordern auch, als Voraussetzung der Bereitschaft zur Fortpflanzung, daß man alle Mühen der Mutterschaft und der Erziehung mit ihnen teilt.

Gewiß stellen die Frauen, die diese Forderung erheben, nur eine recht schwache Minderheit dar. Es wäre jedoch falsch, sie gleich achselzuckend als Utopisten mit unrealisierbaren Forderungen abzuweisen. Ihre Reden mögen zwar zunächst die Männer und eine Mehrheit der Frauen schockiert haben, doch haben ihre Ideen sich allmählich durchgesetzt, wie aus einer Reihe neuerer Untersuchungen hervorgeht. Im September 1978 berichtete die Zeitschrift *F Magazine* von einer sehr bedeutsamen Untersuchung über 18 500 Leserinnen. Diese sind natürlich nicht repräsentativ für alle Französinnen, sondern müssen vielmehr als eine weibliche Avantgarde gelten. Jünger als der nationale Durchschnitt (51 % sind zwischen fünfundzwanzig und vierunddreißig Jahre alt, gegenüber 17% der Französinnen), haben diese Frauen außerdem ein höheres Bildungsniveau (73 % haben Abitur oder einen höheren Bildungsgrad, gegenüber 10 % der weiblichen Bevölkerung Frankreichs). Außerdem sind 57% der Leserinnen von *F Magazine* Vollzeitbeschäftigte, gegenüber 35 % aller Frauen.

Eine der Fragen wollte die Befriedigung messen, die sie empfanden, wenn sie sich um ihre Kinder kümmerten: Sich um die Kinder zu kümmern (sie füttern, baden, erziehen) ist:

1. recht angenehm	39 %	64 %
2. sehr angenehm	25 %	
3. eher unangenehm oder direkt lästig	5 %	36 %
4. bedeutet mir nichts	3 %	
5. brauche es nicht zu tun	21 %	
6. keine Antwort	7 %	

Findet es ein Viertel der Leserinnen von *F Magazine* sehr angenehm, sich mit den Kindern zu befassen, so schränken 39 % ihre Zufriedenheit ein, und 36 % antworten negativ oder geben keine Antwort (was auf andere Weise ebenfalls eine negative Antwort ist), wie die 21 %, die »es nicht zu machen brauchen«.

Diese Prozentzahlen geben uns, was die neue Einstellung der Frauen betrifft, zu denken. Denn wenn nur 5 % der Frauen rundheraus sagen, daß die Fürsorge für das Kind ihnen lästig sei, so muß man berücksichtigen, daß die Frage brutal ist und daß man sie so vor dreißig Jahren nicht zu stellen gewagt hätte. Es fällt noch immer sehr schwer, ohne Schuldgefühle darauf zu antworten. Es ist durchaus möglich, daß manche Frau als Ausweg die »gleichgültige« Antwort oder die Anwortverweigerung gewählt hat, um indirekt, ohne sie einzugestehen, ihre Unzufriedenheit auszudrücken.

In der gleichen Zeit (Oktober 1978) veröffentlichte die monatlich erscheinende Frauenzeitschrift *Cosmopolitan* die Ergebnisse einer Umfrage bei tausend repräsentativ ausgewählten Frauen. Auch daraus ging hervor, daß die Frauen nicht mehr allein die Sorge für ihre Kinder übernehmen wollten. Achtzig Prozent hielten es für normal, wenn bei einem Paar Mann und Frau sich die Hausarbeit teilen, und für wünschenswert, daß die Männer sich im gleichen Maße wie die Frauen um ihre Kinder kümmern.

Noch bezeichnender für die veränderte Einstellung der Frauen sind die Antworten auf die von *F Magazine* gestellte Frage: Glauben Sie, daß eine Frau gut leben kann, ohne Kinder zu haben?

1. ja, ganz problemlos	41 %
2. ja, aber es ist schwierig	34 %
3. nein, dann fehlt ihr etwas	23 %
4. keine Meinung	2 %

Cosmopolitan stellte die gleiche Frage, aber in persönlicherer Form: *Ihre* Freundin, Schwester oder Tochter hat beschlossen, keine Kinder zu haben:

1. Sie billigen es uneingeschränkt	27 %	43 %
2. Sie billigen es, aber mit einem gewissen Unbehagen	16 %	
3. Sie können dazu nichts sagen	12 %	
4. Sie lehnen es ab, aber Sie lassen mit sich reden	20 %	45 %
5. Sie lehnen es völlig ab	25 %	

Diese Antworten sind überraschend. Sie zeigen, daß zum ersten Mal nahezu eine Mehrheit der Frauen das Frausein nicht mehr durch die Mutterschaft umschrieben sieht und es durchaus für möglich hält, daß man auch ohne Kind eine richtige Frau sein kann. Diese Auffassung ist mit dem traditionellen Frauenbild, ja selbst mit den Prämissen der Psychoanalyse vollkommen unvereinbar.

Die Zeitschrift *F Magazine* stellte in einem Kommentar zu diesen Ergebnissen zwei bedeutsame Überlegungen an. »Früher verdeckte das Kind alles. Das Kind war Zuflucht, Lösung, Belohnung, Besitz. Heute scheinen Kinder in einer Ehe ein Faktor zu sein, der das Vergnügen zu zweit mindert (sehr mit ihrem Leben zufrieden sind achtundzwanzig Paare mit Kindern und vierundzwanzig Paare ohne Kinder).

Zweitens wird die Situation der verheirateten Frau durch das Vorhandensein von Kindern schwieriger und »weniger beneidenswert« als die Situation des Mannes. Ohne Kinder findet die Mehrheit der Frauen ihre Situation der des Mannes nahezu gleichwertig: Nur jede dritte Frau beneidet ihn. Sind jedoch Kinder da, dann findet jede zweite Frau die Situation des Mannes »beneidenswerter«. *F Magazine* kommt zu dem Schluß, daß die Frauen offenbar beschlossen haben, die Frage nach ihrer persönlichen Situation und nicht nach den traditionellen Maßstäben zu beurteilen: »Die Mutterschaft ist eine Gabe und nicht, wie man uns glauben zu machen versucht, ein Instinkt. Die Frauen, die nicht die Gabe dazu haben, sollte man in Ruhe lassen.« [39]

Die Stiftung A.-A. Giscard d'Estaing berichtet,[40] daß alljährlich einige tausend Kinder schwer mißhandelt werden, und der Straßburger Kongreß[41] über »Das mißhandelte Kind« enthüllte, daß die Kinder nicht nur in benachteiligten Schichten Opfer von Mißhandlungen sind. Er machte auf einen neuen Sachverhalt aufmerksam: »Die Mißhandlung durch Unterlassung«, bei der man das Kind moralisch verwahrlosen läßt. Solche Fälle sind umso häufiger und schwieriger zu entdekken, als sie keine Schlagspuren, Wunden oder Knochenbrüche hinterlassen. Die an Kindern begangenen Gewalttätigkeiten und die Verwahrlosung, deren Opfer sie werden, zeigen hinreichend, daß die Liebe der Eltern und insbesondere die Liebe der Mutter nicht natürlich ist, daß Liebesbezeugungen und Hingabe nichts Selbstverständliches sind. Diese Auffassung wird auch durch andere Hinweise bestätigt. Ist nicht beispielsweise die Tatsache, daß man immer häufiger vom »Beruf der Mutter« und vom »Mutterschaftsgehalt« spricht, ein Beweis dafür, daß die mütterliche Fürsorge eine Arbeit ist, die nicht spontan erbracht wird? Deutet nicht der Plan, die Mütter dafür zu bezahlen, daß sie sich um ihre Kinder kümmern, darauf hin, daß die Frau nicht ein bloßes Weibchen ist?

Die harnäckigen Anhänger einer Politik der Geburtenförderung glauben zwar noch, sie würden ihr Ziel erreichen, wenn die Frauen dafür bezahlt werden, daß sie Mütter sind, doch scheint die Allgemeinheit zur Kenntnis zu nehmen, daß die Frauen ein distanzierteres Verhältnis zur Mutterschaft haben. In der Gesellschaft breitet sich die Einsicht aus, daß die Herrschaft des Kindes zu Ende geht. Philippe Ariès gestand kürzlich: »Alles deutet darauf hin, daß unsere Gesellschaft aufhört, ›child-oriented‹ zu sein, wie sie es erst seit dem 18. Jahrhundert war. Das bedeutet, daß das Kind ein spät erworbenes und vielleicht übertriebenes Monopol einbüßt, daß es, im Guten wie im Bösen, wieder eine weniger privilegierte Stellung einnimmt. Das 18./19. Jahrhundert geht vor unseren Augen zu Ende.«[42]

Im Nachtrag ging Ariès auf eine Zeitungsmeldung (*Le Monde* vom 23. März 1979) ein, in der vom Freispruch einer Frau berichtet wurde, die ihr Kind getötet hatte. Vor dem Schwurgericht hatte sie erklärt, sie habe die Geburt dieses Kindes weder physisch noch moralisch ertragen können, und bei den Geschworenen Verständnis gefunden. Dieses Urteil deutete Ariès als ein Anzeichen für die neue Einstellung. Dem wäre, weil es so selten vorkommt, hinzuzufügen, daß die Geschworenen sich in diesem Falle mit dem Mörder (der Mutter) und nicht dem Opfer (dem Kind oder ihrem Kind) identifiziert hatten.

Über die Väter sagte Françoise Dolto: »Viele von ihnen lieben ihre Kinder nicht mehr.«[43] Auf den ersten Blick scheint es, daß man diese Aussage erweitern muß. Es gibt nicht nur Väter, sondern auch Mütter, die ihre Kinder nicht mehr lieben. Dabei muß man allerdings vorsichtig sein, denn hat es in dieser Hinsicht jemals ein goldenes Zeitalter gegeben? Muß man annehmen, daß Männer und Frauen früher tiefere und spontanere Gefühle gegenüber ihren Kindern empfanden? Was mich betrifft, so bin ich mir dessen durchaus nicht sicher, denn wenn wir die lange Geschichte der Vaterautorität und der Mutterliebe betrachten, finden wir überall Versagen, Lüge, Frustration und Egoismus.

Man könnte sich außerdem fragen, ob nicht im Gegensatz zu dem, was Françoise Dolto sagt, die väterliche Liebe gerade erst in die Geschichte der Gefühle eintritt. Wie wir gesehen haben, wurde die Familie vor dem Ende des 18. Jahrhunderts von dem unantastbaren Prinzip der väterlichen Autorität regiert, die dann unter dem Einfluß Rousseaus und Freuds durch die Mutterliebe abgelöst wurde. Heute hat es den Anschein – es ist wohl noch nicht so weit, daß man ganz sicher gehen kann –, daß der Vater, nachdem er seine autoritäre Persönlichkeit abgelegt hat, sich immer stärker mit seiner Frau, das heißt mit der Mutter identifiziert. Während die Frauen »männlicher« werden und eine distanziertere Haltung zur Mutterschaft einnehmen, taucht vor allem bei jungen Männern ein Wunsch nach aktiver Bemutterung, wenn nicht sogar nach Mütterlichkeit auf. Nicht nur, daß man immer häufiger beobachtet, daß geschiedene Väter die Fürsorge für ihre jungen Kinder beanspruchen, sondern neueste Untersuchungen stellen außerdem bei jungen Vätern Einstellungen und Wünsche fest, die traditionell als mütterlich bezeichnet wurden.

Aus einer von der Monatszeitschrift *Parents*[44] veröffentlichten Untersuchung über die Franzosen und ihr Verhältnis zur Vaterschaft geht hervor, daß auch der Mann sich sehr geändert hat. Vielleicht muß man sogar von einer »Revolution der männlichen Mentalität« sprechen. Der neue Vater nimmt an der Schwangerschaft seiner Frau Anteil und teilt mit ihr die Freuden der Geburt sowie die täglichen Aufgaben der Bemutterung, die einst der Mutter vorbehalten waren. Die Frage: »Haben Sie den Eindruck, daß die Schwangerschaft Ihrer Frau sich physisch und moralisch auch auf Sie ausgewirkt hat oder nicht?« wurde von siebenundzwanzig Prozent mit »ja« beantwortet. Von denen, die mit ja geantwortet haben, leiden siebenundzwanzig Prozent unter starker nervöser Anspannung, sieben Prozent unter übermäßiger Gewichtszunahme und dreizehn Prozent unter Schlaflosigkeit.

Auf die Frage: »Wenn eine Frau ein Kind erwartet, besteht zwischen ihr und dem Baby eine Art von Vertrautheit, von innigem Einverständnis. Würden Sie persönlich sagen, daß Sie an diesem Einverständnis teilhatten, oder waren Sie davon ausgeschlossen?« antworteten einundachtzig Prozent, daß sie an dieser Vertrautheit teilhatten (gegenüber acht Prozent, die sich ausgeschlossen fühlten). Die Hälfte dieser Männer fühlt sich einbezogen, sobald sie von der Schwangerschaft erfahren, und jeder dritte, wenn das Kind anfängt, sich zu bewegen. Schließlich sind zweiundsechzig Prozent der jungen Väter bei der Entbindung ihrer Frau dabei und haben das Gefühl, an der Geburt »teilzunehmen«.

Wenn das Kind da ist, beteiligt sich der Vater auch an den »Aufgaben der Mutter«: Haben Sie sich nach der Geburt Ihres letzten Kindes regelmäßig darum gekümmert,

– ihm seine Flasche oder seine Mahlzeit mit dem Löffel zu geben	74 %
– seine Flasche bzw. Mahlzeit zuzubereiten	65 %
– es auszuführen	64 %
– es auf den Arm zu nehmen, wenn es weint	60 %
– die Windeln zu wechseln	53 %
– nachts aufzustehen	50 %
– es zu baden	40 %
– es zu seiner Wärterin oder zur Krippe zu bringen	26 %

Nur siebzehn Prozent würden gern zu Hause bleiben, um sich um die Kinder zu kümmern, während ihre Frau arbeiten ginge, um den Lebensunterhalt für die Familie zu verdienen. Das zeigt, daß die große Mehrheit der Männer die Teilung der familiären Aufgaben akzeptiert, nicht aber die Vertauschung der traditionellen Rollen.

Die Väter wurden gefragt: An wen wendet sich das Kind nach Ihren Feststellungen, wenn es schmusen möchte?

– an den Vater	11 %
– an die Mutter	35 %
– mal an den einen, mal an die andere	43 %
– keine Äußerung	11 %

Diese Antworten zeigen, daß die Frauen nicht mehr das Monopol der Zärtlichkeit besitzen.

Umgekehrt haben die Väter nicht mehr das Monopol der Autorität, wenn man den Antworten auf die folgende Frage glauben darf: Was passiert, wenn es eine Dummheit gemacht hat?

– hauptsächlich der Vater schimpft	21 %
– hauptsächlich die Mutter schimpft	16 %
– die Mutter bittet den Vater zu schimpfen	3 %
– mal schimpft der eine, mal die andere	42 %
– keine Äußerung	18 %

Schließlich behaupten vierundfünfzig Prozent der Väter, sie würden im Scheidungsfall das Sorgerecht für ihre Kinder im Kleinkindalter fordern, gegenüber vierundzwanzig Prozent, die es nicht fordern würden, und zweiundzwanzig Prozent, die sich nicht äußern. Man kann, wie zuvor bei den Müttern, annehmen, daß die Väter ein gewisses Schuldgefühl empfinden, wenn sie sagen, sie würden ihre Kinder nicht für sich fordern. Aber auch das ist bezeichnend für einen wirklichen Wandel der Einstellung. Ebenso wie die Mutter fühlt sich der Vater jetzt für das Kind verantwortlich. Er empfindet ebenfalls, daß er dem Kind Fürsorge, Liebe und Opfer schuldet. Und er fühlt, daß es, um ein guter Vater zu sein, nicht mehr ausreicht, ab und an im Kinderzimmer aufzutauchen, um mit dem Kleinen zu sprechen und ihn auf einen Spaziergang mitzunehmen, um interessante Dinge zu betrachten.

Unter dem Druck der Frauen umsorgt der neue Vater das Kind im gleichen Maße und in der gleichen Weise wie die Mutter. Er schiebt sich wie eine weitere Mutter zwischen die Mutter und das Kind, das sich in dem innigen Kontakt mit dem Vater ebensogut aufgehoben fühlt wie bei der Mutter. Man braucht nur die immer häufiger erscheinenden Fotos in den Zeitschriften zu betrachten, auf denen halbnackte Väter ihre Neugeborenen in die Arme schließen. Ihr Blick ist von einer ganz und gar mütterlichen Zärtlichkeit erfüllt, an der niemand Anstoß nimmt. Es hat den Anschein, als würde nach Jahrhunderten, in denen der Vater Autoritätsperson oder nicht vorhanden war, ein neuer Begriff entstehen – die »Vaterliebe«, die zum Verwechseln der Mutterliebe ähnelt.

Diese neue Vaterschaftserfahrung ist wahrscheinlich zum großen Teil dem Einfluß der Frauen zuzuschreiben, die fordern, daß alle Aufgaben geteilt werden, auch die, dem Kind Liebe zu geben. Wenn die Männer sie lieben, sind sie einem entsprechenden Druck von seiten der Frauen ausgesetzt. Es ist auch möglich, daß der weibliche Anteil, den es in jedem Mann gibt, sich dabei geltend macht. Es ist jedoch nicht auszuschließen, daß die Frauen den Männern eine ebenso große Verantwortung aufbürden und einen ebenso starken Druck auf sie ausüben, wie sie es ihrerseits von den Männern des 18. und 19. Jahrhunderts erfahren haben. Von nun an werden die Frauen die Männer dazu »zwingen«, gute Väter zu sein und die Freuden, aber auch die Mühen, Ängste und Opfer der Kinderaufzucht gerecht mit ihnen zu teilen. Es ist nicht sicher, ob das allen Männern gefallen wird und ob nicht infolgedessen die Geburtenzahl der überentwickelten Länder – und allein hier ist bislang diese Veränderung der Lebensgewohnheiten zu beobachten – noch weiter sinken wird ...

Verlorenes oder wiedergefundenes Paradies?

Angesichts des Wandels in der Einstellung der Mütter gelangt man zu der Überzeugung, daß der Mutterinstinkt ein Mythos ist. Auf ein allgemeingültiges und naturnotwendiges Verhalten der Mutter sind wir nicht gestoßen. Wir haben im Gegenteil festgestellt, daß ihre Gefühle in Abhängigkeit von ihrer Bildung, ihren Ambitionen oder ihren Frustrationen äußerst wandlungsfähig sind. Man kommt deshalb nicht an der vielleicht grausamen Schlußfolgerung vorbei, daß die Mutterliebe nur ein Gefühl und als solches wesentlich von den Umständen abhängig ist. Dieses Gefühl kann vorhanden sein oder auch nicht vorhanden sein, es kann auftreten und verschwinden. Es kann sich als stark oder als schwach erweisen. Es kann ein Kind bevorzugen oder sich auf alle erstrecken.[1] Das hängt ganz von der Mutter, von ihrer Geschichte und von *der* Geschichte ab. Nein, es gibt in dieser Hinsicht kein universales Gesetz, das eine Ausnahme vom Determinismus der Natur machen würde. Die Mutterliebe gehört nicht wie selbstverständlich dazu, sie »geht extra«.

Wollte man die Intensität dieser Liebe, so wie sie sich über vier Jahrhunderte hinweg in Frankreich darstellt, graphisch veranschaulichen, so ergäbe sich eine Sinuswelle mit Höhepunkten vor dem 17. Jahrhundert, im 19. und im 20. Jahrhundert und Tiefpunkten im 17. und 18. Jahrhundert. Wahrscheinlich würde die Kurve ab 1960 wieder absinken, weil das klassische mütterliche Gefühl seither in einem gewissen Maße zurückgeht, und gleichzeitig würde eine neue »Liebeskurve« einsetzen: die der väterlichen Liebe. Offenbar ist die Mutterliebe nicht mehr allein Sache der Frauen. Die neuen Väter tun es den Müttern gleich und lieben wie diese ihre Kinder. Das scheint darauf hinzudeuten, daß die Mutterliebe ebenso wie die väterliche Liebe nichts Spezifisches mehr ist. Soll das heißen, daß Vater- und Mutterrolle sich durch nichts mehr unterscheiden und daß Mann und Frau in wachsendem Maße miteinander identisch werden?

Von ferne und von hinten gesehen, kann man die jungen Männer und die jungen Frauen mit ihrer gleichen Kleidung und ihrer gleichen Haartracht durchaus miteinander verwechseln. Bei den Frauen haben Brust, Hüften und Gesäß, bei den Männern Muskeln und Schultern abgenommen. Zumindest nach dem Augenschein gibt es das Einheitsgeschlecht.

In psychologischer Hinsicht weiß man heute nicht mehr genau, wodurch sich der kleine Junge von dem kleinen Mädchen unterscheidet. Der Internationale Kongreß für Kinderpsychologie, der sich im Juli 1979 in Paris mit diesem Thema befaßte, konnte die Unterschiede nur schwer feststellen. Nach seinen Feststellungen gibt es keinen Beweis dafür, daß Passivität, Beeindruckbarkeit oder eine Tendenz zur Selbstunterschätzung ausschließlich den Mädchen vorbehalten sind. Ebensowenig gibt es Beweise dafür, daß die Konkurrenzneigung stärker unter den Jungen oder Furchtsamkeit, Schüchternheit und Ängstlichkeit stärker unter den Mädchen verbreitet sind. Oder daß Jungen Dominanzstreben und Mädchen eine größere Fähigkeit zur Unterordnung aufweisen. Ebensowenig gibt es Beweise dafür, daß die sogenannten »mütterlichen« oder »fürsorglichen« Verhaltensweisen etwas spezifisch Weibliches sind und bei Männern nicht vorkommen. Tatsächlich ist in dem traditionellen Bild, daß »Papa liest und Mama näht«[2], ein Wandel zu beobachten. Es kommt vor, daß Mama liest und werkelt, während Papa den Säugling wickelt und füttert, und niemand wundert sich mehr darüber.

Bedeutet das, daß der Vater mit der Mutter identisch ist? Und wenn ja, was ergibt sich daraus für das Kind? Diese beiden, für die Zukunft der Menschheit fundamentalen Fragen kann niemand mit Sicherheit beantworten. Man kann höchstens zwei widersprüchliche Hypothesen formulieren.

Die Psychoanalytiker sind sich darin einig, daß diese Identifikation der Rollen das Kind in Verwirrung stürzt. Wie kann es, so fragen sie, ein Bewußtsein seines Geschlechts und seiner Rolle erlangen? Mit wem soll es sich identifizieren, um erwachsen zu werden? Eine stabile psychische Struktur erwirbt das Kind, ob Junge oder Mädchen, erst, nachdem es den Ödipuskomplex, also eine konfliktreiche Dreiecksbeziehung, überwunden hat. Was wird aus ihm, wenn Papa und Mama für es ein und dasselbe sind und keine geschlechtlich differenzierten Bezugspunkte mehr bieten. Kann das Kind jemals erwachsen werden und das infantile Stadium der Bisexualität überwinden, wenn der Vater gleichermaßen das Gesetz und die mütterliche Liebe verkörpert? Wenn nach Ansicht der Psychoanalytiker die Mutter die Liebe (Irrationalität) und der Vater das allgemeine Gesetz verkörpern sollen, kann die Verwechslung der Rollen schließlich nur dazu führen, daß die Rationalität abhanden kommt. Demnach hätten wir es hier mit einem Prozeß der Enthumanisierung zu tun, der Psychosen und Leiden hervorruft.

Andere, die optimistisch und unerschütterlich an den menschlichen Fortschritt glauben, werden vielleicht das Gegenteil sagen. Sie werden vielleicht im Einheitsgeschlecht den Königsweg zur Bisexualität, zu der so lange von den Menschen erträumten Allseitigkeit sehen. Sie werden an den Mythos von Aristophanes denken und an jenes androgyne Geschöpf, das »Zwei in Einem« und ein Symbol für Stärke und Glück der Menschen war, bevor die Götter darüber erzürnten und es zur Strafe zerteilten. Warum sollten der Mann und die Frau von morgen denn nicht erneut dieses verlorene Paradies schaffen? Kann jemand behaupten, daß aus der durch die Verwischung der Rollenunterschiede entstandenen neuen Anordnung nicht irgendwann eine neue, reichere und weniger zwanghafte Ordnung hervorgehen wird?

Wir werden uns hüten, auf diese Fragen, die in den Bereich der Futurologie oder der Mythologie fallen, eine Antwort zu geben. Nehmen wir doch einfach zur Kenntnis, daß bei den Frauen ein unbeugsamer Wille entsteht, die Welt und die Kinder mit den Männern zu teilen. Dieser Wille wird die künftige Situation des Menschen mit Sicherheit verändern. Gleichgültig, was sich daraus ergeben mag: das Ende des Mannes oder das wiedergefundene Paradies – wieder einmal wird es an Eva liegen, die die Karten anders verteilt hat.

Anmerkungen

I. Die nichtvorhandene Liebe

1 Um die Darstellung zu vereinfachen, werden wir uns besonders mit dieser klassischen Ehesituation befassen und die Witwe sowie die ledige Mutter außer acht lassen.

1. Die lange Herrschaft der Autorität des Vaters und Ehemanns

1 Cicero (*Pro Domo, 30*) weist auf die folgenden Rechte des Vaters gegenüber seinem Sohn hin: Das Recht, über Leben und Tod zu entscheiden, das Recht, ihn nach Belieben zu strafen, ihn auspeitschen zu lassen, ihn zu Gefängnis zu verurteilen, ihn schließlich aus der Familie auszustoßen.

2 Die Frau hat das Recht, ihr Vermögen zu verwalten und ihre Güter ohne die Zustimmung ihres Ehemannes zu veräußern, vor Gericht aufzutreten, ein Lehen zu führen und im Lehnsgericht zu sitzen. Ferner das Recht, ihren Ehemann im Falle der Krankheit oder Abwesenheit zu vertreten.

3 Vom 13. Jahrhundert an kann im Norden Frankreichs das Kind gegen übertriebene Strenge des Vaters das Gericht anrufen. Natürlich nur in sehr schweren Fällen: »wenn der Vater durch seine Mißhandlungen sein Leben gefährdet oder ihm ein Glied gebrochen oder verstümmelt hat«. Wird er für schuldig erkannt, so muß er eine Buße zahlen.

4 *Politik* I. II.: Die Natur hat Individuen geschaffen, die dazu da sind, zu befehlen, und Individuen, die dazu da sind zu gehorchen.

5 Aristoteles glaubte, das Menstruationsblut sei der Stoff, dem das Sperma die Form gebe. Die Intelligenz, das auszeichnende Merkmal der Menschheit, wurde folglich nur durch die Männer weitergegeben.

6 II. und III. Kapitel.

7 Der Mensch spricht: »Das ist endlich Bein von meinem Bein und Fleisch von meinem Fleisch! Diese soll Weib heißen, weil sie vom Mann genommen ist.« (Wortspiel im Hebräischen: Diese soll *ischscha* [»Männin«] heißen, weil sie vom *isch* [»Mann«] genommen ist. Anm. d. Ü.)

8 *Traum vom Obstgarten*, Erstes Buch, Kapitel CXLVII, siehe auch die berühmte Tirade von Bertrand d'Argentré.

9 Brief an die Epheser, Fünftes Kapitel, Vers 25 und 24.

10 Ebd.

11 *La Somme des péchés* (1584), § 34 und 35, zitiert von J.-L. Flandrin in *Familles* (Paris 1976), S. 124 bis 125 (Hervorhebungen von mir)

12 ebd., § 39; Hervorhebungen von mir.

13 Flandrin, a. a. O., S. 125.

14 Bei der Lektüre von Beichtbüchern fällt einem unweigerlich die große Zahl der Fragen auf, die sich auf Haß und Todeswünsche zwischen Eltern und Kindern beziehen.

15 Fénélon, *Manuel du mariage* (Hervorhebung von mir). Die weibliche Gebrechlichkeit wird hier mit dem Krankheitsgedanken assoziiert.

16 Von diesen Äußerungen berichtet Rétif de La Bretonne. Vgl. *La Vie de mon père*, Introduction, S. XI (classique Garnier). Es ist allerdings zu bemerken, daß Rétif frauenfeindliche Traditionen wiedergibt, die in den Städten bereits Angriffen ausgesetzt sind. (Or. p. 82–100).

17 Bossuet, *Politique tirée de la Sainte Ecriture* (1709), II. u. III. Buch.

18 *Introduction à la connaissance de l'esprit humain.*

19 *Persische Briefe*, Frankfurt 1964, S. 229.

20 Das Verlassen eines Kindes an einem isolierten Ort.

21 Das Edikt Heinrichs II. (1556) erklärt Mütter, die ihre Schwangerschaft verheimlichen, zu Mörderinnen. Wurden sie entdeckt, riskierten sie die Todesstrafe.

22 Im Jahre 1638 begründete Vincenz von Paul das Hôpital des Enfants Trouvés (Hospital für Findelkinder).

23 Der Erlaß vom Januar 1629 verfügt außer der Todesstrafe für den Entführer die Einziehung seiner Güter, untersagt den Richtern, die Strafe zu mildern, und weist die Oberstaatsanwälte und ihre Vertreter an, den Schuldigen auch dann zu verfolgen, wenn von seiten der Betroffenen keine Klage vorliegt. Die Deklaration vom November 1639 präzisiert, daß die Todesstrafe auch dann zu gewärtigen ist, wenn die Einwilligung der Eltern nachträglich erfolgt, und zwar für Burschen bis zum Alter von dreißig und für Mädchen bis zum Alter von fünfundzwanzig Jahren.

24 Man fand bunt durcheinandergewürfelt neben Strafgefangenen Söhne von dreißig und mehr Jahren, Priester und ganz junge Kinder.

25 Die Einsperrung der Kinder durch die Eltern wurde an drei Bedingungen geknüpft. Nur die Väter können dieses Recht unkontrolliert ausüben, außer, sie sind in zweiter Ehe verheiratet (hier bemerkt man die Furcht vor dem unheilvollen Einfluß der Stiefmutter). In diesem Fall müssen sie die Erlaubnis des Zivilrichters einholen, der sie ihnen im übrigen selten versagt. Eine zweite Einschränkung des Einsperrungsrechts bestand darin, daß es nicht über das fünfundzwanzigste Lebensjahr hinausreichte. Schließlich schuf man für diesen Zweck eine besondere Anstalt, um zu verhindern, daß Kinder aus guter Familie mit gewöhnlichen Strafgefangenen zusammenkamen.

26 Ein Jahr nach dem Erscheinen des *Emile*, der die Liebe und Zärtlichkeit der Eltern predigte.

27 Vgl. *Montaillou. Ein Dorf vor dem Inquisitor*, Berlin 1980, S. 169, 190, 193, 196.

28 Benedicti, *La Somme des péchés*, Zweites Buch, Kapitel V, zitiert von J.-L. Flandrin in *Les Amours paysannes*, (coll. Archives) 1977, S. 81.

29 Ebd., S. 83.
30 Ebd., S. 84–85.
31 Flandrin, *Les Amours paysannes*, S. 63–69. Der Brauch war im Béarn noch im 19. Jahrhundert sehr lebendig.
32 Die Verlobungszeit konnte einige Tage, manchmal auch nur einige Stunden dauern.
33 Flandrin glaubt, daß die Arbeiter, die mit den Erfordernissen der Mitgift weniger konfrontiert waren, mehr Chancen hatten, den Ehepartner mit dem Herzen zu wählen. Da sie nichts besaßen, erwarteten sie auch nichts von der Zukünftigen.
34 *Naissance de la famille moderne*, Paris 1977.
34a Entsprechende deutsche Redensarten sind dem Übersetzer nicht bekannt. Deshalb hier die wörtliche Übersetzung.
35 *Familles*, S. 115.
36 Ein Gefühl, das der griechischen »Sympathie« nahekommt.
37 Vgl. *Le Journal d'Héroard*, das Tagebuch des Erziehers Ludwigs XIII. Es heißt dort, daß der Prinz nachts Alpträume hatte, wenn er wußte, daß er am nächsten Morgen eine Tracht Prügel bekommen sollte.
38 Vgl. Rétif de La Bretonne, *La Vie de mon père*, Kapitel 7 und 8.

2. Die Stellung des Kindes vor 1760

1 Philippe Ariès, *Geschichte der Kindheit*, München 1976, S. 554.
2 *Vom Gottesstaat*, Band II, Zürich 1955, S. 806.
3 G. Snyders, *La Pédagogie en France aux XVIIe et XVIIIe Siècles*, Phil. Dissertation Universität von Paris, P. U. F.
4 *Bekenntnisse*, Zürich 1950, S. 40.
5 Ebd., S. 38.
6 Ebd.
7 Der französische Ausdruck für Erziehung kommt vom lateinischen *educare*, was bedeutet: Das Verbogene und Mißgebildete gerade richten.
8 1492–1540.
9 Hervorhebung von mir. Ein Argument, auf das man in verschiedenen Formen bis heute stößt.
10 Predigt 24: »Von der Pflege der Kinder«.
11 Bossuet, *Méditation sur la brièveté de la vie*.
12 *Sermon pour le jour de la Nativité de Notre Dame*, zitiert von G. Snyders, S. 195.
13 *Opuscules de Piété*, Nr. 69.
14 Vgl. *Entrer dans la vie*, (coll. Archives) 1978, S. 29.
15 »Der hauptsächlichste Grund unserer Irrtümer liegt in den Vorurteilen unserer Kindheit.« *Die Prinzipien der Philosophie*, Hamburg 1955, S. 253.
16 *Diskurs über die Methode*, Stuttgart 1978, S. 14.
17 E. Shorter, *Naissance de la famille moderne*, Paris 1977, S. 210.
18 J.-P. Bardet, »Enfants abandonnés et enfants assistés à Rouen«, in *Hommage à Marcel Reinhard* (1973), S. 37.

19 Wenn man die Korrespondenz von Turgot liest, der 1753 bis 1774 Intendant des Limousin war, hat man den Eindruck, daß die Pfarrer der ihnen auferlegten Pflicht nicht immer nachkamen.

20 *Essais*, Stuttgart 1969, S. 379f. Hervorhebung von mir.

21 Auszug aus der Familienchronik der Familie Froissard. *Entrer dans la vie*, S. 155.

22 *Entrer dans la vie*, S. 156 bis 158.

23 »Nourrissons parisiens en Beauvaisis« in *Hommage à Marcel Reinhard*, S. 271–273: »Die ersten Todesfälle von Pflegekindern, die wir feststellen konnten, gehen auf die Jahre um 1660 zurück, doch ist aus dem Auftreten ungewöhnlicher Familiennamen in den Bestattungsunterlagen fünfzehn oder zwanzig Jahre vorher zu schließen, daß auswärtige Kinder sich in der Gemeinde aufhielten.«

24 *Détails sur quelques établissements de la ville de Paris demandés par sa Majesté Impériale, la Reine de Hongrie, à L. Lenoir, lieutenant général de police*, Paris 1780.

25 Vgl. den Artikel von Galliano, »Mortalité infantile dans la banlieue sud de Paris« (1966).

26 *L'Envoi des jeunes enfants en nourrice*. L'exemple d'une petite ville: Thoissey-en-Dombes (1740–1840).

27 Vgl. M. Lachicher, *La Population de Meulan du XVIe au XVIIIe siècle, Etude de démographie historique*, SEVPEN 1969, S. 123 bis 132.

28 M. Garden, *Lyon et les Lyonnais au XVIIIe siècle*, Paris 1975, S. 60.

29 a. a. O., S. 281, 283.

30 *Annales de démographie historique*, 1966, S. 166 bis 172.

31 Nicht alle Ammen handelten in dieser Weise. Vergleiche den Artikel von Antoinette Chamoux, »L'enfance abandonnée à Reims au XVIIIe siècle«, in *Annales de démographie historique*, 1972. Die Ammen stillten gleichzeitig ihr eigenes und ein ihnen anvertrautes Kind, zuweilen auch ein drittes, das beinahe mit Sicherheit starb.

32 Vgl. *Communications*, 31, 1979.

33 M. Garden, *Lyon et les Lyonnais au XVIIIe siècle*, Paris 1975.

34 Daher die Versuchung für die arme Pflegemutter, mehrere Kinder gleichzeitig zu nehmen, wodurch das Leben jedes einzelnen noch stärker gefährdet wurde. Siehe auch A. Chamoux, a. a. O., S. 275.

35 Häufig ließen die Eltern bei der Amme überhaupt nichts mehr von sich hören und überließen ihr das Kind völlig.

36 F. Lebrun, *La Vie conjugale sous l'Ancien Régime*, Paris 1975, S. 152–153.

37 Zahlenangaben nach Chamousset, *Mémoire politique*, S. 12. In den *Annales de démographie historique*, 1973, notiert A. Chamoux, daß in Reims im ausgehenden 18. Jahrhundert eine Amme monatlich acht oder zehn Pfund erhält.

38 Shorter, a. a. O., S. 210. Hervorhebung von mir, um anzudeuten, daß dieser letztere Grund sich auf den zweiten Elterntyp bezieht.

39 Das beweist die Großmutter von Rétif de La Bretonne, wenn sie – übrigens voller Freude – ihren Sohn Edme, der von einer Reise zurückkehrt, empfängt: »Ich darf mich um diesen lieben Sohn nicht so sehr bemühen, daß ich den Vater vergesse ... Ihr Mädchen bemüht euch ein wenig um euren Bruder; ich muß mich jetzt um mein Los (den Ehemann) kümmern, das ich niemandem, nicht einmal meinen Kindern, abtreten werde«, in *La Vie de mon père*, S. 58.

40 Crousaz, *Traité de l'éducation des enfants* (1722).
41 Diesen Vorwurf erhebt auch Crousaz, wenn er schreibt: »Man betrachtet die Kinder gewöhnlich wie kleine Maschinen; man geht mit ihnen um wie mit Wesen, die keinen Verstand besitzen.«
42 E. Pilon, *La Vie de famille au XVIIIe siècle*, 1978, S. 124 bis 125.
43 *Médecine domestique*, 1775, S. 14 bis 17.
44 J. N. Biraben, »Le Médecin et l'enfant au XVIIIe siècle«, *Annales de démographie historique*, 1973, S. 215–223.
45 Buchan, *a. a. O.*, S. 16 (Hervorhebung von mir).
46 a. a. O., S. 16 bis 17.
47 Verdier-Heurtin, *Discours sur l'allaitement*, S. 50–53.
48 Anspielung auf die Pseudowissenschaft der Alchemie.
49 G. Snyders, *a. a. O.*, S. 173.
50 Ebd., S. 173–177.
51 Ebd., S. 291–293.

3. Die Gleichgültigkeit der Mütter

1 Dazu gehören nicht Flandrin, Lebrun und Shorter.
2 E. LeRoy Ladurie, *Montaillou*, S. 229–235.
3 Das Wort »Mode« wird von Talleyrand in seinen *Memoiren* (deutsch 1891), S. 8, benützt: »Eine direkte elterliche Fürsorge war damals (er ist 1754 geboren) keine Mode ...« Zuvor heißt es dort: »Nach den damaligen Begriffen würde man eine allzu große Sorgfalt für Pedanterie gehalten und Zärtlichkeit gar lächerlich gefunden haben.«
4 *Les Hommes et la mort en Anjou aux XVIIe et XVIIIe siècles*, Paris 1971, S. 423.
5 P. Ariès, a. a. O., S. 99.
6 Babeau, *Bourgeois d'autrefois*, 1886, S. 268–269.
7 Montaigne, *Essais*, zitiert nach Ariès, a. a. O., S. 98.
8 S. 67–68.
9 A. Bideau merkt an, daß in dem Städtchen Thoissey die meisten Väter zum Begräbnis ihrer Kinder kamen.
10 *La Vie conjugale sous l'Ancien Régime*, S. 144–145 (Hervorhebung von mir).
11 Brief vom 9. August 1762.
12 *Honnêteté et relations sociales en Languedoc*, Dissertation 1971.
13 Castan über die Ermordung des Älteren durch den Jüngeren. Vgl. »Pères et fils en Languedoc à l'époque classique«, in der Zeitschrift *Dix-septième siècle*, 1974.
14 S. 16, Fußnote 1.
15 Linné, *La Nourrice marâtre* (1770), S. 228.
16 Barbier, Collé bzw. Casanova.
17 Verdier-Heurtin, *Discours sur l'allaitement*, S. 25.
18 R. Mercier, *L'Enfant dans la société au XVIIIe siècle* (avant *l'Emile*), Dakar 1961, S. 55.
19 Louis Joubert, zitiert in *Entrer dans la vie*, S. 160.

19a Fut-il jamais ... Hat es je etwas weniger Reizvolles gegeben als einen Haufen schreiender Kinder? Das eine sagt Papa, das andere sagt Mama, und noch ein anderes weint nach seiner Oma. Und um diese Unterhaltung zu haben, ist man gezeichnet wie ein Hund.

20 Toussaint, *Les Moeurs* (1748).

21 Madame Le Prince de Beaumont, *Avis aux parents et aux maîtres sur l'éducation des enfants* (1750), S. 77.

22 Vandermonde, *Essai sur la manière de perfectionner l'Espèce humaine* (1750). Ebenso dachte Montesquieu, der von Hochwürden Dainville folgendermaßen zitiert wird: »Alles, was mit der Erziehung der Kinder, mit dem natürlichen Empfinden zusammenhängt, erscheint dem Volk als etwas Niedriges.« Nicht anders bei den begüterten Klassen: »Es ist bei uns Sitte, daß Vater und Mutter ihre Kinder nicht mehr erziehen, nicht mehr sehen, nicht mehr ernähren. Ihr Anblick stimmt uns nicht mehr zärtlich, sie sind Objekte, die man vor aller Augen verbirgt, und eine Frau würde nicht mehr vornehm wirken, wenn sie den Anschein erweckte, sich darum zu sorgen.« Im gleichen Sinne vertraut Turgot 1751 in einem Brief Madame de Grafigny an: »Man errötet über seine Kinder.«

23 Unter Berufung auf moralische und medizinische Abhandlungen behauptet Mercier (a. a. O., S. 31–32), daß »in England nicht nur die Frauen der höheren Klassen, sondern alle, denen ihre finanziellen Mittel es – notfalls unter Verzicht auf andere Dinge – erlauben, nicht bereit sind, ihre Kinder zu stillen ... Dieselbe Lockerung der Sitten ist auch in Deutschland zu beobachten, denn dort sucht man, da es an Ammen fehlt, die Kinder auf künstliche Weise zu ernähren.« Hingegen wurde in Holland und in den nordischen Ländern wie etwa Schweden das Stillen durch eine Amme kaum praktiziert.

24 *Psychologie de la femme*, Paris (P. U. F.), S. 9.

25 Pillorget, *La Tige et le Rameau*, Paris 1979, S. 57.

26 L'Abbé de Pure, *La Précieuse*: »Die größte Annehmlichkeit unseres Frankreich ist die Freiheit der Frauen; sie ist im ganzen Reich so groß, daß die Ehemänner dort praktisch machtlos und die Frauen dort die Herrscherinnen sind. Eifersucht ist beim Ehemann nicht weniger schimpflich als Zügellosigkeit bei seiner Frau.«

27 Magendie, *La Politesse mondaine et les théories de l'honnêteté en France au XVIIe siècle*, S. 88–89: »Die angemessene Freiheit, die man in Frankreich erlaubt, fördert durchaus nicht das Laster, sondern schließt die Zügellosigkeit aus; ohne daß man hier wie in anderen Landstrichen auf Gitter, Riegel, Schlüssel, Vorhängeschlösser zurückgreift, die häufig nur die Schüchternsten mutig machen, läßt man sich hier von der Ehre und der Tugend leiten.«

28 Zitiert von L. Battifol, *La Duchesse de Chevreuse*, Paris 1913, S. 212 (Hervorhebung von mir).

29 Das Hôtel de Rambouillet, 1610 erbaut, hatte einen großen Einfluß von 1620 bis zur Fronde (ca. 1650).

30 Dieser Ausdruck, der Ninon de Lenclos zugeschrieben wird, wurde von Saint-Evremond aufgegriffen.

31 »Ich will, sagt sie, einen Liebhaber, ohne einen Ehemann zu wollen, und ich will einen Liebhaber, der sich damit begnügt, mein Herz zu besitzen, und mich bis zum

Tode liebt ...« Diese Situation ist haargenau das Gegenteil der üblichen Bindungen zwischen Mann und Frau, die sich ohne Liebe heiraten, jener Bindungen, die die Unterordnung der Ehefrau hervorbringen.

32 Vgl. die Schmährede gegen die Ehe einer der Preziösen des Abbé de Pure, zitiert von G. Montgrédien, *Les Précieux et les Précieuses*, Paris 1939, S. 149–150.

33 Ebd.

34 *La Préciosité et les Précieuses*, 1948, S. 164.

35 Diese Passage stammt aus Band X des *Grand Cyrus* von Mademoiselle de Scudéry.

36 *Histoire mondiale de la femme* (XVIe et XVIIIe siècles), Paris 1965, S. 19.

37 G. Faniez, *La Femme et la société francaise* (1929), S. 1973.

38 *Die gelehrten Frauen*, 2. Akt, 7. Szene.

39 *Morales du Grand Siècle*, Paris 1948, S. 198.

40 Fénélon, *De l'éducation des filles*, Kapitel 10.

41 *Ebd.* Kapitel 7 (Hervorhebung von mir).

42 Van Beekon, *De la formation intellectuelle et morale de la femme* (1922), S. 208.

43 E. und J. Goncourt, *La Femme au XVIIIe siècle*, S. 99 bis 105.

44 Sébastian Mercier, *Tableaux de Paris*, Band V, S. 465.

45 *Emile* (München 1979, S. 22): »Man ehrt die Mutter weniger, deren Kinder man nicht sieht.«

46 Prost de Royer, *Mémoire sur la conservation des enfants* (1778), S. 14.

47 *Dictionnaire de Trévoux*, Artikel über die Amme.

48 Prost de Royer, a. a. O., S. 15.

49 Garden, a. a. O., S. 70.

50 E. Shorter, *a. a. O.*, S. 222.

51 Gilibert, *Dissertation sur la dépopulation*, 1770, S. 286.

52 In anderen europäischen Ländern, etwa in Deutschland und in Rußland, war die Saugflasche weit verbreitet; vgl. A. Chamoux, L'allaitement artificiel«, *Annales D. H.*, 1973, S. 411 bis 416. Thomas Platter berichtet in seiner *Autobiographie*, daß er mit dem Hörnchen gesäugt wurde.

53 Shorter, *a. a. O.*, S. 224.

54 Raulin, *De la conservation des enfants*, 1769.

55 Gilibert, a. a. O.

56 Prost de Royer hat den Fall dieser letzteren sehr treffend charakterisiert: »Das Kind wird in unbekannte Hände gegeben, unterwegs verwechselt, ausgesetzt, getötet, ohne daß die Eltern etwas ahnen und sich beunruhigen. Die Unglücklichen! Sie fürchten die Nachrichten, die stets mit dem Verlangen nach dem Monatslohn der Amme kommen ... Sie verstecken sich, um so wenn schon nicht dem Kind, das zurückgebracht wird, so doch wenigstens der Amme, die Lohn fordert, aus dem Wege zu gehen. Manchmal kommt es vor, daß sie verschwunden sind, bevor man sie laden kann, und das Hospital nimmt das Kind als ein ausgesetztes Kind auf.«

57 E. und J. Goncourt, *La Femme au XVIIIe siècle*, S. 23.

58 Le prince de Ligne, *Mélanges militaires, littéraires et sentimentaires*, Dresden 1795 bis 1811, Band XX.

59 Michel de Decker berichtet in *La Princesse de Lamballe*, Paris 1979, S. 130, daß für

die junge Maria-Theresia »die Mutter ... eine Dame ist, der man bei der Toilette die Hand küßt«.

60 Goncourt, a. a. O., S. 6.

61 *Lettres inédites de d'Aguesseau*, herausgegeben von Rives, 1823, Band I.

62 *Lauzun*, 14, zitiert von Duff Cooper, 7.

63 Crousaz, *Traité de l'éducation des enfants*, 1722, S. 112–114.

64 Voltaire, Brief vom 16. Dezember 1960.

65 Rousseau, *Bekenntnisse*, Erster Teil, 6. Buch.

66 Crousaz, a. a. O., S. 112 bis 114.

67 Ebd.

68 Ariès, Geschichte der Kindheit, München 1976, S. 48.

69 Buchan, *a. a. O.*, S. 71–72. In Großbritannien ist Schule gleichbedeutend mit Pension oder Kolleg.

70 Babeau, a. a. O., S. 286. Im 18. Jahrhundert steigen die Preise bei den angesehensten Klosterschulen bis zu 600 Pfund.

71 *Die lächerlichen Schwärmerinnen*, 4. Szene (ins Deutsche übertragen von Hans Weigel, Zürich 1966).

72 M. Monnerqué, *Lettres de Madame de Sévigné*, Grands écrivains, T. I: Brief an Madame de Grignan vom 6. Mai 1676.

73 *Annales de démographie historique*, 1973, S. 288–289.

74 Nach einem Bericht von Villemain (1843) zählte Frankreich am Ende des Ancien Régime 562 Kollegs mit zusammen 73 000 Schülern.

75 Ariès, a. a. O., S. 399.

76 Dainville zitiert aus den »Mercuriales« des Kanzlers d'Aguesseau die sehr interessante Aussage, daß ein Gegensatz der Auffassung bestehe zwischen den Beamten der vorhergegangenen Generation, die bestrebt waren, ihren Kindern eine gediegene Erziehung zu geben, und dem Desinteresse seiner Zeitgenossen im beginnenden 18. Jahrhundert an dieser Verantwortung.

77 Abgesehen von den sehr renommierten Kollegs wie etwa dem Louis-le-Grand sind die meisten Schulen nicht sehr kostspielig.

78 Über den Koitus interruptus schreibt Goubert, *Histoire économique et sociale de la France*, Paris 1970, Band II, S. 80, er sei eine »kurzfristige und nie systematisch angewandte Praxis ..., von der belegt zu sein scheint, daß sie bis um 1750–1770 unbekannt war.«

79 F. Lebrun, »25 ans d'études démographiques sur la France d'Ancien Régime. Bilans et perspectives«, *Historiens et géographes*, Oktober 1976, S. 79.

80 J. Dupaquier, *Caractères originaux de l'histoire démographique*, April–Juni 1976.

81 Die von Ganiage in *Trois villages d'Ile de France au XVIII*[e] *siècle* genannten Zahlen stimmen damit auffällig überein: 767 mit einem Jahr, 583 mit fünf Jahren, 551 mit zehn Jahren.

82 In Crulai in der Normandie scheinen die allgemeinen Verhältnisse für das Überleben der Kinder günstiger zu sein, denn 698 von 1000 überstehen die ersten fünf Jahre. In einer kleinen Stadt des ungesunden Küstengebiets des Languedoc wie etwa Frontignan erreichen das nur 399. Eine Vielzahl von mehr oder weniger haltbaren Zahlenangaben liegt zwischen diesen beiden Beispielen. Für Lyon bestätigt Garden die von

Prost de Royer vorgetragenen Zahlen: Mitten im Jahrhundert der Aufklärung stirbt in den besten Jahren jedes zweite Kind. Im Durchschnitt werden jedoch ⅔ der in Lyon geborenen Kinder nicht zwanzig Jahre alt.

83 a. a. O., S. 28–29.

84 P. Wiel, »Tamerville«, *Annales de démographie historique*, 1969.

85 Galliano, a. a. O., S. 150–151.

86 Garden, a. a. O.

87 Gilibert, a. a. O., S. 326.

88 A. Bideau, a. a. O., S. 54.

89 A. Chamoux, »L'Enfance abandonnée à Reims à la fin du XVIIIe siècle«, in *Annales de démographie historique*, 1973, S. 277: »Die Sterblichkeit ist doppelt so hoch, wenn das Neugeborene nicht von seiner Mutter gestillt wird.«
Dieser verheerende Eindruck wird durch Einzelaussagen verstärkt. Gilibert führt den Fall des Dorfes Morancé bei Lyon an, wo innerhalb von zwei Jahren sechzehn von zweiundzwanzig Kindern starben, die von Ammen aus Lyon mitgebracht wurden. Er befragte den Dorfpfarrer, der ihm sagte, daß er seit fünfzehn Jahren wegen dieses Unglücks klage und daß auch seine Amtsbrüder dieselben Klagen vorbrächten. Ein englischer Pastor trifft zur gleichen Zeit ähnliche Feststellungen über ein Dorf, das 20 km von London entfernt ist. Allerdings sind die Kinder, die wie Fliegen wegsterben, wahrscheinlich Kinder von Eltern, die Unterstützung empfangen oder ihre Kinder ausgesetzt haben. Das war jedoch nicht der Fall bei den Kindern von Montaigne, der sie alle verlor, während sie bei einer Amme waren, und auch nicht bei den Brüdern und Schwestern von Madame Roland, die in ihren Memoiren berichtet, ihre Eltern hätten sieben Kinder gehabt, von denen sechs bei der Amme starben.

90 F. Lebrun, a. a. O., S. 154–155.

91 a. a. O., S. 277.

92 Lebrun, a. a. O., S. 156.

93 So brachte etwa ein vor- oder außereheliches Kind zahlreiche Mütter in größte Schwierigkeiten.

94 Bardet, a. a. O., S. 27; Tenon, *Mémoire sur les hôpitaux de Paris*, S. 280.

95 Das belegen Untersuchungen in Rouen und Reims. In Rouen sterben 69,8 % der ausgesetzten Kinder, in Reims 50 %, bevor sie einen Monat alt sind. In Paris sind es im Hôtel-Dieu 82 %.

96 Prost, a. a. O., S. 21.

97 Rousseau, *Bekenntnisse*, Frankfurt 1972, S. 503.

II. Ein neuer Wert: die Mutterliebe

1. Plädoyers für das Kind

1 *Histoire économique et sociale de la France*, Band 2, »Les fondements démographiques«, S. 11 bis 13.

2 Moheau, *Recherches et considérations sur la population de France*, 1778.

3 Zahlenangaben von Albert Soboul in *La Civilisation et la Révolution francaise*, Paris 1970, Kapitel 6.

4 Man schätzt, daß unter Ludwig XIV. jedes zweite Kind das Heiratsalter erreicht.

5 *L'Esprit des lois*, Buch XXIII.

6 *Essai sur les moeurs.*

7 *Emile*, pass.

8 *L'Ami des hommes ou Traité de la population* (1756–1758).

9 1770, Vorwort.

10 J.-N. Biraben, »Le médecin et l'enfant au XVIIIe siècle«, *Annales* D. H., 1973, S. 216.

11 Moheau, a. a. O., Kapitel 3, S. 10–11 (Hervorhebung von mir).

12 Moheau, a. a. O., S. 11.

13 Moheau, a. a. O., S. 15 (Hervorhebung von mir).

14 Didelot, *Instruction pour les Sages-Femmes*, 1770, Vorwort.

15 Er meinte, die Arbeit der Produktion und des Verkaufs seien Verpflichtungen der Untertanen gegenüber dem Staat, Bürgerpflichten.

16 Lavisse, *Louis XIV*, Paris 1978, S. 172 (Hervorhebung von mir).

17 Babeau stellt fest, daß die Bevölkerung sich am Ende der Herrschaftszeit Ludwigs XIV. erheblich vermindert hat. Die Ursachen waren Kriege, Hungersnöte usw.

18 In einer Notiz heißt es: »Wir bereiten die hundertfünfzig Mädchen, die Stuten, Hengste und Schafe vor, die nach Canada zu verschiffen sind.«

19 Erschienen 1756 und bis zur Jahrhundertwende mehrfach wiederaufgelegt.

20 Kapitel 4, S. 243: »Von den Mitteln, eine zahlreiche Kolonie zu bilden, die Frankreich große Vorteile verschaffen soll« (Hervorhebung von mir).

21 a. a. O., S. 244–245: So könnten sie nach ihrer Ankunft damit beschäftigt werden, Seidenraupen zu züchten, »eine leichte Tätigkeit, aus der ein großer Profit zu ziehen wäre«.

Zur Rechtfertigung dieses verfrühten Arbeitseinsatzes junger Kinder fügt Chamousset, der niemanden erschrecken will, ein Argument hinzu, dem Heuchelei nicht abzusprechen ist. Er sagt: Da die kleinen Kinder in den Pensionaten sich damit amüsieren ..., wird es nicht schwierig sein, sie zu dieser Arbeit zu bringen, »die auf natürliche Weise für ihre Erholung wirkt«.

22 a. a. O., S. 247.

23 Napoleon ergriff langfristige Maßnahmen gegen einen unzureichenden Nachwuchs an Soldaten. Das Gemeindearchiv von Thuin im Hainaut berichtet, wie die Aufzucht von Kindern gefördert wurde. »Je weniger Kinder im jungen Alter sterben, um so mehr Soldaten wird man mit zwanzig Jahren haben ... Der Kaiser hat mit Dekret vom 5. Mai 1810 angeordnet, daß eine Gesellschaft für Mutter und Kind geschaffen wird, die für Wöchnerinnen und Kleinkinder sorgen soll.« Außerdem versprach Napoleon jeder Familie mit sieben »männlichen« Kindern, eines davon unter seine Obhut zu nehmen. Schade für die unglücklichen Eltern, die sieben Mädchen bekamen!

24 a. a. O., S. 236.

25 a. a. O., S. 237.

26 Er ließ keine Profitgelegenheit aus, denn auch für die ausgesetzten Mädchen wußte er Lösungen zu finden, die für den Staat rentabel waren.

27 Dieser Ausdruck taucht Dutzende von Malen in seiner kurzen politischen Denkschrift auf.

28 Verdier-Heurtin, *Discours sur l'allaitement*, 1804, S. 17.

29 *Vom Gesellschaftsvertrag*, Stuttgart 1979, S. 6 (Hervorhebung von mir).

30 Bossuet wollte bekanntlich die absolute Autorität des Monarchen dadurch legitimieren, daß er sie aus der ihr historisch vorausgehenden und obendrein naturwüchsigen väterlichen Autorität ableitete. Der Trick des Despotismus bestand darin, sich so darzustellen, als vertrete er die väterliche Gewalt und als habe er seine Grundlage in ihr.

31 Rousseau verwendet in diesem Text das Wort »Vater« im umfassenderen Sinne von »Eltern«; auch in anderen Texten aus dem 18. Jahrhundert, namentlich in der *Encyclopédie* wird das Wort in diesem Sinne verwendet.

32 Rousseau, »Abhandlung über den Ursprung und die Grundlagen der Ungleichheit unter den Menschen«, in *Schriften zur Kulturkritik*, Hamburg 1978, S. 143 und 151 (Hervorhebung von mir).

33 Gerade an diese Wahrheit erinnert uns eine herrliche Erzählung von Maupassant. In *Idylle* schildert er, wie eine Amme während einer stundenlangen Bahnfahrt immer mehr darunter leidet, daß die Milch, die sie niemandem geben kann, ihre Brüste anschwellen läßt. Schließlich wird der Schmerz so unerträglich, daß sie einen Mitreisenden bittet, ihr Erleichterung zu verschaffen und ihr die Milch abzusaugen. Sie umfängt ihn dabei wie ein Baby, und man kann sich vorstellen, daß jemand, der in diesem Augenblick das Abteil betreten hätte, darin eine merkwürdige Liebesszene oder ein Anzeichen des sittlichen Verfalls gesehen hätte. Doch die erleichterte Amme bedankt sich sehr würdevoll bei dem jungen Mann für den erwiesenen Gefallen, und dabei bleibt es.

34 a. a. O., S. 151.

35 Diese sind instinkthaft, unvermittelt und notwendig.

36 »Abhandlung über den Ursprung ...«, a. a. O., S. 201.

37 *Persische Briefe*, Frankfurt 1964, S. 72.

38 *Vom Geist der Gesetze*, Bd. II, Tübingen 1951, S. 129.

39 Voltaire, Vorwort zu *Alzire*.

40 Condorcet, *Lettres d'un bourgeois de New Haven*, 1791, S. 281.

41 Ebd., S. 286–287.

42 Unter dem Titel: An die Republikanerinnen.

43 »Die Mütter haben das gleiche Recht und die gleiche Gewalt über das Kind wie die Väter.«

44 Voltaire, *Œuvres complètes*, 1722, Bd. 33, S. 62 (Hervorhebung von mir).

45 Robert Mauzi, *L'Idée de bonheur au XVIIIe siècle*, Paris 1969, S. 83–84.

46 *Essai sur le bonheur* (1777): »Auf das ›vollkommene und unveränderliche‹ Wohlsein, das der Schöpfer vor dem Fall für uns bereit hielt, ist ein Glück zweiter Ordnung gefolgt.«

47 R. Mauzi, a. a. O., S. 83.

48 Blondel, *Des hommes tels qu'il sont et doivent être* (1758), zitiert von R. Mauzi, a. a. O., S. 84.

49 St. Leszczynski, *Œuvres du philosophe bienfaisant* (1763), zitiert von R. Mauzi, *a. a.* O., S. 84.

50 Froger, Pfarrer von Mayet (1769), zitiert von Mauzi, S. 84.

51 R. Mauzi, a. a. O., S. 274.
52 Voltaire, *Nanine*, Erster Akt.
53 Voltaire, *L'Education des filles*, Band 24.
54 E. Shorter, a. a. O., S. 279.
55 Zitiert von Shorter, a. a. O., S. 280.
56 Ebd., S. 280.
57 Siehe P. Hecquet, *De l'obligation aux femmes de nourrir les enfants*(1708).
58 Linné, La Nourrice marâtre (1752).
59 *Emile*, München 1979, S. 477.
60 Buchan, a. a. O., S. 12 (Hervorhebung von mir).
61 Band II, 1749, S. 445 bis 447.
62 Raulin, *De la conservation des enfants*, S. 125 bis 167.
63 Prost de Royer, a. a. O., S. 6.
64 Ebd., S. 7.
65 Brochard, *De l'allaitement maternel* (1868), S. 10 bis 11.
66 Diese Anekdote wird im 18. und 19. Jahrhundert immer wieder erzählt. Siehe insbesondere den Artikel *Nourrice* der *Encyclopédie*; den *Discours sur l'allaitement* von Verdier-Heurtin, S. 9; *De l'allaitement maternel* von Doktor Brochard, S. 10.
67 *Dissertation sur la dépopulation* (1770) (Hervorhebung von mir).
68 Raulin, a. a. O., S. 129, 163, 165.
69 E. Legouvé, *Histoire morale des femmes*, 1848, S. 281–282.
70 Brochard, *De l'allaitement maternel*, 1868, S. 4.
71 Dr. J. Gérard, »Pour combattre la mortalité infantile«, *Le Livre des mères* (2. Auflage 1904), S. 5 (Hervorhebung von mir).
72 Raulin, a. a. O., S. 171.
73 Nicolas Oudry, *L'Orthopédie*, Bd. I, zitiert von Mercier, S. 121.
74 Prost de Royer, a. a. O., S. 9.
75 Für Prost und seine Zeitgenossen galten die Stiefmutter, die lange »marâtre« (= Rabenmutter) genannt wurde, und die Amme als unfähig, die Kinder, die »zufällig« ihrer Obhut anvertraut waren, zu lieben. Da sie, und zwar aus gutem Grund, nicht von ihrem Instinkt dazu getrieben wurden, empfanden sie angeblich selten Zärtlichkeit für die Bürde, welche die Notwendigkeit ihnen auferlegte. Das galt noch stärker für die Stiefmutter als für die Amme. Traditionell verkörpert sie am ehesten die schlechte Mutter, und doch hat man ihr das nicht wirklich übel genommen. Da die Stimme der Natur stumm bleibt, ist es sehr verständlich, wenn sie Kinder, die ihr fremd sind, nur als Last empfindet. In gewisser Weise wirkte ihre verabscheuenswürdige Gestalt beruhigend, denn sie bestätigte die wahre Mutter in der Rolle der guten und zärtlichen Mutter. Der Gegensatz von Mutter und »marâtre« brachte Ordnung in die Natur und in die Gefühle, und so erklärt es sich, daß die »marâtre« sehr lange als die andere, als falsche oder schöne Mutter (belle-mère = Stiefmutter) dargestellt wurde. Bald sollte allerdings Verwirrung und Unordnung entstehen, als die leibliche Mutter sich als eine »marâtre« (im Sinne von Rabenmutter) erwies.
76 Brochard, a. a. O., S. 36. Auch die Georgierinnen, die die schönsten Frauen der Welt sind und bis in ein fortgeschrittenes Alter hinein ihren eleganten und schönen Wuchs erhalten, verdanken das diesem Brauch.

77 Dr. J. Gérard, *Le Livre des mères*, S. 6; *Emile*, S. 23; Dr. Brochard, a. a. O., S. 35.
78 Prost de Royer, a. a. O., S. 9 (Hervorhebung von mir).
79 Gilibert, a. a. O., S. 257–258 (Hervorhebung von mir).
80 Ebd., S. 258 (Hervorhebung von mir).
81 Verdier-Heurtin, a. a. O., S. 27–28.
82 *Emile*, S. 23.
83 Verdier-Heurtin, a. a. O., S. 28 (Hervorhebung von mir).
84 *Emile*, S. 23.
85 Dr. Brochard, *De l'amour maternel* (1872), S. 75.
86 Dr. Perrin, *Les Césars*, S. 206.
87 E. Legouvé, *Histoire morale des femmes*, S. 275–276.
88 P. Combes, *Le Livre de la mère*, 1908, S. 2 (Hervorhebung von mir).
89 Buchan, a. a. O., S. 7–8.
90 P. Dionis, *Traité général de l'accouchement* (1718), dort Kapitel Vi, Buch VI, »Alle Frauen sollten ihre Kinder stillen«. Le Chevalier de Brucourt, *Essai sur l'éducation de la noblesse* (1747). Beide Männer heben hervor, daß zwischen dem Ungehorsam gegenüber dem Willen des Schöpfers, der das Naturgesetz aufgestellt hat, und der Krankheit ein Zusammenhang besteht.
91 Raulin, *Le Traité des affections vaporeuses du sexe* (1758).
92 J. Donzelot, *La Police des familles*, Paris 1977, S. 19.
93 Dr. Tissot, *De l'onanisme* (1760).
94 Raulin, a. a. O., S. 188–189.
95 Vgl. auch Verdier-Heurtin, a. a. O., S. 30: »Bei der Frau, die nicht stillt, kann die Milch sich auf ein Organ, das mit dieser Laune nichts zu tun hat, auswirken und tödliche Erkrankungen hervorrufen.«
96 Brochard, a. a. O., S. 33.
97 Ebd., S. 36.
98 Ebd., S. 50 und 55.
99 Bocquillot, *Homélie*, »Von den Pflichten der Väter und Mütter gegenüber ihren Kindern« (zitiert von R. Mercier, S. 108).
100 Auch Vandermonde (vgl. *Essai sur la manière de perfectionner l'espèce humaine*, 1756) sagt: »Die Milch ist ein Gut, das die Mütter lediglich verwahren ... Die Kinder haben jederzeit das Recht, es zu fordern.«
101 a. a. O., S. 9: »Eine Frau, welche die Frucht ihrer Liebe gleich nach der Geburt der Fürsorge einer Amme überläßt, soll für immer den Namen einer Mutter verlieren.«
102 *Emile*, S. 19: »Diese lieben Mütter, die sich ihre Kinder vom Hals geschafft haben und sich den Zeitvertreiben der Stadt freudig überlassen«, machen sich der Faulheit, der Gefühllosigkeit und des Egoismus schuldig. Sie werden dafür am eigenen Leibe bestraft, denn »die Kinder, die sie gleich nach ihrer Geburt verraten haben, erweisen ihnen weder Zärtlichkeit noch Achtung. Die Männer sind unbeständig, und in der ganzen Familie ist kein Zusammenhalt mehr.«
103 Verdier-Heurtin, a. a. O., S. 27 (Hervorhebung von mir).
104 *Emile*, S. 22.
105 *Encyclopédie*, Artikel *Amour*: »Sie würden seinen Geschmack, sein Wesen und seine Neigungen erforschen, um seine Talente nutzbringend anzuwenden; sie würden

selbst diese junge Pflanze hegen und es als verbrecherische Gleichgültigkeit betrachten, sie einem unwissenden oder vielleicht sogar lasterhaften Erzieher zu überlassen.« *Emile*, S. 26: »Wie die Mutter die wahre Amme ist, so ist der Vater der wahre Lehrmeister.«

106 Prost de Royer, a. a. O., S. 11.

2. Die neue Mutter

1 Jean Ganiage hat in seiner Untersuchung über die Pflegekinder im Beauvaisis gezeigt, daß es Ausnahmen von dieser Regel gab und daß zahlreiche Bauernfamilien in dieser Region ihre eigenen Kinder zu einer Amme schickten.

2 E. Shorter, a. a. O., S. 226.

3 E. Shorter berichtet (a. a. O., S. 226), daß unter der napoleonischen Herrschaft von der städtischen Vermittlung 5000 bis 6000 Pariser Kinder bei einer Amme untergebracht wurden, ab 1830 aber nur 1000. Dieser Rückgang wurde jedoch nahezu ausgeglichen durch die Steigerung bei den privaten Vermittlungsbüros, die um die Mitte des 19. Jahrhunderts noch an die 12000 Kinder unterbrachten, sofern die Zahlenangaben stimmen, die Brochard, *De la mortalité des nourissons en France*, S. 94 vorträgt.

4 E. Shorter, a. a. O., S. 227.

5 Zitiert von Shorter, a. a. O., S. 228.

6 *Mémoire statistique du département de la Meurthe* (1805), zitiert von Shorter, S. 228.

7 Zitiert von Shorter, S. 229.

8 Schon 1772 spricht der Arzt Levret von »der neuen Art, die neugeborenen Kinder zu wickeln, ohne ihnen die Brust und den Bauch mit Bändern einzuschnüren.«

9 Grafenauer, zitiert von Shorter, S. 247.

10 J. J. Juge, *Changements survenus dans les moeurs des habitants de Limoges depuis une cinquantaine d'années*, 2. Auflage 1817, S. 34.

11 Ebd.

12 *Emile*, S. 39.

13 Ebd., S. 40–41.

14 Ebd., S. 42.

15 J. Caillau, *Avis aux mères de famille*, 1769, S. 12 bis 14.

16 Die Titel lauten häufig »Avis aux mères« (Ratschläge für Mütter) oder »Livre des mères« (Buch der Mütter).

17 Aus dem *Journal d'Héroard* erfahren wir, daß der junge Ludwig XIII. beinahe sieben Jahre alt war, als er zum erstenmal gebadet wurde.

18 *Emile*, S. 43.

19 J.-N. Moreau, *Mes souvenirs*, Band 2.

20 *Correspondance inédite du Général de Martange* (1756–1782).

21 Die anfangs noch unvollkommene Impfung hatte den Tod mehrerer Freiwilliger verursacht. »Unter den ersten 1800 Geimpften hat Maddox sechs Todesfälle«, berichtete J.-N. Biraben, a. a. O., S. 218.

22 Jacques Donzelot, a. a. O., S. 22.

23 Zitiert von J. Donzelot, S. 23.
24 Siehe vor allem die zahlreichen Radierungen von Marguerite Gérard.
25 Bernardin de Saint-Pierre, *14e Etude sur la Nature*, 1784.
26 P. Ariès, a. a. O., S. 401.
27 Vgl. die Statistiken von Dupont-Ferrier, zitiert von Ariès, S. 400: Der Anteil der Externen an den Schülern beträgt 1837–38 nur 10,5%, 1861–62 14%, 1888–89 35% und 1908 69%, also zwei Drittel. Es ist, wie Ariès bemerkt, festzustellen, daß »die moderne Familie nicht mehr bereit ist, sich von ihren Kindern zu trennen, nicht einmal, um deren Ausbildung zu gewährleisten«.
28 Ariès bemerkt, daß die Ungleichheit unter den Kindern im ausgehenden 18. Jahrhundert bereits als eine unerträgliche Ungerechtigkeit erschien und daß die Familien während der Restauration nicht den Ultras folgten, die das Erstgeburtsrecht wieder einführen wollten.
29 Rousseau, *Abhandlung über die Ungleichheit* ...: »Die Gewohnheit verstärkt die Bande.«
30 Auch der Vater findet in dieser neuen Welt der Familie zwischen seiner Frau und seinen Kindern seinen Platz. Der Präfekt des Departements Bouches-du– Rhône, Christophe de Villeneuve, macht um 1820 in Marseille folgende Beobachtung: »Schon vor der Revolution lebte man mehr draußen als drinnen, und die Männer verbrachten einen großen Teil ihrer Zeit im Café, im Zirkel und im Theater. Heute sind die Versammlungslokale noch immer besucht, doch die Familienväter gehen im allgemeinen selten dorthin.« Zitiert von E. Shorter, *a. a. O.*, S. 281.
31 Madame d'Epinay, *Pseudo-mémoires*: Histoire de Madame de Montbrillant. Die Freundin Grimms bringt gern den größten Teil ihrer Zeit mit ihren Kindern zu. Sie widmet ihnen, wie sie sagt, ihren ganzen Vormittag und lehrt sie lesen, Noten lesen und Cembalo spielen.
32 *Les enfants élevés dans l'ordre de la nature*, Paris 1774, S. 39.
33 *Avis aux mères qui veulent nourrir leur enfant*, 1767.
34 »Ich mache einen Sauger aus Leinwand, der ständig durchtränkt wird, indem ich Tropfen für Tropfen darauf gebe, und auf diese Weise bekommt das Kind etwas; die erste Nacht mit diesem Verfahren war traurig; die arme Kleine war mir böse, und ihre Schreie haben mir das Herz zerrissen.«
35 Brief vom 20. November 1781, S. 57.
36 Ebd., S. 66.
37 Dabei wurde sie von ihren politischen Feinden beschuldigt, eine schlechte Mutter zu sein!
38 Balzac, *Zwei Frauen*, Zürich 1977, S. 59.
39 Wie etwa *Renée Mauperin* von E. Goncourt oder *La Femme* von Michelet.
40 Furetière, 1666.
41 Die künftige Renée de L'Estorade.
42 *Eine doppelte Familie*, Zürich 1977, S. 289f.
43 Ebd., S. 290.
44 Ebd., S. 290.
45 Ebd., S. 293.
46 *Der Ehekontrakt*.

47 Balzac, *Der Ehekontrakt*, Zürich 1977, S. 584f. (Hervorhebung von mir).

48 Man wird die hypothetische Formulierung zu würdigen wissen, so als ob es sich nicht um eine Notwendigkeit, sondern lediglich um eine Möglichkeit, einen »Zufall« handele. Madame Evangélista hat übrigens nur eine Tochter.

49 Ebd., S. 586.

50 Ebd., S. 495 (Hervorhebung von mir).

51 Ebd., S. 496.

52 Ebd., S. 602.

53 J. Peuchet, *Encyclopédie méthodique* (classe 111–112), 1792, zitiert von J. Donzelot, *a. a. O.*, S. 25 (Hervorhebung von mir).

54 Siehe *Fruchtbarkeit* von Zola.

55 Léon Frapié, *La Maternelle* (Untersuchung über eine Schule von Menilmontant), 1908.

56 Siehe die sehr schöne Untersuchung von Marie-Catherine Ribeaud, *La Maternité en milieu sous-prolétaire*, Paris 1979.

57 Dr. Monot, *De l'industrie des nourrices et de la mortalité des petits enfants* (1867), S. 75.

58 Anhand von Statistiken der Polizeipräfektur stellt Brochard fest, daß im Jahre 1851 6426 und im Jahre 1860 11 370 Babies fortgebracht wurden. Nimmt man dazu noch die 3000 bis 4000 Kinder, die von der Direction générale, sowie die 5000 Kinder, die von ihren Eltern direkt auf dem Lande untergebracht wurden, so ergeben sich allein für diese Region 20000 Neugeborene, die alljährlich aufs Land geschickt werden.

59 Zahlenangaben aus *Entrer dans la vie*, S. 227.

60 Armangaud, »L'attitude de la société à l'égard de l'enfant au XIXe siècle«, *Annales D. H.*, 1973, S. 308. »Man hatte im Jahre IX 62000 gezählt, man zählt im Jahre 1821 106000 und im Jahre 1833 131000.«
Mit der Abschaffung der in der Außenwand angebrachten Drehkästen bei den Findelhäusern (der letzte sollte 1860 verschwinden) ging die Zahl der Aussetzungen zurück. 1859 zählte man nicht mehr als 76 500, und diese Zahl blieb verhältnismäßig stabil, denn 1875 werden noch annähernd 93 000 Kinder ausgesetzt.

61 Feststellung von Heushling für die Jahre 1840 bis 1849. Von Region zu Region und je nach der Ernährungsweise des Kindes ergeben sich andere Zahlen. Außerdem ist die Nachlässigkeit der Gemeindeverwaltungen zu berücksichtigen, die bis zum Inkrafttreten des Gesetzes Roussel im Jahre 1874 häufig die Registrierung von Todesfällen unter den in Pflege gegebenen Kindern unterließen.

62 *L'Opinion nationale*, 5. April 1862.

63 Brochard, *a. a. O.*, S. 98. Er schätzt die Zahl der zwischen 1846 und 1866 gestorbenen Pflegekinder aus Paris auf 300000. Selbst wenn die globalen Zahlen übertrieben sind, so ist doch die Statistik über die Kindersterblichkeit sehr aufschlußreich, die er in Nogent-le-Rotrou für die Jahre 1858–59 (in denen es keine Epidemie gab) aufstellte; daraus geht hervor, daß von den einheimischen Kindern, die von ihrer Mutter aufgezogen werden, sehr viel weniger (22 %) sterben als von den »kleinen Parisern« (35 %).

64 Balzacs *Zwei Frauen* illustrieren diese Alternative.

65 Sein Vater, ein höherer Beamter, war nacheinander Direktor des Hospitals von

Tours und des militärischen Verpflegungswesens in Paris.
66 Brochard, *De la mortalité des enfants en France*, 1866, S. 17.
67 Brochard, *De l'amour maternel*, 1872, S. 6.
68 Ebd., S. 7 und 8.
69 Baronin Staff, *La Maîtresse de maison*, S. 186–188: »Die Amme muß genau überwacht werden ... Die Überwachung muß sich auf alles erstrecken bis hin zur körperlichen Reinlichkeit ...«
70 Brochard, a. a. O., S. 8.
71 Monot, a. a. O., S. 70.
72 Die Burgunderinnen hatten einen ausgezeichneten Ruf als Ammen, das heißt als gesunde Frauen mit reichlicher Milch.
73 Monot, a. a. O., S. 31.
74 Ebd., S. 48.
75 Alphonse Daudet, *Souvenir d'un homme de lettres*. Notes sur Paris (1888).
76 Monot, a. a. O., S. 95.
77 Brochard, *De l'amour maternel*, S. 11 (Ansprache vor der öffentlichen Jahresversammlung des Kinderschutzvereins) (Hervorhebung von mir).
78 Ebd., S. 10.

III Die erzwungene Liebe

1. Der von Rousseau überkommene moralisierende Diskurs oder »Sophie, ihre Töchter und Enkeltöchter«

1 *Emile*, S. 467.
2 Ebd., (Hervorhebung von mir).
3 E. de Fontenay, »Pour Emile et par Emile, Sophie ou l'invention du ménage«, *Les Temps modernes*, Mai 1976.
4 *Emile*, S. 467.
5 Ebd., S. 522.
6 Ebd.
7 Ebd., S. 476. »Die ganze Erziehung der Frauen muß sich also auf die Männer beziehen«, heißt es auf S. 477.
8 Ebd., S. 482.
9 Ebd., S. 500.
10 Ebd., S. 507f.
11 H. Deutsch, *Psychologie de la femme*, Band I.
12 *Emile*, S. 539. Siehe den Kommentar zur Hinrichtung von Madame Roland, S. 164.
13 Ebd., S. 541: »Man erstrebe in allem das Mittelmaß.«
14 Ebd., S. 471.
15 Ebd., S. 483.
16 Ebd., S. 484.
17 Ebd., S. 484.
18 S. 471: »Sie dient zwischen ihnen und dem Vater als Bindeglied, sie allein läßt ihn sie lieben ...«

19 *Fragments pour l'Emile*, Nr. 3, S. 872 (Hervorhebung von mir).

20 *Emile*, S. 509.

20a Wortspiel mit »bonne mère« und »bonne soeur« = Schwester (eines Ordens). Anm. d. Ü.

21 Um beispielsweise eine Bootsfahrt mit Saint-Preux zu machen.

22 Hundertfünfzig Jahre vor Freud definiert Rousseau die masochistische Komponente als spezifisch weiblich: Sie wird das alles aus Neigung und nicht aus Tugendhaftigkeit tun (vgl. *Emile*, S. 471). So auch Julie de Wolmar in *Julie oder die neue Héloise.*

23 Die Männer der Revolution, die sich mit der Erziehung der Frauen befaßten, waren sämtlich Anhänger Rousseaus, mit Ausnahme von Condorcet. Vgl. F. Mayeur, *L'Education des filles en France au XIXe siècle*, Paris 1979, S. 27–30.

24 Die übereinstimmende Ausdrucksweise im Artikel 212 und im *Emile* (S. 467) beruht auf der gleichen Denkweise.

25 Diese Äußerungen berichtet L. A. Martin in *Education des mères de famille*, 1834, S. 19.

26 Notiz über die Anstalt von Ecouen vom 15. Mai 1809, Auszug aus der Korrespondenz von Napoleon I, Band XV.

27 Ebd.

28 Man ziehe dazu Rousseaus *Emile*, S. 500, heran: »Man mache aus seinen Töchtern keine Theologinnen und Vernünftlerinnen ...«.

29 Notiz über die Anstalt von Ecouen (Hervorhebung von mir).

30 Aber »sich sehr hüten, ihnen Latein oder sonst eine Fremdsprache beizubringen«.

31 Die Männer des 19. Jahrhunderts pflichteten dem Programm Napoleons zum großen Teil bei, unter ihnen Thiers, der einen sehr schmeichelhaften Kommentar zu der Notiz von Ecouen gab.

32 *La Femme*, 1859, S. 45: »Die Frau ist eine Religion ..., ein Altar ..., ein lebendiges Gedicht, um den Mann aufzurichten, das Kind zu erziehen, die Familie zu heiligen ...«

33 Ebd., S. 46: »Sie wird für die anderen leben ... und nicht für sich.«

34 Ebd., S. 47 bis 48: »Ihre offenkundige Berufung ist die Liebe ..., sie soll lieben und Kinder gebären, das ist ihre heilige Pflicht.«

35 Ebd., S. 49.

36 Michelet, a. a. O.

37 Diese Wendung erinnert sehr an eine Bemerkung Freuds, wonach die Frau sich in der Verwirklichung ihrer Weiblichkeit erschöpft.

38 Madame Roland, *Discours de Besançon: comment l'éducation des femmes pourrait contribuer à rendre les hommes meilleurs*, 1777 (éd. 10/18, S. 166f.) (Hervorhebung von mir).

39 Ebd., S. 167.

40 Helene Deutsch, *Psychologie de la femme*, Band 2, S. 23 bis 24.

41 *Zwei Frauen*, S. 139.

42 Renée verkörpert ganz die Vorstellung, die Michelet sich von der Frau macht, die »von der Wiege an den Mutterinstinkt besitzt ... einen Instinkt, der alle anderen überwiegt« (*La Femme*, S. 149).

43 *Zwei Frauen*, S. 139f. (Hervorhebung von mir).
44 Ebd., S. 186f.
45 Ebd., S. 185f.
46 Ebd., S. 198.
47 Ebd., S. 199.
48 Michelet, *La Femme*.
49 Zwei Frauen, S. 199.
50 Ebd., S. 199f.
51 Ebd., S. 200.
52 Ebd.
53 Ebd., S. 201f. Renée beschreibt gut die symbiotische Beziehung, von der Winnicott spricht, die Mutter und Kind nach der Geburt verbindet und einem schizophrenen Zustand nahekommt.
54 Ebd., S. 202.
55 Siehe die Korrespondenz Balzacs, Brief CMXCVI, vom 15. November 1835.
56 *Zwei Frauen*, S. 243.
57 Ebd., S. 247 (Hervorhebung von mir).
58 Ebd., S. 247f.
59 Ebd., S. 248.
60 Ebd., S. 240.
61 Brochard, *De l'amour maternel*, 1872, S. 15.
62 Dieses Thema wird bereits im *Emile* angeschlagen.
63 Brochard, *De l'amour maternel*, S. 4.
64 A. P. Théry, *Conseils aux mères*, 1837, S. VII (Hervorhebung von mir).
65 Ebd.
66 Père Didon, *Le Rôle de la mère dans l'éducation des fils*, 1898, S. 11.
67 A. P. Théry, a. a. O., S. 1.
68 Mgr. Dupanloup, *De l'éducation*, Buch 2, S. 178 (13. Auflage, 1908).
69 L. A. Martin, *Education des mères de famille*, 1834, S. 28.
70 Père Didon, a. a. O., S. 3.
71 Chambon, *Le Livre des mères*, 1909, S. E.
72 Paul Combes, a. a. O., S. 176.
73 J. Van Agt, *Les Grands Hommes et leurs mères*, 1958, S. 132–134.
74 Père Didon, a. a. O., S. 4.
75 Ecole Saint-Dominique, rue Saint-Didier, Paris, 16. Bezirk (der als vornehm gilt, Anm. d. Ü.).
76 Didon, a. a. O., S. 7.
77 Ebd., S. 21f.
78 Ebd., S. 22.
79 Ebd.
80 J. Van Agt, a. a. O., S. 129.
81 E. Montier, *L'Amour conjugal et maternel*, 1919, S. 14.
82 L. A. Martin, a. a. O., S. 82.
83 P. Combes, *Le Livre de la mère*, 1908, S. 162.
84 E. Montier, a. a. O., S. 14.

85 P. Combes, a. a. O., S. 127.

86 »Cours normal des institutrices primaires, 1835«, zit. v. G. Fraisse, »La petite fille, sa mère, son institutrice«, *Les Temps modernes*, Mai 1976, S. 1967.

87 Mgr. Dupanloup, *De la haute éducation*, 1866, S. 9.

88 Mgr. Dupanloup, *Femmes savantes et femmes studieuses*, 1867, S. 29.

89 Mgr. Dupanloup, *De la haute éducation*, S. 12f.

90 Ebd., S. 11.

91 *Femmes savantes et femmes studieuses*, S. 20.

92 *Femmes savantes* ..., S. 39.

93 *De l'éducation*, Buch II, S. 163.

94 *Femmes savantes* ..., S. 38.

95 *De la haute éducation*, S. 7.

96 *Femmes savantes* ..., S. 38: »Sie wird das Kind auf die guten Schriftsteller hinweisen und es dazu bringen, die minderwertigen und gefährlichen Bücher fortzuwerfen ...«

97 Diese neue, von Pfarrer Goultier Ende des 18. Jahrhunderts aus England importierte Unterrichtsmethode fand unter Louis-Philippe in den besitzenden Kreisen der Hauptstadt großen Anklang. Einmal in der Woche wurden die Schülerinnen bestellt und nach den Arbeitsergebnissen der Woche befragt. Die Mutter oder eine Privatlehrerin begleitete das junge Mädchen, nahm an dem Kurs teil und wirkte zwischen den wöchentlichen Unterrichtsstunden als Repetitorin. Diese Arbeitsmethode hat sich in Paris bis in unsere Zeit erhalten, und wer einen dieser für die Kinder des Großbürgertums bestimmten Kurse kennengelernt hat, weiß, daß die Konkurrenz zwischen den »Müttern« viel stärker ist als die zwischen den Kindern, da die allwöchentlich von dem Sprößling erzielten Resultate ein definitiver Beweis für den Fleiß und die Gewissenhaftigkeit der Mutter sind.

98 Gérard, zitiert von F. Mayeur, a. a. O., S. 68: Das war das Ziel des kostenlosen »cours normal«, der 1832 von Lourmand gegründet wurde, und desjenigen, den Adeline Désir schuf. Bereits 1820 hatte Lévi-Alvarès die »Mutterbildungskurse« eröffnet, die fast ein Jahrhundert lang sehr erfolgreich waren, denn sie wurden jeweils von nahezu 400 Familienmüttern besucht.

99 a. a. O., S. 108: »Die Idee der Mutter als Lehrerin oder auch nur Nachhilfelehrerin wird sich lange erhalten.« Die Dauerhaftigkeit wird durch die zahlreichen Neuauflagen solcher Werke belegt, die den Müttern helfen sollten, ihre Tochter zu Hause zu unterrichten: Beispielsweise *L'Education maternelle, simples leçons d'une mère à ses enfants* von Mme. A. Tastu, ein Buch, das bis zum Ende des zweiten Kaiserreichs siebenmal wiederaufgelegt wurde, oder auch das Buch von L. Aimé-Martin, *De l'éducation des mères de famille ou de la civilisation du genre humain par les femmes*, das zwischen 1834 und 1883 acht Neuauflagen erlebte.

100 F. Pécaut, Direktor der Lehrerbildungsanstalt von Fontenay-aux-Roses (1871–1879), zit. v. G. Fraisse, a. a. O., S. 1969.

101 P. Goy, Ansprache an der Lehrerbildungsanstalt für Mädchen von Sainte-Foy (1868), zit. v. G. Fraisse, S. 1969.

102 Text zitiert von F. Mayeur, a. a. O., S. 139f.

103 Text zitiert von F. Mayeur, a. a. O., S. 173.

103a Spöttisch-distanzierender Ausdruck für »intellektuelle« Frauen. Anm. d. Ü.

104 C. Yver, *Les Cervelines*, S. 4.

105 Ebd.

106 F. Mayeur, a. a. O., S. 174.

107 F. Mayeur erwähnt (a. a. O., S. 174 bis 178) eine Untersuchung, die 1913 bei jungen Mädchen zwischen 18 und 25 Jahren, die als »Intellektuelle« galten, durchgeführt und in *L'Opinion* veröffentlicht wurde. Daraus ging eindeutig hervor, daß sie alle »ein stilles Glück« innerhalb ihrer künftigen Familie wünschten, auch wenn dieses Glück einen gewissen Verzicht auf ihre persönlichen Ambitionen verlangte, »einen freiwilligen Verzicht ... voller Würde«.

108 Ida R. Sée, *Le Devoir maternel* (1911).

109 E. Montier, *Lettre à une jeune mère* (1919).

110 Ebd.

111 Ebd., S. 18–19.

112 Ida Sée, a. a. O.

113 Paul Combes, *Le Livre de la mère*, 1908.

114 Ebd. (Hervorhebung von mir).

115 Ebd., S. 9 (Hervorhebung von mir).

116 Ebd. (Hervorhebung von mir).

117 Man kann das Leben nicht nur durch einen plötzlichen physischen Tod verlieren. Man kann es auch dadurch verlieren, daß man alltäglich von seinem »Selbst« entfremdet wird.

118 Ida Sée, a. a. O., S. 4.

119 Ebd., S. 18.

120 Ebd., S. 58.

121 Ebd., S. 96.

122 Dupanloup, *De l'éducation*, Band 2, S. 150.

123 Ebd., S. 156f. (Hervorhebung von mir).

124 Ebd., S. 159.

125 Ida Sée, a. a. O., S. 95. Vgl. auch M. Chambon, *Le Livre des mères*, 1909, S. VII: »Der Sohn taugt so viel wie die Mutter.«

126 Brochard, *De l'amour maternel*, S. 4 und 15.

127 Dr. Gérard, a. a. O., S. 8.

128 P. Combes, a. a. O., S. 95.

129 Père Didon, a. a. O., S. 3.

130 Vorwort von H. Rollet zum Buch von Ida Sée, S. V (Hervorhebung von mir).

131 Das wird im 20. Jahrhundert nicht mehr so sein, weil sich die Psychoanalyse damit befaßt.

132 Balzac, *Die Frau von dreißig Jahren*, Zürich 1977, S. 92.

133 Ebd., S. 93.

134 Ebd.

135 Ebd., S. 94.

136 Ebd., S. 95: Für sie ist das Kind eine Verneinung. »Ja, wenn Hélène zu mir spricht, dann wünschte ich ihr eine andere Stimme; wenn sie mich anblickt, wünschte ich

ihr andere Augen ... Sie ist mir unerträglich! Ich lächle ihr zu, ich bemühe mich, sie für die Gefühle, die ich ihr raube, zu entschädigen. Ich leide! ... Und ich werde als tugendhafte Frau gelten!«

137 Ebd., S. 95: »Es gibt Blicke, eine Stimme, Bewegungen der Mutter, deren Kraft die Seele der Kinder formt; aber meine arme Kleine fühlt nicht, daß meine Arme zittern, meine Stimme bebt, meine Blicke weich werden, wenn ich sie anschaue, wenn ich mit ihr spreche oder sie umarme. Sie wirft mir anklagende Blicke zu, die ich nicht ertrage.«

138 Vergebliche Hoffnung! Tochter und Mutter werden sich hassen, nachdem Hélène Julies außereheliches Kind der Liebe getötet hat, ein Mord, der als göttliche Bestrafung einer fluchbeladenen Mutter erscheint.

139 Ebd., S. 96.

140 Jules Vallès, *Jacques Vingtras*, März bei Zweitausendeins 1979, S. 7.

141 Comtesse de Ségur, *Les Malheurs de Sophie* (1864).

142 Erschienen 1894.

143 »Le vagabondage des mineurs«, zit. v. P. Meyer in *L'Enfant et la raison d'état*, Paris 1977, S. 24.

144 Alphonse Daudet, *Jack*, 1876.

145 Zit. v. Dr. Brochard in *De la mortalité en France* (1866), S. 4.

146 Ida Sée, a. a. O., S. 16 (Hervorhebung von mir).

147 Ebd., S. 17 (Hervorhebung von mir).

148 Ebd., S. 18.

149 Ebd., S. 19.

150 Ebd., S. 5.

151 Ebd., S. 5.

152 Ebd., S. 6.

153 Ebd., S. 23.

154 Ebd., S. 27.

155 Ebd.

156 Père Didon, a. a. O.

157 a. a. O.

158 Chambon, *a. a. O.*(Hervorhebung von mir).

159 Alain, »Les sentiments familiaux«, *Cahiers de la Quinzaine*, Nr. 18, Serie 8 (1927).

160 Ebd. (Hervorhebung von mir).

161 Ebd.

162 Ebd. (Hervorhebung von mir).

163 »Ihre Pflicht ist es, von sich aus an der Erziehung ihrer Kinder zu arbeiten, vor allem an der allerersten Erziehung, und sie nicht allzu früh vom elterlichen Hause zu entfernen«, (*De l'éducation*, Band 2, S. 166).

164 Ebd., S. 172.

165 Droz, S. 33.

166 Legouvé bestätigt einen Einstellungswandel bei zahlreichen Vätern und stellt fest: »Man lebt mehr mit ihnen, man lebt mehr für sie: sei es wegen einer Zunahme der Fürsorge und Zärtlichkeit, sei es aus Schwäche und Nachlassen der Autorität« (in *Les Pères et les Enfants du XIXe siècle*, S. 1 bis 2).

167 Hinweis in der zweiten Auflage.
168 S. 93.
169 S. 99.
170 Ebd., S. 100 (Hervorhebung von mir).
171 Ida Sée, a. a. O., S. 101.
172 Ebd., S. 41.
173 Ebd., S. 97.
174 J. Donzelot, a. a. O., S. 97.
175 Die Weitergabe von Kultur und Kenntnissen in der Familie.
176 a. a. O., S. 76.
177 Vgl. Erster Teil: Das 17. Jahrhundert hatte das Recht des Vaters, seine Kinder einzusperren, ein wenig beschränkt.
178 *Rapport* à S. M. l'Empereur par S. E. le ministre de l'Intérieur, 1852, zit. v. P. Meyer, *L'Enfant et la Raison d'Etat*, S. 57: »Man hat bei einigen bedürftigen und heruntergekommenen Eltern eine verhängnisvolle Tendenz erkennen können, ihre Kinder diesen Urteilen zu überlassen oder sie ihnen gar auszusetzen ... Sie schieben die Mühe ihrer Erziehung auf den Staat ab, nur daß sie sie nach einigen Jahren zurücknehmen, um von ihrer Arbeit zu profitieren, und manchmal mit den schändlichsten Absichten.«
P. Meyer stellt fest, daß 85 % der Kinder, bei denen diese väterliche Strafprozedur angewandt wird, Kinder von Arbeitern und Tagelöhnern sind, gegenüber 2 %, deren Eltern einen freien Beruf ausüben.
179 Die Vorläuferinnen der »Sozialfürsorgerinnen«.
180 a. a. O., S. 61.
181 Diese hatten sich mit dem Gesetz von 1851 vervielfacht, das dazu aufrief, die straffällig gewordenen Kinder in besonderen Einrichtungen, die ihrer moralischen Besserung dienen sollten, aufzunehmen; vgl. Donzelot, S. 80–81.
182 *Journal officiel*, Begründung des Gesetzes von 1889.
183 a. a. O., S. 97–98.

2. Der auf Freud zurückgehende ärztliche Diskurs

1 *Neue Folge der Vorlesungen zur Einführung in die Psychoanalyse*, in *Gesammelte Werke*, Bd. XV, S. 121.
2 Ebd., S. 125.
3 Ebd., S. 125f.
4 Den berühmten Einwand, den K. Horney gegen Freud erhob, indem sie behauptete, das kleine Mädchen kenne frühe vaginale Empfindungen, lassen wir außer acht, weil die Nachwelt nur die Ansichten Freuds in Erinnerung behalten hat.
5 Marie Bonaparte, *Sexualité de la femme*, Paris 1977, S. 82.
6 Freud, *Neue Folge ...*, a. a. O., S. 133 (Hervorhebung von mir).
7 Freud, *Über weibliche Sexualität*, *Gesammelte Werke*, Bd. XIV, S. 526.
8 *Neue Folge*, S. 133f.
9 *Über weibliche Sexualität*, S. 526.

10 *Neue Folge*, S. 135.

11 Ebd.

12 Freud soll auf die Motive dieser Feindseligkeit durch seine analytische Praxis gestoßen sein. Die analysierten Frauen haben ihm eine lange Liste von Beschwerden gegen ihre Mutter geliefert: den Vorwurf, ihnen zu wenig Milch gegeben zu haben, die Geburt eines weiteren Kindes, das Verbot der Masturbation und vor allem die Beschwerde, ihnen keinen Penis gegeben zu haben. Angeblich sollte das kleine Mädchen die Mutter dafür verantwortlich machen, daß sie sie als Frau zur Welt kommen ließ!

13 *Neue Folge*, S. 144f.

14 *La Psychologie des femmes*, Bd. 1, S. 213: »Die Mutter hat hier einen sehr viel stärkeren hemmenden Einfluß als beim Jungen.«

15 *Neue Folge*, S. 125.

16 Ebd.

17 *La Psychologie des femmes*, Bd. 1, S. 213 (Hervorhebung von mir).

18 *Neue Folge*, S. 122; *La Psychologie des femmes*, S. 193.

19 *Neue Folge*, S. 122; *La Psychologie des femmes*, S. 194.

20 *La Psychologie des femmes*, Bd. 1, S. 191.

21 Ebd., S. 194. H. Deutsch erwähnt die Untersuchungen von M. Mead über die Mundugumor, wo die Frauen eine aktive und aggressive Rolle spielen. Sie behauptet jedoch, diese Einstellungen seien nicht »beweiskräftig«.

22 H. Deutsch, a. a. O., Bd. 1, S. 197.

23 Ebd., S. 198.

24 Ebd., S. 201.

25 Ebd., S. 207.

26 Ebd., S. 218: »Der Vater repräsentiert die umgebende Welt, die später unablässig diesen hemmenden Einfluß auf die Aktivität der Frau ausüben wird und sie auf ihre konstitutionell bedingte passive Rolle zurückwerfen wird.«

27 Wie Freud beruft sich H. Deutsch zur Bekräftigung ihrer Ansichten auf ihre analytische Erfahrung. Sie behauptet, die Analyse des Phantasielebens von Mädchen in der Pubertät enthülle den masochistischen Inhalt ihrer Wünsche. Es soll zahlreiche Mädchen geben, die von Vergewaltigung träumen, von Verfolgern, die mit einem Messer bewaffnet sind, oder von Dieben, die einen wertvollen Gegenstand stehlen. Auch ihre bewußten erotischen Phantasien sollen mit Vorstellungen von Vergewaltigung zusammenhängen. Angeblich stellen die Mädchen sich beim Onanieren gerne vor, geschlagen und gedemütigt, aber auch geliebt und begehrt zu werden.

28 Diese Hypothese würde auch erklären, warum die narzißtische Tendenz durch die Mutterschaft herabgesetzt wird. Die Frau, die sich durch den Besitz ihres Kindes von ihrer früheren Minderwertigkeit befreit fühlt, kann ihre Liebesfähigkeit ihrem Kind zuwenden.

29 Aber – im Gegensatz zur weiblichen Frau, die nicht Mutter ist – ohne vom geliebten Objekt eine Erwiderung zu verlangen.

30 *La Psychologie des femmes*, Bd. 2, S. 45.

31 Ebd., S. 43.

32 D. W. Winnicott, *Kind, Familie und Umwelt*, München/Basel 1976, S. 12.

33 H. Deutsch beschreibt (a. a. O., S. 231) diese Art von Symbiose zwischen Mutter und Kind als eine »psychische Nabelschnur«, eine emotionale Bindung, welche die physiologische Nabelschnur gleich nach deren Durchtrennung ersetzt.
34 Der Artikel erschien 1956, abgedruckt in *De la pédiatrie à la psychanalyse*, S. 168.
35 Winnicott, a. a. O., S. 171: »Für eine Frau mit starker männlicher Identifikation kann dieser Teil ihrer mütterlichen Aufgabe besonders schwierig zu verwirklichen sein, weil der verdrängte Peniswunsch für die primäre mütterliche Sorge wenig Raum läßt.«
36 Ebd., S. 171.
37 Besonders Dr. Benjamin Spock, Françoise Dolto auf France-Inter und Winnicott bei der BBC.
38 Winnicott, *Kind, Familie und Umwelt*, S. 29.
39 Ebd., S. 93.
40 a. a. O., Bd. 2, S. 248.
41 Melanie Klein, Joan Rivière, *Seelische Urkonflikte*, München 1974, S. 76, Anmerkung 1 (Hervorhebung von mir).
42 Winnicott, a. a. O., S. 44.
43 Ebd., S. 23.
44 Dieselben Argumente wie bei den Moralisten des 18. Jahrhunderts.
45 Winnicott, a. a. O., S. 22 (Hervorhebung von mir).
46 Ebd., S. 114.
47 H. Deutsch, a. a. O., Bd. II, S. 9f.
48 Winnicott, *L'Enfant et sa famille*, S. 206 (Hervorhebung von mir).
49 Je mehr persönlichen Ehrgeiz sie hat (der mit männlichen Wünschen gleichgesetzt wird), um so weniger scheint sie fähig zu sein, ihre Pflichten einer guten Mutter zu erfüllen.
50 Winnicott, *Kind, Familie und Umwelt*, S. 95.
51 Ebd., S. 100.
52 Ebd.
53 Ebd., S. 95.
54 bd., S. 97.
55 Ebd., S. 95.
56 Ebd., S. 98 (Hervorhebung von mir).
57 Ebd., S. 95f. (Hervorhebung von mir).
58 Ebd., S. 96 und 97 (Hervorhebung von mir).
59 Ebd., S. 97.
60 Ebd., S. 96.
61 Ebd., S. 98.
62 Ebd.
63 In unseren patrilinearen Gesellschaften.
64 P. David, a. a. O., S. 120.
65 F. Dolto, *Lorsque l'enfant paraît*, Bd. II, S. 171.
66 F. Dolto, a. a. O., S. 71f. (Hervorhebung von mir).
67 *Ebd.*, S. 83: Der Vater bastelt, repariert, gärtnert.
68 a. a. O., Bd. II, S. 64 und Bd. I, S. 181.

69 Bd. II, S. 65.
70 Bd. I, S. 181.
71 Bislang sind von den Sendungen auf France-Inter unter dem Titel »Lorsque l'enfant paraît« drei Bände erschienen.
72 Vorwort von F. Dolto zu *Psychanalyse et famille* von P. David, S. 10f.
73 Die leibliche Mutter oder einen Ersatz.
74 Siehe das sehr schöne Buch von Francine Fredet, *Mais, Madame, vous êtes la mère*, Paris 1979.
75 Betty Friedan, *Der Weiblichkeitswahn*, Reinbek 1977, S. 128.
76 a. a. O..
77 A. M. Dardigna, *La Presse féminine: fonction idéologique*,, Paris 1978.
78 Zwei bemerkenswerte Ausnahmen sind ein Artikel von Michèle Manceau in *Marie-Claire*, April 1979, Nr. 320, und eine Umfrage von *F Magazine*, September 1978.
79 *Elle*, Nr. 1381.
80 *Elle*, Nr. 1362.
81 *Elle*, Nr. 1353.
82 Rose Vincent.
83 *Le Point*, Nr. 329, 8. 1. 1979; Prof. Royer ist Chef der klinischen Abteilung für Stoffwechselkrankheiten des Kindes in der Kinderabteilung des Hôpital Necker.
84 *Parents*, 18. 12. 1978.
85 *Elle*, Nr. 1354.
86 »Karriere oder Mutterschaft«, *Vingt ans*.
87 *Elle*, Nr. 1363.
88 *Femme pratique*, April 1977.
89 *Bonnes soirées*, Nr. 2588 (Hervorhebung von mir).

3. Die Kluft zwischen Mythos und Realität

1 Kate Millett, *Sexus und Herrschaft. Die Tyrannei der Männer in unserer Gesellschaft*, München 1977, S. 233–268. In Frankreich war Luce Irigaray eine der ersten Psychoanalytikerinnen, die das Freudsche Modell infrage stellt. Siehe *Das Geschlecht, das nicht eins ist*, Berlin 1979.
2 Millett, a. a. O., S. 238.
3 Ebd., S. 240.
4 Äußerungen bei einem Seminar der »Vereinigung für Familienplanung« in England, zit. v. A. Schwarzer, *Der »kleine Unterschied« und seine großen Folgen*, Frankfurt 1977, S. 199.
5 Alle späteren Berichte zur weiblichen Sexualität bestätigten die Bedeutung der klitoralen Lust. Nach Giese gelangen 85% der Frauen auf diese Weise zum Orgasmus. Nach dem *Hite-Report* (1974–1976) sind es 95% gegenüber nur 30%, die angeben, beim Koitus Orgasmen zu haben, ohne daß die Klitoris gereizt wird. Die 1979 von *F Magazine* durchgeführte Untersuchung bestätigt die früheren Resultate.
6 Pierre David, a. a. O., S. 163.

7 Alice Schwarzer, a. a. O., S. 201.
8 Vgl. den Artikel von Freud über die Verneinung, *Gesammelte Werke*, Bd. XIV.
9 Freud, *Das ökonomische Problem des Masochismus* (1928).
10 Siehe u. a. den Artikel von Maria Torok, »Signification de l'envie du pénis chez la femme«, in *La Sexualité feminine*, Payot, Nr. 147.
11 S. 103 (Hervorhebung von mir).
12 Diese und die folgenden Zahlen stammen aus dem Buch von Christiane Menasseyre, *Les Francaises aujourd'hui*, Paris 1978. (Im Oktober 1978: 39,4 % der Frauen sind erwerbstätig.)
13 Ein Folterinstrument des 13. Jahrhunderts.
14 Siehe die von *F Magazine* im Februar 1980 veröffentlichte S. O. F. R. E. S.-Umfrage über Frauenarbeit; sie zeigt, daß 58 % der Frauen, die zur Zeit nicht berufstätig sind, gern arbeiten würden, und daß 57 % der berufstätigen Frauen selbst dann gern weiterarbeiten würden, wenn sie jede finanzielle Möglichkeit hätten, aufzuhören.
15 Vgl. den Artikel von Catherine Arditti, »Une politique de la famille«, *Le Monde*, 22. 11. 1979.
16 Wie C. Arditti es ausdrückt.
17 Im November 1979 kündigte Madame Pelletier, Ministerin für Frauenfragen, an, daß der Mutterschaftsurlaub von vier auf sechs Monate verlängert werde, »damit die berufstätigen Frauen unter besseren Bedingungen das dritte Kind empfangen können«.
18 Nach einer Untersuchung des Instituts I. N. S. E. R. M.
19 A. Michel, *La Femme dans la société marchande*, 1978, S. 148.
20 Ebd., S. 187.
21 Ebd. (siehe graphische Darstellung S. 282)
22 Diese Untersuchung wurde von der Fédération nationale des Ecoles des parents et des éducateurs in der Zeitschrift *Le Groupe familial* April 1979, Nr. 83, veröffentlicht.
23 C. Dollander bemerkt, daß es sich um Eltern handelt, deren Kinder zwischen sieben und elf Jahren alt sind und deren Alter im Durchschnitt zwischen dreißig und fünfundvierzig Jahren liegt (a. a. O., S. 28).
24 Siehe unten, S. 289, die Resultate einer Umfrage der Zeitschrift *F Magazine* im September 1978 über die Einstellung der Frauen zur Mutterschaft.
25 Vgl. Andrée Michel, *Activité professionelle de la femme et vie conjugale*, C. N. R. S. 1974, S. 138.

Tabelle der Zufriedenheit in der Ehe

Bildungsgrad der Frau	Hausfrauen	Berufstätige Frauen
Volksschule	33 %	33 %
Berufsschule	27 %	40 %
Mittelschule	44 %	34 %
Höhere Schule	53 %	30 %
Sämtliche Kategorien	38 %	34 %

26 Die Ergebnisse der französischen Untersuchungen decken sich genau mit denen von Untersuchungen in den USA und in der UdSSR zum gleichen Thema. Siehe A.

Michel, *Femmes, sexiome et sociétés*, S. 188.

27 Jean Guitton, *Une mère dans sa vallée*, Paris 1960, S. 62 (Hervorhebung von mir).

28 Ebd., S. 63.

29 Ebd.

30 Aussagen zit. v. B. Marbeau-Cleirens in *Psychologie des mères*, Paris 1966, S. 92.

31 *Ebd.*, S. 101.

32 *Ebd.*, S. 92f.

33 *Maternité-esclave*, 1975, S. 74 und 75 (éd. 10/18, Nr. 915).

34 Ebd., S. 76.

35 B. Marbeau-Cleirens, *a. a. O.*, S. 136.

36 *Les femmes s'entêtent*, 1975, S. 176 (collection Idées, Nr. 336). *Maternité-esclave*, S. 101.

37 *Les femmes s'entêtent*, S. 176.

38 *Les femmes s'entêtent*, S. 178f. *Maternité-esclave*, S. 102.

39 *F Magazine*, September 1978, S. 93.

40 Veröffentlicht im November 1979.

41 Siehe den Bericht des *Matin* vom 28. April 1979.

42 Gespräch J.-B. Pontalis mit Philippe Ariès in *Nouvelle Revue de psychanalyse*, 1979, Nr. 19, S. 25.

43 Interview mit Anne Gaillard in *Le Nouvel Observateur* vom 19. März 1979.

44 *Parents*, Juni–Juli 1979; Umfrage des I. F. O. P. bei einer nationalen repräsentativen Auswahl von jungen Vätern (von 18 bis 30 Jahren).

Verlorenes oder wiedergefundenes Paradies?

1 Ein bei Psychiatern und Psychoanalytikern für Kinder wohlbekanntes Phänomen.

2 Titel einer bemerkenswerten Untersuchung über das stereotype Bild der Mutter- und Vaterrolle in Schulbüchern von Annie Decroux-Masson, Paris 1979.

Nachwort zur zweiten Auflage

Nach den leidenschaftlichen Reaktionen zu schließen, die dieses Buch hervorgerufen hat – und die, wie ich gestehen muß, mich überrascht haben –, ist die Mutterschaft auch heute noch ein geheiligtes Thema. Es fällt noch immer schwer, die Mutterliebe in Frage zu stellen, und die Mutter bleibt in unserem kollektiven Unbewußten mit Maria, dem Symbol der unwandelbaren, aufopferungsvollen Liebe, identifiziert.

Wenn auch zahlreiche Leser mir ihre Sympathie bekundet haben, wenn einige Fachleute aus den betroffenen Disziplinen auch so freundlich gewesen sind, ihr Interesse oder ihre Zustimmung zu bekunden, so habe ich doch eine Reihe von kritischen Äußerungen erhalten, bei denen es immer um dieselbe Frage ging: Ist der Philosoph berechtigt, über das Vorhandensein oder Nichtvorhandensein eines Instinkts, wie er auch immer heiße, zu befinden? Muß er die Beantwortung dieser Frage nicht dem Biologen überlassen? Einige haben sich daran erinnert, daß hervorragende Biologen längst zu dem Schluß gekommen waren, den Instinkt beim Menschen insgesamt in Frage zu stellen, und haben mich wissen lassen, daß meine Arbeit nicht mehr von sonderlichem Interesse sei. Andere dagegen, für die das Problem noch immer nicht gelöst ist, meinten, man könne es unmöglich behandeln, ohne die beiden Hormone der Mutterschaft zu beachten: das Prolactin und das Ocytocin. Wieder andere fanden es unzulässig, die Geschichte für die Verteidigung einer These in Anspruch zu nehmen, die weder in den Kompetenzbereich des Philosophen noch des Historikers fällt. All diese Kritiker haben mir also vorgeworfen, in unannehmbarer Weise die Grenzen meiner Disziplin überschritten zu haben.

Aber wo liegen denn tatsächlich die Grenzen der Philosophie? Und wozu ist dieses Denken, das sich auf nichts spezialisiert hat und sich um alles kümmert, nützlich, wenn nicht gerade dazu, immer wieder die anerkannten Wahrheiten anzuzweifeln und alle Denksysteme zu analysieren? Kann man dem Philosophen verbieten, über die Voraussetzungen der Biologie oder der Geschichte nachzudenken, obwohl man genau weiß, daß dort die ganze Problematik von Natur und Kultur liegt? Warum soll er unfähig sein, die Geschichte zu deuten oder

Verhaltensweisen zu interpretieren, wenn er über dasselbe Material verfügt wie der Historiker?

Gewiß bringt der Philosoph die Wissenschaft nicht voran, da er der wissenschaftlichen Gemeinschaft keine neuen Dokumente oder Tatsachen vorlegt; muß man aber deshalb seine Arbeit für null und nichtig erklären, wenn er – bescheidener – daran geht, Vorurteile zurückzuweisen?

Einige der kritischen Einwände, die gegen mich erhoben wurden, finde ich allerdings durchaus notwendig und konstruktiv. Gelegentlich habe ich mir Ungenauigkeiten oder Unterlassungen zuschulden kommen lassen. War es beispielsweise nötig, der Versuchung nachzugeben und den ersten Teil mit »Die nichtvorhandene Liebe« zu überschreiben? Das hat so mancher Leser mißverstanden, und auch wohlmeinende haben mir geraten, es zurückzuziehen. Ich habe jedoch nirgendwo geschrieben, daß die Mutterliebe eine Erfindung des 18. Jahrhunderts sei, ich habe in diesem Buch sogar wiederholt das Gegenteil betont. Beim flüchtigen Leser konnte allerdings der Eindruck entstehen, als drücke die Überschrift meine Auffassung aus. Ich wollte damit lediglich sagen, daß eine Gesellschaft, die ein Gefühl nicht genügend schätzt, es so sehr dämpfen oder ersticken kann, daß es in vielen Herzen völlig erlischt. Ich wollte nicht sagen, daß eine solche Gesellschaft die Mutterliebe überhaupt unmöglich macht, denn das wäre absurd.

Verkehrt war auch, daß ich nicht hinreichend betont habe, daß der Instinktbegriff etwas Prädeterminiertes, Universales und Notwendiges hat. Ich hätte auf die Definitionen der beiden verbreitetsten Lexika zurückgreifen sollen, nicht um dort den gültigen Ausdruck der wissenschaftlichen Theorie zu finden, sondern um uns vielmehr die in dieser Hinsicht gängige Ideologie zu vergegenwärtigen. Denn obwohl zahlreiche Wissenschaftler sehr wohl wissen, daß der Instinktbegriff veraltet ist, gibt es etwas in uns, das stärker ist als die Vernunft und das die Mutterschaft weiterhin als Instinkt deutet. Es wäre also nötig gewesen, die Definition des *Robert* (»Eine *allen* Lebewesen und allen Individuen einer Art gemeinsame, angeborene, mächtige Tendenz«) zu zitieren, denn ich bestreite sowohl, daß das mütterliche Gefühl »angeboren« ist, als auch, daß es von allen Frauen geteilt wird.

Außerdem wäre es nötig gewesen, die noch stärker ideologisch belastete Definition anzuführen, die der *Larousse du XXe siècle* (Ausgabe

1971) bietet; er beschreibt den Mutterinstinkt als »eine ursprüngliche Tendenz, die bei *jeder normalen Frau* den Wunsch nach Mutterschaft erzeugt und, wenn dieser Wunsch befriedigt ist, die Frau veranlaßt, dafür zu sorgen, daß die Kinder körperlich und seelisch behütet sind«; ich glaube dagegen, daß eine Frau »normal« sein kann, ohne Mutter zu sein, und daß nicht jede Mutter einen unwiderstehlichen Drang verspürt, sich um das von ihr geborene Kind zu kümmern.

Zweifellos hätte ich die philosophischen Grundlagen dieser Arbeit stärker verdeutlichen sollen. Nicht, daß ich sie etwa heimlich einschmuggeln wollte. Es erschien mir jedoch nicht sinnvoll, noch einmal auf die alte Debatte zwischen Essentialisten und Philosophen des Zufälligen einzugehen, den Disput also zwischen denen, die an den Vorrang des »Wesens« glauben, und denen, die allein die äußere Form für wirklich halten. Auch diese Unterlassung war falsch, denn diejenigen, die mir übelwollen, haben glauben können, ich sei mir meiner eigenen Philosophie, die sie oft kurzerhand auf das Niveau bloßer Militanz herabgezogen haben, nicht bewußt, und sie haben meinen können, sie selbst seien frei von jeglichem philosophischen Einfluß und besäßen das ausschließliche Privileg der wissenschaftlichen Objektivität.

Das ist besonders bei einigen Historikern deutlich geworden, die mir Anachronismus vorgeworfen haben, nämlich: die Realität von einst mit den Augen von heute zu beurteilen, im Namen von Werten, die damals keine Gültigkeit hatten. Eine klassische, aber inzwischen überholte Debatte! Man hat längst erkannt, daß ein Beobachter, mag er auch noch so umsichtig und behutsam sein, sich ummöglich seiner Wertvorstellungen und Neigungen entledigen kann, um andere ganz und gar objektiv zu beobachten. Georges Duby hat seine Historikerkollegen jüngst an diese grundlegende Wahrheit erinnert. Er sagt (in *Magazine littéraire*, Nr. 164, Sept. 1980), daß die Entwicklung der quantitativen Geschichtsforschung und die Benutzung des Computers es gestatte, über genauere Materialien zu verfügen, daß der Historiker diese aber durchaus im Sinne seiner subjektiven Vorlieben und seiner Ideologie einsetzt.

Wie erklärt man unterschiedliche Deutungen, wenn die einen wie die anderen die gleichen Informationen haben, – wenn nicht mit unterschiedlichen Philosophien, Ideologien oder Gefühlen? Nehmen wir zum Beispiel die Tatsache, daß die Kinder im 18. Jahrhundert in großer Zahl in Pflege gegeben werden. Das von mir vorgelegte Zahlenmaterial und die Verbreitung dieser Erscheinung in den mittleren und großen Städten werden von niemand bestritten.

Und dennoch gelangen verschiedene Beobachter zu entgegengesetzten Interpretationen. Die einen glauben, die Mütter in den Städten, die ihre Kinder aufs Land schickten, hätten damit einen höchsten Beweis ihrer mütterlichen Liebe geliefert. Von den Wohltaten der Landluft und der Schädlichkeit der Stadt überzeugt hätten sie der Gesundheit des Kindes ihr Bedürfnis nach Bemutterung geopfert. So gedeutet, ist das In-Pflege-Geben also nicht mehr Anzeichen des Desinteresses an dem fortgebrachten Kind, sondern im Gegenteil ein unübertrefflicher Beleg für den reinsten Altruismus. Die Mutterliebe ist gerettet, ja, man könnte sogar sagen, daß sie noch strahlender erscheint. Nichts kann dieses Gefühl verdecken, und der Instinkt gleichen Namens, der Mutterinstinkt, kann durch nichts mehr in Frage gestellt werden.

Meine Auffassung, die von einigen anderen geteilt wird, zeigt nicht den gleichen Optimismus. Man kann zwar einräumen, daß das Fortgeben des Kindes in Pflege bei einigen Müttern ein Beweis der Liebe zum Kind war, doch darf man mit Recht bezweifeln, daß es bei allen so war. Die Tatsache, daß alle Klassen der städtischen Gesellschaft – auch in den kleinen, weniger »verpesteten« Städten – Ammen in Anspruch nahmen und lange Trennungen von ihren Kindern akzeptierten, muß meines Erachtens anders gedeutet werden.

Auch auf anderen Ebenen der Analyse kehrt dieser Interpretationskonflikt wieder. Manche haben mich unnötigerweise daran erinnert, daß die Mütter des Ancien Régime nicht die Statistiken über die Sterblichkeit der in Pflege gegebenen Kinder gekannt haben und folglich auch die verheerenden Wirkungen dieser Aufzuchtmethode nicht einschätzen konnten. Kann man aber die persönliche Erfahrung, die jede Frau oder ihre Anverwandten machten, übergehen? Wie erklärt man es sich, daß eine Frau, der bereits zwei oder drei Kinder bei der Amme gestorben waren, die nächsten wieder zu derselben Amme schickte? Dank Marcel Lachiver ist aus der Sittengeschichte der Fall von Marie Bienvenue bekannt, einer nachlässigen Amme, die innerhalb von knapp vierzehn Monaten einunddreißig Kinder sterben ließ. Was können die Mütter dieser Kinder, die oft aus denselben Ortschaften kamen, wohl gedacht haben?

Wenn man aber sagt, die Mütter hätten nichts gewußt, die Sitten seien eben andere gewesen und jede habe geglaubt, im besten Interesse ihres Kindes zu handeln, will man dann nicht um jeden Preis die Frauen von einer unerträglichen »Sünde« freisprechen – dem Desinteresse an ihrem Kind? Hier liegt doch das Problem. Sein eigenes Kind nicht zu lieben ist für viele das unverzeihliche Verbrechen schlechthin. Und wenn jemand zu zeigen versucht, daß diese Liebe nichts Selbstverständliches ist, wird er sofort verdächtigt, entweder verrückt zu sein, die Frauen von früher ungerechtfertigt anzuklagen oder traditionelle Ansichten und Verhaltensweisen nach heutigen Wertvorstellungen zu beurteilen, kurz, die strengen Regeln der Wissenschaft zu mißachten, die es angeblich verbieten, aus Verhaltensweisen auf das Vorhandensein oder Nichtvorhandensein eines Gefühls zu schließen. Aufschlußreich ist jedoch, daß man verbieten will, in dem einen oder andern Fall auf das Nichtvorhandensein der Mutterliebe zu schließen, daß man sich dagegen nicht versagt, implizit das Vorhandensein und die Umwandelbarkeit der Mutterliebe zu unterstellen.

Mir scheint das Mißverständnis vor allem ein metaphysisches zu sein. Für diese Konflikte ist daher eindeutig die Philosophie verantwortlich. Diejenigen, die es ablehnen, aufgrund von Verhaltensweisen über ein Gefühl zu urteilen, sind Anhänger einer dualistischen Philosophie. Es sind diejenigen, die radikal zwischen Wesen und Sein, Wirklichkeit und Schein, Inhalt und Form unterscheiden. Die Formen mögen sich in ihren Augen wandeln, am »Inhalt« oder »Wesen« ändert sich dadurch nichts. Mögen sich auch die mütterlichen Verhaltensweisen (die Formen) im Laufe der Zeit unterschiedlich, ja sogar gegensätzlich darstellen – an der »tieferen« Wirklichkeit dieser Liebe, die zu einer Wesenheit erklärt wird, ändert das nichts.

Wenn man es so sieht, wird es sehr schwierig, das Wesen des Gefühls festzumachen. Denn es kann sich in entgegengesetzten, ja in allen möglichen Formen »manifestieren«, so daß man zugeben muß, daß sein Wesen geheimnisvoll, das heißt undefinierbar bleibt. Mir scheint dagegen, daß man sich auf eine Minimaldefinition der Liebe einigen kann.

Ist Liebe nicht stets eine wohlwollende Aufmerksamkeit für jemand anders, die sich in Gedanken und Taten äußert? Gewiß ist nicht zu bestreiten, daß man das Gute wollen und sein Ziel verfehlen und so ungewollt etwas Schlimmes tun kann. Dies sei, sagt man mir, bei jenen wohlwollenden Müttern der Fall, die ihre Kinder in Pflege gaben und sich nicht vorstellen konnten, daß sie sie häufig in den Tod schickten.

Muß ich – dies zugestanden – die Mutterliebe auch dann als gegegeben annehmen, wenn die Mutter sich um das Kind, das fern von ihr ist, mehrere Jahre lang nicht mehr kümmert?

Ist es nicht denkbar, daß es bei der Geburt vielleicht eine gewisse Mutterliebe gegeben hat, die aber, weil sie nicht gepflegt wurde, verkümmert ist? Ist es denn ein so absurder Gedanke, daß ein Gefühl ganz einfach nicht entstehen kann, wenn es an der Gelegenheit zu gegenseitiger Bindung fehlt? Man wird mir erwidern, daß ich meinerseits die anfechtbare Hypothese aufstelle, die Mutterliebe sei nicht angeboren. Das ist richtig: Ich bin überzeugt, daß sie im Lauf der Zeit, die man mit dem Kind verbringt, und während der Pflege, die man ihm angedeihen läßt, erworben wird. Es ist möglich, daß die Abwesenheit eines geliebten Menschen unsere Gefühle steigert, doch müssen sie zuvor existiert haben, und die Trennung darf nicht zu lange dauern. Jeder weiß, daß die Liebe sich nicht in jedem Augenblick äußert und in einem latenten Zustand weiterbestehen kann. Wenn man jedoch nicht achtgibt, kann sie nachlassen und sogar vergehen. Wenn es an den Gelegenheiten fehlt, seine Liebe auszudrücken, wenn man zu selten sein Interesse für den anderen bekundet, besteht die Gefahr, daß die Liebe stirbt.

Als sich die Mütter über drei oder vier Jahre von ihren Kindern trennten – was für mütterliche Gefühle können sie da noch empfunden haben, wenn die Kinder heimkehrten?

Schließlich teile ich die Auffassung der Psychoanalytiker, daß es keine Liebe ohne ein gewisses Begehren gibt und daß das Fehlen der Möglichkeit, jemanden zu berühren, zu streicheln oder zu küssen, der Entwicklung des Gefühls nicht sehr günstig ist. Wie kann die Mutter das Kind lieben, wenn sie es nicht berühren kann? Und wie kann das Kind an der Mutter hängen?

Wenn man es genau nimmt, sind die Verfechter einer »im Grunde unwandelbaren« Mutterliebe natürlich diejenigen, die von einer menschlichen Natur ausgehen, die sich nur »oberflächlich« ändert. Die Kultur ist nur ein Epiphänomen. Danach sind die Mutterschaft und die mit ihr einhergehende Liebe seit jeher ein fester Bestandteil der weiblichen Natur. Nach dieser Auffassung ist eine Frau dafür geschaffen, Mutter und sogar eine gute Mutter zu sein. Jede Ausnahme von der Regel wird unausweichlich zur pathologischen Abweichung erklärt. Die gleichgültige Mutter ist eine Herausforderung an die Natur, sie ist schlechthin anormal.

Nun duldet das Naturgesetz grundsätzlich keine Ausnahme. Selbst wenn man statt von einem Gesetz (universale Geltung) von einer Regel (im allgemeinen) spricht, muß man doch feststellen, daß es zu viele Ausnahmen von der Regel der Mutterliebe gibt, so daß man nicht umhin kann, die Regel selbst in Frage zu stellen. Unter den Menschen ist die Liebe ganz einfach keine Norm. Allzu viele Faktoren sind mit im Spiel. Im Gegensatz zum Tierreich, das ganz zur Natur gehört und ihrem Determinismus unterworfen ist, ist der Mensch – in diesem Fall die Frau – ein historisches Wesen, das einzige Lebewesen mit der Fähigkeit zum symbolischen Ausdruck, einer Fähigkeit, die ihn/sie über die im engeren Sinne animalische Sphäre hinaushebt. Dieses begehrliche Wesen ist immer etwas Besonderes und von allen anderen verschieden. Mögen die Biologen mir diese Kühnheit verzeihen, aber ich bin der Auffassung, daß das Unbewußte bei der Frau weit bedeutsamer ist als die hormonalen Vorgänge. Wir wissen im übrigen alle, daß das Stillen an der Brust und die Schreie des Neugeborenen durchaus nicht bei allen Müttern die gleichen Reaktionen hervorrufen.

Mir scheint, daß man das allgemeingültige und notwendige Gesetz den Tieren überlassen und einräumen muß, daß der Mensch sich durch das Besondere und Zufällige auszeichnet. Die Zufälligkeit der Verhaltensweisen und Gefühle ist für ihn eine Bürde, aber auch der einzige Weg, seine Freiheit zu äußern. Eine Frau kann heute den Wunsch haben, nicht Mutter zu sein – ist sie dann eine normale Frau, die ihre Freiheit wahrnimmt, oder ist sie im Hinblick auf die Normen der Natur krank? Neigen wir nicht allzu häufig dazu, sozialen Zwang und biologischen Imperativ miteinander zu verwechseln? Zuweilen sind die Wertvorstellungen einer Gesellschaft so zwingend, daß sie die Wünsche in unberechenbarer Weise beeinflussen. Was spricht denn gegen die Annahme, daß die Mutterliebe nicht mehr unbedingt ein weiblicher Wunsch ist, wenn sie nicht von der Gesellschaft genügend geschätzt wird und damit auch die Mutter aufwertet?

Da melde sich der Bauch, sagt man? Aber heute ahnt man doch erst, wie komplex der Kindeswunsch ist, wie schwierig es ist, ihn unter einem ganzen System von psychologischen und sozialen Faktoren freizulegen.

Statt von einer »weiblichen Natur«, die ich immer weniger sehe, spreche ich lieber von einer Mannigfaltigkeit ganz verschiedener weiblicher Erfahrungen, die mehr oder weniger von den gesellschaftlichen

Wertvorstellungen, deren Wirkung mir bewußt ist, geprägt sind. Gerade in diesem »Mehr oder Weniger« an Prägung durch deterministische Zwänge liegt der Unterschied zwischen dem Weibchen und der Frau. Die Natur duldet eine solche Zufälligkeit und die für uns typische Eigenwilligkeit nicht.

Wohl verlangt das Überleben der Gattung, daß wir Kinder machen, doch wer kann uns zwingen, der heiligen Natur zu gehorchen? Das Weibchen dagegen hat keine Wahl. Es versteht sich heute nicht mehr von selbst, daß eine Frau Kinder hat, und ebensowenig, daß sie sie liebt, nachdem sie sie zur Welt gebracht hat. Aber das ist wiederum keine Neuigkeit, obwohl es noch immer wie ein Skandal aufgenommen wird.

Wie ein Skandal, sofern man von der verbreiteten Idee ausgeht, die Natur sei »gut«, sie tue nichts umsonst usw., einer Idee, die auf eine finalistische Philosophie zurückverweist, die wiederum auf einen Gottesbeweis hinausläuft, auch wenn sie das nicht eingesteht. Denn man kann nicht ohne weiteres sagen, die Natur mache ihre Sache gut. Ihr Werk ist nicht frei von Mängeln. Man muß schon, wenn man überzeugen will, mit Nachdruck seine Sache verfechten, eine Sache, die für viele die Sache Gottes ist. Ihnen geht es darum zu beweisen, daß wir – was ja schließlich nicht evident ist – in der besten aller möglichen Welten leben.

Um zu zeigen, daß die Natur »gut« ist, wird der folgende Syllogismus aufgestellt: Da die Gattung überlebt und die Mutterliebe für dieses Überleben notwendig ist, existiert die Mutterliebe mit Notwendigkeit. Was mich betrifft, so bin ich überzeugt, daß es die Mutterliebe seit undenklichen Zeiten gibt, doch glaube ich nicht, daß sie mit Notwendigkeit bei allen Frauen existiert, oder auch nur, daß die Gattung allein dank dieser Liebe überlebt. Erstens kann anstelle der Mutter jede andere Person (Vater, Amme usw.) ein Kind »bemuttern«. Zweitens bestimmt nicht allein die Liebe eine Frau dazu, ihre »mütterlichen Pflichten« zu erfüllen. Die Moral und die sozialen oder religiösen Wertvorstellungen können ebenso starke Anstöße sein wie der Wunsch der Mutter. Gewiß hat die altehrwürdige Arbeitsteilung zwischen den Geschlechtern eine große Rolle dabei gespielt, daß die Aufgaben der »Bemutterung« der Frau zugewiesen wurden – eine Zuweisung, die bis gestern als vollkommen naturwüchsig galt. Muß man zudem daran erinnern, daß »die gute, mütterliche Natur« es in anderen – und nicht unbedeutenden – Gesellschaften zuließ, daß weibliche Kinder gleich nach der Geburt getötet wurden?

Wenn auch unbestreitbar ist, daß ein Kind ohne mütterliche Aufmerksamkeit und Pflege nicht überleben und sich entfalten kann, so ist doch nicht sicher, daß alle menschlichen Mütter von vornherein dazu bestimmt sind, dem Kind die Liebe zu geben, derer es bedarf. Eine prästabilisierte Harmonie oder eine notwendige Wechselwirkung zwischen den Forderungen des Kindes und den Reaktionen der Mutter scheint es nicht zu geben. In dieser Hinsicht ist jede Frau ein Einzelfall. Einige erkennen, was das Kind braucht, andere weniger, wieder andere überhaupt nicht. Möglicherweise steckt darin das metaphysische Übel, eine der Hauptursachen des menschlichen Unglücks. Glaubt man aber, ihm entgehen zu können, indem man seine Existenz leugnet?

Sicherlich ruft die Zufälligkeit der Mutterliebe in uns allen eine schreckliche Angst hervor, eine unerträgliche Ungewißheit, die unseren Naturbegriff oder unseren Glauben an Gott in Frage stellt. Kann die beste aller Welten außer dem physischen, moralischen und metaphysischen Übel auch noch einschließen, daß es die Liebe der Mutter möglicherweise nicht gibt? Das können Gläubige und Anhänger des Naturdeterminismus und der damit verbundenen Ordnung kaum zugeben.

Ist es aber nicht doch an der Zeit, die Augen zu öffnen und die Störungen wahrzunehmen, die der Norm widersprechen? Und müssen wir nicht endlich, auch wenn das unsere Behaglichkeit stört, von der Bedingtheit der Mutterliebe Kenntnis nehmen und so eine neue Auffassung dieser elementaren menschlichen Beziehung gewinnen? Wir kämen dabei zu einem besseren Verständnis der Mutterschaft, das sowohl dem Kind als auch der Frau gut täte.

Jede Frau, ob Mutter oder nicht, ist eingeladen, an dieser sehr wichtigen philosophischen Auseinandersetzung teilzunehmen. Jetzt ist es Sache aller Frauen, Zeugnis abzulegen, zuzuhören und zu urteilen.

März 1982 Elisabeth Badinter